HEIMWERKEN
ALLES IM GRIFF

HEIMWERKEN
ALLES IM GRIFF

Thomas Pochert

Bassermann

Inhaltsverzeichnis

Arbeitstechniken für den Innenausbau

Mit dekorativen Putzen gestalten

Fliesenlegen Schritt für Schritt

Moderne Sanitär-Installationen im Bad

Mit Holz Wände und Decken verkleiden

Tapeziertechniken und Wandgestaltung

Bevor Sie loslegen ...

... ein kleiner Überblick zum Buch: Heimwerker sind pfiffig. Sie wollen mit möglichst wenig Aufwand optimale Ergebnisse erzielen. Das hat die Industrie natürlich auch inzwischen mitbekommen und bietet entsprechend leicht einzusetzende Produkte an. Nicht alle Versprechungen treten dann bei der tatsächlichen Benutzung auch ein. Da werden z. B. ganz umweltfreundliche Abbeizer angeboten, die die Umwelt wirklich nicht schädigen – allerdings den alten Lack auch nicht!

In diesem Buch finden Sie daher nur erprobte „Rezepte" und Empfehlungen, die Ihnen schnelle Erfolge garantieren. Schon als kleiner Junge habe ich mich am liebsten auf Baustellen herumgetrieben und habe den Handwerkern bei der Arbeit zugeschaut. Das war spannend und lehrreich zugleich. Ich konnte gar nicht nah genug an das Geschehen herankommen, so viel Neues gab es dort Tag für Tag zu entdecken.

Sie, lieber Leser, haben es mit diesem Buch etwas einfacher. Die Bilder sind alle so fotografiert, dass man dem Handwerker quasi über die Schulter schauen kann. Ganz nah! Und so ist auch die Textinformation: Hautnah am Geschehen – alles Überflüssige habe ich weggelassen. Ist es heute wirklich wichtig zu wissen, dass die Schreiner früher ihre Möbel mit einer Ballenmattierung aufwändig bearbeitet haben?

Wichtiger erscheint mir, dass Sie Ihr selbst gebautes Möbelstück mit den heute käuflichen Mitteln hübsch aussehen und haltbar machen können. Aus diesem Grund ist dieses Buch nicht als Anregung zu sehen, welche tollen Dinge man selber machen kann. Vielmehr ist es ein Nachschlagewerk, das vor allem die Grundtechniken zeigt, die man als Heimwerker kennen sollte. Schritt für Schritt zum Erfolg.

Mit jeder Stunde mehr Freizeit und jedem Euro mehr auf der Handwerker-Rechnung steigt die Zahl der Heimwerker! Ich möchte Ihnen mit diesem Buch Mut machen – den Mut, einmal etwas selbst auszuprobieren. Fangen Sie mit den kleinen Dingen an: Der nächste tropfende Wasserhahn ist kein Fall für den Klempner (der heute Sanitärinstallationsfachmann heißt), sondern eine echte Aufgabe für Sie! Glauben Sie mir: Es geht wirklich!

Mit Hilfe der über 1.400 Einzeldarstellungen tauchen Sie in die Welt der Handwerker ein – vielleicht entdecken Sie dabei Talente, von denen Sie selbst noch nichts wussten.

Allzeit gutes Gelingen!

Thomas Pochert

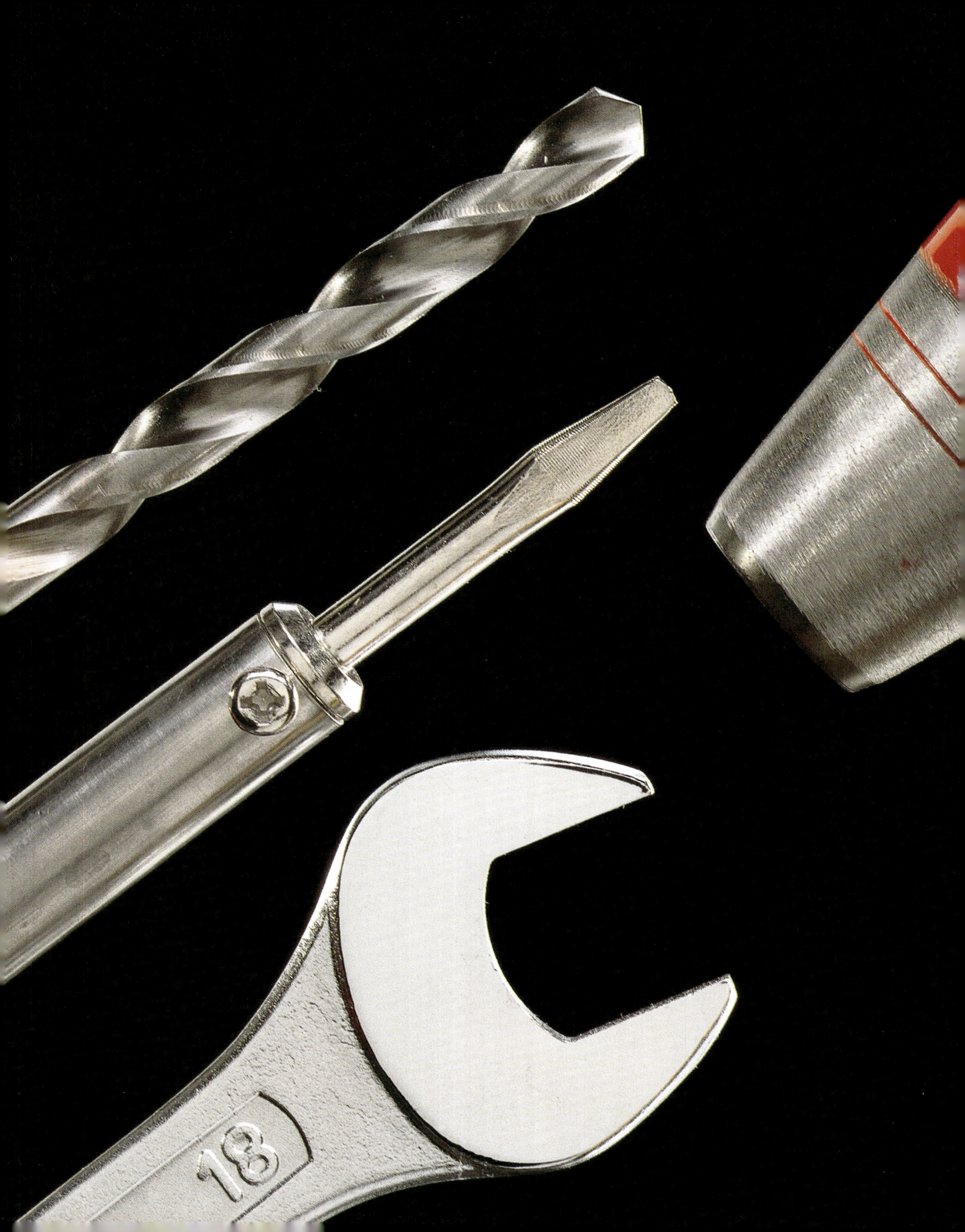
18

Checklisten für Reparatur-Soforthilfe

Vielfach geht gerade dann etwas kaputt oder funktioniert nicht mehr, wenn man es am nötigsten braucht oder es sehr eilig hat. Die unangenehmsten Pannen passieren zudem oft ausgerechnet am Wochenende, an dem man keinen Kundendienst erreichen kann. Mit den folgenden Checklisten lässt sich den häufigsten Störungen im Haushalt und bei elektrischen Geräten erfolgreich auf den Grund gehen.

- **Heizung defekt**
- **Verstopfte Abflüsse**
- **Was ist mit der Waschmaschine los?**
- **Probleme mit der Spülmaschine**
- **Wenn der Mäher Mucken macht**
- **Kein Lebenszeichen von der Hi-Fi-Anlage?**
- **Videorekorder defekt**
- **Fernseher ohne Bild**
- **Der Drucker macht Probleme**
- **Mein Computer streikt**

Heizung defekt

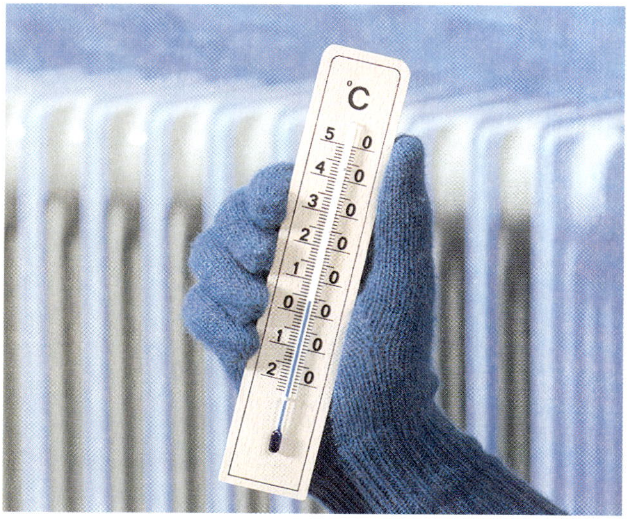

Dass die Heizung nicht richtig oder überhaupt nicht funktioniert, merkt man vielfach erst dann, wenn es draußen kalt ist und es in der Wohnung feucht und ziemlich unbehaglich wird.

Fehlersuche mit System

Einige Rippen des Heizkörpers werden nicht mehr warm:

- Mit der Hand prüfen und Heizung am Entlüftungsventil mit Innenvierkantschlüssel entlüften. (Plastikbecher unterhalten, Ventil schließen sobald Heizungswasser austritt.)
- Tipp: Vorher Thermostat ganz aufdrehen. Das restliche Heizungswasser erwärmt die Luft, die dann schneller entweicht. Vor dem Entlüften Thermostat wieder schließen.

Der Heizkörper wird auch nach dem Entlüften nicht hinreichend warm:

- Entlüftet wird, bis Wasser aus dem Entlüftungsventil tritt. – War das Thermostat-Ventil beim Entlüften geschlossen? Wenn nicht, bleibt möglicherweise Luft im Heizkörper und tritt nicht aus.

Der ganze Heizkörper ist kalt:

- Das Ventil ist geschlossen, da die eingestellte Raumtemperatur bereits erreicht ist (Thermostat auf Regelstufe 3 entspricht im Allgemeinen 20 ºCelsius Raumtemperatur). Prüfen Sie die Zuordnung: Thermostateinstellung – Raumtemperatur mit einem Termometer.
- Weitere Heizkörper (auf derselben Etage oder ein Stockwerk darunter – je nachdem, wie die Heizkörper untereinander verbunden sind) sind ebenfalls kalt und müssen vorher entlüftet werden.

Beim Entlüften tritt keine Luft aus dem Entlüftungsventil (es zischt nicht):

- Es ist zu wenig Wasser in der Heizungsanlage (abhängig von der Art der Anlage, meist je 10 m Haushöhe 1 Bar Wasserdruck).
- Wasser in der Nähe der Heiztherme nachfüllen und danach alle Heizkörper entlüften.

Kein Heizkörper im Haus wird warm:

- Prüfen Sie den Heizölstand. Ist noch genug Vorrat in den Tanks?
- Ist die Gasrechnung bezahlt?
- Sind in der Nähe Erdarbeiten und die Gaszufuhr ist zeitweilig unterbrochen? Auskunft geben die Versorgungsbetriebe.
- Der Notschalter könnte zufällig ausgeschaltet sein. (An der Heizungsanlage leuchten keine Lämpchen oder Displays mehr auf.)
- Ist die Sicherung für die Stromversorgung der Heizung ausgefallen?

Die Störungsanzeige leuchtet auf:

- Es liegt ein größerer Defekt vor, den Sie nicht selber beheben können. Hier kann nur ein Fachmann helfen.

Verstopfte Abflüsse

✔ FEHLERSUCHE MIT SYSTEM

Wasser läuft am Waschtisch nicht ab:

- Verstopfen Sie mit einem nassen Lappen den Überlauf des Waschtischs luftdicht. Stellen Sie eine Gummiglocke auf die Abflussöffnung und füllen Sie das Becken mit Wasser. Dann pumpen Sie mit dem Stiel der Glocke. Der so erzeugte Druck kann nur durch das verstopfte Rohr entweichen. Damit löst sich meist die Verstopfung.
- Manche Verstopfung lässt sich auch mit einem Gemisch aus heißem Wasser und reichlich Spülmittel lösen. Verzichten Sie auf Chemie und versuchen Sie stattdessen lieber die Verstopfung auf mechanischem Weg zu beseitigen.
- Wenn Haare den oberen Teil des Ablaufsiebs verstopfen: Lösen Sie die Schraube des Ablaufsiebes im Waschbecken. Mit einem Schraubendreher, evtl. auch mit der Hand lassen sich die Haare dann leicht aus dem Sieb entfernen.
- Befindet sich die Verstopfung im Siphon-Bogen, gehen Sie wie auf Seite 116 beschrieben vor. Verstopfungen tief in der Wand deuten dagegen auf einen Rohrbruch.

Verstopfungen bei Dusche oder Badewanne:

- Öffnen Sie die Revisionsöffnung (metallumrandete Fliesengruppe). Der Siphon lässt sich dann wie beim Waschtisch in Einzelteilen abschrauben und säubern.
- Bei älteren Installationen finden Sie am Siphon-Bogen eventuell noch eine Reinigungsöffnung in Form einer großen Mutter oder eines Deckels an der tiefsten Stelle des Bogens, die Sie öffnen können.

Verstopfte Abflüsse zählen zu den häufigsten Störungen bei Sanitär-Installationen. Viele Verstopfungen können schon mit einfachen Hilfsmitteln und geringem Aufwand beseitigt werden.

Das WC ist verstopft:

- Bei WCs, deren Abfluss direkt in die Wand geht, sind die Möglichkeiten zur Selbsthilfe begrenzt. Meist liegt die Verstopfung innerhalb der Sanitär-Keramik, da sie wie ein Siphon über einen Bogen verfügt. Versuchen Sie, die Verstopfung mit einer Gummiglocke zu beseitigen. Sie werden öfter pumpen müssen, da sich die Abflussöffnung des WCs mit der Glocke nur schlecht überdecken lässt. Meist führt eine Drahtspirale eher zum Erfolg.
- Stand-WCs, deren Abflussrohr über einen 90-Grad-Bogen senkrecht in den Boden geht, haben manchmal eine Reinigungsöffnung an der Rückseite. Bevor Sie diese öffnen, sollten Sie den Boden ringsherum mit einer Folie sorgfältig abdecken. (Unbedingt von einer zweiten Person an den Rändern hochhalten lassen.)

Was ist mit der Waschmaschine los?

Meist streikt die Waschmaschine, wenn das Kommunionkleid noch ganz dringend für den Kirchgang gewaschen werden muss. Gut zu wissen, dass es für die meisten Probleme schnelle Lösungen gibt.

FEHLERSUCHE MIT SYSTEM

Die Waschmaschine arbeitet nicht:

- Ist der Stecker in der Steckdose oder eine Verlängerungsschnur auch eingesteckt?
- Ist die Sicherung eingeschaltet? Sollte die Sicherung immer wieder herausspringen, muss ein Elektriker die Ursache beheben.
- Ist der Startknopf der Maschine richtig gedrückt oder gezogen?
- Ist die Tür richtig verschlossen?

Die Waschmaschinentür geht nicht auf:

- Die Tür lässt sich bei den meisten Maschinen sowohl am Programmende als auch bei Programmunterbrechung aus Sicherheitsgründen erst nach 2 Minuten öffnen (Sicherheitsverriegelung).
- Sie haben versehentlich ein Programm mit Spülstopp gewählt.

Es läuft kein Wasser in die Maschine:

- Der separate Wasserzulauf für die Waschmaschine wurde evtl. nicht geöffnet.
- Eines der Siebe im Zulauf (zwischen Wasserhahn und Schlauchverschraubung bzw. Anschluss-Stutzen der Maschine) ist verstopft. Schrauben Sie den Schlauch ab und reinigen Sie die Siebe unter klarem Wasser (ersetzen Sie ggf. die Dichtungen).

Es läuft Wasser unter der Waschmaschine aus:

- Der Zulauf- oder der Ablaufschlauch oder eine Rohrverbindung vom Abwasserrohr ist undicht. Tauschen Sie die undichten Teile durch Original-Ersatzteile aus.
- Der Zulauf-Stutzen ist am Wasserhahn oder an der Maschine versehentlich verkantet oder ohne Dichtung (z. B. nach Wartungsarbeiten) angeschlossen worden.
- Der Schlauch für Zulauf oder Ablauf ist undicht und muss ersetzt werden.

Die Wäsche wird nicht richtig geschleudert und es befindet sich noch Restwasser in der Trommel:

- Es ist ein Knick im Ablaufschlauch: Durch diesen Engpass fördert die Pumpe zu wenig Wasser aus der Maschine. Verlegen Sie den Schlauch ohne Knick. Montieren Sie evtl. einen längeren Schlauch.
- Die maximale Förderhöhe der Pumpe (meist 1 m) ist überschritten. Versetzen Sie den Abwasserrohreinlauf in eine der Pumpenleistung angemessenen Höhe.
- Die Laugenpumpe könnte verstopft sein. In diesem Fall sollten Sie den Kundendienst rufen, oder die Pumpe nach der Bedienungsanleitung reinigen.

Probleme mit der Spülmaschine

Fehlersuche mit System

Gerät startet nicht beim Anschalten:

- Ist der Stecker in der Steckdose?
- Hat die Spülmaschine eine gerätespezifische Störungsanzeige (Informationsanzeige oder Leuchtdioden)? Folgen Sie der Bedienungsanleitung.
- Ist die Sicherung herausgesprungen? Passiert dies öfter, liegt ein elektrischer Defekt vor (Elektriker rufen), oder der Stromkreis ist überlastet. Benutzen Sie weniger Geräte zur gleichen Zeit.
- Ist der separate Wasserzulauf abgesperrt? Es gibt immer einen separat absperrbaren Kaltwasserzulauf (oder auch Warmwasserzulauf bis 60 ºC), der vor dem Programmstart geöffnet werden muss.
- Sind die Siebe im Zulauf verschmutzt? Schließen Sie den Wasserzulauf und lösen Sie dann den Zulaufschlauch. Spülen Sie mit klarem Wasser Ablagerungen aus den Sieben und befestigen Sie anschließend den Schlauch wieder.
- Ist die Tür richtig verschlossen?
- Ist die Starttaste richtig gedrückt bzw. der Startknopf richtig gezogen und eingerastet?
- Bei modernen Spülmaschinen: Ist eine Zeitvorwahl aktiviert?

Das Wasser läuft nicht vollständig ab:

- Haben sich über dem Ablauf in der Spülmaschine Essensreste gesammelt? Entfernen Sie die Reste von Hand oder leeren Sie den evtl. vorhandenen Auffangkorb.
- Sind Töpfe, Tassen und Gläser mit der Öffnung nach unten einsortiert?
- Die Ablauf-Pumpe könnte defekt sein. Rufen Sie den Kundendienst.

Das häufigste Problem bei Spülmaschinen ist, dass Geschirr und vor allem Gläser nicht sauber werden. Aber auch andere Störungen lassen sich schnell selbst beheben.

Das Geschirr wird nicht richtig sauber:

- Es war zu viel, zu wenig oder gar kein Reiniger in der Spülmaschine.
- Die Sprüharme der Spülmaschine sind durch falsch einsortiertes Geschirr (z. B. hohe Töpfe, Pfannenstiel) blockiert.
- Das Geschirr war so eingeräumt, dass es einzelne Teile verdeckte und das Sprühwasser diese Teile nicht erreichen konnte.
- Der Behälter mit dem Wasserenthärter (Spülmaschinen-Salz) war nicht richtig verschlossen.

Schlieren auf Gläsern, Besteck und Geschirr:

- Ist die Wasserhärte am Gerät falsch eingestellt? (Die Wasserhärte erfahren Sie von Ihrem Versorgungsunternehmen.)
- Der Behälter für den Enthärter ist leer: Füllen Sie Salz nach.

Wenn der Mäher Mucken macht

Die Nachbarn haben bereits ihren Rasen sorgfältig gemäht. Sie wollen nachziehen, aber Ihr Rasenmäher streikt. Hier sagen wir Ihnen, welches die häufigsten behebbaren Störungen sind.

FEHLERSUCHE MIT SYSTEM

Der Rasenmäher springt nicht an:

- Die Zündkerze ist verölt, nass oder überbrückt (Rückstände zwischen den Elektroden). Zündkerze herausschrauben und mit einem Lappen reinigen.
- Das Zündkabel ist lose oder gerissen. Schadhaftes Zündkabel austauschen.
- Vom Motor abgehende Kabel sind beschädigt und müssen ersetzt werden. (Evtl. auch eine Sache für den Kundendienst.)
- Andere Ursachen: Zündanker oder Kondensator beschädigt, Unterbrecherkontakte verölt, nass oder verschmort. Wenden Sie sich an den Kundendienst.
- Trotz „Tupfen“ (Choke/Schock) springt der Rasenmäher nicht an: Vielleicht haben Sie zu häufig „getupft“. Zündkerze reinigen und Motor ohne Tupfen starten.

Die Kraftstoff-Versorgung ist gestört:

- Ist Kraftstoff im Tank? Gluckert es beim Schütteln des Rasenmähers nicht, ist der Kraftstoffvorrat erschöpft.
- Das Sieb im Tank oder Düsen sind verstopft. Reparatur durch Fachbetrieb nötig.

Die Motor-Leistung lässt nach:

- Eventuell ist das Filter im Ansauggeräuschdämpfer durch Staub verschmutzt. Reinigen Sie es in Benzin (kein Zweitakt-Gemisch!) oder wechseln Sie es gegen ein neues Filter aus. (Bedienungsanleitungen beschreiben dies unter „Wartungsarbeiten“.)
- Der Rasenmäher bekommt nicht genug „Kompression“. Zylinderkopf, Zylinder oder Zündkerze ist lose.
- Ist der Bedienungshebel des Rasenmähers in der richtigen Stellung?

Der Motor läuft ungleichmäßig:

- Zündkabel ist lose oder beschädigt. Schadhaftes Zündkabel austauschen.
- Der Zündkerzenstecker ist evtl. nicht richtig auf der Zündkerze aufgesteckt.
- Zündkerze oder Zündkerzenstecker defekt. Tauschen Sie die defekten Teile möglichst durch Original-Ersatzteile aus. Achten Sie bei der Zündkerze unbedingt auf die Bezeichnung (z. B. W 175 T 1).
- Der Motor „klingelt“. Die Kühlrippen sind verschmutzt, die Zündung ist falsch eingestellt oder im Vergaser ist eine zu dicke Ölkohleschicht. Reparaturen einem Fachmann überlassen.
- Der Motor wird zu heiß: Sind die Kühlrippen verschmutzt, oder der Vergaser nicht richtig eingestellt? Wurde falsches Öl eingefüllt? (Hinweise in der Bedienungsanleitung)

Kein Lebenszeichen von der Hi-Fi-Anlage?

Fehlersuche mit System

Die Anzeige des Geräts leuchtet nach dem Einschalten nicht auf und es kommt kein Ton:

- Das Netzkabel oder das Verlängerungskabel ist nicht eingesteckt. Prüfen Sie, ob evtl. eine Hausstromsicherung oder eine Feinsicherung der Anlage ausgefallen ist.
- Bei kleineren Geräten: Sind die Batterien bereits verbraucht bzw. mit der falschen Polung eingelegt?

Keine Tonwiedergabe:

- Der Kopfhörer ist noch eingesteckt. Die meisten Anlagen schalten dann die Lautsprecher ab.
- Die Lautsprecher sind an den falschen Ausgängen angeschlossen bzw. es werden die falschen Ausgänge angesteuert.
- Der Funktionsschalter ist in der falschen Stellung und steuert eine nicht benutzte Komponente an.
- Wenn die Tonwiedergabe auf einem Kanal nicht funktioniert: Anschlüsse des Lautsprecherkabels am Verstärker und am Lautsprecher kontrollieren. Evtl. besteht kein Kontakt, oder es liegt ein Wackelkontakt vor. Ist der Balance-Regler in der Mitte?

Der CD-Spieler funktioniert nicht:

- Die CD wurde versehentlich verkehrt herum (mit dem Etikett nach unten) eingelegt.
- Die CD ist verstaubt oder beschädigt: Putzen Sie mit einem weichen, flusenfreien Tuch (von innen nach außen) über die CD.
- Die Optik des CD-Spielers ist verstaubt. Legen Sie eine Reinigungs-CD ein. Hilft das auch nicht, Kundendienst anrufen.

Sie wollen Ihre Lieblings-CD auflegen, doch der erwartete Ohrenschmaus bleibt aus. Lesen Sie, bevor Sie den Kundendienst anrufen, zuerst diese Checkliste und fragen Sie (k)einen Arzt oder Apotheker.

Funktionsstörungen des Kassettenteils:

- Das Band spult nicht: Die Kassette wurde nicht richtig herum eingelegt oder das Band ist blockiert. Bei „Bandsalat" besonders vorsichtig vorgehen. Bevor Sie etwas verbiegen, lieber den Kundendienst bemühen.
- Die Klangqualität lässt beim Abspielen oder Aufnehmen nach: Reinigungskassette einlegen, die die Tonköpfe reinigt.
- Leiern bzw. keine Tonwiedergabe: Bandandruckrolle verschmutzt oder Tonköpfe magnetisiert. Wenn zugänglich, Andruckrolle mit nicht flusendem Wattestäbchen und etwas Spiritus säubern. Evtl. Entmagnetisierungskassette durchlaufen lassen.
- Es kann auf einer Kassette nicht aufgenommen werden: Die Aufnahme-Schutzlasche der Kassette ist herausgebrochen. (Evtl. mit einem Klebeband überkleben.) Ist die Pausentaste noch gedrückt?

Störungen beim Videorekorder

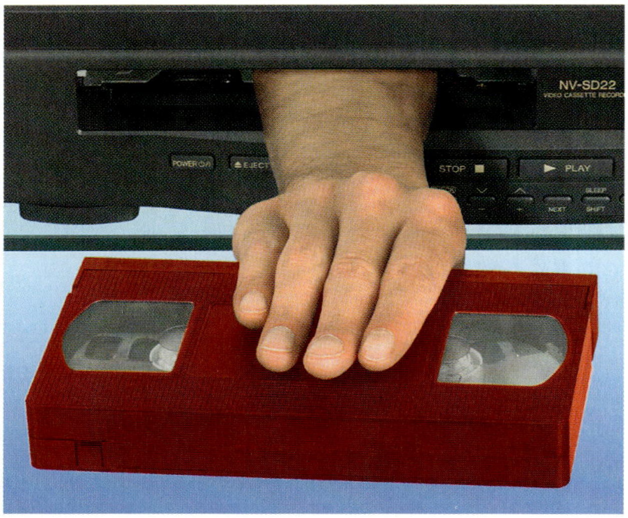

Sie wollten Ihren Lieblingsspielfilm aufnehmen und ausgerechnet diese Aufnahme hat nicht funktioniert? In dieser Checkliste finden Sie Anregungen, mit denen Sie die meisten Störungen beheben können.

Fehlersuche mit System

Das Gerät lässt sich nicht einschalten:

- Ist das Netzkabel angeschlossen? Zum Staubsaugen wird oft ein Stecker gezogen, den man dann gerne vergisst wieder einzustecken.
- Es ist eine Sicherheitsvorrichtung (Kindersicherung) aktiviert. Meist erkennbar an einer gerätespezifischen Anzeige im Display.

Aufnahme ist nicht möglich:

- Es liegt keine Kassette im Rekorder.
- Die Löschschutz-Lasche (Kopierschutz) der Kassette ist herausgebrochen. Überkleben Sie die Aussparung rechts an der schmalen Rückseite der Kassette mit einem Stück Klebeband (z. B. Tesafilm®).
- Die Verbindung zum Satelliten-Receiver ist nicht richtig eingestellt. Stecker lose?

Die Wiedergabe eines Bandes entspricht nicht Ihren Erwartungen:

- Stehen mehrere Eingangssignale zur Auswahl, könnte der Wahlschalter in der falschen Stellung sein und damit das falsche oder gar kein Signal aufzeichnen.
- Die Programm-Kanäle am Videorekorder stimmen nicht mit den Fernsehprogrammen überein: Die Kanäle müssen für TV und Videorekorder separat (und in der gleichen Reihenfolge!) programmiert werden.
- Der Wahlschalter für das Farbfernsehsystem (PAL, NTSC, SECAM) war während der Aufnahme in der falschen Stellung. (Im deutschen Raum: PAL!)
- Bei schlechter Wiedergabe: Reinigungskassette durchlaufen lassen. (Wirkt wie Schmirgelpapier, daher nicht zu häufig einsetzen!)

Sonstige Störungen:

- Das Gerät stoppt den Spulvorgang plötzlich von alleine: Mit der Memory-Taste wurde eine bestimmte Stelle des Bandes „markiert". „Löschen" Sie diese Markierung nach der Bedienungsanleitung.
- Die Fernbedienung funktioniert nicht bzw. nicht einwandfrei: Die Batterien sind verbraucht, der Infrarot-Strahl trifft auf dem Weg zum Videorekorder auf ein Hindernis.
- Aufnahme ist trotz Programmierung nicht erfolgt: VPS-Zeit (Automatische Einschalthilfe bei eventuellen Prgrammverschiebungen) wurde nicht genau programmiert. Das Datum ist falsch eingegeben (passiert schnell bei Aufzeichnung eines Nachtprogramms, das auf der Seite des Vortages angegeben ist).
- Der Videorekorder reagiert nicht auf Tastendruck: Ein technischer Defekt liegt vor. Für 30 Sekunden Netzstecker ziehen.

Fernseher ohne Bild

Fehlersuche mit System

Das Fernsehgerät zeigt nach dem Einschalten nicht die gewünschte Bild- oder Tonqualität:

- Wie bei allen elektrischen Geräten, sollten Sie zuerst die Stromversorgung überprüfen.
- Ist die Antenne richtig angeschlossen? Überprüfen Sie alle Kabelverbindungen.
- Wird das Bild besser, wenn Sie an dem Antennenkabel wackeln? Am Stecker oder im Koaxialkabel ist ein Wackelkontakt. Manchmal hilft ein kleiner Druck mit einer Zange auf die äußere Metallhülse, um den Kontakt wieder herzustellen.
- Spricht der Fernseher nicht mehr auf die Fernbedienung an? Prüfen Sie den Ladezustand der Batterien. Sind die in Ordnung und der Fernseher lässt sich aus dem Stand-by-Modus nicht einschalten, schalten Sie ihn kurz am Gerät aus und dann wieder ein (so genannter „Reset").
- An modernen Fernsehern lassen sich viele externe Geräte anschließen. Ist der Wahlschalter am Fernseher (oder Tuner) so eingestellt, dass er eine andere angeschlossene Quelle abruft (z. B. Aux, A1)?
- Auf dem Fernseher erscheint nur noch eine horizontale oder eine vertikale Linie. Schalten Sie das Fernsehgerät aus und rufen Sie den Kundendienst an.

Sie haben ein gutes Bild, jedoch keinen oder einen schlechten Ton:

- Evtl. ist die Lautstärke heruntergeregelt. Ist der Kopfhörer noch an der Kopfhörerbuchse angeschlossen?
- Ist der Fernseher versehentlich auf „mute" geschaltet (Stummschaltung)?

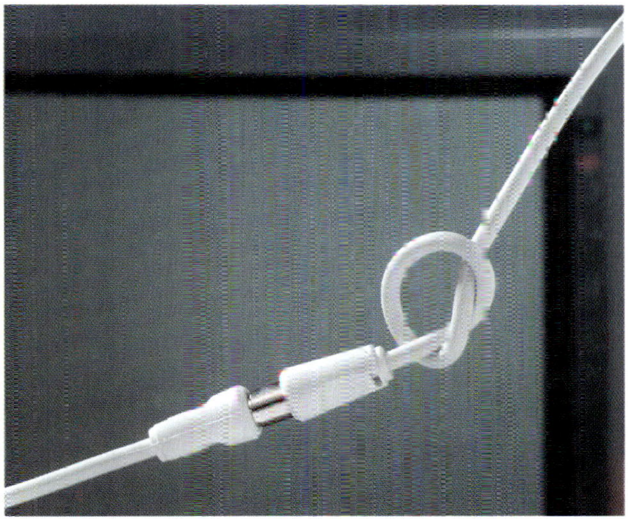

Ist der Fernseher defekt, ist das nicht unbedingt ein Fall für den Service-Techniker. Mancher „Knoten" lässt sich sicher schon mit dieser Checkliste finden und beheben.

Sonstige Störungen:

- Farbprogramme werden nicht farbig dargestellt: Drücken Sie die Taste „Standard-Einstellungen" auf der Fernbedienung.
- Bei Regen oder Schnee wird das Bild schlechter: Die Satelliten-Schüssel kann die Sender nicht störungsfrei empfangen.
- Deckt Schnee den Parabol-Spiegel teilweise ab? Entfernen Sie den Schnee von der Schüssel. Achten Sie dabei auf Ihre persönliche Sicherheit und klettern Sie nicht ohne Sicherung auf das Hausdach.
- Störungen, die mit diesen Kurz-Hinweisen nicht behoben werden können, kann nur ein Fachbetrieb beseitigen.
- Versuchen Sie niemals, ein defektes Fernsehgerät eigenmächtig zu reparieren, wenn Ihnen dazu die Qualifikation fehlt. Bei Berühren bestimmter Bauteile am offenen Gerät besteht Lebensgefahr.

Der Drucker macht Probleme

Seminar-Arbeiten werden oft erst in der Nacht vor dem Abgabetermin ausgedruckt. Für Fälle dieser Art ist es besonders wichtig zu wissen, bei welchen Fehlern eine Soforthilfe möglich ist.

✔ FEHLERSUCHE MIT SYSTEM

Keine sichtbare Aktivität nach dem Einschalten:

- Die Kontroll-Leuchten sind aus und der Selbsttest ist nicht möglich: Ist die Stromversorgung gesichert?
- Drucker zeigen über LEDs bzw. über Fehlernummern im Display Fehler an. Gehen Sie dann nach dem Druckerhandbuch vor.

Verbindung zum PC:

- Sitzt das Druckerkabel fest in der Kontaktleiste der Druckerschnittstelle?
- Bei mehreren Druckerschnittstellen: Ist das Datenkabel an der richtigen Schnittstelle eingesteckt?
- Ist die PC-eigene Schnittstelle im BIOS evtl. deaktiviert oder in einem Modus, den der Drucker nicht unterstützt? (SPP/ECP)

Software-Einstellungen für Drucker:

- Ist die richtige Druckerschnittstelle (LPT 1, 2 oder 3) ausgewählt? In Windows™ über Standard-Dialoge in der Systemsteuerung einstellbar. Bei DOS™-Programmen ist diese Einstellung programmspezifisch.
- Der Drucker ist nicht als Standard-Drucker ausgewählt. (Einstellung in MS-Windwos™ im Menü „Drucken“)
- Der Druckmodus ist nicht richtig gewählt (z. B. bei Tintenstrahl-Druckern, bei denen Farbdruck eingestellt ist, die Schwarz-Patrone jedoch noch nicht gegen eine Farbpatrone ausgetauscht wurde).
- Auf dem Ausdruck sind nur Steuer- und Sonderzeichen: Druckertreiber neu installieren, oder einen anderen Treiber auswählen.

Das Druckbild ist nicht überzeugend:

- Laser-Ausdruck mit verschwommenen Konturen: Der Koronardraht ist verschmutzt. Photo-Trommel wechseln bzw. Koronardraht säubern lassen.
- Dunkle Flecken in regelmäßigen Abständen: Ebenfalls Photo-Trommel austauschen.
- Unregelmäßig gestreute Flecken. Toner befindet sich frei im Laserdrucker. Auf keinen Fall selbst reinigen! (Toner ist giftig und krebserregend!) Auch nicht aufsaugen, da das Filter nicht fein genug ist.
- Helle vertikale Streifen: Der Toner ist verbraucht. Kartusche austauschen.
- Unvollständiger Druck (z. B. nur halbe Seite): Der Drucker hat nicht genug Speicher für die Grafik. Speicher nachrüsten.
- Streifiger Ausdruck bei Tintenstrahlern: Patrone fast leer oder einige Düsen sind eingetrocknet. Mit Küchentuch und einem Tropfen Wasser über die Düsen wischen.

Mein Computer streikt

Fehlersuche mit System

Der Computer gibt nach dem Einschalten keinen Ton von sich:

- Sind sämtliche Stromkabel eingesteckt? Manchmal steckt ein Kabel nicht richtig im Netzteil, es fließt kein Strom.
- Ist die Verlängerung bzw. die Mehrfachsteckdose auch eingesteckt?
- Bekommt der PC Strom? Testen Sie mit einem Phasenprüfer Steckdosen und Steckerleiste auf Spannung.
- Ist eine Sicherung ausgefallen? Drücken Sie die Sicherung wieder hinein. Springt sie wieder heraus, sind eventuell zu viele Geräte angeschlossen. Ist auch das nicht der Fall, sollten Sie einen Elektriker rufen.
- Bei Geruchsentwicklung aus dem Gehäuse auf keinen Fall selbst einen Reparaturversuch unternehmen.

Der Computer startet, zeigt aber kein Bild:

- Ist der Monitor am Netz angeschlossen? (Leuchtet die Leuchtdiode auf?) Prüfen Sie nach den oben genannten Schritten die Stromversorgung.
- Ist die Verbindung zwischen Grafikkarte Monitor (VGA-Kabel o. Ä.) richtig hergestellt? Auch hier kann ein Wackelkontakt vorliegen.
- Ist ein „Steckerbeinchen" des VGA-Kabels (Verbindung zwischen Rechner und Monitor) nicht lang genug oder umgeknickt? Dann brauchen Sie ein neues VGA-Kabel.
- Ist die Grafikkarte richtig eingesteckt? Der Computer piepst je nach BIOS unterschiedlich oft. Öffnen Sie das Gehäuse, stecken Sie die Grafikkarte erneut ein und befestigen Sie die Karte am Gehäuse.

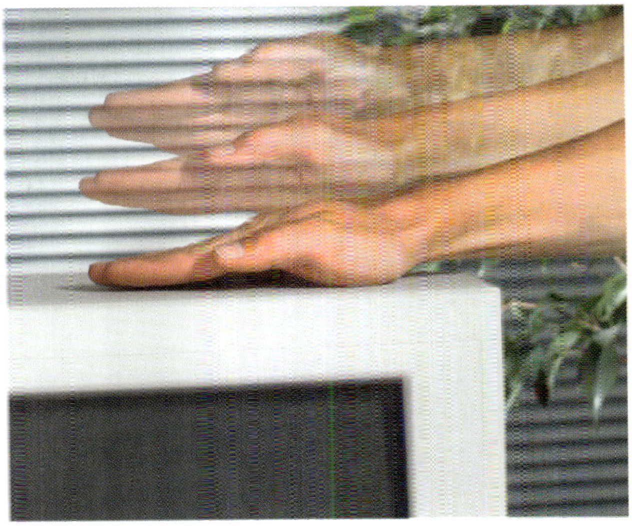

Kennen Sie das auch? Sie wollen schnell noch etwas Wichtiges fertig stellen und der Computer streikt. Oft handelt es sich um einen Fehler, den Sie leicht selbst beheben können.

Der Computer läuft an, bleibt dann aber „stehen":

- Haben Sie eine neue Komponente eingebaut? Überprüfen Sie die Geräte-Adressen und „Interrupts" ohne die neue Komponente, stellen Sie ggf. neue Parameter ein und starten Sie von einer Sicherungs-Disk.

„Non-system disk or disk error" o. Ä.:

- Eine Diskette ohne Systemdateien liegt im Boot-Laufwerk. Entfernen Sie die Diskette und drücken Sie den „Reset"-Knopf.
- Der Computer kann trotzdem kein Betriebssystem finden: Das BIOS hat die Parameter Ihrer Festplatte „vergessen". Lassen Sie die Batterie des BIOS austauschen.
- Unerklärliche Fehlermeldungen können von einem Virus verursacht werden. Viren-check-Programm von einer garantiert virenfreien Startdiskette laufen lassen.

Die wichtigsten Werkzeuge

Die Hersteller bieten heutzutage den Heimwerkern Maschinen an, die sich teilweise nur noch unwesentlich von Profi-Maschinen unterscheiden.
Auf den nächsten Seiten zeigen wir Ihnen die wichtigsten Werkzeuge für erfolgreiches Heimwerken und weisen auf qualitative Unterschiede hin, die Sie beim Werkzeugkauf beachten sollten.

Die richtige Werkzeugwahl

Was gehört zur Grundausstattung?

Die Zweigang-Schlagbohrmaschine mit einer Leistungsaufnahme von wenigstens 600 W(att), Drehrichtungsumkehr und Drehzahlvorwahl gehört auf jeden Fall zur Grundausstattung. Die elektrische Stichsäge ist das am zweithäufigsten eingesetzte Werkzeug. Gerade Schnitte erfordern etwas Übung, gehen aber zügig, besonders wenn die Maschine über einen Pendelhub verfügt, bei dem das Sägeblatt zusätzlich in horizontaler Richtung pendelt. Handsägen sollten über eine geschliffene und nicht gestanzte Zahnung verfügen. Qualitativ hochwertige Sägeblätter kann man zusätzlich daran erkennen, dass sie sich selbst nach starkem Biegen wieder gerade ausrichten. Ein Fuchsschwanz und eine Metall- oder Universalsäge sollten im Werkzeugkasten auf keinen Fall fehlen.

Legen Sie bei der Wahl des Werkzeugs den Schwerpunkt auf Qualität, nicht auf die Quantität.

Sollen Oberflächen den letzten Schliff bekommen, darf Schleifpapier mit grober, mittlerer und feiner Körnung nicht fehlen. Dazu brauchen Sie einen Schleifklotz. Für den groberen Holzabtrag kommt man an einem guten (Doppelsims-)Hobel nicht vorbei. Punktueller lässt sich dagegen besser mit Raspel und Feile arbeiten.

Für viele Reparaturarbeiten sind Zangen unentbehrliche Helfer. Ihre Qualität erkennt man an einer gewissen Leichtgängigkeit. Das Drehgelenk sollte jedoch auf keinen Fall Spiel haben. Die Griffmäntel sollten zur Sicherheit grundsätzlich schutzisoliert nach VDE-Norm sein. Der Verband Deutscher Elektrotechniker prüft in aufwändigen Versuchsaufbauten Werkzeuge auf ihre Sicherheit beim Umgang mit elektrischem Strom.

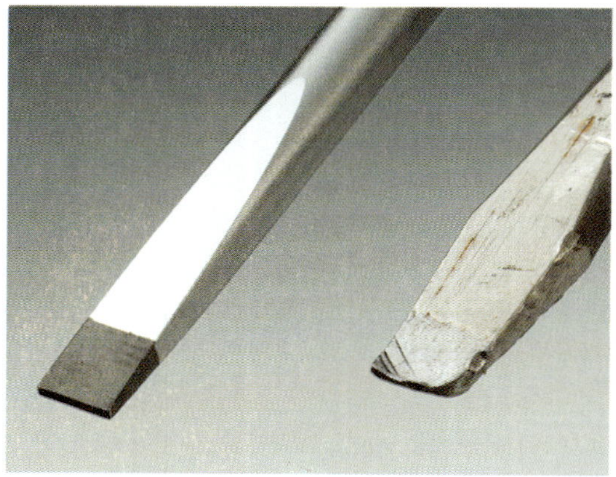

Werkzeug mit gehärteten, meist auch magnetischen Spitzen ist wesentlich langlebiger als billiges, ungehärtetes Werkzeug.

Bei Schraubwerkzeugen und Schraubenschlüsseln kann man die Qualität mit bloßem Auge nur schwer erkennen. Greifen Sie lieber zum etwas teureren (evtl. auch weniger umfangreichen) Sortiment an Gabelschlüsseln oder Schraubendrehern. Die Schraubendreher sollten ebenfalls sicherheitshalber schutzisoliert sein.

Chrom-Vanadium: Ein Zeichen für Qualität?

Heutzutage ist so ziemlich jedes Werkzeug, gleich ob Schraubendreher oder -schlüssel aus Chrom-Vanadium. Diese Eigenschaft wird einem oft als Qualitätsmerkmal der Werkzeuge verkauft. Das allein bietet Ihnen jedoch nicht automatisch die Gewähr, dass es sich dabei auch um ein hochwertiges Werkzeug handelt. Erstens sind die Gewichtsanteile von Chrom und Vanadium nur in gewissen Bandbreiten vorgeschrieben.

Welche Bestandteile einer Legierung beigemengt werden, ist das Geheimnis jedes einzelnen Herstellers. Zweitens kommt es sehr darauf an, wie Stahl weiter verarbeitet, d. h. „vergütet“ wird. Erst ein hoher Qualitätsstandard in dieser Produktionsphase sichert die Bruchfestigkeit des Materials. Ein weiteres Qualitätskriterium sollte die Maßgenauigkeit sein. Ist ein Schraubenschlüssel nicht maßgenau, kann es passieren, dass Sie damit an einer Schraube abrutschen. Diese Maßungenauigkeiten sind mit dem bloßen Auge nicht erkennbar.

Man kann also zusammenfassend feststellen: Qualität lässt sich nur mit einem hohen Herstellungsaufwand sichern, der seinen Preis hat. Daher sollte gelten: Hände weg von verlockenden Billigangeboten, bei denen Ihnen 200-teilige Sets für „einen Apfel und ein Ei“ angeboten werden.

Außerdem gilt: Wer zu seinem Produkt steht, versteckt sich auch nicht. Wenn der Name des Herstellers auf dem Produkt eingestanzt ist, ist das in der Regel ein Zeichen für einen gewissen Qualitätsstandard.

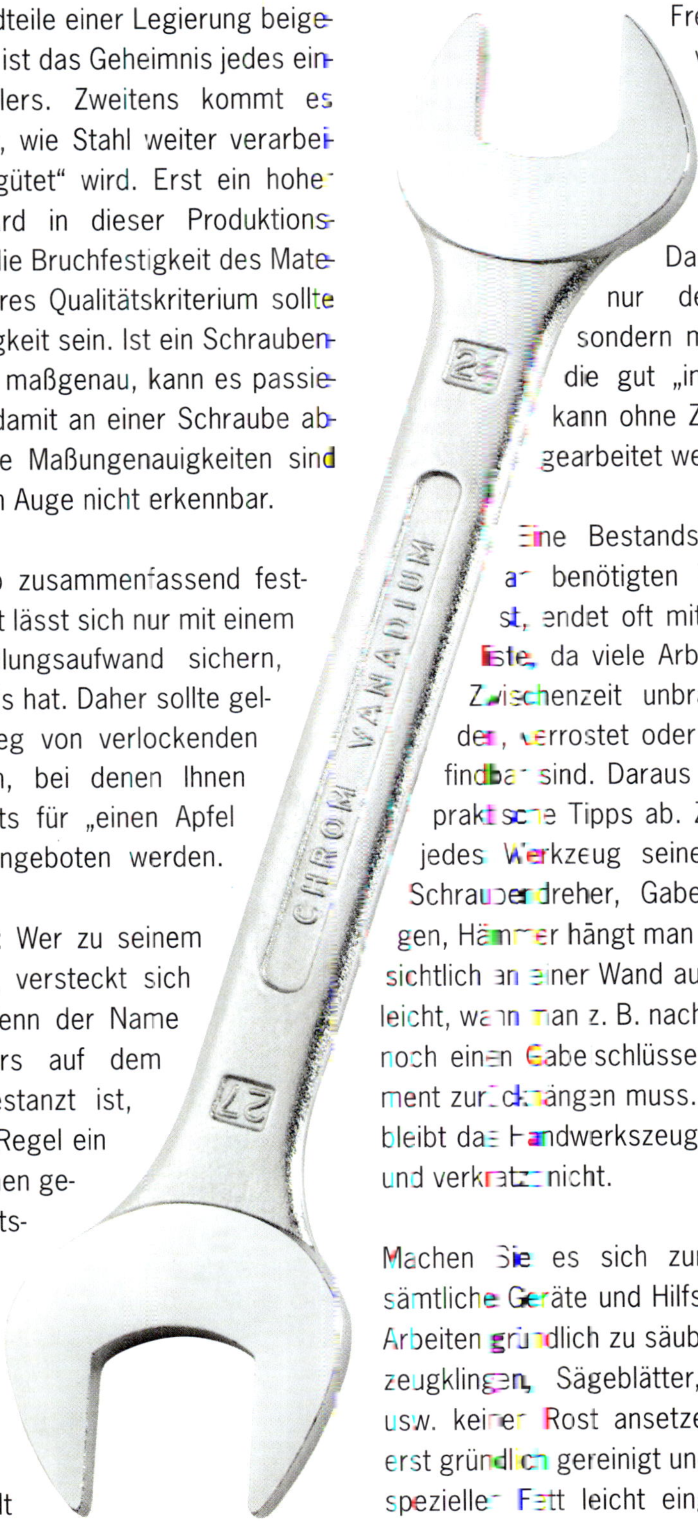

Werkzeugpflege: Gut gepflegtes Werkzeug macht doppelt Freude. Es hält viel länger als ein ungepflegtes, vernachlässigtes Arbeitsgerät. Das schont nicht nur den Geldbeutel, sondern mit Werkzeugen, die gut „in Schuss“ sind, kann ohne Zeitverzug direkt gearbeitet werden.

Eine Bestandsaufnahme, was an benötigten Werkzeugen da ist, endet oft mit einer Einkaufsliste, da viele Arbeitsmittel in der Zwischenzeit unbrauchbar geworden, verrostet oder nicht mehr auffindbar sind. Daraus leiten sich ganz praktische Tipps ab. Zum einen sollte jedes Werkzeug seinen Platz haben. Schraubendreher, Gabelschlüssel, Zangen, Hämmer hängt man am besten übersichtlich an einer Wand auf. So sieht man leicht, wann man z. B. nach einer Reparatur noch einen Gabelschlüssel aus dem Sortiment zurückhängen muss. Auf diese Weise bleibt das Handwerkszeug immer komplett und verkratzt nicht.

Machen Sie es sich zur Angewohnheit, sämtliche Geräte und Hilfsmittel nach dem Arbeiten gründlich zu säubern. Damit Werkzeugklingen, Sägeblätter, Edelstahlkellen usw. keinen Rost ansetzen, sollten diese erst gründlich gereinigt und dann mit einem speziellen Fett leicht eingefettet werden.

Eine ordentliche Aufbewahrung schont das Werkzeug und Ihren Geldbeutel.

Rund um die Bohrmaschine

❶ Das große Angebot an Bohrmaschinen lässt sich im Prinzip auf drei Typen reduzieren: Netzunabhängiger Betrieb ist mit Akku-Bohrmaschinen ① möglich. Sie sind jedoch weniger leistungsfähig als die Schlagbohrmaschinen ②. Größere Löcher in Ziegel oder Beton sind nur mit Maschinen mit Leistungsaufnahmen ab 500–600 Watt möglich. Bohrhämmer ③ sind wahre Arbeitstiere. Damit kommen Sie spielend in Beton.

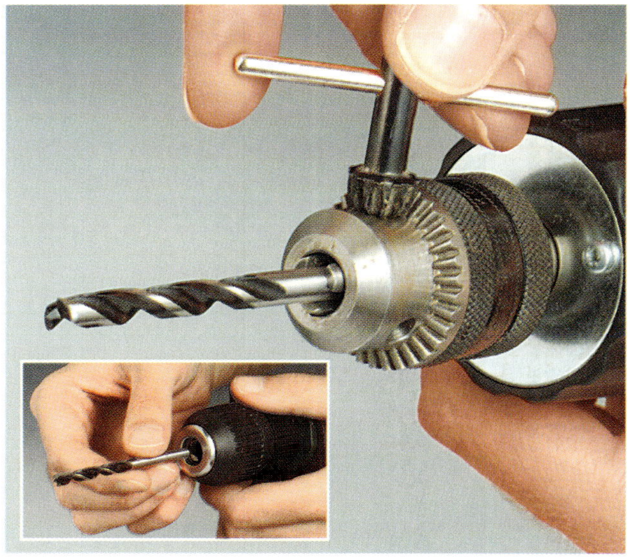

❷ Es gibt zwei verschiedene Bohrfutter. Den älteren und einfacher gebauten Typ ziehen Sie mit einem speziellen Schlüssel zu. Bei so genannten Schnellspann-Bohrfuttern brauchen Sie keinen Schlüssel. Durch Drehen des vorderen Teils öffnen Sie das Bohrfutter, bis sich der Bohrer leicht einsetzen lässt. Zum Schließen des Bohrfutters halten Sie den hinteren Teil fest und drehen das vordere Teil in umgekehrter Richtung zu.

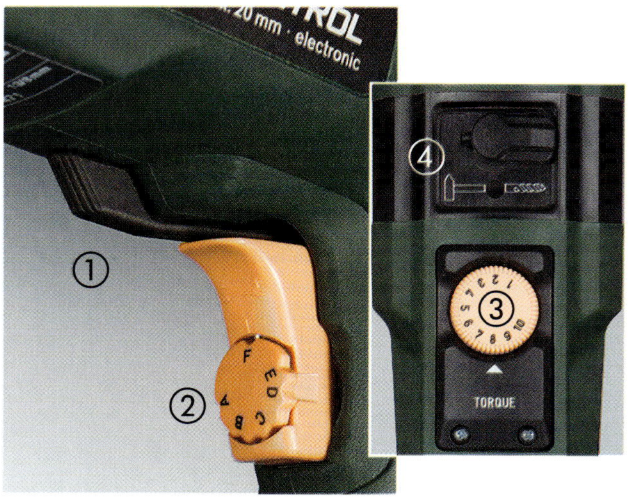

❸ Als Einstellmöglichkeiten finden Sie Rechts- und Linkslauf ①, je nach Modell ein Stellrad für Drehzahl ② und Drehmoment ③ und bei Schlagbohrmaschinen eine Bohr-/Schlagbohr-Umschaltung ④.

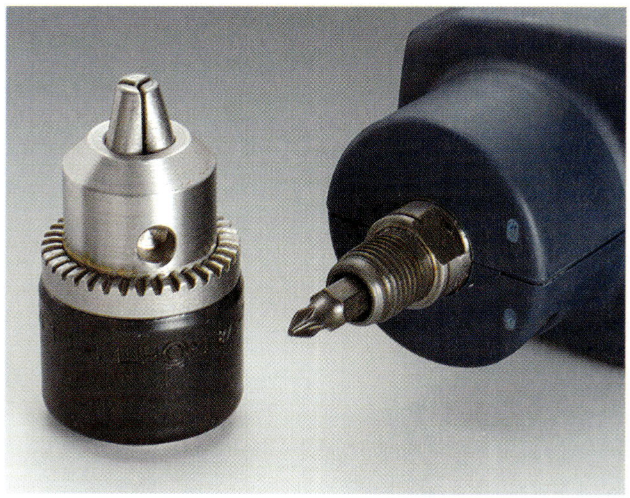

❹ Je nach Ausführung können Sie bei dem Akku-Bohrer das Bohrfutter abschrauben und es kommt eine Bit-Aufnahme zum Vorschein. In dem Fall brauchen Sie keine zusätzliche Universalaufnahme für die Bits.

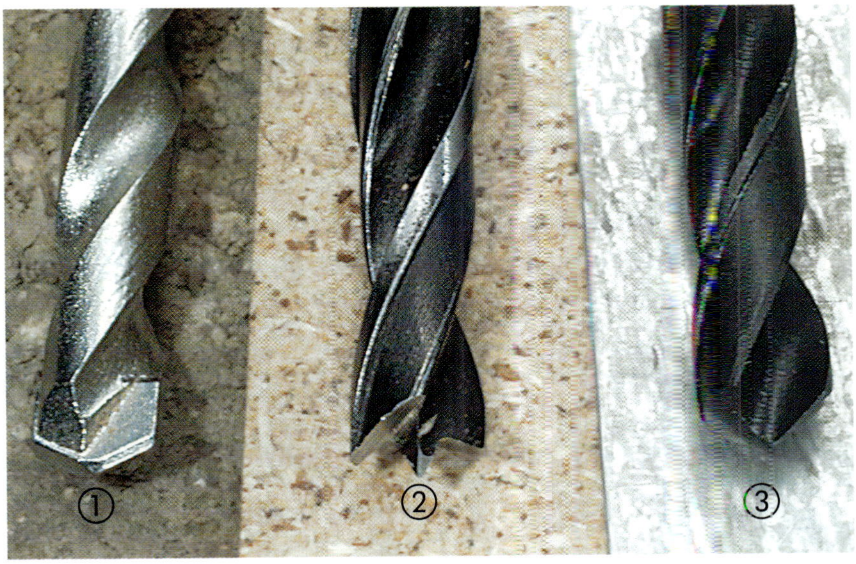

❺ Um in unterschiedliche Materialien Löcher bohren zu können, gibt es drei verschiedene Bohrertypen: Stein-, Holz- und Metallbohrer. Bei Steinbohrern ① ist die Spitze etwas breiter als der zylindrische Schaft. Holzbohrer ② haben eine Zentrierspitze und Metallbohrer ③ sind durchgehend zylindrisch geformt. Bohrer können unterschiedliche Einsteck-Enden haben. Neben den konventionellen Bohrern gibt es für Profimaschinen auch Spezial-Bohrer mit SDS Plus®-Einsteck-Ende.

❻ Besonders praktisch, wenn Sie über Kopf arbeiten: Ein Staubfänger, der für Steinbohrer zwischen 4 und 8 mm ausgelegt ist, fängt den Staub aus dem Bohrloch auf. Vor allem aber wird das staubempfindliche Lager der Bohrmaschine dadurch wirkungsvoll geschützt.

❼ Mit den richtigen Aufsätzen können Sie mit Ihrer Bohrmaschine Schleifen, Polieren, Löcher sägen oder Rost entfernen, Farben mischen oder Mörtel anrühren. Selbst eine Wasserpumpe lässt sich mit einer Bohrmaschine betreiben. Nicht zuletzt gibt es als Zubehör eine biegsamen Welle.

So machen Sie es richtig

- **Überprüfen Sie vor dem Bohren die Bohrstelle unbedingt auf unter Putz verlegte Strom-, Gas- und Wasserleitungen (Metallortungsgerät).**
- **Das Gerät selbst darf nicht feucht sein und auch nicht in feuchter Umgebung betrieben werden.**
- **Lassen Sie Reparaturen an Elektrogeräten nur von einem Fachmann durchführen.**

Sägen für einen guten Schnitt

❶ Der Fuchsschwanz ist der populärste Vertreter seiner Gattung. Er eignet sich für fast alle Holzarbeiten. Dennoch ist es sinnvoll, darüber hinaus noch andere Sägen zu kennen.

❷ Ziehen Sie ergonomische, d. h. der Hand angepasste Griffe vor. Mit ihnen können Sie ermüdungsfrei arbeiten. Geschlossene Griffe schützen außerdem Ihre Hände vor Verletzungen.

❸ Die Bügelsäge ist eher für grobe Holzarbeiten ausgelegt. Holzstämme, Äste oder Brennholz können Sie damit mühelos sägen. Die Schnittfläche ist jedoch ziemlich rau.

❹ Für feine Schnitte, wie man sie bei Leisten oder Fußleisten braucht, ist eine Feinsäge mit Gehrungslade erforderlich. Achten Sie auf den Qualitätsunterschied solcher Sägen: Gehärtete Zähne sind schwarz und garantieren eine längere Haltbarkeit. Eine Gehrungssäge lohnt sich, wenn besonders präzise Schnitt unter vorgegebenen Winkeln ausgeführt werden sollen.

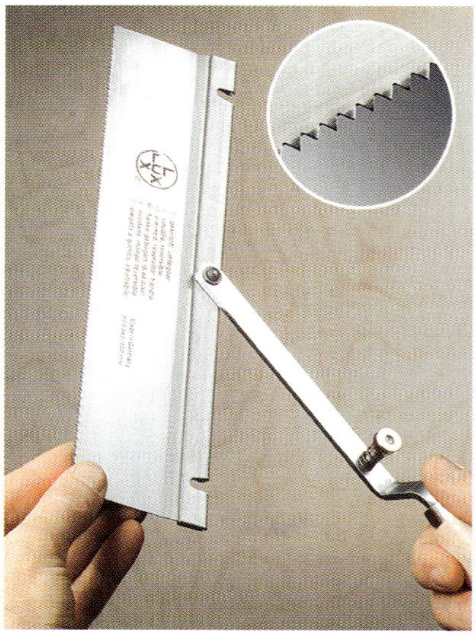

❺ Gekröpfte Feinsägen, mit denen man auch in Ecken gelangt, haben einen parallel zum Sägeblatt versetzten Griff, der bei manchen Modellen – wie im Bild – auch umgelegt werden kann.

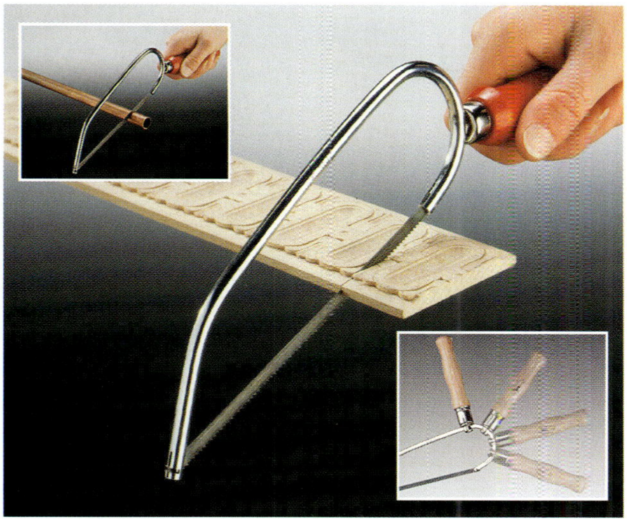

❻ Die Puksäge ist durch ein Universalblatt für Holz und Metall einsetzbar. Der Arbeitswinkel lässt sich optimal einstellen. Das Sägeblatt hat eine sehr feine Zahnung. Deswegen ist der benötigte Kraftaufwand, aber auch die Sägewirkung geringer. Für dünne Werkstücke ist diese Säge jedoch gut geeignet.

❼ Bei sehr harten Materialien wäre eine Säge mit Universal- oder gar einem Holzsägeblatt überfordert. Diese Aufgabe bewältigt eine Metallbügelsäge ohne Probleme. Bei manchen Ausführungen kann das Sägeblatt in der Halterung gedreht werden, sodass waagerechte und bündige Schnitte möglich sind.

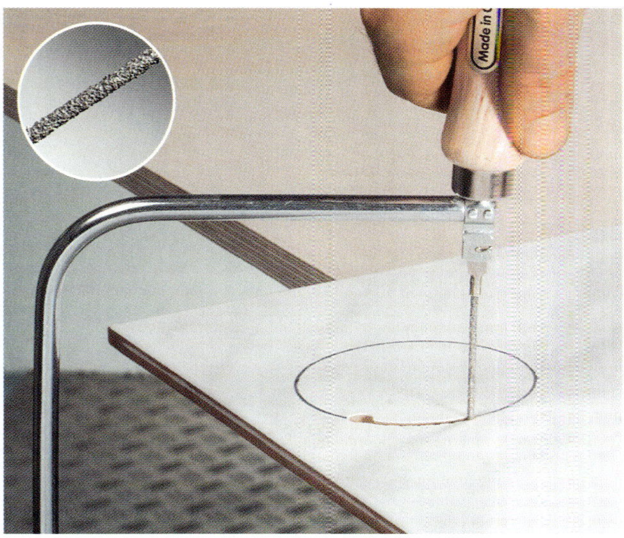

❽ Diese Universalsäge hat einen diamantbeschichteten Metalldraht und ist damit auch für sehr harte Werkstoffe wie z. B. Fliesen geeignet. Nach dem Vorbohren führen Sie den Metalldraht durch das vorgebohrte Loch und spannen es wieder ein. So lassen sich Löcher ohne optisch störende Schnitte herstellen.

❾ Mit der maschinellen Kraft der Stichsäge geht es natürlich wesentlich leichter. Für die unterschiedlichen Materialien gibt es die geeigneten Sägeblätter. Denken Sie bei der Bedienung unbedingt an Ihre Sicherheit!

Schleifgeräte und -mittel

❶ Zum Schleifen braucht man immer ein Schleifmittel und ein Arbeitsgerät, das es hält. Ob Sie maschinell oder von Hand schleifen hängt letztlich davon ab, wie viel Sie zu schleifen haben.

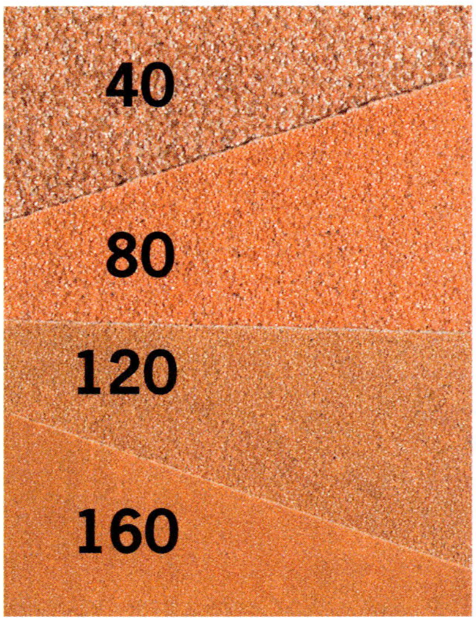

❷ Das einfachste Schleifmittel ist das Schleifpapier. Hier unterscheidet man zwischen verschiedenen Körnungen. Sie reichen von grobkörnig (40) bis zu feinkörnig (300 und höher).

❸ Man unterscheidet (meist schwarzes) Metall- von Holz-Schleifpapier. Bei ersterem ist der Schleifbelag auf Leinen aufgebracht, es verschleißt langsamer und ist auch für Nassschliff geeignet.

❹ Die angebotenen Hilfsmittel, die die Schleifpapiere halten, gibt es u. a. aus gehärtetem Stahl. Rechteckförmig eignen sie sich für Ecken, spitz zulaufend für schwer zugängliche Stellen oder Löcher.

❺ Oft lässt sich aber auch ein geeignetes Hilfsmittel selbst basteln. Ein mit Schleifpapier umwickelter Rundstab erreicht Stellen, an die ein Schleifklotz nicht mehr herankommt.

❻ Raspeln in unterschiedlichen Formen komplettieren das Angebot der manuellen Schleifmittel. Sie werden für Werkstücke mit groberen Oberflächen oder für einen größeren Holzabtrag eingesetzt.

❼ Das wohl bekannteste maschinelle Schleifwerkzeug ist der Schwingschleifer. Führen Sie das Gerät nur mit leichtem Druck und ausschließlich in Faserrichtung. So erreichen Sie auch auf großen Flächen ein perfektes Schleifergebnis. Bei Geräten mit Absaugvorrichtung haben die Sohle und das Schleifpapier Löcher.

❽ Der Exzenterschleifer ist ein neues, aber bekanntes Schleifgerät. Mit ihm kann man auch quer zur Faserrichtung schleifen und erhält dennoch einen sehr gleichmäßigen Holzabtrag. Durch kreisende Bewegungen werden, wenn man nicht zu grobes Schleifpapier nimmt, unschöne Kratzer und Querriefen vermieden.

❾ Die Bandschleifmaschine sorgt für den größten Holzabtrag und muss auf jeden Fall auch in Faserrichtung geführt werden.
Achtung: Die Schleifbänder haben eine vorgegebene Laufrichtung.

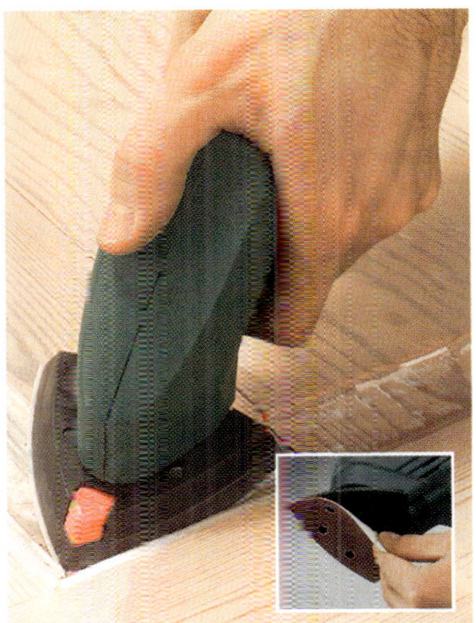

❿ Bereits als Sonderwerkzeug ist der Dreieckschleifer (mit oder ohne Absaugvorrichtung) einzuordnen. Mit ihm kann man besonders gut in Ecken – z. B. bei einer Kassettentür – hineinarbeiten.

⓫ Nur für gelegentliche kleinere Arbeiten sollten Sie zu Aufsätzen für die Bohrmaschine greifen. Die Auflagefläche ist klein, schlecht kontrollierbar und es gibt keine automatische Absaugvorrichtung.

Wo gehobelt wird ...

❶ Wenn Holzflächen gut geglättet oder Kanten wirklich gerade werden sollen, kommen Sie um einen guten Hobel nicht herum. Die wichtigsten Hobeltypen stellen wir Ihnen vor. Genauso wesentlich ist aber die richtige Technik und etwas Fingerspitzengefühl beim Hobeln. Zum Schlichten (Glätten) von rauen und unebenen Oberflächen eignet sich der Schlichthobel. Er hat ein ca. 45 mm breites Einfach-Hobeleisen.

❷ Ein Doppelhobel hat ein doppeltes Hobeleisen. Damit können Sie sogar quer zum Faserverlauf und selbst Astlöcher plan hobeln. Für den Heimwerker empfiehlt sich also die Anschaffung eines Doppelhobels. Auch Kanten lassen sich ganz einfach mit einem Doppelhobel „bestoßen", d. h. abrunden.

❸ Für ganz feine Arbeiten verwenden Sie am besten einen Putzhobel. Bei diesem Hobel steht das Doppel-Hobeleisen etwas steiler und es ist eine äußerst dünne Spanabnahme möglich. Damit können Sie z. B. leicht Farbflecken von Parkett entfernen.

❹ Der Simshobel, den es auch als Doppelhobel gibt, ist – seinem Einsatz entsprechend – sehr schmal. Damit lassen sich dann prima Türfalze, Profile und Profilkanten bearbeiten. Im kleinen Bild sehen Sie die Messer und die Spankammern der beiden Hobel.

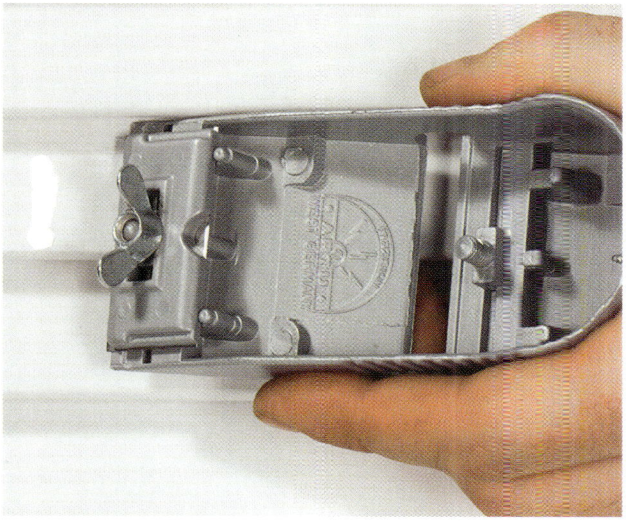

❺ Der Kombi-Hobel ist ein wirkliches Universaltalent: Mit ihm lassen sich auch problematische Oberflächenstrukturen, z. B. bei Lamellen, abhobeln. Darüber hinaus lässt er sich auch für kleinere Werkstücke als Flächen-, Kanten- und Simshobel einsetzen. Bei großen Flächen kann er einen Schlicht- oder Doppelhobel jedoch nicht ersetzen.

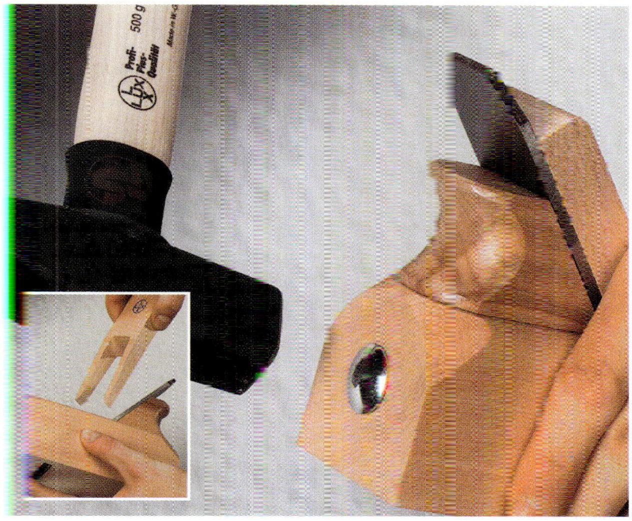

❻ Wenn Sie die Position des Hobeleisens neu einstellen möchten, schlagen Sie mit einem Hammer leicht auf den Schlagknopf. Die Keilklemmung löst sich und gibt das Hobeleisen frei. Die neue Position des Hobelmessers, d. h. die gewünschte Spandicke, richten Sie ein durch leichte Hammerschläge von oben auf das Eisen. Dessen Stand wird durch Peilen über die Sohle (Hobelunterseite) kontrolliert

❼ Mit dem Elektrohobel geht die Arbeit natürlich viel leichter von der Hand. Besonders wenn Sie oft hobeln lohnt sich der Kauf, zumal die Elektrowerkzeuge durch umfangreiches Zubehör um sinnvolle Funktionen erweitert werden können.

❽ Mit einem speziellen Untergestell läßt sich der Elektrohobel als Abrichthobel verwenden. Das Werkstück wird dabei über den fixierten Hobel geführt. Mit einer Dickenhobel-Einrichtung gelingt auch an langen Latten ein gleichmäßiger Abtrag ohne Mulden.

In die Zange genommen

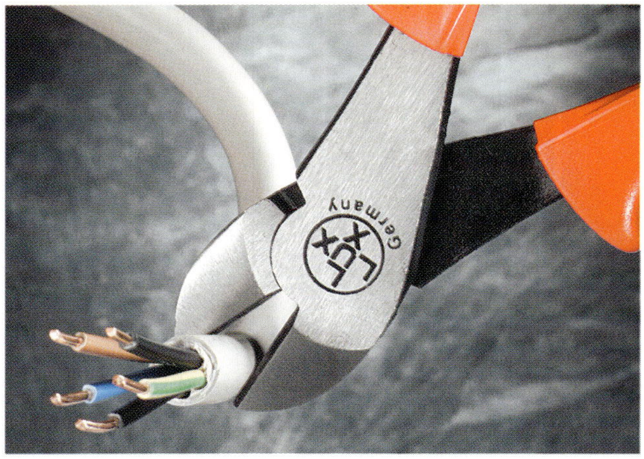

❶ Sehr vielseitig ist die Kombizange, die in dem Werkzeugkoffer eines jeden Handwerkers nicht fehlen darf. Sie kombiniert drei Funktionen: Greifen/Halten, Schneiden und Schrauben. Zu harte Materialien sollte man damit jedoch nicht zu schneiden versuchen. In anderen Situationen ist z. B. der Hebel der Zange nicht groß genug. Deshalb gehören immer mehrere Zangen in eine gut ausgestattete Werkstatt.

❷ Lautsprecherkabel oder ähnlich dünne Drähte können mit einem Seitenschneider gekürzt werden, dickere Werkstoffe, wie z. B. Kabel für die Festverlegung mit starren Adern, lassen sich leichter mit dem abgebildeten Kraftseitenschneider durchtrennen. Er hat einen größeren Hebel und ist zudem aus härterem Material. Deswegen eignet er sich zum Schneiden viel besser als als eine Kneif- oder Kombizange.

❸ Die Telefonzange, die es sowohl mit geraden als auch gebogenen Spitzen gibt, kann besonders gut feine Drähte oder elektronische Bauteile halten oder sie an eine bestimmte Stelle platzieren. Diese Zangen gibt es auch in kleinerer Ausführung als schutzisoliertes Elektroniker-Werkzeug bzw. für den Modellbau. Mit den feinen Spitzen lässt sich wesentlich präziser arbeiten. Die schutzisolierten Griffe (mit VDE-Zeichen) schützen Sie, falls ein Bauteil wider Erwarten unter Spannung stehen sollte.

❹ Die Kantenzange, besser bekannt als Kneifzange, kann nicht nur weiche Drähte schneiden sondern auch Nägel ziehen.
Tipp: Legen Sie ein kleines Hölzchen unter, damit sich die Zange nicht in die Holzoberfläche drückt.

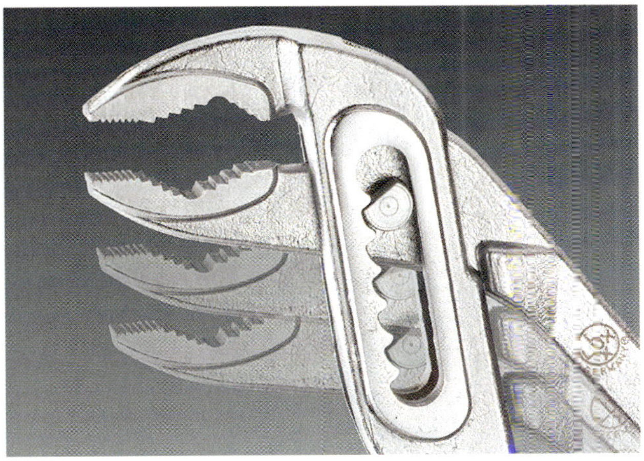

❺ Mit der Wasserrohrzange können Rohrverbindungen und Armaturen festgeschraubt oder gelöst werden. Die Maulweite ist auf unterschiedliche Durchmesser einstellbar. Etwas Vorsicht ist bei verchromten Teilen angesagt. Hier sollten Sie zum Schutz vor Kratzern einen Lappen zwischenlegen. Wie Sie an der Formung des Zangenmaules sehen, ist diese Zange darauf spezialisiert, runde Gegenstände zu greifen.

❻ Die Siphonzange ist wie die Wasserrohrzange ein wichtiges Werkzeug bei Sanitär-Installationen. Das Maul dieser Zange ist auf die runden Schraubverbindungen von U-Bögen abgestimmt. Diese Zange verkratzt keine verchromten Teile, weil ihre Backen mit einem Kunststoffüberzug versehen sind. Sie brauchen keinen Lappen zwischenzulegen und können daher mit dieser Zange wesentlich besser zupacken.

❼ Ein Armaturenschlüssel mit geraden Backen und Kunststoffschutz kann hochwertige Armaturen oder verchromte (sechseckige) Teile packen, ohne sie zu verkratzen. Eckrohrzangen mit S-Maul werden dagegen beim Verlegen von Wasserleitungen verwendet, wobei es mehr auf Zupacken und nicht auf eine makellose Optik ankommt. Durch die Riffelung des Zangenmaules rutschen Sie nicht am Werkstück ab.

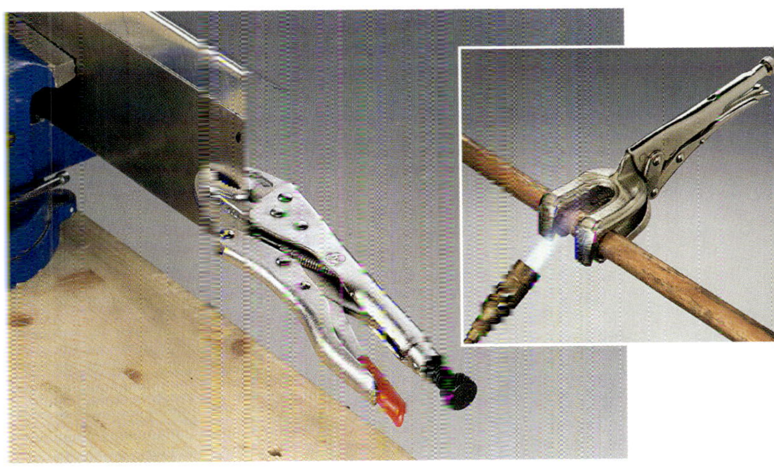

❽ Eine Universal-Gripzange schließlich hilft überall dort, wo Sie eine helfende „dritte Hand" brauchen. Sie können damit Werkstücke zusammenpressen oder einfach nur halten. Beim Auflöten einer Muffe z. B. halten solche Zangen für Sie auch heiße Werkstücke zusammen und Sie können sich nicht verbrennen.

Schlüssel zum Erfolg

❶ Mit der Erfindung der Sechskantschraube entstand auch eine völlig neue Palette von Schrauben- bzw. Steckschlüsseln. Das Angebot in Ihrem Baumarkt ist sicherlich riesengroß. Zur Standard-Ausstattung des Heimwerkers gehört ein Gabelschlüsselsatz. Mit ihm lassen sich alle Sechskantschrauben in den gängigen Maßen (6–22 mm) anziehen oder lösen. Ob das Maul des Gabelschlüssels poliert ist oder nicht, stellt kein Qualitätsmerkmal dar.

❷ Sie haben die Auswahl zwischen dem offenen Gabel- oder Maulschlüssel ①, dem Gabelringschlüssel ②, und dem Ringschlüssel ③. Mit dem mittleren Schlüssel können Sie vor Ort entscheiden, welche Seite Sie nehmen. Die Ringseite hat die Sechskantschraube oder -mutter besser im Griff. Sie brauchen jedoch etwas mehr Platz, um diesen Schlüssel ansetzen zu können. Damit Sie diese Werkzeuge besser handhaben können, sind die Köpfe etwas abgewinkelt („gekröpft“).

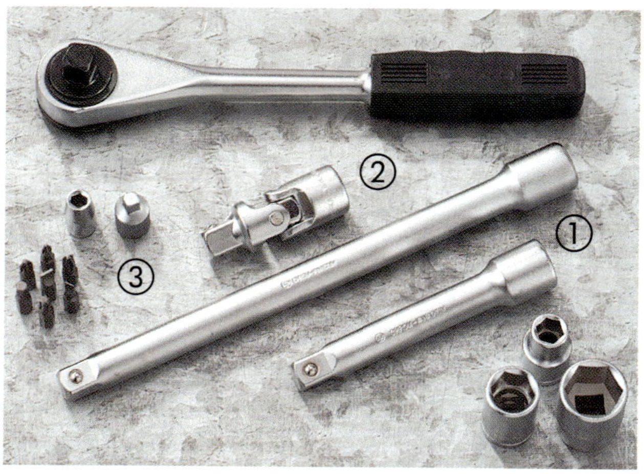

❸ Mit sogenannten Knarren lassen sich Schrauben besonders leicht festdrehen bzw. lösen. Sinnvolles Zubehör für Knarren: Mit Verlängerungen ① kommen Sie auch an schlecht zugängliche Stellen und mit dem Kardan-Gelenk ② sogar um Ecken. Zusammen mit dem Reduzierstück ③ können Sie auch Steckschlüssel aufstecken, die für kleinere Knarren gedacht sind.

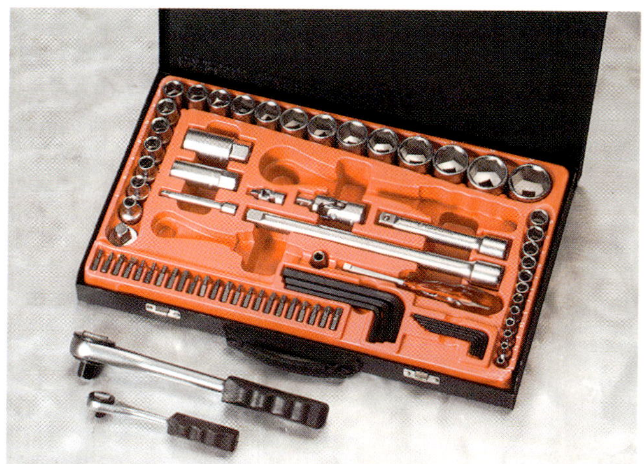

❹ Steckschlüsselsätze gibt es mit unterschiedlicher Anzahl an Teilen. Je mehr Teile und je billiger der Schlüsselsatz ist, desto vorsichtiger sollten Sie sein. Ein qualitativ hochwertiges Sortiment wird auch etwas mehr kosten, obwohl Sie bestimmt nicht alle Teile brauchen. Die Einzelteile sind auf der anderen Seite meist teurer als das komplette Sortiment.

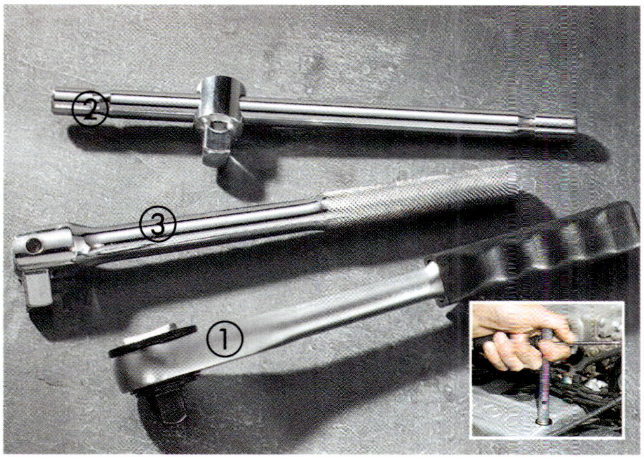

❺ Um Steckschlüssel aufzunehmen gibt es verschiedene Werkzeuge. Die Knarre ① hat einen Rechts- und Linkslauf. Ohne die Knarre abzusetzen, können Sie auf engem Raum Schrauben lösen oder festziehen. Bei dem T-Gleitgriff ② können Sie die Aufnahme für die Steckschlüssel anwendungsgerecht verschieben. Mit dem Gelenkgriff ③ können Sie lediglich „um die Ecke" Schrauben anziehen oder lösen. Rohrsteckschlüssel werden eigentlich nur im Autobereich eingesetzt.

❻ Ein Zündkerzenwechsel lässt sich leicht selbst durchführen. Hier kommt es besonders auf ein stabiles Werkzeug an. Wenn eine Zündkerze nicht richtig festgeschraubt ist, kann das irreparable Schäden am Motor zur Folge haben. Deswegen nimmt man am besten einen Zündkerzenschlüssel, der nur für diese Aufgabe gemacht ist. Notfalls lassen sich Zündkerzen aber auch mit einer Knarre, einer Verlängerung und einem passenden Zündkerzen-Steckschlüssel anziehen oder lösen.

❼ Wechseln Sie Ihre Autoreifen selbst? Als Standard-Ausstattung geben die Hersteller höchstens einen Kreuzschlüssel dazu. Die Hebelwirkung mit diesem Werkzeug ist jedoch oft nicht ausreichend. Geeigneter sind da Radmutternschlüssel mit Teleskopstil. Mit einem Drehmomentschlüssel kann man die Kraft kontrollieren, mit der eine Schraube festgezogen wird.

❽ Innensechskant-Schlüssel sind aus bestimmten Bereichen nicht mehr wegzudenken. Besonders bei Möbeln zum Selberbauen und Computer-Möbeln braucht man diesen Schlüssel zum Montieren der vorgefertigten Bausätze. Die Schraubverbindungen sind später sehr stabil, worauf es besonders im Möbelbau ankommt.

Schraubwerkzeuge für den richtigen Dreh

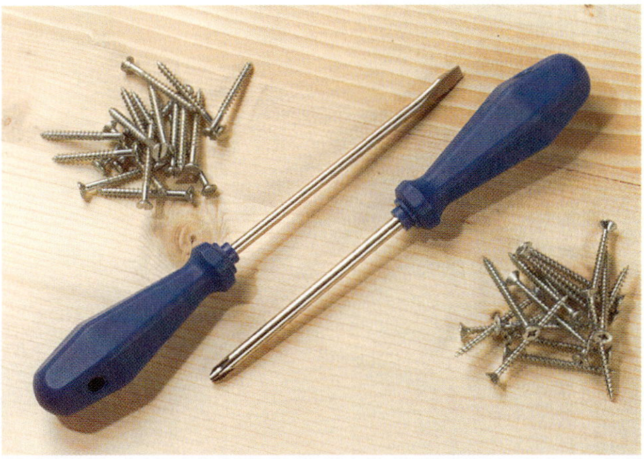

❶ Der Schlitz- und der Kreuzschlitz-Schraubendreher sind sicherlich die bekanntesten Werkzeuge zum Schrauben. Die meisten Schrauben lassen sich damit auch problemlos in Dübel oder in Holz eindrehen. Darüber hinaus gibt es andere Bautypen. Achten Sie hier auf handliche Griffe, aber auch auf gehärtete Spitzen und vor allem auf Qualitätsunterschiede.

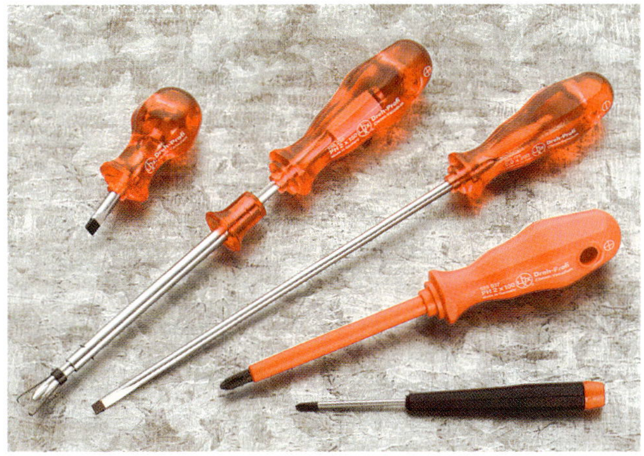

❷ Für jede Anwendungssituation gibt es den richtigen Schraubendreher. Mit dickeren Griffen lassen sich z. B. größere Drehmomente übertragen. Die Schaftlänge ist auch wichtig. In beengter Arbeitsumgebung wäre ein langes Werkzeug unbrauchbar. Für Elektroarbeiten sollten Sie immer VDE-geprüfte und schutzisolierte Schraubendreher verwenden.

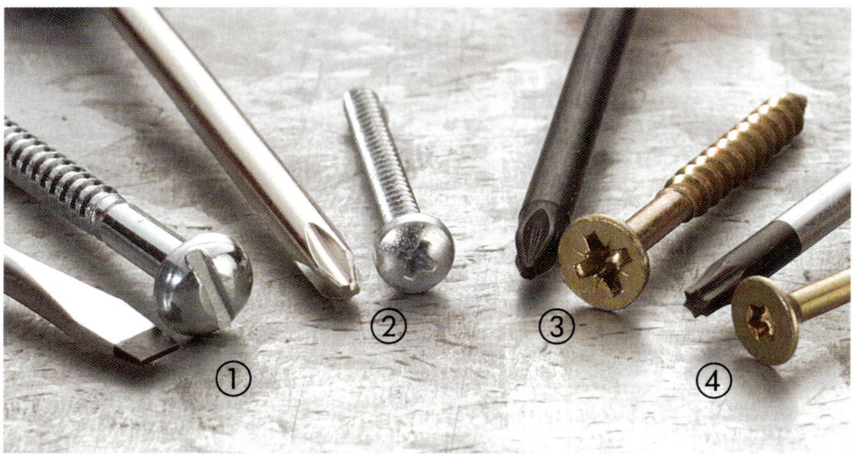

❸ Hier sehen Sie die gängigsten Schraubendreher-Spitzen: Schlitz ①, Kreuz ②, Pozidriv® ③ und Torx® ④. Der gute, alte Schlitz-Schraubendreher ist nach wie vor Bestandteil jeden Sortiments. Die Pozidriv®-Spitze stellt eine Verbesserung gegenüber dem Kreuzschlitz-Schraubendreher dar, da sie zusätzliche Einkerbungen aufweist. Dadurch drückt sich beim Drehen der Schraubendreher nicht so sehr aus der Schraube. Dieser Effekt tritt bei dem Torx®-Schraubendreher überhaupt nicht auf, da das Werkzeug durchgängig zylindrisch geformt ist. Die im Schraubenkopf versenkte Spitze hebt sich beim Drehen nicht heraus.

❹ Schraubendreher mit Holzgriff sind etwas aus der Mode gekommen. Nach wie vor praktisch ist jedoch die sogenannte „Sechskant-Schlüsselhilfe". Hier können Sie einen Gabelschlüssel ansetzen und damit auch die letzte Schraubendrehung schaffen, für die Sie ein größeres Drehmoment brauchen.

5 Besonders praktisch – auch für unterwegs – ist ein Schraubendreher, bei dem lediglich die Spitze ausgewechselt werden muss. Durch die Universalaufnahme brauchen Sie praktisch nur ein Werkzeug, müssen deshalb aber nicht auf die Vielfalt eines ganzen Sortiments verzichten. Achten Sie bei diesem Werkzeug vor allem darauf, dass es gut in der Hand liegt.

6 Für Innensechskant-Schrauben brauchen Sie sogenannte Stiftschlüssel. Es gibt sie in den Größen von 2–14 mm. Dieses Werkzeug wird als Set mit Federn an einem Ring oder an einem taschenmesserförmigen Handklapphalter angeboten. Der sehr praktisch erscheinende Handklapphalter verspricht mehr, als er hält, wenn er stark belastet wird.

7 Ein Festhalte-Schraubendreher stellt eine enorme Arbeitserleichterung dar. An der Werkzeugspitze lässt sich eine Kralle öffnen und schließen. Dadurch wird die Schraube fest auf den Dreher gezogen und kann nicht herunterfallen, auch wenn Sie an einer schwer zugänglichen Stelle arbeiten.

8 Unter den Schraubwerkzeugen darf natürlich der Akku-Schrauber nicht fehlen. Gerade beim netzunabhängigen Schrauben in Serie – z. B. beim Anbringen einer Latten-Unterkonstruktion – spart man viel Zeit und Kraft. Vergleichen Sie beim Kauf die Kapazität (Ah) der Akkus. Sie sagt etwas darüber aus, wie viele Schrauben Sie tatsächlich eindrehen können, nicht die Spannung des Akku-Packs (7, 9 oder 12 V). Je höher das Anziehmoment (Nm) eines Akku-Schraubers ist, desto dickere Schrauben können Sie eindrehen, bzw. desto härter darf das Material sein, in das die Schrauben eingedreht werden sollen.

Pinsel und Rollen

❶ Man kann drei Pinselformen unterscheiden: Rund-, Oval- und Flachpinsel. Mit letzterem kann man sowohl große als auch schmale Flächen streichen. Bei schmalen Flächen kann man den Pinsel nämlich auch einfach seitlich führen. Im Innern von guten Ringpinseln sorgt ein Korken für einen Hohlraum, in dem sich beim Eintauchen Farbe sammelt. Das erhöht die Flächenstreichleistung deutlich gegenüber billigen Produkten.

❷ Pinsel in Malerqulität werden heute fast ausschließlich aus hellen oder schwarzen Chinaborsten angefertigt. Aber auch synthetische Borsten eignen sich für einen hochwertigen Farbauftrag. Acryldispersionslacke lassen sich zum Beispiel am besten mit Polyester-Borsten verarbeiten, die gespaltene Spitzen haben. Sie sorgen dann für einen besonders feinen und gleichmäßigen Lackauftrag ohne „Spuren“.

❸ Ringpinsel eignen sich gut zum Streichen von Farben und Lacken auf Holz oder Metall. Naturborsten sind von Natur aus im Vorteil. Durch ihre Schuppenstruktur und die feinen Hohlräume zwischen den einzelnen Borsten wird die Farbe gut im Pinsel gehalten.

❹ Zum Beizen und Abbeizen von Holz gibt es spezielle Pinsel. Durch alkalische Abbeizer oder Anlauger würden sich die Naturborsten auflösen. Hier sind Borsten aus bestimmten Kunststoffen beständiger. Auch die Pinselmanschette ist aus Kunststoff gefertigt.

❺ Heizkörperpinsel mit abgewinkelten Borstenhalterungen, die es in verschiedenen Breiten gibt, kommen an Stellen, die ein Rund- oder Flachpinsel nicht mehr erreichen kann. Bei Feinarbeiten ist der Schrägstrichzieher ein Meister seines Faches.

❻ Deckenbürsten eignen sich, um große Flächen mit Leim-, Dispersions-, oder Silikatfarben zu streichen. Auch der Auftrag von Tapetenkleister, Wasser, Tiefen- oder Tapetenwechselgrund ist möglich. Die Bezeichnung „Tiefengrund-Bürste“ weist auf diese Eignung hin.

❼ Schließlich gibt es Streichroller, die für den zügigen Wandfarbenauftrag (innen wie außen) geeignet sind. Die meisten Griffe lassen sich zur Arbeitserleichterung auf Teleskopstiele aufstecken. Zum Vorstreichen in den Ecken sollten Sie besser eine kleine Rolle nehmen.

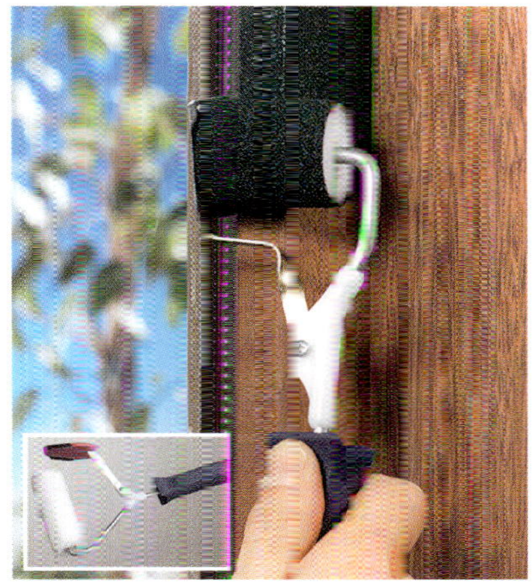

❽ Damit man nicht die angrenzende Fläche direkt mit anstreicht, gibt es diese Fenster- und Kantenroller. Ein dünnes, abgewinkeltes Blech deckt angrenzende Flächen schützend ab. Hier ist ein Abkleben der benachbarten Fläche nicht erforderlich.

❾ Auch Streichroller gibt es in unterschiedlichen Qualitäten: Der Lammfell-Roller nimmt von allen die Farbe am besten auf. Er sorgt für eine sehr feinkörnige Rollstruktur. Gegen aggressive Bestandteile von Farben ist jedoch eine Rolle mit Polyamid®-Bezug besser gewappnet, da sie lösemittelbeständig ist. Tipp: Rollwalzen dürfen nie ganz in Farbe eingetaucht werden, da sich dann der Rollmechanismus mit Farbe zusetzt.

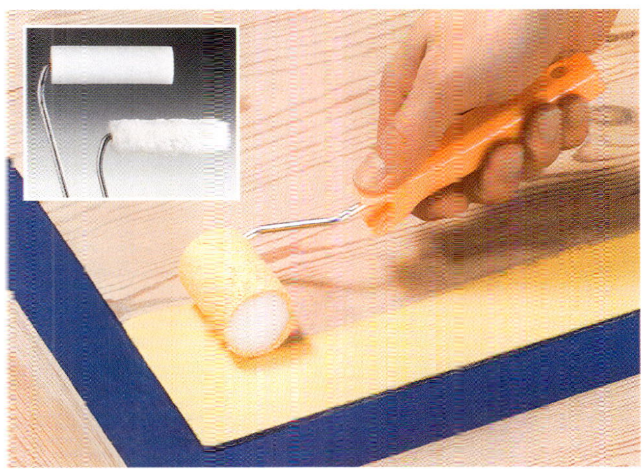

❿ Gerade für Lackierarbeiten werden kleinere Rollen verwendet. Schaumstoffrollen ermöglichen einen sehr gleichmäßigen Auftrag, obwohl sie von manchen Lacken mit der Zeit angelöst werden. Velour- oder Mohär-Rollen haben eher die Eigenschaften von Lammfell-Rollen, können jedoch zu Anfang etwas flusen. Man rollt Sie daher am besten vor dem ersten Lackiergang mit etwas Lack auf einer Pappe o. Ä. aus.

Sicherheit beim Heimwerken

❶ In eine Wasserleitung zu bohren ist mit Unannehmlichkeiten und Folgekosten verbunden. Mit einem Metallsucher können Sie metallische Wasser- oder Heizungsrohre aufspüren und Unheil vermeiden.

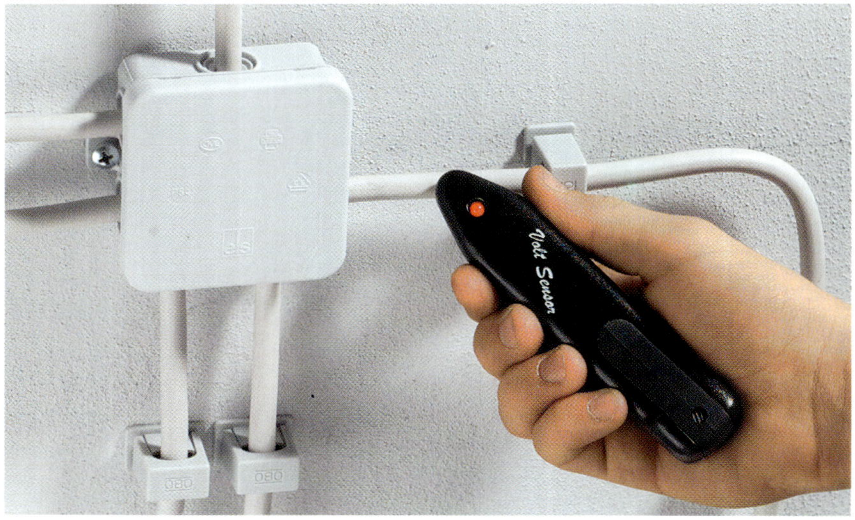

❷ Manchmal sind Metall- und Spannungssuchgerät in einem Gerät integriert. Machen Sie sich immer klar: Der direkte Kontakt mit elektrischer Spannung ist lebensgefährlich. Wenn die „Eindringtiefe“ (Empfindlichkeit) des Gerätes eingestellt werden kann, sollten Sie die Funktion erst an einer sichtbaren Leitung prüfen. Lesen Sie auch unbedingt die Bedienungsanleitung zu dem Suchgerät genau durch.

❸ Die Augen sind unser wichtigstes Sinnesorgan. Überall dort, wo Späne fliegen bzw. etwas mit einer schnellen Rotation zerschnitten wird, oder wo Flüssigkeiten spritzen können, sollten Sie deshalb eine Schutzbrille tragen.

❹ Arbeitshandschuhe bieten beim Arbeiten einen mechanischen Schutz. Außerdem schützen spezielle Handschuhe die Hände beim Umgang mit lösemittelhaltigen oder aggressiven Substanzen in Lacken, Farben oder Mörteln.

❺ Schützen Sie Ihre Atmungsorgange während Arbeiten, bei denen feiner Schleifstaub entsteht oder Lösemittel entweichen. Zum Schutz gibt es Masken für unterschiedliche Feinstäube bzw. mit unterschiedlich wirksamen Filtern.

❻ Schließlich sollten Sie einen Gehörkapselschutz oder Ohrenstöpsel tragen, wenn Sie viel mit lauten Geräten arbeiten, auch wenn Sie die Geräuschentwicklung nicht als zu laut empfinden.

❼ Wer nur selten mit schweren Werkzeugen oder Materialien arbeitet, braucht sicherlich keine Sicherheitsschuhe mit integrierter Stahlkappe. In Sandalen oder alten Hausschuhen sollten Sie jedoch bitte auch nicht heimwerken.

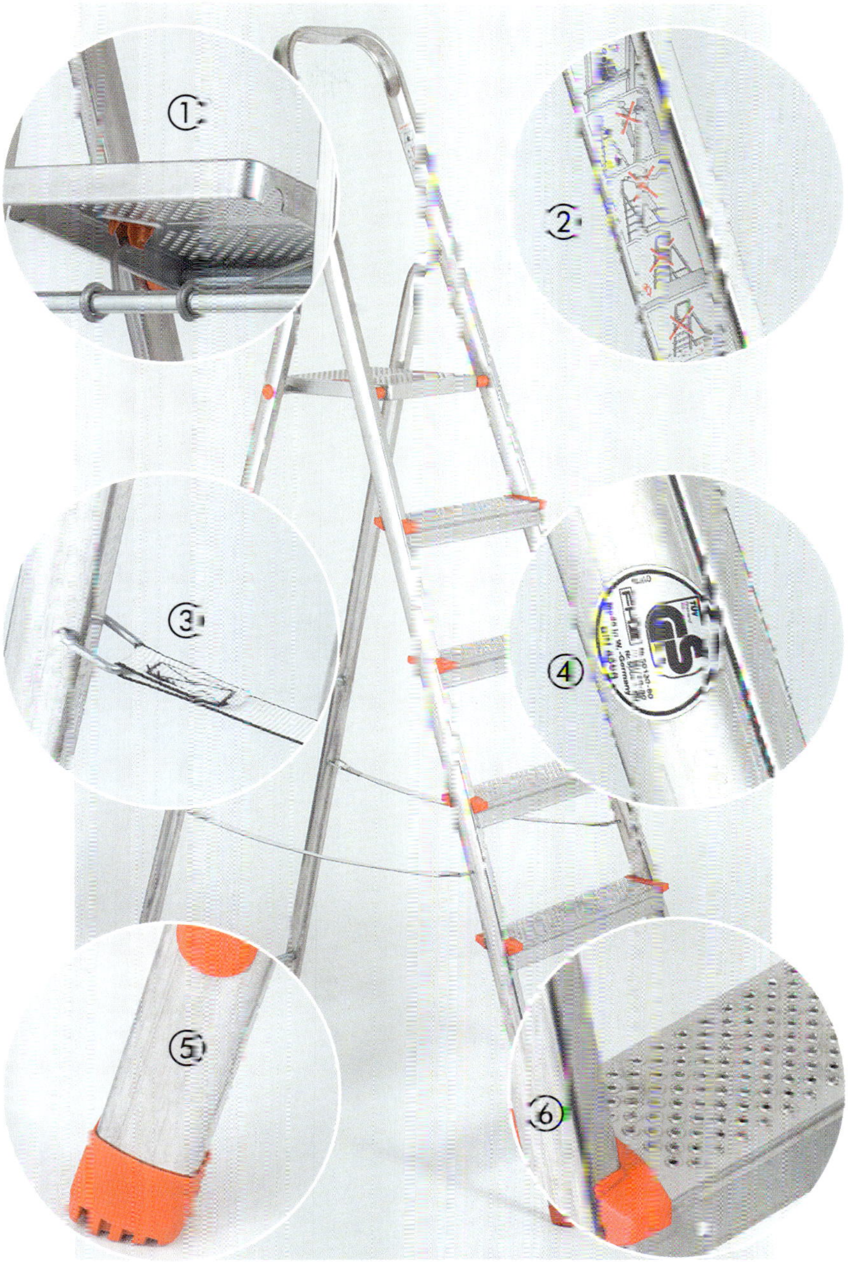

❽ Auch wenn Sie an Ihrer nostalgischen Holzleiter aus „Großvaters Zeiten" hängen: nur moderne Leitern (aus Aluminium) ermöglichen sicheres Heimwerken. Dazu gehören profilierte Standfüße ⑤ und trittsichere, gelochte Stufen ⑥. Ein Spanngurt ③ bzw. eine einhängbare und eventuell zusätzlich verankerte Plattform ① verhindern ein Überspreizen der Leiter. Das GS-Zeichen ④ gewährleistet, dass die Leiter auf ihre Sicherheit geprüft wurde. Manche Hersteller geben zusätzlich wertvolle Sicherheitshinweise ②.

Waren- und Materialkunde

Erfolgreiches Heimwerken ist nicht nur abhängig von gutem Werkzeug, sondern beispielsweise auch von der Wahl der richtigen Befestigungsmittel und geeigneter Werkstoffe. Wir zeigen Ihnen auf den folgenden Seiten (und in den Warenkunde-Seiten zu den jeweiligen Kapiteln), was Sie unbedingt brauchen. Was nicht auftaucht, ist im Normalfall entbehrlich.

- **Richtig nachgefragt**
- **Die wichtigsten Nägel**
- **Die wichtigsten Schrauben**
- **Dübel und andere Befestigungssysteme**
- **Bits – klein aber oho**
- **Beschläge für viele Gelegenheiten**
- **Leisten für alle Fälle**
- **MDF-, Span- und Küchenarbeitsplatten**
- **Hier sind Sie am Drücker**
- **Knöpfe und Griffe**
- **Seile und Ketten**

Richtig nachgefragt

Kennen Sie die Rampa-Muffe? Die Erfinder von Produktbezeichnungen versuchen nicht selten, darin Ihren Namen zu verewigen und erfinden Bezeichnungen für Dinge, mit denen Handwerker und Heimwerker täglich umgehen, die entweder unaussprechbar sind, oder die man sich nur sehr schwer merken kann. Dennoch kommt man als engagierter Heimwerker mit vielen Materialien in Berührung und wenn etwas zu reparieren oder auszutauschen ist, braucht man auch die richtige Bezeichnung, sonst wird man im übergroßen Sortiment eines Baumarktes das gesuchte Teil schwer finden. In diesem Buch beginnt deshalb jedes Kapitel mit einer Übersicht der wichtigsten Werkzeuge und Materialien (mit ihren Bezeichnungen), die für die dargestellten Arbeiten nützlich sind. Mehr brauchen Sie im Prinzip zunächst auch nicht zu kennen. Kaufen Sie aus diesem Grund auch nicht mehr, als Sie für die beschriebenen Arbeiten wirklich benötigen. Das schont Ihren Geldbeutel und das „auf Vorrat" gekaufte Material bzw. die teuren Werkzeuge liegen oft nur herum. Erst wenn Sie ein bestimmtes Gebiet zu Ihrem Hobby machen wollen, sollten Sie Ihr Wissen darüber vertiefen und dann lohnen sich auch weitergehende Anschaffungen.

Die meisten Baumärkte verkaufen Kleinteile auch einzeln.

Wie frage ich nach etwas?

Zurück zu dem Beispiel mit der Rampa-Muffe. Diese Muffe können Sie durchaus auch mit der Bezeichnung „Einschraubmutter" im Warenregal finden, ein anderer Baumarkt führt den gleichen Artikel vielleicht wieder unter einem anderen Namen. Wie kann man also nach Dingen fragen, deren

Wer kennt dieses Teil? Die Rampa-Muffe kann in Holz eingeschraubt werden und hat innen ein metrisches Gewinde.

Bezeichnung vielleicht nicht einmal der Fachberater im Baumarkt kennt? Nehmen Sie z. B. ein baugleiches Teil mit zum Einkauf und beschreiben Sie die Abweichungen zu dem benötigen Teil. Diese Vorgehensweise empfiehlt sich besonders bei Teilen, die Sie im Zuge einer kleinen Reparatur austauschen und deren Bezeichnung Sie daher nicht kennen können.

In jedem Fall sollten Sie so viele Informationen wie möglich mit in den Baumarkt nehmen. Fast alle Materialien lassen sich z. B. durch ihre Maße eindeutig beschreiben. Dazu gehören insbesondere die Angaben L(änge) x B(reite) x H(öhe) bzw. bei runden Gegenständen die Angabe des Durchmessers. Schließlich wäre es ärgerlich, wenn

Produkte können Sie nur richtig anwenden, wenn Sie ihre Handhabung auch verstehen. Eine gute Beratung ist daher sehr wichtig.

Sie erst vor dem Warenregal feststellen, dass es viele ähnliche Artikel gibt und Ihnen das unterscheidende Maß fehlt. Messen Sie also lieber einmal mehr, auch wenn es ohnehin nur ein Standard-Maß gibt (z. B. Euro-Tapetenrolle), als dass Sie unverrichteter Dinge wieder umkehren müssen.

Gute Vorbereitung führt zu einer besseren Bedienung

Je genauer Sie wissen und darstellen können, was Sie machen möchten und welches Teil Sie benötigen, desto besser können Sie auch im Fach- oder Baumarkt bedient werden. Natürlich kann nicht jeder der Mitarbeiter dort das gesamte Sortiment des Marktes kennen. Mit den genauen Maßen und eventuell einer Skizze bekommen Sie sicherlich genau das, was Sie suchen. Auch ein Sofortbild von der Reparaturstelle oder dem benötigten Teil hilft eventuell, Fragen des Fachberaters zu beantworten. Wenn Sie z. B. eine verputzte Wand ausbessern möchten, ist es wichtig, genau den Verputz-Typ zu treffen. Ein Bild hilft in diesem Fall genauso weiter wie ein abgeschlagenes Stück aus der Schadstelle. Das spart Ihnen den lästigen Umtausch wegen abweichender Materialien oder Abmessungen.

Wenn Sie etwas bauen möchten, sollten Sie ebenfalls eine Skizze machen. Das erleichtert das Beratungsgespräch bzw. die Suche nach dem benötigten Material enorm. So kann sich auch der Verkäufer ein genaues Bild von Ihrem Vorhaben machen. Der Bedarf ist schnell ermittelt und der Schwerpunkt des Gesprächs kann auf Materialauswahl und Qualitätsvergleich gelegt werden. Vielleicht erfahren Sie dadurch auch noch einen wertvollen Tipp für Ihre Arbeit, mit der Sie dann ohne großen Zeitverzug beginnen können.

Eine gute Skizze ist oft aussagekräftiger als tausend Worte.

Wer bietet Speziallösungen?

Oft ist in einem großen Baumarkt nicht die Zeit und auch nicht das Personal vorhanden, um Sie ausführlich über Vor- und Nachteile von Werkstoffen zu beraten. Nicht selten gilt: Was nicht im Sortiment ist, kann auch nicht bestellt werden. Wenn spezielle Lösungen zu finden sind und Sie eine individuelle Beratung suchen, können einem kleinere, dafür aber spezialisierte Fachgeschäfte (Eisen-, Holzwaren usw.) in vielen Fällen besser weiterhelfen.

Die wichtigsten Nägel

❶ Wer von Nägeln spricht, meint zumeist die „blanken" Vertreter ihrer Zunft. Die gibt es in verschiedenen Größen und Abpackungsmengen. Einfache Holzverbindungen ohne große Ansprüche werden damit hergestellt, indem man sie einfach gerade einschlägt.

❷ Genagelte Verbindungen werden jedoch wesentlich stabiler, wenn Sie die Nägel schräg gegeneinander setzen. Noch besser werden Verbindungen, die zuerst geleimt und dann genagelt werden. Dazu verwenden Sie am besten Nägel mit Stauchköpfen. Diese Nägel werden genauso eingeschlagen, versenkt und abschließend überspachtelt oder überstrichen.

❸ Für Schmuckleisten gibt es verzinkte Leistenstifte. Man lässt sie beim Einschlagen ca. 1 cm überstehen. Die Leistenstifte werden mit einer Zange bündig abgeknipst und sind dann kaum noch sichtbar. Für Fußleisten gibt es Colornägel in den gängigen Holzfarben.

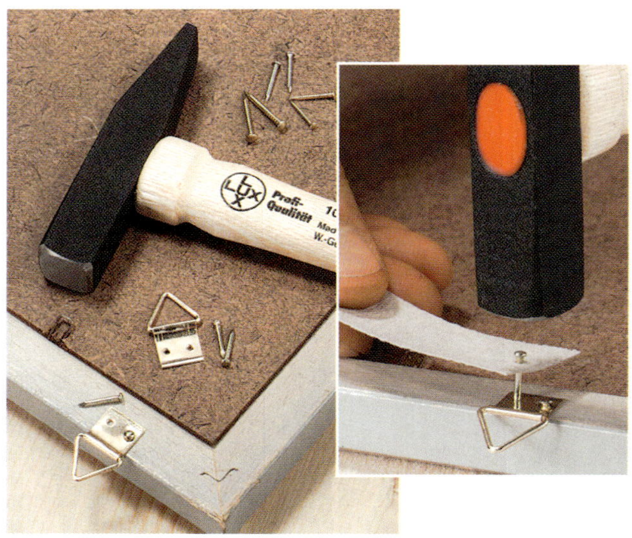

❹ Für Bilderrahmen verwenden Sie Schilderstifte, die es auch aus Messing gibt. Mit einem kleinen Schreinerhammer sind die Aufhänger schnell angebracht.
Tipp: Mit einer kleinen Pappe lassen sie sich gut anhalten, ohne dass Sie sich auf die Finger schlagen.

❺ Wenn Sie etwas Schweres aufhängen möchten oder die Wand sehr hart ist, sollten Sie gebläute Stahlnägel verwenden. Bei weicheren Untergründen tun es auch die normalen, ungebläuten Nägel.

❻ Für starke Belastung und für Beton oder hartes Mauerwerk gibt es verschiedene Stahlhaken, auch gebläut, und Stahldielenhaken.

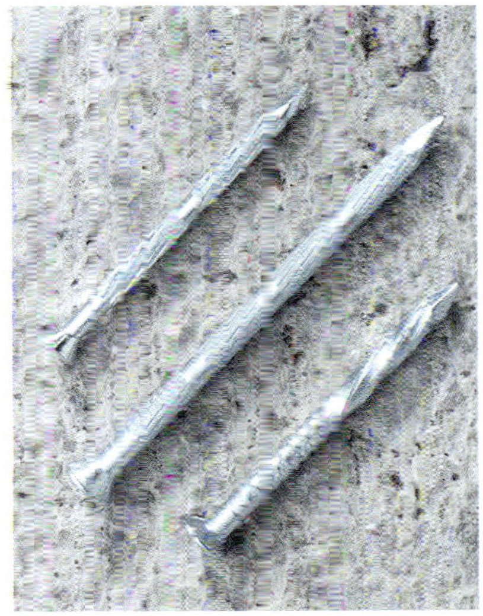

❼ Für besonders hartnäckige Fälle, wie z. B. Dielenböden, helfen diese Spezialnägel. Sie haben zur Hälfte ein leichtes Gewinde, schrauben sich damit zusätzlich in den Untergrund und sitzen deshalb fester.

❽ Nägel mit Flachkopf, so genannte Tapezierstifte, halten das Material (z. B. Folien oder Polystyrol-Platten) großflächig und verhindern wirksam ein Einreißen.

❾ Um Bitumenbahnen zu befestigen, brauchen Sie feuerverzinkte, und nicht rostende Dachpappenstifte. Der breite Kopf hält, aber durchdringt nicht die Pappe.

❿ Um Maschendraht dauerhaft auf einem Holzrahmen zu befestigen (z. B. für einen Kaninchenstall), brauchen Sie feuerverzinkte Schlaufen (Krampen).

Die wichtigsten Schrauben

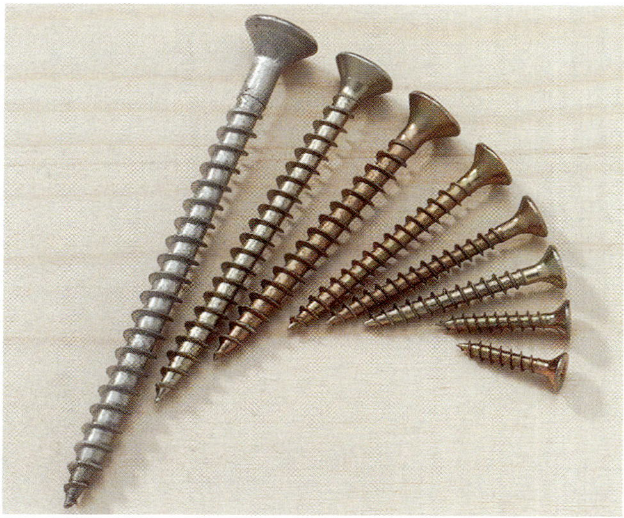

❶ Für Dübel und für Weichholz verwendet man Holzschrauben. Es gibt sie in vielerlei Formen und Größen. In der Regel müssen Sie bei Holzschrauben vorbohren. Nicht so bei dieser Variante: Diese Holzschrauben verfügen über einen selbstschneidenden Anfang (Riffelung) und lassen sich daher unter mäßigem Druck direkt versenken.

❷ Die Angabe (z. B. 3,5 x 20) bezeichnet den Durchmesser und die Länge von Schrauben. Bohren Sie ein etwas kleineres Loch vor. Nun wird das Loch mit einem Senker, der nach der Größe des Schraubenkopfes gewählt wird, angesenkt. Dann können Sie die Schrauben problemlos eindrehen und die Schraubenköpfe eventuell mit Kunststoffabdeckungen versehen.

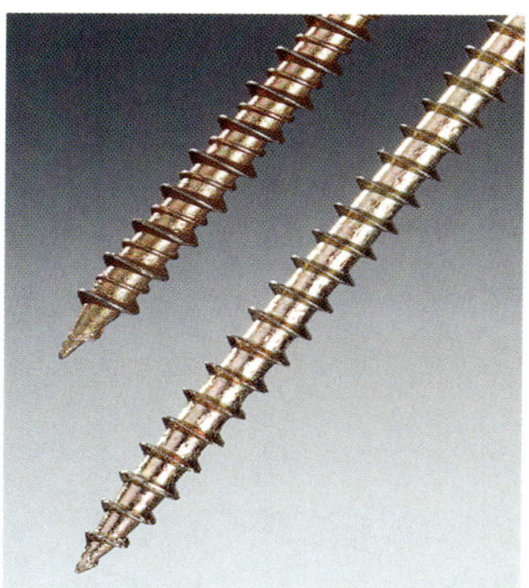

❸ Schrauben mit vielen Gewindegängen schaffen eine besonders stabile Verbindung. Die linke Schraube hat überdies ein (hochtief) Doppelgewinde; das eine schneidet vor, das andere sorgt für zusätzliche Stabilität.

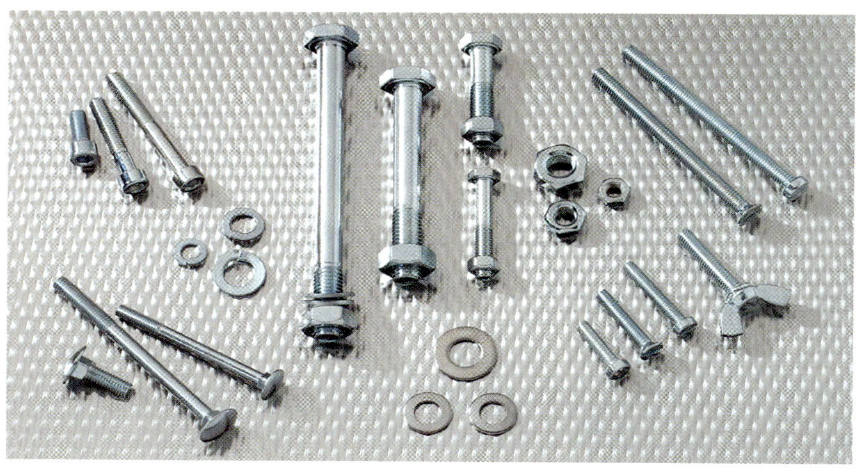

❹ Schrauben mit einem so feinen Gewinde nennt man Maschinen- oder auch metrische Schrauben. Auch hier gibt es für jede Anwendungssituation die passende Schraube. Besonders praktisch sind die Flügelschrauben. Man kann sie ohne Werkzeug eindrehen.

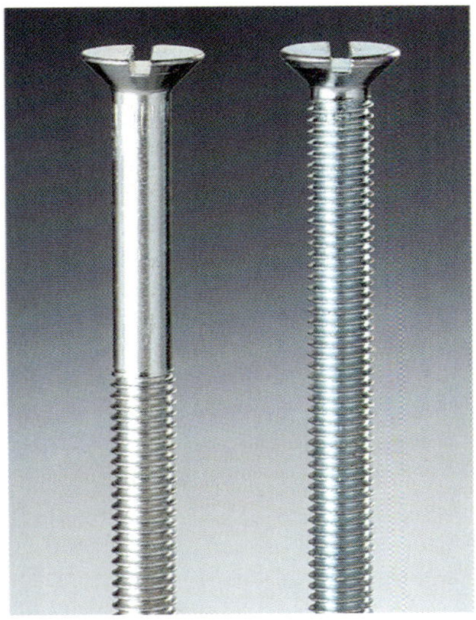

❺ Die meisten Schrauben gibt es mit Voll- oder Teilgewinde. Der Schaft ohne Gewinde kann so lang sein, wie das zu befestigende Teil dick ist. Das befestigte Teil wird direkt angezogen, hebt sich nicht ab und braucht kein eigenes Gewinde.

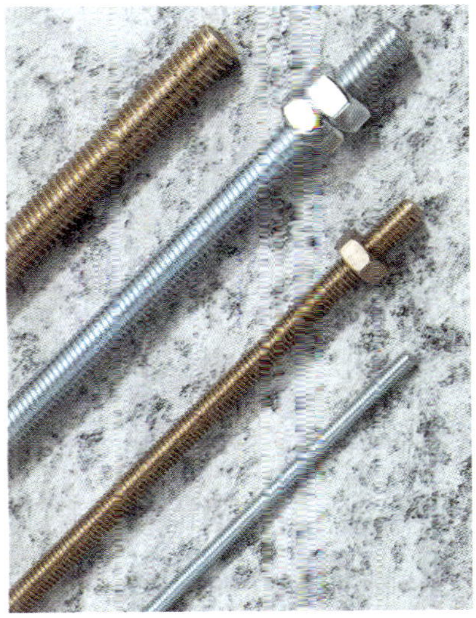

❻ Gewindestangen haben lediglich ein Gewinde, aber keine Köpfe. Damit lassen sich z. B. Arbeitsplatten oder Möbel verbinden. Für offen liegende Montagen (Stil-Leuchten) gibt es auch Gewindestangen aus Messing.

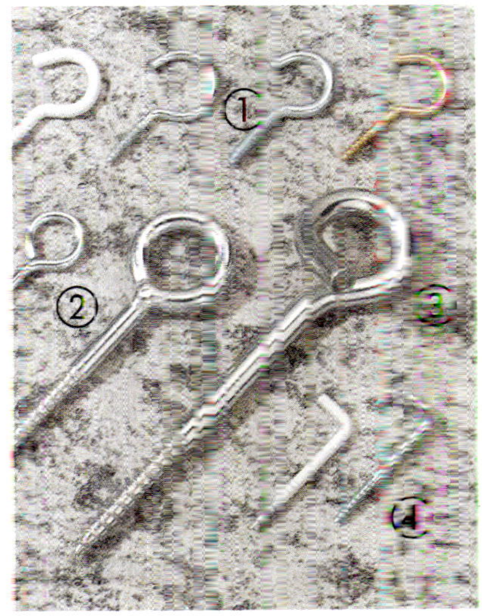

❼ Schraubhaken ① erhält man in verschiedenen Farben, Größen und Materialien. Ringschrauben ② und Sicherheitshaken ③ runden das Angebot ab. Schlitzhaken ④ können mit dem Schraubendreher eingedreht werden.

❽ Um Rigipsplatten zu befestigen, sollten Sie sogenannte (phosphatierte) Schnellbauschrauben verwenden. Für Metallständerwerke verwenden Sie die Ausführung mit Feingewinde, für Holzkonstruktionen besser die mit Grobgewinde.

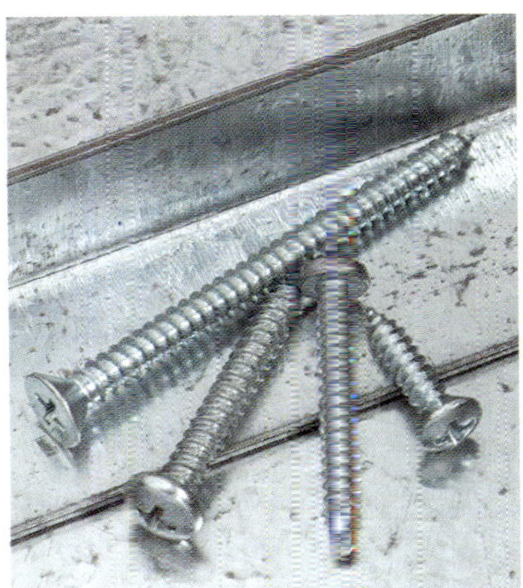

❾ Blechschrauben gibt es mit und ohne selbstschneidendem Gewinde. Die Steigung ihres Gewindes ist so abgestimmt, dass sie sich besonders zum Verbinden von Aluminium und Blechen eignen.

❿ Zum Befestigen von Zäunen, Pergolen o. Ä. brauchen Sie Schrauben, die stramm im Untergrund sitzen. Schlüsselschrauben werden stets gedübelt. Zusammen mit einem Stahlschuh hält der Balken „bombenfest".

Dübel und andere Befestigungssysteme

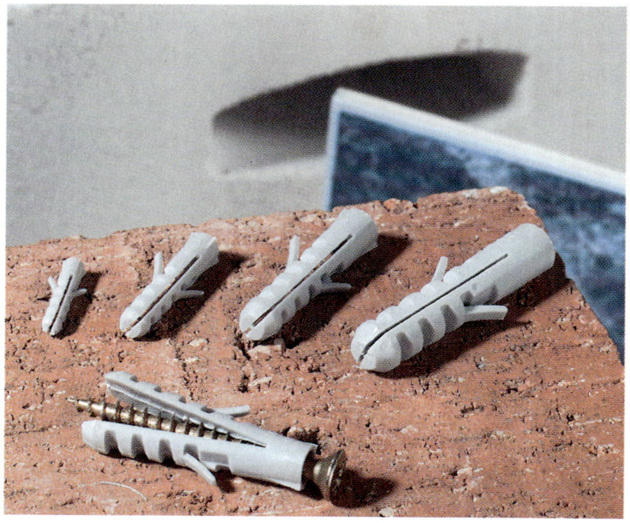

❶ Sicherlich kennen Sie den Standard-Dübel. Er hält in Beton, Vollziegel, Kalksand-Vollstein, aber auch in Lochsteinen und in Stein mit geringer Festigkeit (Bims, Blähton, Gasbeton, Hochlochsteine). Selbst in dünnen Wandungen mit dahinter liegenden Hohlräumen (Hohlwände) hält dieser Dübel bedingt.

❷ Wenn Sie mit dem Bohrer sehr schnell vorankommen und der Bohrstaub weiß ist, ist die Wand wahrscheinlich aus Porenbeton (Gasbeton). Durch seine spezielle Form erreicht der Gasbetondübel im Bohrloch eine große Haftfläche und hat damit selbst in diesem weichen Material eine hohe Zugfestigkeit.

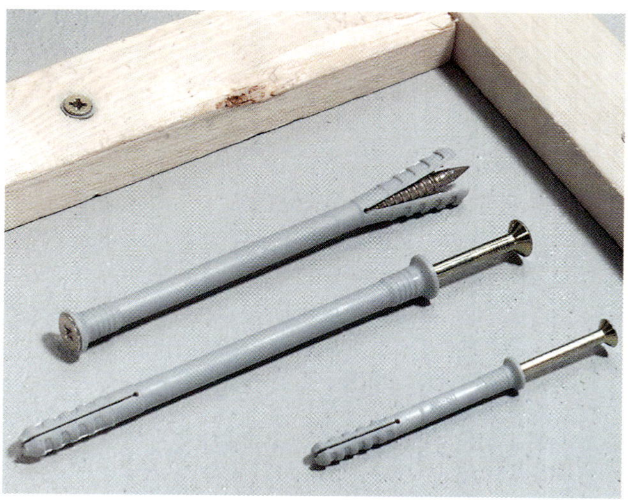

❸ Für den geübten Heimwerker lohnen sich ab drei Dübel pro Befestigungselement Nageldübel. Das Bohrloch wird durch die Dachlatte hindurch erstellt und der Dübel samt eingestecktem Nagel einfach eingeschlagen. Auch Rahmen, Dachrand-, Wandanschluss- oder Putzprofile, aber auch Wandwinkel und Kabelkanäle können Sie damit zeitsparend und sicher befestigen.

❹ Diese Schwerlast-Anker sind für die „harten Fälle". Pergolen, Carports, Maschinen, Gartenlampen o. Ä. können mit diesen Bolzen sicher in Beton oder Naturstein mit dichtem Gefüge befestigt werden. Das Bohrloch braucht nur so groß zu sein wie der Schaft des Ankers. Das spart Ihnen viel Arbeit beim Bohren.

❺ Bei Lochsteinen (mal langsamer, mal schneller Bohrfortschritt) verwenden Sie am besten einen Allround-Dübel, der sich im Hohlraum spreizt. Die Profi-Lösung sind Injektionsverankerungen.

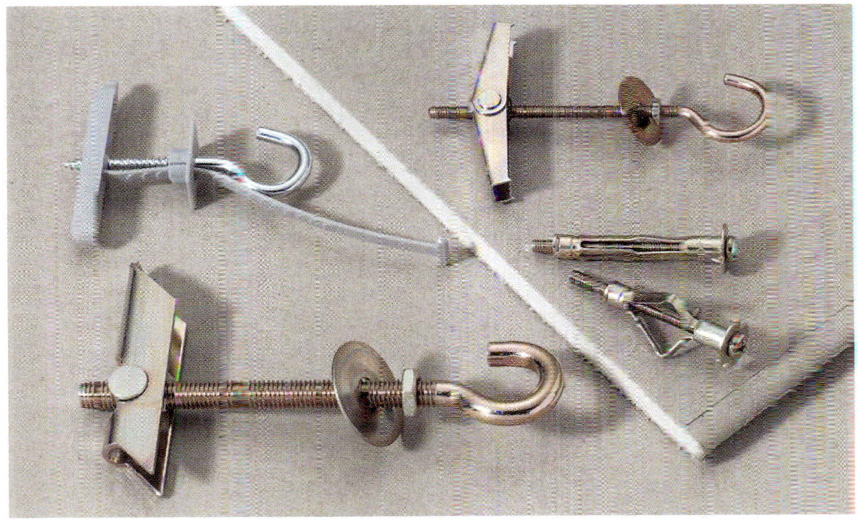

❻ Im Innenausbau werden oft nur leichte Wände eingezogen. Hier erreichen Sie eine stabile Befestigung nur mit solchen Dübeln, die sich hinter dem Hohlraum aufspreizen, querlegen oder auseinanderklappen. Am praktischsten sind für diese Zwecke Feder-Klappdübel und Hohlraum-Metalldübel, die zudem sehr belastbar sind.

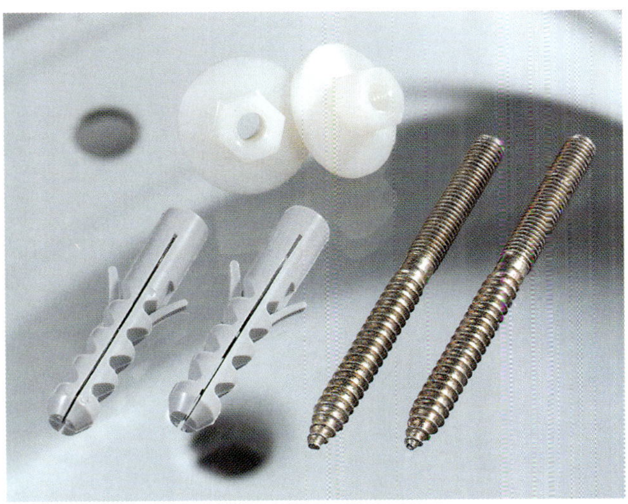

❼ Um Sanitärkeramik aufzuhängen brauchen Sie Dübel und Schrauben, die der Traglast auch über Jahre gewachsen sind. Hier sollten Sie ein Komplett-Set kaufen, das alle benötigten Teile enthält, die darüber hinaus aufeinander abgestimmt sind.

❽ Voraussetzung für ein gutes und schnell erstelltes Bohrloch ist der richtige Bohrer – gerade bei harten Untergründen. Das Angebot reicht vom Standard-Steinbohrer für gelegentliches Bohren, über Bohrer mit gehärteter Spitze und beschichteten Gängen bis zu Profi-Werkzeug mit großdimensionierter, diamantgeschliffener Hartmetall-Spitze und gefrästen Gängen

Bits – klein ober oho

❶ Spätestens mit der Erfindung des Akku-Schraubers traten die kleinen, auswechselbaren Schrauber-Klingen, auch Bits genannt, ihren Siegeszug an. Gerade bei Serienverschraubungen ist der Akku-Schrauber mit Bits ein unentbehrlicher Helfer.

❷ Im Heimwerker-Bereich kann man zwei Schaftlängen (Außensechskantantriebe) unterscheiden. Die kürzere Form wird mit C 6,3 und die längere mit E 6,3 bezeichnet. Achten Sie darauf, dass die Bits zu dem Bohrfutter Ihrer Bohrmaschine passen.

❸ Das Phillips®-Bit zentriert sich im Kopf der Kreuzschlitz-Schraube. Eine Weiterentwicklung ist das Pozidriv®-Bit. Durch die zusätzlichen Kerben brauchen Sie noch weniger Andruckkraft.

❹ Schrauben mit Innensechskant-Kopf begegnen dem Do-it-yourselfer besonders bei Möbeln zum Selberbauen. Das zugehörigte Innensechskant-Bit gibt es – bauartbedingt – nur mit langem Schaft.

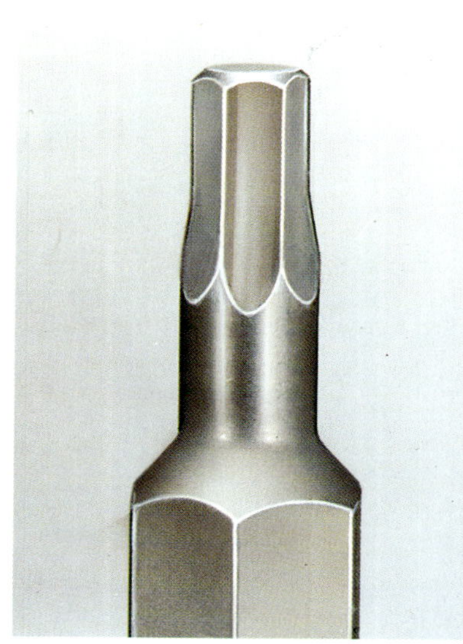

❺ Das Torx®-Bit schließlich ist so geformt, dass Sie keine Andruckkraft benötigen und die Kraft in der Schraube sehr gleichmäßig verteilt wird. Dieses Bit findet vorwiegend im Kfz-Bereich Verwendung.

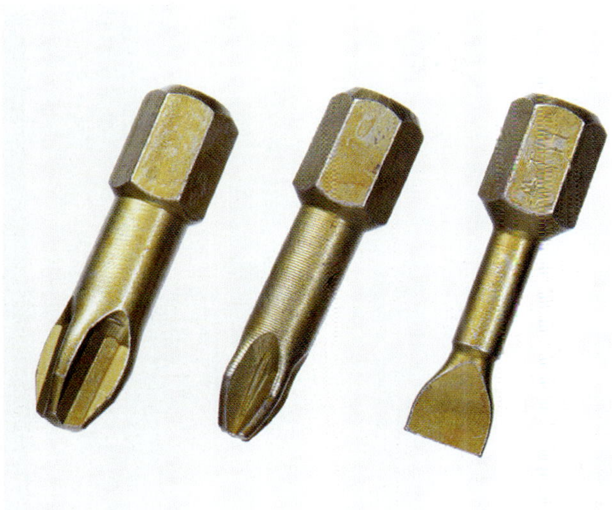

❻ Wenn die Schraube plötzlich stoppt (z. B. bei Schrauben in Metall) muss ein Bit ziemlich viel aushalten können. Gerade weil die Torsionsbits etwas dünner sind, können Sie die Belastung elastisch abfangen. Doppelbits bieten den doppelten Nutzen. Hier gibt es Kombinationen mit verschiedenen Größen und Profilen.

❼ Ein sehr sinnvolles Zubehör ist der Tiefenstopp. Besonders beim Verschrauben von Gipskarton mit einem Akku-Schrauber besteht die Gefahr, die Schrauben zu tief einzudrehen. Mit einem Tiefenstopp kann die Einschraubtiefe genau eingestellt werden.

❽ Schließlich gibt es noch Universal-Einspannvorrichtungen, die eine Brücke zwischen den Schäften unterschiedlicher Systeme schlagen.

❾ Wenn Sie sich ein langlebiges Bit-Sortiment anschaffen möchten, greifen Sie nicht gleich beim billigsten Angebot zu. Es gibt bei diesen Produkten mehr oder weniger praktische Aufbewahrungssysteme und deutliche qualitative Unterschiede.

Beschläge für viele Gelegenheiten

❶ Den Sturmhaken mit Öse können Sie dazu verwenden, eine Tür oder einen Fensterladen in seiner Position zu fixieren. Er kann dann durch Wind weder zufallen noch an die Wand schlagen und die Holzwand beschädigen.

❷ Einfache Riegelschlösser, z. B. für einen Verschlag oder ein Gartentörchen, sollen verhindern, dass der Wind das Tor öffnet. An dem unteren Beschlag kann das Tor mit einem Vorhängeschloss zusätzlich gesichert werden.

❸ Eine sehr verbreitete Möbelverbindung ist das Klavierband. Es wird zuerst an mindestens drei Stellen mit der Tür und dann mit dem Möbelstück verbunden. Zur Befestigung an beiden Werkstücken werden meist kleine Holzschrauben verwendet.

❹ In der Regel schlagen Türen an Möbelstücken an den Seiten- und Mittelwänden an. Bei innenliegenden Türen, die also nicht aufliegen, sind besondere Topfbänder erforderlich, die die Türen mit dem Möbelstück verbinden.

❺ Federscharniere werden mit unterschiedlichen Öffnungswinkeln angeboten. Türen, die zu beiden Seiten an dem Mittelbrett (z. B. eines Schrankes) befestigt sind, stoßen nicht aneinander, wenn man 90º-Scharniere verwendet. Leichter zugänglich sind Schränke mit Scharnieren, die einen größeren Öffnungswinkel besitzen.

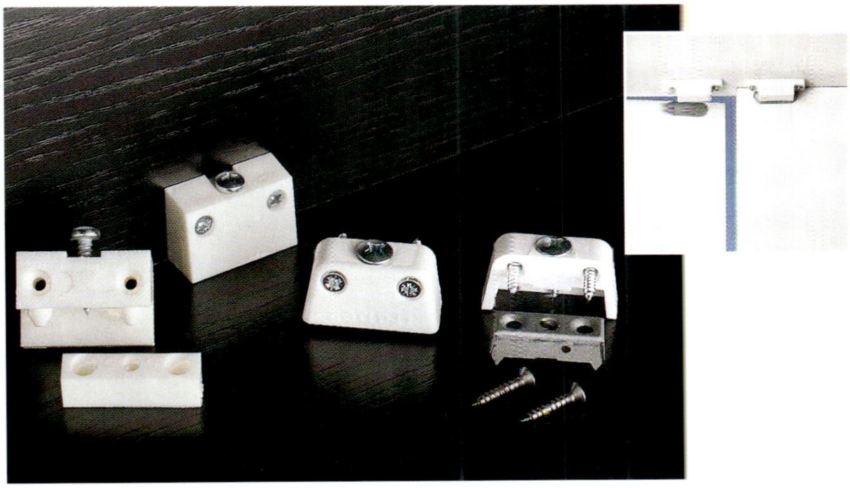

❻ Trapezförmige Verbindungsbeschläge verbinden, wie der Name schon sagt, einzelne Möbelteile miteinander. Sie bestehen aus zwei Teilen, die passgenau erst auf die beiden Möbelteile aufgesetzt und dann miteinander verschraubt werden. Gleichzeitig werden oft Magnetschnapper eingesetzt, die besonders bei Türen ohne Schloss praktisch sind. Die Schranktüren brauchen dann jeweils nur einen Knauf oder Griff auf der Vorderseite der Tür. Auf die Abschließbarkeit der Tür kommt es in diesem Fall nicht an.

❼ Für sichtbare Verbindungen verwendet man Einbohrbänder mit Zierkopf. Sie bestehen aus zwei Teilen. Das obere wird in die Tür, das untere in die Seiten- oder Mittelwand eingeschraubt. Sie sind auch aus Schmiedeeisen erhältlich.

❽ Scharniere sind im Gegensatz zu Bändern bereits miteinander verbunden. Das Lamellen-Scharnier (zu sehen in der Bildmitte) besteht sogar aus drei Teilen. Alle Scharniere werden mit Flachkopfschrauben befestigt.

❾ Möbelbänder sind flach wie Scharniere, bestehen aber wie Einbohrbänder aus zwei Teilen. Da sie optisch jedoch nicht so ansprechend sind, werden sie vorwiegend im einfachen und preiswerten Möbelbau eingesetzt.

❿ Aushängbare Klappenscharniere brauchen nicht viel Platz. Auch bei diesen Scharnieren gibt es große qualitative Unterschiede. Gute Scharniere sind in allen Teilen verstellbar, sodass die Türen nachher millimetergenau anschlagen.

Leisten für alle Fälle

❶ Einfachstes Verbrauchsmaterial sind die so genannten Bastelleisten aus Fichte. Sie sind meist recht dünn und werden in der Regel später überlackiert. Leisten in dieser Größe dienen aber oft auch dazu, die Fuge zwischen Fußboden und einer Sockelleiste abzudecken.

❷ Möbelaufsatzleisten, die in den gängigen Holzarten erhältlich sind, werden zur Ornamentierung von Möbeln eingesetzt. Damit können Sie ein einfaches Möbelstück optisch aufwerten bzw. ein altes ggf. restaurieren. Diese Leisten werden nur aufgeleimt.

❸ Abschlussleisten können so geformt sein, dass Sie auch größere Fugen überdecken. Bevor Sie eine solche Echtholzleiste kaufen, sollten Sie messen, wie breit die Dehnungsfuge des Fertigparketts oder der Kassetten-Decke ist, die damit überbrückt werden soll.

❹ Sockel-, Fuß- oder Scheuerleisten schützen die Wand beim Reinigen des Fußbodens und verdecken die unschöne Fuge zwischen Boden und Wand. Bei diesen Leisten kommt es weniger auf Schönheit sondern mehr auf die Funktionalität an.

❺ Hohlkehlleisten werden vorwiegend zum Wand- und Deckenabschluss verwendet, aber auch zum Überdecken von Innenecken einer mit Profilholz verkleideten Wand.

❻ Eckschutzleisten sorgen für einen schönen Abschluss bei Außenecken. Aufeinander geleimte oder verschraubte Holzverbindungen werden durch sie abgedeckt.

❼ Fußleisten aus Kunststoff sind oft von denen aus Echtholz kaum zu unterscheiden. Auch für Echtholz-Fußleisten gibt es „unsichtbare“ Befestigungsmöglichkeiten.

❽ Furnierte Fußleisten mit Echtholz-Dekor sind nicht so teuer wie die Massivholz-Leisten. Auf die schöne Holz-Optik brauchen Sie deswegen jedoch nicht zu verzichten. Wenn keine andere Befestigungsmöglichkeit vorgesehen ist, werden diese Leisten angestiftet.

❾ Für den kleinen Geldbeutel gibt es schließlich noch Fußleisten aus Kunststoff. Neben Holzdekoren sind auch technische Dekore möglich. Diese Leisten werden auf Halterungen gesteckt, die wiederum mit Dübeln und Schrauben an der Wand befestigt werden.

MDF-, Span- und Küchenarbeitsplatten

❶ Je nach Zusammensetzung und Dichte kann man Grob-, Roh- und MDF-Spanplatten unterscheiden. Diese Platten gibt es für unterschiedliche Anwendungszwecke in Stärken zwischen 8 und 40 mm.

❷ Spanplatten mit der Verleimungsart V100 (G) haben Kanten mit Nut und Feder. Diese Verlegeplatten werden verschraubt oder bei schwimmender Verlegung miteinander verleimt.

❸ Außerdem gibt es Spanplatten mit Echtholzfurnier. Hier können Sie sowohl zwischen verschiedenen Holzarten wählen, als auch zwischen behandelten und unbehandelten Furnieren.

❹ Pflegeleichter sind dagegen die oberflächenfertigen melaminharzbeschichteten Spanplatten. Ihre Oberfläche ist hart, porenfrei und weitgehend beständig, sogar gegen kochendes Wasser.

❺ Zwischen der glasharten Overlay-Schicht und der Hartfaserplatte ist eine Dekorschicht eingearbeitet. Ob Holz- oder Phantasiedekor, unifarben oder strukturierte Oberfläche, alle Dessins sind möglich.

❻ Sollten die offenen Stirnseiten der Platten sichtbar sein, so gibt es dafür mit den passenden Dekoren Umleimer in verschiedenen Breiten, die auf die Kanten aufgebügelt oder -geklebt werden.

❼ Bei Küchenarbeitsplatten gibt es Echtholzplatten und beschichtete Spanplatten. Die Echtholzplatten bestehen aus zusammengeleimten Stäben, sie sind dadurch teurer, aber auch schöner.

❽ Echtholzplatten gibt es vorbehandelt und unbehandelt. In letzterem Fall sollten Sie die Platte ölen. Das schützt die Oberfläche vor Wasser, verhindert jedoch nicht ein Aufquellen der Platte.

❾ Kunststoffbeschichtete Arbeitsplatten sind dagegen wasserundurchlässig. Einzige Schwachstelle sind hier die Nähte der mit Umleimern versehenen Stirnseiten. Die Holzdekore wirken täuschend echt.

❿ Auch so genannte „technische" Dekore werden angeboten. Einfarbige Arbeitsplatten sind überwiegend in Grau und Anthrazit und meistens nur auf Bestellung auch in anderen Farben erhältlich.

⓫ Küchenarbeitsplatten sind in zwei gängigen Stärken, in 28 und 38 mm Dicke, zu haben. Tipp: Echtholzplatten bleiben bezahlbar, wenn man eine dünnere Platte wählt und eine Leiste unterleimt.

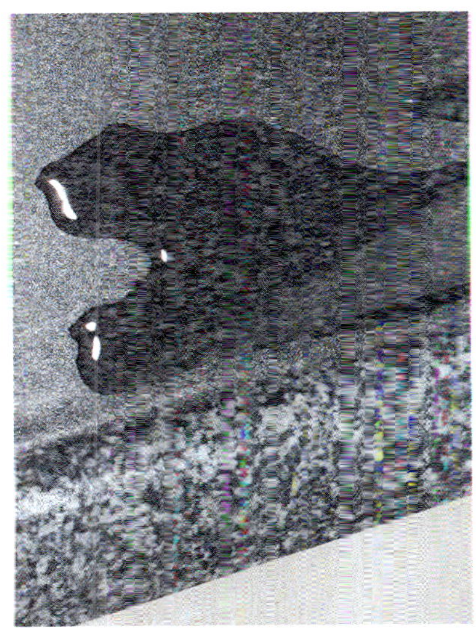

⓬ Schließlich gibt es Arbeitsplatten mit Ablaufschutz, der die Plattenunterseite vor Schäden schützen. Eine aufgeweichte Platte kann man leider nur noch gegen eine neue austauschen.

Hier sind Sie am Drücker

❶ Nicht jede Drückergarnitur passt auch auf jede Tür. Schauen Sie nach, ob die Garnitur rechts oder links montiert werden soll. Entsprechend gibt es DIN rechts- und DIN links-Garnituren.

❷ Die preiswertesten Drückergarnituren sind ganz aus Aluminium. Jede Garnitur ist mit einem feststehenden Knauf auf einer Türseite erhältlich. Hier wird die DIN-Bezeichnung bei der Auswahl der Garnitur besonders wichtig, sonst ist der Knauf auf der falschen Seite. Schließlich will man ja, dass der Zugang von einer bestimmten Seite einen Schlüssel erfordert und von der anderen ungehindert möglich ist.

❸ Rosetten-Drückergarnituren sind zwei- bis dreiteilig erhältlich (Drücker in U-Form, Rosette und evtl. farblich passende Aufsteckhülsen für die Türbänder). Für die nötige Stabilität im Kunststoff-Knauf sorgt ein Stahlkern. Die Garnituren werden in vielen, meist kräftigen, Farben angeboten und sind aus diesem Grund oft in modern eingerichteten Wohnungen zu finden. Diese Garnituren passen besonders gut zu hellen Holztüren.

❹ Wenn Ihnen die U-Form gefällt, aber nicht der Plastik-Look, dann gibt es auch weit edlere Ausführungen, z. B. mit einer Oberfläche in Schwarz-Nickel. Diese Drücker kosten jedoch schnell dreimal so viel wie die einfachen Garnituren aus Kunststoff.

❺ Über die reine Funktionalität hinaus gibt es auch Drückergarnituren, die einen rustikalen oder sehr modernen Einrichtungsstil ergänzen. Diese Garnitur hat z. B. eine traditionelle Form.

❻ Natürlich sind auch unterschiedlich bearbeitete Oberflächen erhältlich. Bei Messing kann z. B. ein Teil poliert, der andere verchromt sein. Schwarz-goldene Garnituren wirken besser auf helleren Türen.

❼ Messing ist das am häufigsten verwendete Material, aus dem Tür-Drücker gemacht sind. Verzinnt und mit ornamentierten Profilen versehen, entsteht eine Vielfalt, die für jeden Geschmack etwas bietet.

❽ Sind die Grenzen der Oberflächenveredelung erreicht, können zusätzlich noch verschiedene Materialien miteinander kombiniert werden. Wie wäre es z. B. mit einem Griff aus Porzellan oder einem kiefernfarbigen Holzgriff? Letztlich ist alles möglich und dann nur noch eine Frage des Preises, den man bereit ist zu zahlen.

❾ Besonders stabile Ausführungen sind für die Eingangstür gedacht. Die abgebildete Messing-Schutz-Wechselgarnitur ist, wie viele andere Garnituren auch, sowohl für DIN links- als auch für DIN rechts-Anschlag verwendbar. In dem langen Beschlag ist eine große Aussparung für einen Profilzylinder eingearbeitet. (Kleinere Aussparungen im Beschlag sind nur für Schlösser mit Bartschlüssel vorgesehen).

Knöpfe und Griffe

❶ Sicherlich haben Sie auch schon einmal erlebt, wie schwierig es ist, für einen Hemdenknopf Ersatz zu finden. Allenfalls findet man einen ähnlichen Knopf und hofft, dass das Einzelstück nicht so auffällt. Ähnlich ist es auch mit den Griffen und Knöpfen von Schubladen und Schranktüren. Das Angebot ist unüberschaubar. Ganze Regalwände sind gefüllt mit Knöpfen und Griffen aus unterschiedlichsten Materialien. Die verwendeten montierten Griffe sollten so ausgewählt werden, dass Sie zum Material der Tür oder der Schublade bzw. auch zum übrigen Einrichtungsstil passen. Hier sollte eine „Linie" erkennbar sein, sonst entsteht ein unharmonischer Gesamteindruck.

❷ Bei Ziergriffen aus Messing oder Schmiedeeisen gibt es eine sehr große Auswahl. Sollte einmal ein solcher Griff ausgetauscht werden müssen, kann man dennoch nur schwer Ersatz beschaffen, da die Griff-Verzierungen doch zu unterschiedlich ausfallen und ein ausgetauschter Griff unter den anderen sehr auffällt. Kaufen Sie deshalb direkt einen oder zwei Griffe mehr, sonst müssen Sie später vielleicht einmal alle Griffe austauschen, um ein einheitliches Aussehen der Schrankwand, Küchenzeile o. Ä. zu schaffen. Dass die angebrachten Knöpfe oder Griffe von alten Schränken und Truhen historisch „korrekt" sein sollten, versteht sich von selbst.

❸ Das Befestigungsprinzip aller angebotener Knöpfe und Griffe ist immer gleich. Mit ein bzw. zwei Schrauben werden sie von der Innenseite her befestigt. Oft handelt es sich dabei um Flachkopf-Schrauben, die mit der Oberfläche abschließen, damit der volle Innenraum des Möbelstücks zur Verfügung steht. Achten Sie bei der Auswahl der Griffe auch auf das Verletzungsrisiko. Für Caravans und Schiffe sollten Sie am besten Griffe verwenden, die so wenig wie möglich hervorstehen. Ideal sind hier die sogenannten Griffmulden, die es aus Holz und aus Messing gibt. An Schubladen und Türen, die mit diesen Griffen ausgestattet sind, kann man auch auf engstem Raum gefahrlos vorbeigehen.

❹ Nicht zuletzt wird mit den Knöpfen und Griffen Designer-Kult betrieben. Das war schon bei den Königen so, die an ihren Kutschen prächtig verzierte, goldene Griffe hatten. Hier bestand die Kostbarkeit des einzelnen Griffes nicht nur in dem Material, das zur Herstellung verwendet wurde, sondern auch im handwerklichen Können. Bei den Schlössern und Beschlägen aus Schmiedeeisen meint man noch am ehesten die manuelle Fertigung zu sehen, obwohl auch diese Teile heute zum überwiegenden Teil maschinell hergestellt sind. Wen besonders auch die handwerkliche Tradition interessiert, der sollte das Schloss-Museum in Remscheid besuchen, in dem es auch die ausgefallensten Beschläge zu sehen gibt.

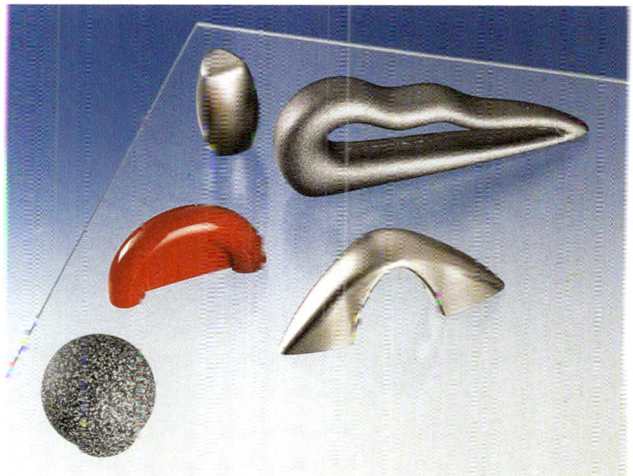

❺ Die Wahl des „richtigen“ Griffes ist sicherlich ein Kompromiss aus Funktionalität und Ästhetik. Griffe, die später stark belastet werden, müssen auch aus einem stabilen Material sein. Kunststoffgriffe sind deswegen hier meist nicht erste Wahl. Wenn es um die tägliche Nutzung geht, sollten die Griffe vor allem handlich und gut zu greifen sein. Es gibt einen guten Grund, in der Küche Kunststoffgriffe denen aus Holz oder polierten Materialien vorzuziehen. Kunststoffgriffe lassen sich leichter reinigen. Auf polierten Materialien sieht man jeden Fingerabdruck und Holzgriffe sehen, auch wenn sie lackiert sind, mit der Zeit abgegriffen aus.

❻ Letztlich gilt für alles, was der Mode unterworfen ist: Erlaubt ist, was gefällt. Lassen Sie sich also beim nächsten Gang durch Ihren Baumarkt von der Vielfalt der Griffe und Knöpfe überraschen. Noch ein kleiner Tipp zum Schluss: Die Größe von den Griffen sollten mit der Größe von Türen und Schubladen harmonieren. Ein großer Griff sieht auf einer kleinen Tür deplatziert aus, genauso wie sich ein kleiner Knopf auf einer großen Schranktür verliert. Andererseits sollten Sie z. B. bei einer kleinen Holzschublade, die sich nur schwer aufziehen lässt, einen Griff mit zwei Montagepunkten einem Knopf vorziehen. Sonst besteht die Gefahr, dass mit der Zeit der Knopf ausreißt.

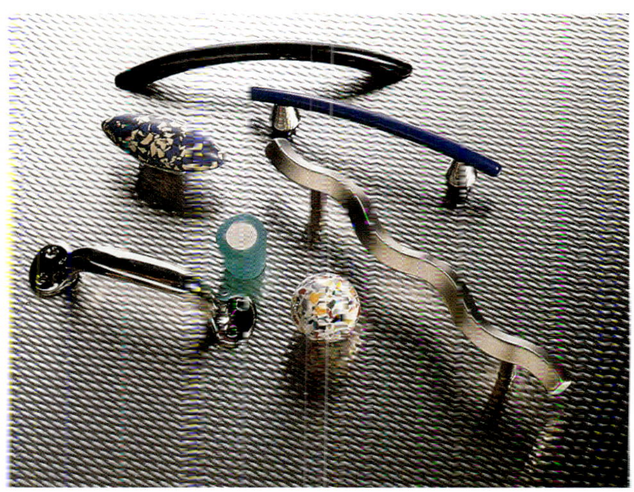

Seile und Ketten

❶ Seile, Ketten und Kordel lassen sich vielseitiger einsetzen, als Sie vielleicht zunächst einmal annehmen. Es gibt eine ganze Reihe von Anwendungssituationen, die, zugegeben, auch etwas alltäglicher sind als die hier abgebildete.

❷ Zunächst sind die Seile aus natürlichen Materialien zu nennen. Mit Seilen und Paketkordeln in verschiedenen Stärken kann man durch entsprechendes Zubehör wie Umlenkrollen, Ösen usw. die Anwendungsgebiete erweitern.

❸ Etwas dickere, unbehandelte Seile eignen sich z. B. für jede Art von Kinderspielzeug. Diese Naturseile vertragen jedoch nicht so gut Witterungseinflüsse. Auch eine Blumenampel oder ein Gemälde können Sie mit Seilen aufhängen.

❹ Seile aus Kunststoff können ruhig auch mal nass werden. Mit dem Kunststoff kommt Farbe mit ins Spiel. Sie können das Seil damit farblich passend wählen, z. B. für das Boot in Blau, für Wohnwagen oder Camping abgestimmt auf die Inneneinrichtung.

❺ Zum Verstauen von Ladung auf Anhänger oder Dachgepäckträger eignen sich die Seile aus Kunststoff. Tipp: Die Ladung sollte immer längs und quer mit Seilen gesichert werden.

❻ Die Dekorseile runden schließlich das Angebot der gebräuchlichsten Seile ab. Diese Seile sind so groß und schwer, dass sie in der Regel nur zu dekorativen Zwecken aufgehängt werden.

❼ Als Handlauf eignen sich solche Seile sehr gut. Die entsprechenden Wandbefestigungen dazu sind im Handel erhältlich. Besonders auf Dekorputzen in Kombination mit Holztreppen passt ein solches Seil stilistisch recht gut.

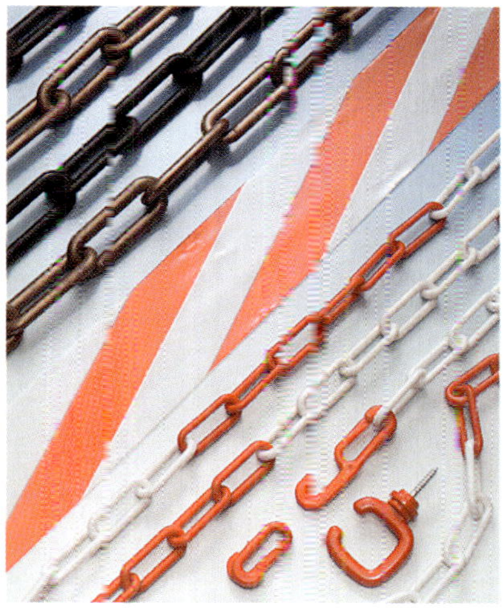

❽ Zum Absperren dienen diese im Bild gezeigten Hilfsmittel aus Kunststoff. Eine rot-weiße Plastikbanderole oder Kette weckt, wie bei Verkehrsschildern auch, die Aufmerksamkeit des Betrachters.

❾ Eine leichte Absperrung (zur besseren Sichtbarkeit in Rot-weiß) aus Kunststoff reicht in vielen Fällen schon aus. Wenn Sie auch eine mechanische Barriere erreichen möchten, sollten Sie eine Kette aus Metall verwenden.

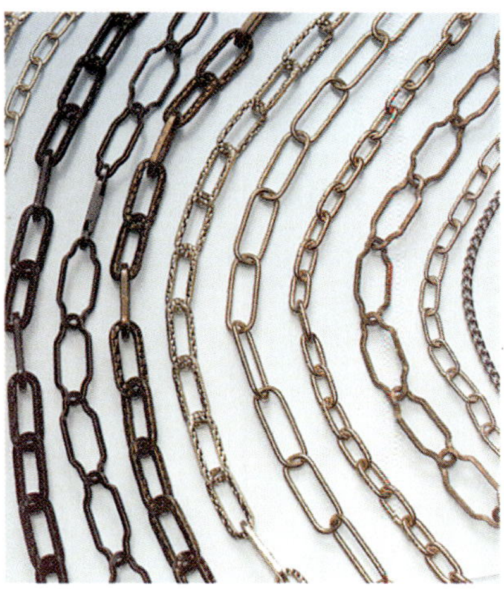

❿ Ketten aus Metall können natürlich auch filigraner gefertigt sein, sodass sie als Zierketten oder auch als schöne Absperrketten, etwa in einem ländlichen Umfeld, eingesetzt werden können.

⓫ Besonders in Wohnungen mit rustikalem Einrichtungsstil finden diese verzierten Ketten Anwendung. Die häufigste Anwendung ist sicherlich, die Kette zum Aufhängen von Leuchten zu verwenden. Das Stromkabel wird durch die Glieder der Kette gezogen.

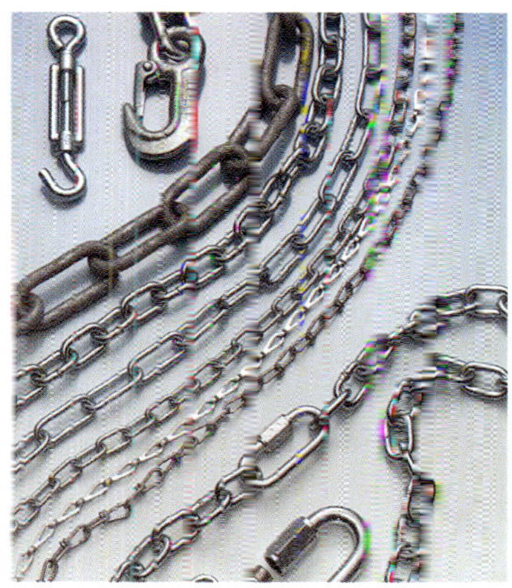

⓬ Schließlich gibt es noch die Ketten, die universell einsetzbar sind. Mit Karabinerhaken an den Enden kann man sie zum Absperren verwenden. Belastbare Ausführungen erlauben mit entsprechendem Zubehör, Gegenstände hoch und herunter zu winden.

1400 W

Holz – Werkstoff Nr. 1 für Heimwerker

Holz ist ein hervorragender Werkstoff zum kreativen Gestalten. Die Oberfläche lässt sich bearbeiten oder durch einen Anstrich gezielt verändern. Holz hat eine besondere Ästhetik, die zu Recht viele Heimwerker fasziniert. Auf der anderen Seite ist Holz auch anspruchsvoll und erfordert einen fachgerechten Umgang, damit es lange seine natürliche Schönheit behält. Alles Wissenswerte erfahren Sie in diesem Kapitel.

- **Holz als Arbeitsmaterial**
- **Massivhölzer**
- **Werkzeuge für die Holzbearbeitung**
- **Holz richtig transportieren und lagern**
- **Wichtige Holzverbindungen**
- **Holzkanten abrunden**
- **Wie Holz am schönsten wirkt**

Holz als Arbeitsmaterial

Holz ist aus vielen Gründen der Werkstoff, den Heimwerker am häufigsten und liebsten verwenden. Holz lässt sich mit einfachen Hilfsmitteln bearbeiten, es hat ein schönes Äußeres und lässt sich sehr vielseitig in allen Wohnbereichen einsetzen. Holz ist darüber hinaus ein organischer Rohstoff, der das Raumklima angenehm beeinflusst, indem es Luftfeuchtigkeit aufnehmen und wieder abgeben kann. Holz lässt sich nach seiner Herkunft (Baumart) nach seiner Handelsform und seiner Härte einteilen. Je höher die Dichte des Holzes (Masse des Holzes im Verhältnis zum Volumen), desto härter das Holz.

Weich- und Harthölzer:

Zum einen kann kann man zwischen Weichhölzern (= Nadelhölzer) und Harthölzern (= Laubhölzern) unterscheiden. Diese vereinfachende Gleichsetzung ist für die am häufigsten vorkommenden Hölzer durchaus erlaubt. Während Laubhölzer (z. B. Buche, Eiche, Ahorn) vorwiegend im Innenbereich eingesetzt werden, werden Nadelhölzer (z. B. Fichte, Kiefer, Lärche, Douglasie) sowohl für den Möbelbau als auch für den Außenbereich gerne verwendet.

Wie wird aus einem Baum ein Brett?

Das Holz eines frisch gefällten Baumes bezeichnet man als Rundholz. Nach dem Entrinden wird der Stamm zuerst auf zwei Seiten der Länge nach durch Entfernen der „Baumkante“ besäumt. Dann wird der Baumstamm um 90 Grad gedreht und der Arbeitsgang wiederholt. Aus dieser Blockware werden dann die gewünschten Handelsmaße „eingeschnitten“. Das Holz wird getrocknet, eventuell verpackt und gelangt schließlich in den Handel, bei dem Sie es kaufen können.

Beim Gang durch die Holzabteilung werden Sie sehen, dass verschiedene Handelsformen von Schnittholz angeboten werden.

In dieser Richtung werden die Bretter aus dem Stamm geschnitten. Das untere Brett liegt mit der rechten Seite nach oben.

Baumärkte bieten Schnittholz meist in fünf verschiedenen Handelsformen an.

Handelsformen von Schnittholz

Form:	Maße:
Kantholz	Quadratischer oder rechteckiger Querschnitt; Querschnittseiten mindestens 6 cm lang
Balken	Kanthölzer mit Querschnittseiten von mindestens 20 cm
Dachlatten	Querschnittsfläche bis 32 cm^2
Bretter	Dicke zwischen 8 und 40 mm
Bohlen	Mindestens 40 mm dick

Wir haben in der Tabelle das Sortiment übersichtlich zusammengefasst. Man kann zudem bei den meisten Handelsformen zwischen „sägerauem“ und „gehobeltem“ Holz wählen. In der ersten Handelsform hat das Holz noch die raue Oberfläche des Sägeschnitts, in der zweiten ist die Holzoberfläche bereits glatt gehobelt.

Holz ist „lebendig“

Wegen der Fähigkeit des Holzes, auch wenn es lange geschlagen ist, Feuchtigkeit aufzunehmen und abzugeben, sagt man auch, das Holz „arbeitet“. Diese Eigenschaft kann für Sie aber auch zum Nachteil werden, wenn in einem beheizten Raum verbautes, recht frisches Holz in seinen Maßen abnimmt (schwindet), weil sich die Größe der einzelnen Zellen bei der Trocknung verringert. Das kann z. B. dazu führen, dass bei einer mit Profilhölzern verkleideten Wand Fugen entstehen oder sich ein Regalboden „von alleine“ wölbt. Wenn sich das Holz dagegen erst einmal der Raumluftfeuchte angepasst hat, spielen kleinere Feuchtigkeitsschwankungen keine Rolle mehr. Lagern Sie daher das Holz, wenn möglich, einige Zeit vorher in dem Raum, in dem Sie es auch später verbauen wollen. Die richtige Lagerung vorausgesetzt, kann sich das Holz den klimatischen Bedingungen des Raumes anpassen.

Geeignete Maßnahmen gegen das Arbeiten des Holzes:

Ideal sind die Bretter aus der Mitte eines Stammes. Bei den meisten Brettern (aus dem sich verjüngenden Außenbereich) sind die Jahresringe jedoch schräg angeschnitten. Dieses Holz tendiert stärker dazu, sich auszudehnen (quellen), sich zusammenzuziehen (schwinden) oder sich zu wölben (werfen). Je schräger der Anschnitt, desto schöner sind andererseits die Zeichnungen auf der Brett-Oberfläche (Fladerungen) zu sehen. Um die Nachteile der „Lebendigkeit“ des Holzes zu mindern, verarbeitet man die Bretter mit der „rechten“ Seite nach oben. Als rechte Seite bezeichnet man die der Stammmitte zugewandte Seite mit den dichterliegenden Jahresringen (s. Abb. S. 68). Verarbeitet man die Bretter mit der rechten Seite nach oben bzw. nach vorn, dann wird das Werfen an den Rändern durch die Auflagen verhindert. Die Brettkanten werden gegen die Unterlage gedrückt.

Mit der „rechten“ Brettseite nach oben verhindert man das Werfen des Holzes.

Massivhölzer

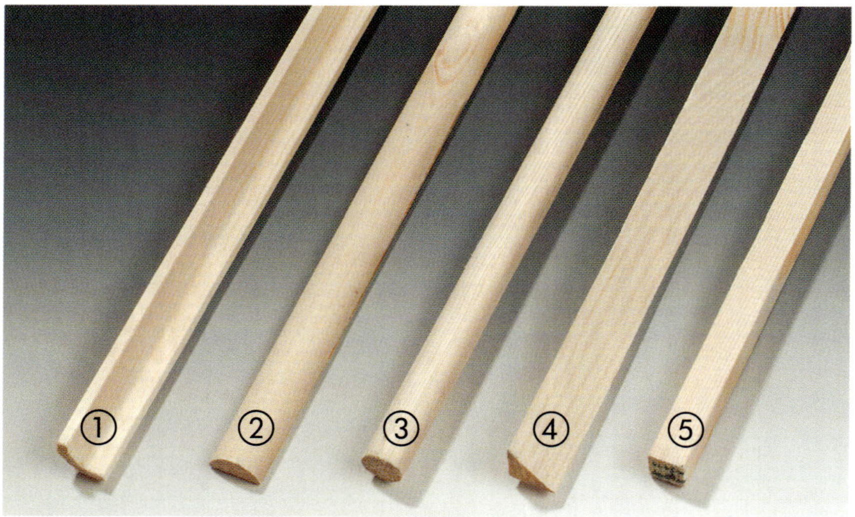

❶ Massivhölzer sind in drei handelsüblichen Fromen erhältlich. Sie werden als Leisten, Kanthölzer (bzw. Balken) und Bretter (bzw. Bohlen) angeboten. Bei Leisten kann man Hohlkehlleisten ①, Halbrund- ② und Rundstäbe ③, Viertelstäbe ④ und Quadratleisten ⑤ unterscheiden. Übliche Maße reichen von 3 bis 35 mm Durchmesser bzw. 5 mm bis zu 40 mm Seitenlänge. Sie sind meistens aus Kiefer oder Ramin und in 2,10 m Länge erhältlich.

❷ Bei Kanthölzern und Brettern gibt es deutliche optische und auch qualitative Unterschiede. Die Oberfläche von „sägerauem Bauholz" ist gegenüber Holz für den Möbelbau unbearbeitet.

❸ Eine der wichtigsten Holzsorten im Innenausbau, zum Möbelbau, aber auch für Fenster, Türen, Parkett und Furnier ist das Holz der Eiche. Es hat eine hohe Dichte, d. h. es ist hart und schwer und lässt sich gut bearbeiten.

❹ Massives Schnittholz ist wesentlich teurer als furnierte Hölzer bzw. Platten, die aus verschiedenen Holzwerkstoffen zusammengestezt sind. Wenn Sie ein Möbelstück aus Massivholz bauen oder kaufen wollen, wird das schnell zu einer Kostenfrage. Eine Arbeitsplatte aus Massivholz kann z. B. mehrere hundert Mark kosten. Besonders stabil und biegesteif sind die Bretter, die aus einzelnen Vollholz-Stäben zu 19 bis 40 mm dicken Brettern zusammengeleimt sind.

❺ Schließlich gibt es noch die Holzsorten, die „von Natur aus“ Wind und Wetter standhalten. Red ① und Yellow Cedar ②, zwei weiche Nadelhölzer aus Nordamerika, sind pilz-, insekten- und wie Bankirei ③ witterungsbeständig. Das Holz der europäischen Lärche ④ ist ebenfalls wetterbeständig, weswegen es besonders im Außenbereich und u. a. auch im Schiffs- und Wasserbau eingesetzt wird.

❻ Im Außenbereich sollte Holz witterungsbeständig sein, damit es nicht fault, sich verzieht, verbiegt oder wölbt. Wenn es „kesseldruckimprägniert“ ist, kann die Witterung ihm nichts anhaben.

Europäische und außereuropäische Hölzer: Man kann davon ausgehen, dass vor vielen tausend Jahren zwei Drittel der Erde mit Wald bedeckt waren. Heute ist es noch etwa ein Drittel der gesamten Erdoberfläche. Wie zwei grüne Gürtel legen sich die Regionen mit Waldvorkommen um die Erde. Der Gürtel um die Norhalbkugel besteht vorwiegend aus Nadelwäldern und sommergrünen Laubwäldern. Im Bereich um den Äquator gibt es die tropischen Regenwälder, die Monsunwälder und die Savannen. Gerade in den Tropenregionen findet nachweislich keine planvolle forstliche Bewirtschaftung statt. Daher sollte es naheliegend sein, bei der Holzwahl auf europäische (Nadel-)Hölzer zurückzugreifen

Das Bewusstsein um die lebensnotwendige Funktion des Waldes als „grüne Lunge“ der Erde ist auch in Europa noch nicht in allen Ländern stark genug ausgeprägt. Besonders die skandinavischen Länder – Finnland, Norwegen und allen voran Schweden – gehen hier jedoch mit gutem Beispiel voran. In diesen Ländern werden zwar seit über hundert Jahren die Wälder sehr intensiv genutzt, mit Gesetzen und finanziellen Anreizen wurde dort die Grundlage geschaffen, dass in der Summe mehr Bäume aufgeforstet als eingeschlagen werden. In Schweden steigen daher seit über 70 Jahren und in Finnland und Norwegen seit den 60er Jahren die Holzvorräte kontinuierlich an. Durch diese intensiven Bemühungen ist besonders der Bestand an Kiefern- und Fichtenholz über Jahre gesichert. Wählen Sie also lieber ein europäisches als ein tropisches Holz aus.

Europäische Hölzer sind meistens hell. In Räumen mit viel dunklem (Tropen-)Holz brauchen Sie mehr Licht, damit der Raum nicht zu bedrückend wirkt.

Werkzeuge für die Holzbearbeitung

❶ Zuschnitte von Holzplatten oder, wie hier, einem Kantholz, sind mit einem Fuchsschwanz schnell erledigt. Wer nur ab und zu etwas sägen möchte, für den reicht dieses Werkzeug in guter Qualität als Grundausstattung vollkommen aus.

❷ Beim Schleifen von Holzflächen führen maschinelle Schleifgeräte schneller zum Ziel als Schleifklotz und Schleifpapier. Ohne großen Kraftaufwand können Sie mit Schwing-, Exzenter- oder Dreiecksschleifer Holzoberflächen den letzten Schliff geben.

❸ Wenn Sie z. B. von einer Brettseite mehrere Millimeter Holz abtragen möchten, geht das am schnellsten mit einem Hobel. Sein Hobelmesser können Sie von Hand unterschiedlich tief einstellen und damit für die gewünschte Spanabnahme sorgen.

❹ Sind Sie kreativ veranlagt? Mit Schnitzbeiteln (am besten einem Hohleisen, einem V-förmigen und einem geraden Eisen), mit Schnitzmessern und einem mittelschweren Holzhammer kann man recht leicht Figuren schnitzen. Elektrisch geht diese Arbeit natürlich leichter.

❺ Zum Einlassen von Beschlägen oder um Zinken und Schwalbenschwänze zu erstellen, müssen Sie mit einem Stechbeitel einzelne Späne aus dem Holz ausstemmen. Die gebräuchlichsten Breiten, in denen Stechbeitel angeboten werden, reichen von 6–26 mm.

❻ Rundungen im Holz mit beliebigem Durchmesser können Sie mit Raspel und Feile herstellen. Die halbrunde Raspel hat eine viel rauhere Oberfläche und hebt deshalb in einem Zug viel Span ab. Die Feinarbeit lässt sich dann besser mit der Feile erledigen.

❼ Ansprechende Drechselarbeiten sind heute für den Heimwerker kein Problem mehr, da es Werkbänke bzw. Aufsätze gibt, an denen man bohrmaschinengetrieben drechseln kann. Mit dem entsprechenden Zubehör lassen sich sogar identische Werkstücke herstellen.

❽ Und zum Schluss noch ein Geheimtipp: Eine besonders schöne Oberfläche erhält man, wenn man Holz sandstrahlen lässt. Dadurch werden die weicheren Fasern abgetragen und die härteren bleiben wie topographische Linien einer Landkarte besonders um Astlöcher herum stehen. Diesen Effekt kann man auch mit einer Drahtbürste erreichen. Zum Schluss sollte man das Holz dunkel lasieren. Das Holz sieht dann ganz edel aus.

So machen Sie es richtig

- **Lesen Sie bei allen elektrischen Werkzeugen die Bedienungshinweise der Hersteller und die Sicherheitshinweise sehr sorgfältig durch.**
- **Benutzen Sie bei elektrischen Holzbearbeitungs-Werkzeugen – falls am Gerät vorhanden – die automatische Absaugung.**
- **Führen Sie auf keinen Fall Reparaturen am Innenleben von elektrischen Geräten selber durch.**

Holz richtig transportieren und lagern

❶ Wer größere Mengen Holz abnimmt, weil er Angebote nutzt, der kann viel Geld sparen, wenn Transport und Lagerung sichergestellt sind. Wenn die Ladung mehr als 1 m übersteht, ist sie beim Transport mit einem gut sichtbaren Fähnchen (30x30 cm) zu sichern.

❷ Da sich beim Schwinden nicht nur das Volumen sondern auch die Form von feuchtem Holz verändert, stellt man es am besten in der Richtung auf, in der es am wenigsten schwindet. Stellen Sie deshalb die Bretter senkrecht auf zwei breite Kanthölzer.

❸ Ambitionierte Heimwerker bevorraten auch gerne Leisten für verschiedene Anwendungszwecke. Damit diese nicht wertvolle Bodenfläche wegnehmen, legt man Sie am besten je nach Länge in zwei bis drei Hakenprofile ein. Ein zuunterst eingelegtes, dickes Brett verhindert, dass die Leisten durchhängen. Bei sachgemäßer Lagerung können Sie also durchaus ein Sonderangebot wahrnehmen.

❹ Wenn Sie einen umfangreichen Um- oder Anbau planen, kommen Sie eventuell in die Verlegenheit, Ihr Bauholz draußen lagern zu müssen. Der Stapelunterbau sollte aus Stapelfüßen und Lagerhölzern bestehen, damit das Holz keine direkte Verbindung zum Untergrund hat. Auch zwischen den Lagen des aufgeschichteten Trockengutes sollten Sie Stapel-Latten einfügen, um ein Verziehen des Schnittholzes zu vermeiden.

❺ Bereits getrocknetes Holz sollte auch trocken bleiben. Wenn Sie dieses Holz draußen lagern möchten, sollten Sie sowohl für eine Unterlüftung sorgen (Balken unterlegen) als auch den Stapel vor Witterungseinflüssen durch eine festgeschnürte Plane schützen.

❻ Bei nicht fachgerechter Lagerung, oder wenn das Holz zu schnell trocknet, können sich Risse bilden. Meist verlaufen sie in Faserrichtung. Durch Frost oder bei ungleichmäßiger Belastung gerät das Holz unter Spannung und bekommt ebenfalls Risse.

❼ Wenn Sie frisches Holz im Freien und nicht überdacht (z. B. in einem Car-Port) lagern, sollten Sie es von Zeit zu Zeit mit einem feinen Wassernebel anfeuchten, dann bleibt die Trocknungsgeschwindigkeit innen und am Rand des Stapels konstant.

❽ Schließlich gibt es Holzsorten wie z. B. Kiefer, Fichte und Tanne, die sehr schnell nachdunkeln. Schützen Sie solche Holzsorten bei der Lagerung unbedingt vor direkter Sonneneinstrahlung durch eine Abdeckung wie z. B. eine alte Decke oder einen alten Vorhang.

SO MACHEN SIE ES RICHTIG

- **Das Trocknen von frischem Holz im Freien kann je nach Holzart mehrere Monate bis zu zwei Jahren dauern.**
- **Idealerweise hat der Lagerplatz für Holz ein leichtes Gefälle, damit sich kein Wasser unter den Stapelfüßen sammelt.**

Wichtige Holzverbindungen

❶ Bei einfachen Verbindungen, z. B. wenn Sie eine Kartoffel- oder Transportkiste bauen, reicht eine einfache Nagelung aus. Wird die Spitze des Nagels vorher mit einem Hammer gestaucht, vermeiden Sie das Spalten des Holzes.

❷ Stabiler wird die Verbindung mit Spanplattenschrauben mit einem scharfen Doppelgang-Gewinde. Diese Schrauben lassen sich mit wenig Kraftaufwand eindrehen und haben einen leicht konischen Kopf, der sich in das Holz hineinzieht.

❸ Optisch ansprechender ist eine unsichtbare Leim-Verbindung. Sie bietet sich an, wenn Sie die Holzoberfläche in seiner natürlichen Schönheit belassen wollen. Wird es später überlackiert, können Sie auch Schrauben verwenden.

❹ Gedübelte Verbindungen sind sehr stabil. Damit sich die Fugen ganz schließen, sollten die Holzdübel 2–3 mm kürzer als die Dübellöcher sein. So kann der überschüssige Leim von den Dübellöchern aufgenommen werden. Die Löcher für die Dübel werden mit kleinen Dübelhilfen vorgebohrt (kleines Bild). Die Dübelverbindungen können sowohl sichtbar als auch unsichtbar ausgeführt werden.

❺ Ebenfalls eine sehr feste Verbindung stellen 4 mm dicke Formfedern her, die mit etwas Leim in die gefrästen Nutschlitze der beiden Werkstücke gesetzt werden. In den Nuten quellen sie dann auf und halten so „bombenfest“.

❻ Wenn Sie zum Beispiel einen Rahmen bauen wollen, ist die Überblattung die einfachste Eckverbindung. Die beiden Rahmenecken werden bis zur Hälfte der Holzdicke wechselseitig um genau eine Rahmenbreite „ausgeklinkt“, also eingeschnitten und verleimt.

❼ Eine sehr haltbare Holzverbindung gelingt mit Hilfe von Schlitz und Zapfen. Die Schlitz- und Zapfenteilung wird zunächst angerissen. Dann sägt man das Werkstück an diesen Linien ein und schneidet schließlich die beiden Abfallstücke ab. Der Schlitz kann mit einem scharfen Stemmeisen herausgearbeitet werden. Zum Schluss werden die beiden Teile miteinander verleimt.

❽ Die sogenannte einfache Zinkung ist schön und sehr stabil, aber gar nicht so einfach herzustellen. Es verzahnen sich bei dieser Verbindungsart gerade und keilförmige Zapfen, die auch Zinken und Schwalbenschwänze genannt werden.

❾ Wesentlich einfacher gelingt die Zinkung mit einer Zinkhilfe. Sie wird auf der Arbeitsplatte befestigt. Die beiden Werkstücke werden nacheinander in der Zinkhilfe eingespannt. So lässt sich eine millimetergenaue Zinkung herstellen, die genau ineinander greift.

Holzkanten abrunden

❶ Es gibt viele Möglichkeiten, die Schnittkanten von gesägtem Holz abzustumpfen. Wenn die Kante nur etwas geglättet werden muss, wird sie am einfachsten mit Hilfe eines Schleifklotzes und feinem Holz-Schleifpapier „versäubert".

❷ Mit dem Hobel können Sie die Kanten anfasen, d. h. anschrägen. Auch dadurch ist die Gefahr, dass Sie sich eventuell an einem Holzsplitter verletzen, ausgeräumt.

❸ Das Anfasen einer Holzkante ist auch mit einem Kunststoffhobel möglich, dessen Sohle wie eine Raspel geformt ist. Gestalten Sie damit grob die gewünschte Form der Kante und arbeiten Sie mit einem feineren Schleifmittel nach.

❹ Eine Rundleiste sieht ansprechend aus und ist schnell verleimt. Tipp: Schaffen Sie mit einem Brettchen eine möglichst breite Auflagefläche für die Zwinge, damit sie sich nicht in die Rundleiste drückt.

❺ Natürlich lassen sich Kantenprofile auch fräsen. Mit einer Oberfräse gelingen Ihnen schnell und sauber die unterschiedlichsten Profile. Die verschiedenen Fräsköpfe lassen sich genauso leicht austauschen wie die Bohrer bei einer Bohrmaschine. Seien Sie beim Gebrauch von schnelldrehenden Werkzeugen besonders vorsichtig.

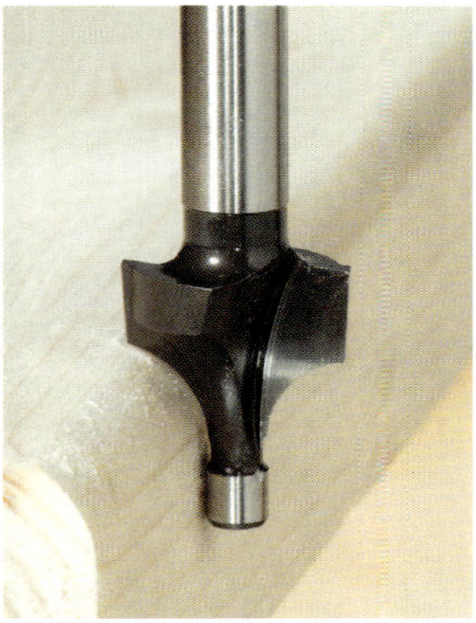

❻ Es gibt viele unterschiedliche Fräser als Zubehör für die Oberfräse. Der Viertelstab-Fräser z. B. rundet Holzkanten ab. Mit keinem anderen Werkzeug lässt sich eine Kante so schnell und so sauber abrunden.

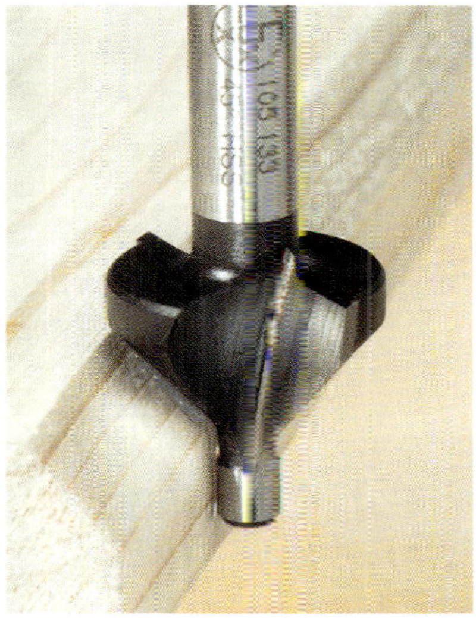

❼ Möchten Sie eine Plattenkante anschrägen bzw. anfasen, verwenden Sie einen Fase-Fräser. Darüber hinaus gibt es aber auch Fräser, die das Holz nicht nur anschrägen sondern ihm gleichzeitig ein bestimmtes Profil geben.

❽ Mit dem Hohlkehl-Fräser können Sie einer Plattenkante ein Hohlkehl-Profil zugeben. Hat der Fräser keinen Zapfen an der Unterseite kann damit auch eine halbrunde Nut in die Mitte eines Holz-Werkstückes gefräst werden.

❾ Meist lässt sich eine Stichsäge nicht so exakt führen, dass ein ganz sauberer und runder Schnitt entsteht. Die kleinen Abweichungen lassen sich schnell mit einer halbrunden Feile ausgleichen.

❿ Der Raspelhobel, wie er auch zum Glätten von Gipskarton-Kanten verwendet wird, lässt sich ebenfalls zum Abrunden von Holzkanten einsetzen. Er lässt sich genauso gleichmäßig wie ein Hobel führen.

⓫ Kanten von Rundhölzern (z. B. einem Besenstiel) können Sie mit einem stationären Bandschleifer abrunden. Prüfen Sie unbedingt die Laufrichtung des Bandes. Sie muss vom Werkstück wegführen.

Wie Holz am schönsten wirkt

❶ Auch Holz in Brettform „lebt", wenn es unbehandelt ist. Es passt sich der wechselnden Luftfeuchte des Raumes an, nimmt also Wasser auf und gibt es ab und es „arbeitet" (dehnt sich aus und schwindet). Sie haben die Wahl, das Holz in seiner natürlichen Schönheit zu belassen oder seine Oberfläche zu verändern. Anstriche dringen je nach Konsistenz mehr oder weniger tief in die offenporige Oberfläche ein, bilden je nach Anstrich einen Film. Auch Sonneneinstrahlung geht nicht spurlos an unbehandeltem Holz vorüber.

❷ In den Bereichen, auf die über einen langen Zeitraum Licht einfällt, dunkelt das Holz schneller als in schattigen Bereichen. Fichte und Kiefer sind besonders lichtempfindlich, wenn sie nicht durch einen Lack mit UV-Filter geschützt sind.

❸ Mit Beizen können Sie Holz färben, ohne dass ein dichter Film die Holzoberfläche versiegelt. Verwenden Sie wasserlösliche Beizen. Man löst sie nach den Herstellerangaben in einem Schälchen auf.

❹ Die Beize wird mit einem Pinsel aufgetragen. Bei Wasserbeizen lässt sich, anders als bei lösemittelhaltigen Beizen, ein Aufquellen der Oberfläche oft nicht ganz verhindern. Die Oberfläche fühlt sich dann etwas rau an. Egal für welche Farbe Sie sich entscheiden, das gebeizte Holz sollte auf jeden Fall noch einen schützenden Überzug erhalten. Das kann Klarlack sein, aber auch Wachs (z. B. bei Wand- und Decken-Profilhölzern).

❺ Mit Hartöl oder Firnissen eingestrichene Holzoberflächen sehen nicht nur schön aus, die Versiegelung schützt darüber hinaus stark beanspruchte Holzböden und Möbel. Dabei werden die Poren des Holzes jedoch nicht versiegelt. Beachten Sie unbedingt die Verarbeitungshinweise der Hersteller, da Hartöle brennbar sind und deshalb eine fachgerechte Verarbeitung erfordern.

❻ Durch Wachs bekommt die Holzoberfläche einen leicht matten, seidigen Glanz. Die Wachsschicht ist aber nicht wasserbeständig und auch nicht kratz- und abriebfest. Deswegen sollten Sie Wachs nur bei wenig beanspruchten Flächen einsetzen.

❼ Lasuren sind transparent und können Farbmittel enthalten. Dennoch bleibt die Maserung des Holzes mehr oder weniger stark sichtbar. Lasuren werden in der Regel mit einem Pinsel oder – besonders praktisch bei kleineren Flächen – direkt aus der Flasche über einen Schwamm aufgetragen.

❽ Lacke bilden einen Film auf der Holzoberfläche, die dadurch auch einen mechanischen Schutz erhält. Lacke können mit Pinsel, Schaumstoffrolle oder mit einer Spritzpistole aufgebracht werden. Beachten Sie, dass es bei Wasserlacken in Kombination mit Wasserbeizen zu Fleckenbildung kommen kann.

Anstreichen wie die Profis

Gelegentlich möchte man seine Umgebung verändern. Angestrichenen Wänden, Möbeln oder Heizkörpern sieht man an, wie viele Jahre sie bereits auf dem Buckel haben. Die Farben sind aus der Mode gekommen, die Oberflächen vergilbt und verstaubt. Ein neuer Anstrich wirkt da Wunder. Hier erfahren Sie, was Sie brauchen, um auf einem gut vorbereiteten Untergrund einen Anstrich professionell aufzutragen.

- **Von Lacken, Farben und Lasuren**
- **Warenkunde Lacke und Farben**
- **Werkzeuge und Hilfsmittel für Anstriche**
- **Holztür lackieren**
- **Fenster und Heizung lackieren**
- **Farben abtönen**
- **Öko-Tipps zu Lacken und Farben**

Von Lacken, Farben und Lasuren

Welche Anstrichmittel gibt es?

Es gibt eine Vielzahl von Anstrichmitteln, mit denen man Oberflächen jeden Materials verschönen, veredeln, pflegen und auch schützen kann. Am einfachsten lassen sich die Charakteristika dieser einzelnen Mittel beschreiben, wenn man ihre Wirkung beim Auftrag betrachtet.

Mit Beizen lassen sich Holzoberflächen farbig gestalten, ohne dass die Maserung überdeckt oder die porige Holzfläche durch einen Film verschlossen würde. Lasuren bilden zwar nach dem Auftrag einen transparenten Film, aber das Holz kann dennoch atmen. Klarlack und Buntlack überziehen den Untergrund mit einem Film. Buntlack wirkt deckend, sodass die Maserung des lackierten Holzes nicht mehr zu sehen ist. Lackierte Oberflächen sind gegen Schmutz und mechanische Belastung geschützt.

Das Anstrichmittel bestimmt Aussehen und Eigenschaften der bearbeiteten Oberfläche.

Schließlich gibt es noch so genannte Dispersionsfarben für Decken-, Wand- und Fassadenanstriche.

Welches Mittel ist für welche Anwendung geeignet?

Zum einen werden Farben und Lacke nach ihrem Anwendungsort (Innen-/Außenbereich) unterschieden und in zweiter Linie danach, was mit ihnen angestrichen oder lackiert werden soll: Holz, Metall, Heizkörper, Putz, Tapete/Raufaser (natürlich nur innen), Beton. Jede Oberfläche dieser Untergründe hat ihre spezifischen Eigenschaften. Farben und Lacke sind nicht so universell aufgebaut, dass sie auf jedem dieser Untergründe ohne Vorarbeiten haften. Holz erhält z. B. einen Anstrich mit

Dosen lassen sich leichter öffnen, wenn die Ränder nicht durch Abstreifen des Pinsels verunreinigt werden: Streifen Sie den Pinsel besser an einem Streifen Klebeband ab.

Grundierung, Haftgrund oder einem Vorlack, je nachdem welcher Lack für den Schlussanstrich verwendet werden soll. Auf Oberflächen aus Metall wird in der Regel Rostschutzgrund bzw. „Primer" und eine Universalgrundierung aufgetragen, bevor lackiert werden kann.

Was ist in den Produkten?

Unabhängig vom Hersteller sind bestimmte Stoffe in allen Lacken und Farben enthalten. Dazu zählen Bindemittel, Pigmente, Lösemittel und Zusatzstoffe (Additive). Die Stoffe, die später den Film der Beschichtung bilden und die die farbgebenden Pigmente umhüllen und mit dem Untergrund verbinden, nennt man Bindemittel. Damit das Bindemittel nicht zu schnell hart wird bzw. streichfähig bleibt, benötigt man Lösemittel. Früher wurden ausschließlich organische Lösemittel verwendet. Das Einatmen der Dämpfe dieser Alkydharz-Lacke ist jedoch gesundheitsgefährdend und sie sind auch aus ökologischer Sicht bedenklich. Aus diesem Grund wird jeder Lack auch mit Wasser als Lösemittel angeboten. Solchen Lacken sind Emulgatoren zugesetzt, die für eine begrenzte Zeit die eigentlich nicht wasserlöslichen Bindemittel wasserlöslich machen. Wenn das Wasser verdunstet ist und die Emulgatoren nicht mehr wirken, ist die (Acryl-)Lackschicht fest und auch nicht mehr wasserlöslich. Zu einem geringen Prozentsatz sind aber in der Regel auch in den wasserlöslichen Lacken zusätzlich organische Lösemittel enthalten. Dennoch erhalten sie den „Blauen Engel", da sie „schadstoffarm" sind.

Unter Additiven versteht man Zusatzstoffe, wie die genannten Emulgatoren, Hautverhinderer (verhindern Hautbildung in der Dose), Konservierungsstoffe, UV-Schutzmittel (gegen Vergilben) und – die gleichmäßige Verteilung beim Anstrich unterstützende – Verlaufmittel.

Bei den Wand-, Decken- und Fassadenfarben haben sich Produkte auf Basis von Kunststoffdispersionen bewährt. Man nennt sie Dispersionen, da die einzelnen Bestandteile in der Farbe nicht gelöst, sondern ganz fein verteilt (dispergiert) sind, ohne dass sie sich entmischen oder sogar absetzen. Als Bindemittel werden je nach Anwendungsbereich Acrylharz, Latex, Silikate oder Silikonharz verwendet.

Hinweise für die Verarbeitung:

- Lesen Sie auf jeden Fall die „Hinweise für die Verarbeitung" der Hersteller auf den Gebinderückseiten sowie deren Angaben für eine fachgerechte Entsorgung von Farbresten und Gebinden.
- Lüften Sie während der Verarbeitung so lange durch, bis kein Lösemittelgeruch mehr wahrnehmbar ist.
- Vermeiden Sie Hautkontakt und schützen Sie Ihre Augen vor Farbspritzern.
- Bewahren Sie die Produkte kindersicher auf und kennzeichnen Sie sie deutlich, wenn Sie z. B. Reste in andere Behälter gießen, die mit anderen Produkten im Haushalt verwechselt werden könnten.
- Trinken, essen und rauchen Sie nicht beim Verarbeiten von lösemittelhaltigen Anstrichstoffen.

FACHAUSDRÜCKE

Dispersion: Die enthaltenen Bestandteile sind nicht gelöst, sondern schwimmen darin fein verteilt.

Lösemittel: Inhaltsstoff, der bewirkt dass der Lack oder die Farbe für eine gewisse Zeit streichfähig bleibt.

Wasserverdünnbarer Lack: Lack auf Wasserbasis (evtl. mit einem kleinen Anteil an organischen Lösemitteln)

Feste Farbe: Farbe mit sehr hohem Pigmentanteil, also mit fester Konsistenz und hoher Deckkraft.

Wenn Sie ein paar Hinweise beachten, gefährdet die Verarbeitung von Farben und Lacken Ihre Gesundheit nicht.

Warenkunde Lacke und Farben

❶ Lacke lassen sich nach ihren Inhaltsstoffen oder durch ihre Wirkung unterscheiden. Bei jeder Lackbeschichtung wird der Untergrund mit einem Film überzogen. Ein hochglänzender Lack bewirkt eine spiegelnde Oberfläche.

❷ Von einem seidenmatten Lack spricht man, wenn der Lackfilm leichte Unregelmäßigkeiten aufweist, sodass die Oberfläche nur noch trübe spiegelt. Auf solchen Oberflächen sieht man den Staub auch nicht mehr so stark.

❸ Bei Mattlacken schließlich ist die Feinstruktur der Anstrichoberfläche so unregelmäßig, dass das auftreffende Licht in alle Richtungen gestreut wird. Das Resultat: Die Kugel spiegelt sich kaum noch.

❹ Neben den Inhaltsstoffen, die in allen Lacken enthalten sind, kann man Lacke nach wasserlöslichen und lösemittelhaltigen Lacken unterscheiden. Letztere lassen sich bis zu 5 Prozent mit Wasser verdünnen.

❺ Lacke mit organischen Lösemitteln sind gesundheitlich nicht unbedenklich. Beachten Sie deshalb bei der Verarbeitung unsere Sicherheitshinweise und die Informationen der Hersteller. Andererseits lassen sich diese Lacke besser verstreichen. Zum Reinigen des Werkzeugs brauchen Sie Verdünnung.

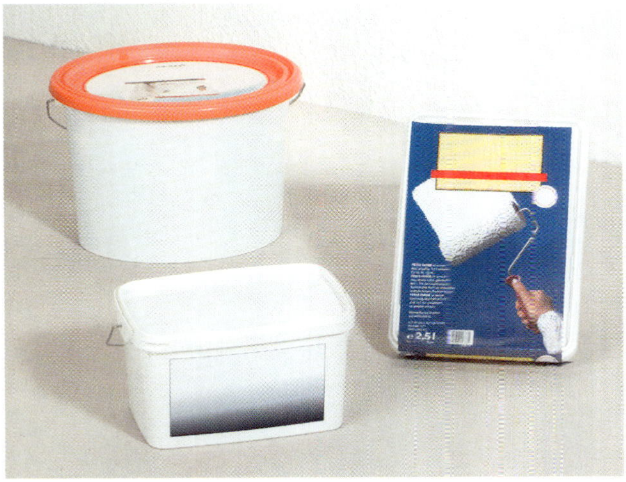

❻ Für die Wand- und Deckengestaltung werden Kunststoffdispersionen angeboten. Es gibt flüssige und cremige (kompakte) Dispersionen und „Feste Farbe“. Je größer die Tropfhemmung, desto verarbeitungsfreundlicher, aber auch teurer ist die Farbe. Vergleichen Sie beim Kauf die Ergiebigkeit der Farben, d. h. die Angabe, welche Fläche damit gestrichen werden kann.

❼ Dispersionen müssen unterschiedlichen Anforderungen genügen, wenn sie im Innen- oder im Außenbereich eingesetzt werden sollen. Fassadenfarben müssen wetterbeständig sein. Sie sollen einerseits wasserabweisend, andererseits wasserdampfdurchlässig sein. Eventuell muss vorher ein festigender und egalisierender Grundanstrich aufgetragen werden.

❽ In Küche und Bad sollten Sie Feuchtraumfarbe verwenden. Sie enthält einen Schimmelschutz, sodass diese Farbe sowohl als vorbeugender Schutzanstrich als auch für Sanierungsanstriche auf schimmelbefallenen Innenflächen angewendet werden kann.

❾ Bei den Innenfarben werden wie bei den Lacken unterschiedliche Glanzgrade und zunehmend geruchsfreundliche und wasserverdünnbare Produkte angeboten. Qualitätsfarben garantieren einen deckenden Anstrich schon nach dem ersten Anstrich.

❿ Manche Hersteller haben eine spezielle Isolierfarbe im Angebot, mit der man auch nikotinverfärbte Wände einer verrauchten Wohnung deckend und geruchsbindend überstreichen kann. Die scheuerbeständige Wandoberfläche nimmt dann das Nikotin nicht mehr so an.

Werkzeuge und Hilfsmittel für Anstriche

❶ Um große Flächen abzudecken und vor Farbspritzern zu schützen, nimmt man am besten Wellpappe oder Abdeckfolie. Wellpappe rutscht weniger als Folie, ist dafür aber nicht hundertprozentig dicht. Dünnflüssige Grundierungen können die Pappe durchfeuchten. Da Anstriche oft jedoch etwas dickflüssiger sind (cremige Dispersionen, „feste“ Farben), reicht eine Malerpappe in der Regel aus. In jedem Fall sparen Sie Zeit bei den Aufräumungsarbeiten. Vor allem bleiben Einrichtungsgegenstände, die Sie nur in die Zimmermitte räumen, weil Sie zu sperrig oder zu schwer sind, von Farb- und Lackspritzern verschont.

❷ Kleben Sie angrenzende Bereiche um Anstrichflächen ab. Die hier „verlorene“ Zeit holen Sie schnell wieder herein, da Sie später keine Farbspritzer aufwändig entfernen müssen. Ein einfaches Klebeband lässt sich sogar von der Tapete abziehen, ohne diese zu beschädigen.

❸ Zu lackierende Flächen müssen vor- und zwischengeschliffen werden. Dafür brauchen Sie grobes und feines Schleifpapier. Rost lässt sich am besten mit einer Drahtbürste entfernen.

❹ Unregelmäßigkeiten oder Risse im Untergrund werden mit Lackspachtel gefüllt. Dazu eignen sich Japanspachtel aus Kunststoff oder Metall. Mit Stahlspachteln werden dagegen Farbreste entfernt.

❺ Flächenstreicher eignen sich für Acryllack- und Dispersionsfarben, Lacke und Lasuren. Naturborsten mit „gesplissenen“ Spitzen verteilen die Farbe sehr gleichmäßig auf jedwede Anstrichfläche.

❻ Rundpinsel streichen nur gut, wenn Sie nicht „struppig“ sind. Der Vorbund, der die Borsten hält, kann aus Metall, Kunststoff oder aus einer Hanfschnur bestehen. Bei der letztgenannten Pinselform kann der Vorbund durch Abbinden verkürzt werden. Der Pinsel wird damit wieder elastisch.

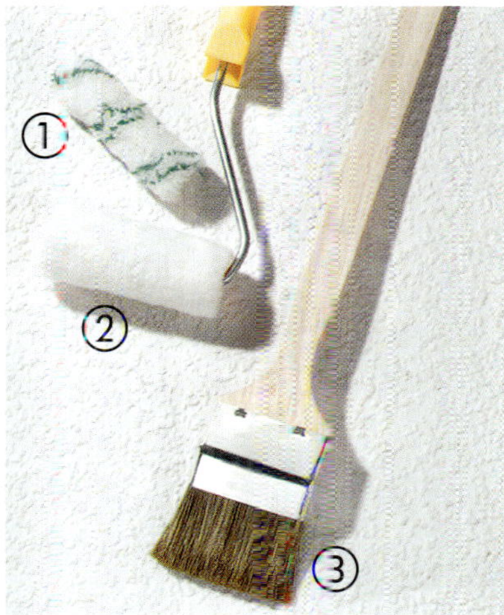

❼ Zum Vorstreichen von Ecken und Kanten bzw. von kleinen Flächen sollten Sie eine „Ratte“ ①, eine „Maus“ ② oder einen Heizkörperpinsel ③ verwenden. Diese Werkzeuge lassen sich kontrollierter führen. In der Fläche kann dann mit einem größeren Werkzeug wieder zügig gestrichen werden.

❽ Walzen aus Schaumstoff oder mit kurzflorigem Mohär sind ideal für einen sauberen Lackauftrag. Tipp: Mohärroller sollten Sie auf einem Stück Malerpappe mit etwas Lack ausrollen. Die losen Mohärflusen lösen sich beim ersten Lackauftrag und kommen damit nicht auf die Anstrichfläche.

❾ Für große Flächen ist ein Farbroller das beste Werkzeug. Das beste Farbaufnahmevermögen haben Lammfellbezüge. Am Abstreifgitter können Sie die Farbe gleichmäßig auf der Farbwalze verteilen.

❿ Mit einem Teleskop-Stiel, auf den sich die meisten Griffe für Farbwalzen aufstecken lassen, können Sie bequem vom Boden aus arbeiten. Damit ersparen Sie sich das Auf- und Umstellen einer Leiter.

⓫ Zum Streichen von cremigen Farben bzw. „fester Farbe“ sollten Sie eine kurzflorige Velours-Walze verwenden. Sie nimmt nicht so viel Farbe auf wie eine Lammfellrolle und verteilt sie gleichmäßiger.

Holztür lackieren

❶ An unbearbeiteten, rohen Holztüren geht die Zeit nicht spurlos vorüber. Mit einem Kunstharzlack oder einem wasserverdünnbaren Lack gestrichen, sieht die Tür jedoch schnell wieder wie neu aus. Zwischen allen Arbeitschritten sollte die Tür ganzflächig geschliffen werden. Das klingt zunächst nach viel Aufwand, Sie werden dafür später jedoch durch ein perfektes Lackierergebnis entschädigt.

❷ Hängen Sie die Tür aus und legen Sie sie auf zwei Böcke. Schrauben Sie Türklinke und Türschloss ab. Die Türklinke ist in der Regel mit einem Dorn befestigt, der entweder gezogen oder herausgeschraubt werden kann. Das Schloss ist nur mit zwei Holzschrauben befestigt. Nach diesen Vorarbeiten schleifen Sie die Tür mit 240er Schleifpapier. Alte Lackschichten rauen Sie am besten an, damit der neue Lack besser haftet.

❸ Mit Lackspachtel füllen und glätten Sie zunächst eventuell vorhandene Fehlstellen in der Holzoberfläche und schleifen dann mit noch feinerem Schleifpapier (280er Körnung) nach. Entfernen Sie abschließend den feinen Schleifstaub gründlich mit einem feuchten Tuch.

❹ Wenn die Oberfläche getrocknet ist, grundieren Sie die Ecken und Kanten der Tür mit Türengrund. Verwenden Sie dazu einen Rundpinsel. Der Pinsel wird immer nur bis zur Hälfte eingetaucht und am Dosenrand gut abgestreift, damit die Lackschicht nicht zu dick wird.

❺ Lackieren Sie die großen Flächen der Tür vor. Lassen Sie die Grundierung gut durchtrocknen und geben Sie der Oberfläche mit 280er Schleifpapier den letzten Schliff. Nachdem Sie die Tür gut entstaubt haben, können Sie die Schlusslackierung zügig auf die Tür auftragen. Gehen Sie Bahn für Bahn vor, dann erhalten Sie eine gleichmäßig lackierte Fläche. Arbeiten Sie In den Vertiefungen der Kassettentür mit einem Rundpinsel. **Tipp:** Drehen Sie je zwei lange Schrauben in die Stirnseiten der Tür. So können Sie die Tür drehen, auch wenn die frisch lackierte Tür noch nicht getrocknet ist.

❻ Streichen Sie zuerst die Vertiefungen der Kassettentür, dann die Profile und Kassettenflächen. Zum Schluss werden die mittleren und äußeren Rahmen und die Außenkanten lackiert. Wenn die lackierten Flächen gut durchgetrocknet sind, können Sie die Tür wieder einhängen und Schloss und Türklinke montieren. Jetzt können die nächsten Gäste kommen!

Das brauchen Sie

- Zwei Holzböcke
- Schwing- oder Exzenterschleifer
- Schleifpapier 240er und 280er Körnung
- Japanspachtel
- Lackspachtel
- Rundpinsel
- Lackwalze
- Türgrund (Grundierung)

So machen Sie es richtig

- Wenn Sie elektrische Schleifgeräte verwenden, sollten diese über eine Staubabsaugung verfügen, damit sich der feine Staub nicht so sehr im Raum verteilt.
- An Ecken und Kanten sollten Sie besonders vorsichtig schleifen. Schnell ist sonst der Film der Grundierung bis auf das Holz abgetragen. Mit der Lackwalze erhalten Sie beste Streichergebnisse, wenn Sie die Tür erst senkrecht, dann quer und zum Schluss noch einmal senkrecht und in überlappenden Bahnen lackieren.

Fenster und Heizung lackieren

❶ Unansehnlich gewordene Kunststoff-Fenster können mit Kunstharzlacken und wasserverdünnbaren Lacken ganz einfach wieder auf Vordermann gebracht werden. Jeder Anstrich braucht einen sauberen Untergrund. Deswegen sollten Sie den Rahmen mit warmem Wasser und etwas Spülmittel gründlich reinigen und danach die Gummileisten und das Glas abkleben.

❷ Mit einem Strichzieher und einer pigmentierten Spezialgrundierung lackieren Sie nun die Ecken und kleinere Flächen vor. Seien Sie besonders vorsichtig in der Nähe von Gummileisten; sie können durch den Lack brüchig werden. Mit einem breiteren Pinsel grundieren Sie auch die größeren Flächen. Tragen Sie nicht zu viel Grundierung auf, damit keine „Nasen" entstehen.

❸ Nach ein paar Stunden können Sie mit der Schlusslackierung beginnen. Die Zeitangaben variieren natürlich von Produkt zu Produkt. Beachten Sie deshalb die Herstellerangaben auf der Rückseite der Gebinde. Streichen Sie bei der Schlusslackierung immer parallel zum Fensterrahmen, d. h. immer in Längsrichtung. So erhalten Sie ein besonders schönes Anstrichergebnis.

❹ Entfernen Sie die Klebebänder und Abdeckungen von Dichtungen und Fenster und lüften Sie so lange, bis der Lack vollständig getrocknet ist. Bei lösemittelhaltigen Lacken sollten Sie besonders gut durchlüften. Wasserhaltige Lacke sind nicht so gesundheitsschädlich, brauchen aber länger zum Durchtrocknen, da sich Wasser langsamer verflüchtigt als Lösemittel.

❶ Die Vorarbeiten bei unansehnlich gewordenen Heizkörpern sind etwas umfangreicher als bei einem Fenster. Stellen Sie zunächst die Heizung ab. Bei einer warmen Heizung würden die Anstriche zu schnell antrocknen.

❷ Zuerst sollten Sie immer lose Lackschichten und eventuell vorhandenen Rost auch in den Zwischenräumen entfernen. Am bequemsten und schnellsten geht das mit einem Drahtbürstenaufsatz auf Ihrer Bohrmaschine.

Das brauchen Sie

- Klebeband
- Strichzieher
- Lackierpinsel
- Grundierung
- Kunstharzlack oder wasserverdünnbarer Lack bzw. Heizkörperlack
- Bohrmaschine
- Drahtborsten-Aufsatz
- Heizkörperpinsel bzw. -rollen

❸ Nachdem Sie den Schleifstaub gründlich entfernt haben, lackieren Sie Rippe für Rippe gleichmäßig vor. Mit einem gebogenen Heizkörperpinsel oder einer Rolle mit langem Stiel kommen Sie auch an die schwer zugänglichen Stellen.

❹ Wasserverdünnbare Lacke brauchen einen guten Haftgrund. Deswegen sollten Sie den Heizkörper vorher grundieren. Kunstharzlacke können Sie dagegen direkt nach dem Schleifen verarbeiten. Tragen Sie den Schlussanstrich Rippe für Rippe auf, da Sie nach einem weißen Voranstrich nicht mehr so genau unterscheiden können, wo Sie bereits lackiert haben. Lüften Sie auch hier abschließend gut durch.

Farben abtönen

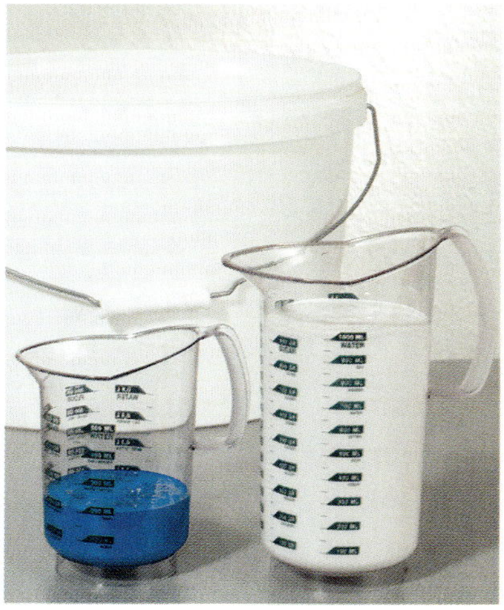

❶ Farben zu mischen, also z. B. aus Gelb und Blau einen gewünschten Grünton zu mischen, ist nichts für Heimwerker. Üblich ist dagegen, Volltonfarben unter Zugabe von Weiß „abzutönen".

❷ Unterschiedliche Farbnuancen kann man eigentlich nur vergleichend beurteilen. Stellen Sie mit kleinen Mengen verschiedene Testmischungen zusammen [z. B. 100 ml Volltonfarbe und 200 ml Weiß (1:2), dazu weitere 800 ml Weiß (= 100 ml Vollton u. 1 l Weiß = 1: 10) und schließlich noch einen Liter dazu (= 100 ml Vollton u. 2 l Weiß = 1:20]. Je feiner die Skalen auf den verwendeten Messbechern, desto genauer lässt sich mischen.

❸ Rechnen Sie das Verhältnis der kleinen Test-Mengen auf den benötigten Bedarf um. Die Ergiebigkeit der verwendeten Farbe ist immer auf der Rückseite der Gebinde abgedruckt. Da es sich bei Volltonfarben um Konzentrate handelt, sollten Sie zum Mischen einen Rühraufsatz für die Bohrmaschine verwenden, damit sich das Konzentrat optimal verteilt.

❹ Als Entscheidungshilfe bieten die Farbenhersteller Farbtonmischkarten an. Anhand der Testfelder können Sie einen Farbton auswählen. Die erste Testmischung – die erforderlichen Mischungsverhältnisse sind auf der Karte angegeben – kommt so Ihrem Wunschfarbton wahrscheinlich schon recht nahe. Bis zum gewünschten Farbton ist es dann nur ein kleiner Schritt.

❺ Hier noch ein Tipp zur Farbbeurteilung von Dispersionsfarben: Sie sollten Farbtöne nur im trockenen Zustand beurteilen. Meistens werden die Farben beim Trocknen heller. Streichen Sie daher ein Reststück der Tapete, die gestrichen werden soll, mit der angemischten Farbe und trocknen Sie sie mit einem Fön.

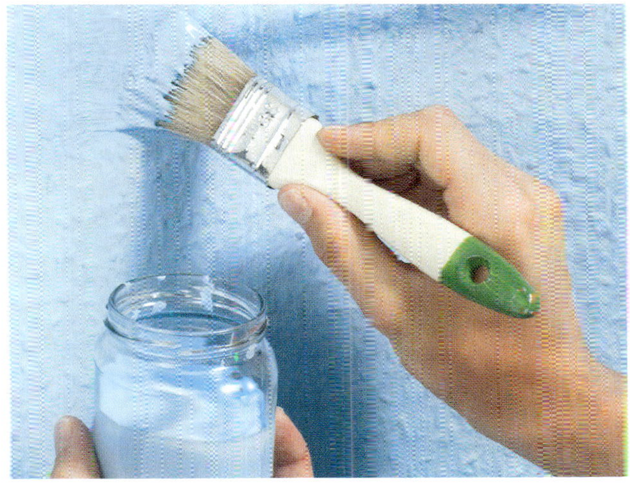

❻ Es lohnt sich übrigens in jedem Fall, Farbreste in einem luftdicht verschließbaren Glas aufzuheben. Leichte Gebrauchsspuren an Raufaser oder Strukturlaser-Tapeten lassen sich so nach langer Zeit in genau dem Farbton des Erstanstrichs überstreichen. Bewahren Sie auf jeden Fall auch die „Rezeptur“ auf!

❼ Neben den Volltonfarben gibt es auch fertig abgetönte Trendfarben, die so abgestimmt sind, dass sie sich untereinander kombinieren lassen. Manche Hersteller bieten für diese Farbtöne sogar so genannte „Farbtester“ an, kleine Gebinde mit integriertem Pinsel, mit denen Sie eine kleine Fläche probeweise streichen können, bevor Sie größere Mengen der Farbe kaufen.

❽ Wenn Sie Farbe nach Maß haben möchten, und das auch noch nach Jahren, können Sie sich Ihren Wunschfarbton auch maschinell mischen lassen. Anhand von Farbenfächern (RAL-Farbtöne, Naturfarbton-Palette o. Ä.) finden Sie bestimmt schnell einen Farbton nach Ihrem Geschmack. Maschinell lassen sich die Zutaten ganz exakt und gründlich miteinander vermischen.

Öko-Tipps zu Lacken und Farben

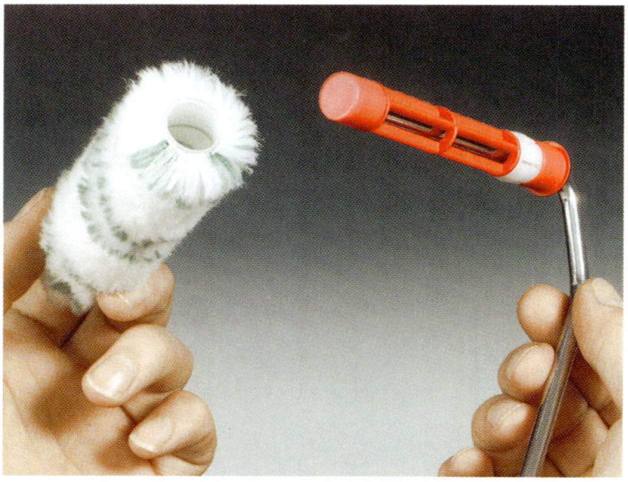

❶ Ökologische Aspekte treten auch im Bereich Heimwerken mit zunehmendem Umweltbewusstsein immer stärker in den Vordergrund. Müllvermeidung steht dabei an erster Stelle. Achten Sie deshalb auf Waren, bei denen verbrauchte Teile (hier die Walze eines Farbrollers) ausgetauscht werden können und nicht das gesamte Werkzeug weggeschmissen werden muss.

❷ Wenn die Farbe bei diesem Behälter aufgebraucht ist, kann der Umkarton zum Altpapier. Aus dem Innenteil lassen sich trockene Farbreste „herausbröseln" und in den Restmüll geben. Das Abstreifgitter und der Innenteil aus Kunststoff können recycelt werden (Grüner Punkt). So bleiben bei diesem Gebinde lediglich die Farbreste als nicht verwertbarer Müll übrig.

❸ Berechnen Sie den Bedarf möglichst genau. Bedarfsgerecht gibt es deshalb auch Gebinde in unterschiedlichen Größen. So brauchen Sie kaum Farbreste aufzubewahren, die in der Garage oft Frost bekommen oder über die Jahre eintrocknen und unbrauchbar werden. Ein 15-l-Eimer verursacht übrigens wesentlich weniger Abfall als ein 10-l- und ein 5-l-Eimer und ist zudem deutlich preiswerter.

❹ Auch bei Lacken besteht die Gefahr des Eintrocknens. Hier gibt es einen ganz simplen Trick: Stellen Sie den gut verschlossenen Rest mit dem Deckel nach unten ins Regal. Der Lack sorgt dann selbst für den Luftabschluss nach außen. Die Restluft im Behälter wirkt sich nicht so gravierend aus wie ein permanenter, schleichender Luftaustausch mit der Umgebung, wenn die Dose „richtig herum" steht.

❺ Wenn Sie Lacke oder Farben kaufen, achten Sie auf die verschiedenen Umweltzeichen, die auf den Verpackungen abgedruckt sind. Viele Öko- oder Bio-Zeichen bzw. -Bezeichnungen sind nicht geschützt. Verlässlicher ist in dem Fall die Aussage über das Produkt, z. B. „lösemittelfrei". Produkte ohne organische Lösemittel sind auch aus ökologischer Sicht vorzuziehen.

❻ Ein geschütztes Zeichen ist dagegen der „Blaue Umweltengel". Produkte bekommen nur dann dieses Zeichen, wenn Inhaltsstoffe wie z. B. Lösemittel oder pilztötende Mittel bestimmte Maximalwerte nicht überschreiten. Bei wasserverdünnbaren Lacken darf die Konzentration des organischen Lösemittels 10 Prozent, bei allen anderen Lacken 15 Prozent nicht übersteigen.

❼ Pinsel zu reinigen, belastet die Umwelt. Ein verbogener, eingetrockneter Pinsel ist nicht mehr brauchbar. Wenn Sie jedoch wissen, dass Sie am nächsten Tag die Arbeit fortsetzen, können Sie den Pinsel auch so im wassergefüllten Glas „übernachten" lassen.

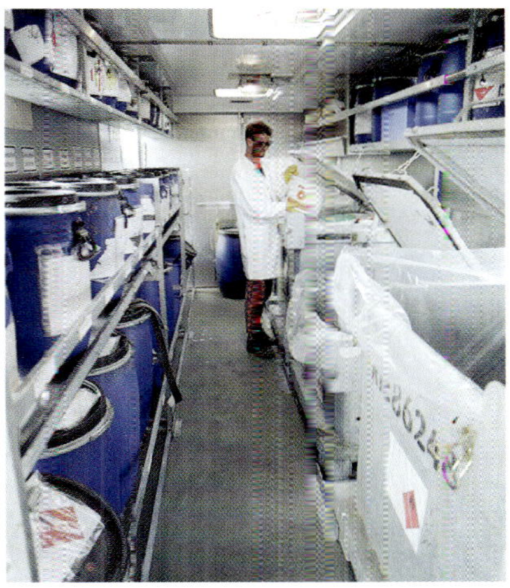

❽ Lacke, Farben und Pinsel, die nach den Herstellerhinweisen nicht in den Hausmüll gegeben werden dürfen, können bei Sammelstellen abgegeben und dort nach einem bestimmten Abfallschlüssel, der ebenfalls auf den Gebinden angegeben ist, entsorgt werden.

❾ Noch ein Wort zu Lacken in Sprühdosen. Die Zusicherung allein, dass es sich um ein FCKW-freies Produkt handelt, gewährleistet nicht automatisch den Schutz der Ozon-Schicht. Auch andere Treibgase können zum Treibhauseffekt beitragen.

Vom richtigen Kleben

Die Vase, ein Erbstück Ihrer Familie, ist heruntergefallen. Ein Henkel vom Kaffee-Service ist beim Spülen kaputtgegangen. Damit die Klebeverbindung mit Sekundenkleber dann länger hält als der Name dieses Klebers wörtlich genommen befürchten lässt, sollten Sie die grundlegenden Gesetze der Klebephysik kennen. Erfahren Sie, auf welchen Gebieten die angebotenen Kleber ihre Stärken haben und wie Sie schon mit einfachen Hilfsmitteln die Klebewirkung verbessern können.

- **Kleben und kleben lassen**
- **Physik beim Kleben**
- **Kleber, die halten, was sie versprechen**
- **Klebehilfen machen das (K)Leben leichter**

Kleben und kleben lassen

Physikalische Grundlagen

Klebstoffe stellen zwischen zwei Teilen, die (wieder) zusammengefügt werden sollen, eine dauerhafte Verbindung her. Hier sollte man nicht auf dem Standpunkt stehen, dass ein Alleskleber auch alle Klebeprobleme löst. Es gibt aus gutem Grund verschiedene Kleber mit unterschiedlichen physikalischen Eigenschaften, die beim Klebevorgang zu berücksichtigen sind. Die Klebestelle oder -fläche kann ebenfalls eine unterschiedliche Beschaffenheit haben, was Konsequenzen für die Beanspruchbarkeit der geklebten Verbindung hat.

Unterschiedliche Materialien erfordern auch Kleber mit besonderen Eigenschaften, damit eine dauerhafte Verbindung entsteht.

Adhäsion und Kohäsion

Hinter diesen zwei kompliziert klingenden Begriffen verbergen sich zwei ganz einfache Phänomene, die Sie sicher auch schon im Alltag beobachtet haben. Adhäsion bezeichnet die Haftung, die bereits entsteht, wenn zwei Oberflächen durch Kontakt aneinander haften. Das ist z. B. bei zwei aufeinander liegenden Glasscheiben oder bei Fensterbildern (Folien) am Fensterglas der Fall. Bei Flächen, die nicht sauber, fett- und staubfrei sind, werden diese Adhäsionskräfte gemindert, im schlimmsten Fall sogar aufgehoben.

Wenn man Kleber auf die Verbindungsstelle gibt, überbrückt der Kleber den engen Spalt zwischen den beiden Werkstücken. Bis der frische Kleber jedoch vollständig durchgetrocknet ist, kann man die Klebestelle noch nicht mechanisch belasten. Der Kleber kann auf zwei Weisen aushärten. Entweder es entweicht mit der Zeit organisches Lösemittel bzw. Wasser oder es kommt zu einer chemischen Reaktion zwischen zwei Bestandteilen des Klebers.

Ob die Kleberverbindung hält, was sie verspricht, hängt dann vom Kleber und der Beanspruchung der geklebten Stelle ab. Je fester die einzelnen Kleber-Moleküle nach dem Durchtrocknen zusammenhängen (Kohäsion), desto stabiler die geklebte Verbindung. Auf den Verpackungen wird diese Eigenschaft als Endfestigkeit bezeichnet.

Klebeflächen vorbereiten

Alte Anstriche, Beschichtungen und lose Bestandteile bzw. Fremdstoffe (wie z. B. Rost, Staub und Schmutz) müssen vollständig entfernt werden. Wenn der Kleber es erfordert, sollten die Klebeflächen sogar mit Alkohol oder Verdünner entfettet werden. Diese Flächen dürfen Sie dann natürlich nicht mehr anfassen, denn auch Hautfett kann die Klebewirkung stark mindern.

Allgemeine Klebehinweise

Auf die so vorbereitete, vollständig getrocknete Klebefläche kann nun der Kleber nach den Anweisungen des Herstellers aufgetragen werden (ein- oder beidseitig, sparsam oder großzügig). Bei manchen Klebern (z. B. Kontaktklebern) ist nach dem Kleberauftrag erst noch eine Ablüftzeit einzuhalten, bevor die beiden Werkstücke aufeinander gepresst werden können. Folgen Sie hierbei den Angaben der Hersteller. Bei Kontaktklebern sind die Materialien unter hohem Anfangsdruck zusammenzupressen. Bei diesem Kleber ist die Anfangsfestigkeit, d. h. die verbindende Klebewirkung schon zu Anfang recht hoch.

Hohe Endfestigkeit

Wenn man etwas klebt, möchte man natürlich, dass die Verbindung möglichst „ewig" hält. Sobald der Kleber ganz durchgetrocknet ist, ist die maximale Festigkeit erreicht. Sie lässt sich durch nichts weiter steigern. Bei manchen Klebern (z. B. Zweikomponenten-Klebern) lässt sich die erreichbare Festigkeit durch Erwärmen während des Klebevorgangs deutlich erhöhen. Hinweise, welche Kleber sich dazu eignen, finden Sie häufig auf der Verpackungsrückseite.

Sekundenkleber sind z. B., wie ihr Name schon sagt, bereits nach wenigen Sekunden ausgehärtet. Ihre Endfestigkeit ist damit schon erreicht und Korrekturen sind nicht mehr möglich. Dafür lassen sich mit diesem Klebstoff Materialien wie Kunststoffe, Acrylglas, Metall und Glas kleben, bei denen andere Kleber versagen. Für saugfähige Materialien und Verbindungen, die später gedehnt werden (Leder, Gummi o. Ä.), nimmt man dagegen besser einen flexiblen Kontaktkleber.

Sicherer Umgang mit Klebern

Jeder Kleber ist nach Gebrauch wieder gut zu verschließen, kühl zu lagern (nicht unter 5 Grad Celsius) und unbedingt für Kinder unzugänglich aufzubewahren. Besonders bei den Klebern, die sehr schnell eine hohe Endfestigkeit erreichen, ist besondere Vorsicht geboten. Dämpfe von Klebern, die organische Lösemittel enthalten, sollten nicht eingeatmet werden. Diese Kleber sind nur in gut belüfteten Räumen anzuwenden.

FACHAUSDRÜCKE

Ablüftzeit: Zeit, die der Kleber antrocknen (ablüften) sollte, bevor die beiden Werkstücke aufeinander gepresst werden.

Anfangsfestigkeit: Gibt an, welche Festigkeit zu Anfang der Klebeverbindung erreicht wird.

Verarbeitungszeit: Die Zeitspanne, innerhalb derer noch Korrekturen an der Klebeverbindung möglich sind, d. h. so lange der Kleber noch nicht getrocknet ist.

Zugbelastbarkeit (Zugfestigkeit): Belastbarkeit in senkrechter Zugrichtung zur Klebefläche zwischen zwei Werkstoffen.

SO WIRD'S GEMACHT

Physik beim Kleben

Die Haltbarkeit von Klebeverbindungen ist nicht nur abhängig von dem verwendeten Kleber, sondern auch von den späteren Belastungen, d. h. von der Art der Krafteinwirkungen auf eine Klebefläche. Einfluss auf die Festigkeit hat auch die Größe der Klebefläche. In unserem Beispiel können Sie sehen, wie Sie mit der Veränderung der Größe und Lage einer zwei Werkstücke verbindenden Klebefläche deren Stabilität wesentlich verbessern können.

Bei einer schmalen Klebefläche (Grafik ❶) ist die Bruchgefahr generell am höchsten. In Zugrichtung ① hält die Klebeverbindung noch am besten, da bei diesem Ansatzpunkt die Kraft auf die ganze, wenn auch kleine Fläche wirkt. Sobald jedoch ein Hebel ② auf die geklebte Stelle wirkt, wird die Klebestelle einseitig belastet und kann leicht brechen.

Wenn man (wie in Grafik ❷ dargestellt) die Klebefläche durch Anschrägen vergrößert, verteilt sich die angreifende Kraft auf die größer gewordene Fläche und die geklebte Stelle bricht nicht so leicht. Bei einem abgebrochenen Besenstiel ist das Anschrägen eine sehr geeignete Maßnahme. Von den physikalischen Gesetzen her ist es also so, dass die Klebeverbindung umso stabiler ist, je schräger sie angelegt wird.

Im Sonderfall (Grafik ❸) verläuft die Klebfläche parallel zur Zugrichtung ①. Hier spricht man von „Scherbeanspruchung". Die Kräfte, die die beiden Werkstücke auseinander ziehen wollen, verteilen sich auf die gesamte Fläche, sodass die Klebestelle sehr widerstandsfähig ist. Wenn Sie zwei Werkstücke nicht mit den Schmalseiten, sondern mit den großflächigen Seiten verkleben, entsteht auch eine dauerhaft stabile Klebeverbindung. In Zugrichtung ② wird die Zugkraft ebenfalls auf die gesamte Klebefläche verteilt. Diese Verbindung ließe sich durch Anschrägen (s. o.) sogar noch stabiler machen, da die Klebefläche dann noch größer wird.

❶

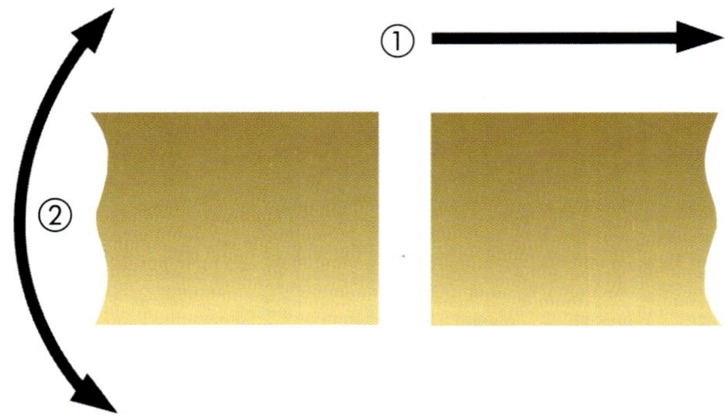

❷

❸

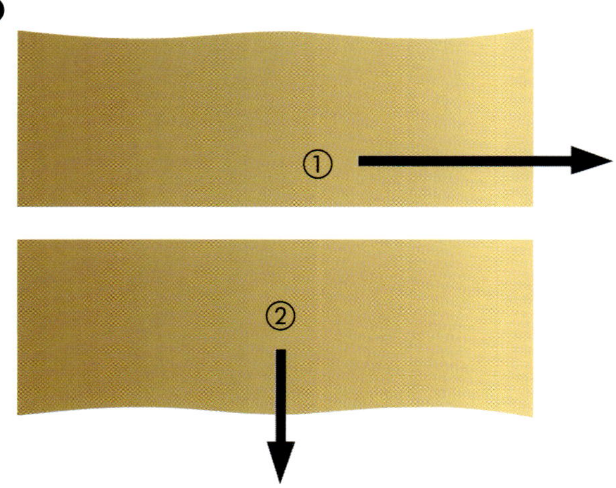

Voraussetzung für eine haltbare Klebeverbindung ist eine möglichst großflächige Verbindung zwischen dem Material und dem Klebstoff. Schmutz oder Staub bzw. Fett vermindert die Fähigkeit des Klebers, sich mit dem Werkstück zu verbinden und dort zu haften. Deswegen müssen die Klebeflächen immer gut gereinigt werden.

❹

Die Fähigkeit des Klebers, sich mit dem Werkstück zu verbinden (Adhäsion), kann man deutlich verbessern, indem man die Oberfläche anraut (Grafik ❹). Die Oberfläche ist – durch ein Mikroskop betrachtet – nach dem Anschleifen deutlich vergrößert und Klebstoff und Klebefläche können eine bessere Verbindung eingehen. Bei glatten Oberflächen hätte man im Prinzip drei separate, „unverbundene" Schichten – die beiden glatten Werkstücke und eine Schicht Kleber dazwischen. Bei rauen Oberflächen hingegen kann sich der Kleber besser mit dem Untergrund „verzahnen". Bei Kunststoffklebern ist es daher oft so, dass sie die Oberfläche etwas anlösen, damit sich Kleber und Untergrund besser miteinander verbinden.

❺

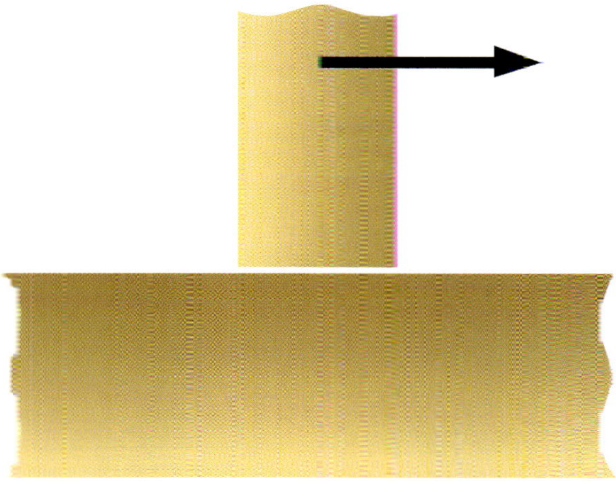

Klebestellen werden schließlich noch höher beansprucht, wenn ein Hebel auf die Klebestelle wirkt. (Grafik ❺) Die Wirkung eines Hebels kann man sich am besten an einer Türklinke veranschaulichen. Je weiter außen man anfasst, desto einfacher lässt sich die Klinke herunterdrücken. Das gleiche Gesetz gilt natürlich auch für Klebeverbindungen. Ein langer Hebel wirkt sich demnach genauso nachteilig aus wie eine kleine Klebefläche. Vermindern Sie daher, wenn es möglich ist, die Hebelwirkung (Grafik ❻). Am Beispiel des Besenstiels kann man sehen, was zu tun ist. Der Stiel wird aus gutem Grund in einem gebohrten Loch des Besenkopfes verleimt. Bevor sich eine solche Verbindung löst, würde der Besenstiel (bzw. das senkrecht befestigte Werkstück) eher brechen.

❻

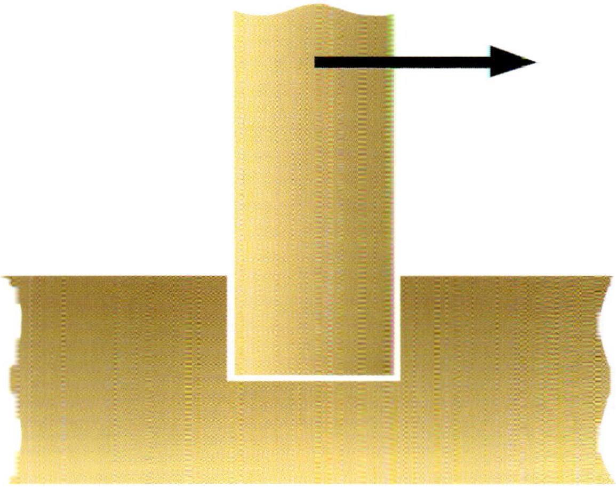

Kleber, die halten, was sie versprechen

❶ Für schnelle Sofortreparaturen im und am Haus sind so genannte Sekundenkleber geeignet. Sie sind für viele Materialien verwendbar. Der Klebstoff wird meist einseitig dünn auftragen und sofort zusammengepresst. Auf diese Weise entsteht eine dauerhafte Verbindung.

❷ Holzleim ist im eigentlichen Sinne kein Kleber sondern ein gebrauchsfertiger Kunstharzleim, den es mit unterschiedlich langen Verarbeitungszeiten gibt. Er ist bei allen Arten von Holz, Holzwerkstoffen und Schichtstoffplatten ein Meister seines Faches.

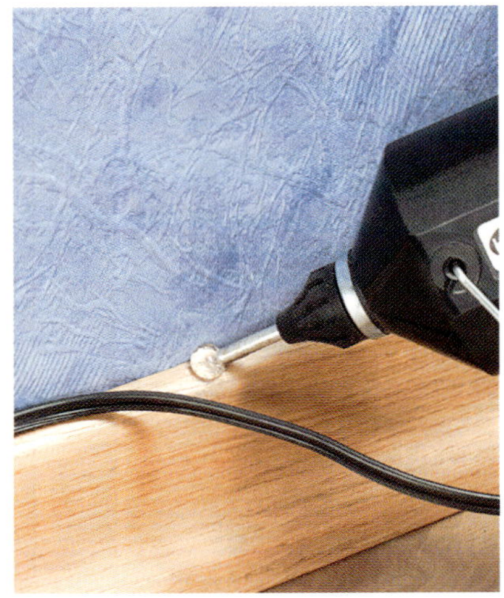

❸ Diejenigen, die den Heißkleber kennen, bezeichnen ihn auch gerne als „flüssige Schraube". Der Kleber ist nahezu überall einsetzbar und lässt sich vor allem später ggf. wieder rückstandslos entfernen.

❹ Schaumstoff lässt sich mit den bereits genannten Klebern nur bedingt befestigen. Dafür gibt es speziellen, wasserverdünnbaren Dispersionskleber, den man mit einem Zahnspachtel dünn aufträgt.

❺ Weiter gibt es die Kontaktkleber, die ihre Wirkung nur dann richtig entfalten, wenn Sie am Anfang der Verklebung einen hohen Anpressdruck erzeugen. Um z. B. eine widerstandsfähige, harte Kunststoffschicht auf eine Holzplatte zu kleben, verwendet man am besten eine Andruckwalze.

❻ Schließlich gibt es noch Alleskleber, die sogar unter Wasser funktionieren. Ein neues Folienstück kann einfach wie ein Fahrradflicken unter Wasser auf die ebenfalls mit dem Kleber eingestrichene Schadstelle einer Teichfolie geklebt werden.

❼ Sogenannte Epoxydharz-Kleber lösen selbst schwierigste Aufgaben. Sie bestehen aus den zwei Komponenten „Binder“ und „Härter“, die aus verschiedenen Tuben oder Gebinden kurz vor der Anwendung meist im Verhältnis 1:1 schnell, aber gründlich verrührt werden.

❽ Freunde des Modellbaus werden um Plastik-Spezialkleber nicht herumkommen. Genauso unumgänglich sind aber auch die darin enthaltenen gesundheitsschädlichen Lösemittel. Diese Kleber lösen das Plastik an und schaffen so eine feste Verbindung.

❾ Beim Basteln mit Papier eignen sich besonders Klebestifte, die für einen gleichmäßigen und vor allem trockenen Kleberauftrag sorgen. So bleibt das Papier formstabil. Lösemittel sind in diesen Stiften nicht enthalten.

❿ Ob ein Kleber Lösemittel enthält oder nicht, können Sie daran sehen, ob der frische Kleber trüb oder klar ist. Trübe oder milchig aussehende Kleber enthalten keine Lösemittel. Weitere Hinweise entnehmen Sie der Verpackung.

SO MACHEN SIE ES RICHTIG

- **Verwenden Sie lösemittelhaltige Klebstoffe nur in gut belüfteten Räumen.**
- **Vermeiden Sie unbedingt den Kontakt mit Schleimhäuten oder Augen.**
- **Bewahren Sie Klebstoffe immer außerhalb der Reichweite von Kindern auf.**

Klebehilfen machen das (K)Leben leichter

❶ Je bauchiger eine Vase ist, desto besser lassen sich die frisch angeklebten Stücke mit einem Luftballon stützen. Nach dem Durchtrocknen des Klebers Luftballon zerstechen. Mit dieser Methode lassen sich selbst viele kleine Stücke wieder zusammenfügen.

❷ Ein klassisches Hilfsmittel ist die Zwinge. Sie zwingt zwei (verleimte) Werkstücke zusammen und wird erst entfernt, wenn der Leim durchgetrocknet ist. Es ist übrigens dann genug Leim aufgetragen, wenn an den Seiten etwas von dem Leim herausquillt.

❸ Manchmal gibt es Situationen, in denen man keine Zwinge ansetzen kann. Oft hilft da eine etwas dickere Paketkordel, mit der Sie für den nötigen Zusammenhalt (hier eines Bilderrahmens) sorgen können. Schützen Sie die Ecken mit etwas Pappe.

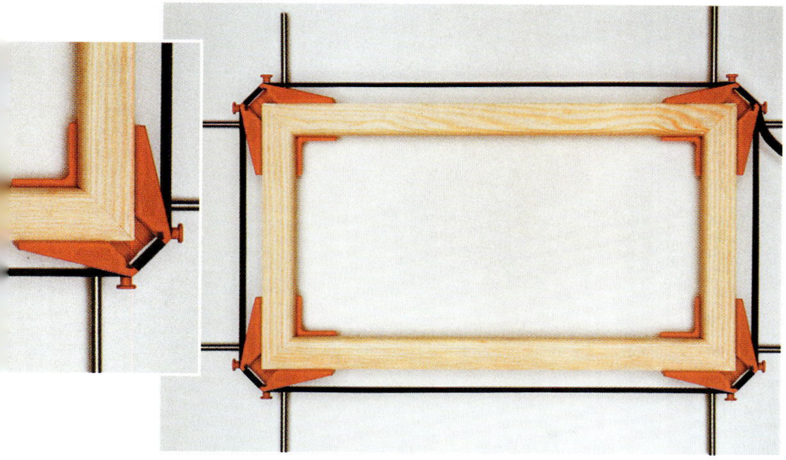

❹ Wenn Sie die Rahmen für Ihre Familiengalerie selbst herstellen, kommt vielleicht sogar ein Rahmenspanner in Frage, in den Sie einen Bilderrahmen einlegen können. Er hat bereits Eckenschoner, die den Druck der Befestigung gleichmäßig verteilen. Auf diese Weise bleiben die Rahmenecken unversehrt.

❺ Mitunter tut es auch schon ein Hilfsmittel, das Sie sicher aus Ihren Kindertagen kennen. Die gute, alte Knetmasse verhindert zum Beispiel, dass runde Werkstücke wegrollen. Auch filigrane Teile, wie man sie oft im Modellbau findet, können mit Knetmasse prima stabilisiert werden bis die Klebeverbindung hält.

❻ Auch mit einem spannbaren Gurt können Werkstücke fest aufeinander gepresst werden. Der Gurt lässt sich leicht wieder entriegeln. Man kann ihn natürlich auch an anderen Stellen einsetzen, z. B. um eine Ladung auf einem Dachgepäckträger zu befestigen.

❼ Eines der einfachsten Hilfsmittel zum Kleben sehen Sie hier: Auch ein Pflasterstein kann für den nötigen Anpressdruck sorgen. Damit sein Gewicht sich gleichmäßig verteilt, sollten Sie ein Brett zwischenlegen. Dieses Verfahren können Sie natürlich nur bei solchen Verbindungen einsetzen, die keinen hohen (anfänglichen) Anpressdruck erfordern. Es eignet sich also nicht beim Kontaktkleben.

❽ Bei Kontaktklebern kommt es auf einen sehr hohen punktuellen Druck an, den man z. B. mit der Spitze eines Hammers erzeugen kann. Sie sehen, es bedarf oft nur eines Hilfsmittels, das Sie bereits im Haus haben.

❾ Eckverbindungen können Sie auch mit einer Gehrungszwinge fixieren. Sie ist auf unterschiedlich dicke Werkstücke einstellbar und so gebaut, dass sie die beiden Teile gleichmäßig und im rechten Winkel zusammenpresst.

❿ Zwei auf Gehrung geschnittene und verleimte Spanplatten können durch ein einfaches Paketband zusammengehalten werden. Kleben Sie das Paketband mit Zug um die Ecke des Werkstücks; das hält die Teile fest zusammen.

Kleine Reparaturen im und am Haus

Wenn kleinere Reparaturen anfallen, werden Sie zum Heimwerker „wider Willen“. Die Furcht vor einer hohen Handwerker-Rechnung für die Beseitigung dieser „Kleinigkeiten“ ist schnell verflogen, wenn Sie sich die Beispiele in diesem Kapitel anschauen. Viele der genannten Techniken lassen sich ohne weiteres auch andernorts einsetzen.

Kleine Reparaturen, große Wirkung

Ersetzen Sie Teile gegen welche aus langlebigen Materialien.

Wann lohnt sich eine Reparatur?

Eine Fliese ist gesprungen, der Wasserhahn tropft, ein Brandfleck „ziert" den Wohnzimmerteppich. In diesen Fällen wird man unfreiwillig zum Heimwerker. Es ist unmittelbar einleuchtend, dass sich eine Reparatur in den genannten Situationen eher lohnt, als eine komplette Renovierung oder ein Komplett-Austausch. Überlegen Sie sich aber auch, ob Sie nicht zum Beispiel den Teppich in einem halben Jahr sowieso erneuern wollen. Dann lohnt es sich vielleicht eher, über den Brandfleck noch eine Weile hinwegzusehen, oder ihn mit einem Blumentopf zu überdecken, anstatt ein verhältnismäßig teures Locheisen in passender Größe zu besorgen, mit dem man dann den Brandfleck ausstechen kann. Bei einem neuen Teppich ist die Anschaffung des Werkzeugs durchaus sinnvoll, da man den störenden Fleck sicherlich nicht die ganze Zeit bis zur nächsten Renovierung dulden wird.

Reparaturen sind eine Kostenfrage

Je deutlicher der Kostenunterschied zwischen Komplett-Austausch und Reparatur ist, desto eher lohnt es sich, die Reparatur selbst durchzuführen. Aber auch andere kleine Reparaturen lohnen sich. Ließe man dafür einen Handwerker kommen, wäre oft schon der Anfahrtsweg teuerer als der Materialaufwand für die gesamte Reparatur. Auch die Arbeitsstunde eines Handwerkers ist recht teuer. Hier gilt es abzuwägen, ob die kleine Reparatur viel handwerkliche Geschicklichkeit erfordert.

Wenn die Reparatur besonders aufwändig ist oder besonderes Fachwissen erfordert, ist es in jedem Fall besser, einen Handwerker zu rufen. Die eigenmächtige Reparatur würde wahrscheinlich erstens viel zu lange dauern und zweitens wahrscheinlich nicht fachgerecht durchgeführt werden können. Um z. B. eine Satelliten-Empfangsanlage richtig auszurichten ist entsprechendes Messgerät und Fachwissen nötig, ganz abgesehen von dem Risiko, das Sie eingehen, wenn Sie hinaus auf das Dach steigen. Ihre eigene Sicherheit sollte auf jeden Fall an erster Stelle stehen.

Wann sich Reparaturen nicht lohnen

Es ist also nicht immer richtig, alles selbst reparieren zu wollen. Wenn Sie Zweifel haben, ob Sie die Reparatur sicher und fachgerecht durchführen können, sollten Sie lieber einen Handwerker bestellen. Der hat den Schaden wesentlich schneller behoben, als man selbst dazu in der Lage wäre. Zudem haben Sie auch die Gewähr bzw. je nach Art der Reparatur auch die Garantie für die durchgeführten Arbeiten. Defekte Geräte, deren Garantiezeit noch nicht abgelaufen ist, sollten Sie generell dem Kundendienst überlassen. Mit dem Öffnen eines Gerätes erlischt sonst automatisch der Anspruch auf die Garantie. Manche Hersteller geben nach den Wartungs- oder Reparaturarbeiten auf die durchgeführten Arbeiten auch eine Garantie.

Erhalten oder erneuern?

Nicht in jedem Fall lohnt sich eine Reparatur. Wenn der Kostenaufwand für eine Reparatur höher ist als die Kosten eines neuen Gerätes, dann lohnt sich die Reparatur natürlich auf keinen Fall. Je nach Alter oder Zustand des defekten Gegenstandes oder Gerätes kann man sagen, dass sich seine Reparatur nur lohnt, wenn die Reparaturkosten weniger als die Hälfte des Neupreises ausmachen. Wägen Sie im Einzelfall ab, wie viel Ihnen die Reparatur wert ist. Eine Vase oder einen Bilderrahmen von hohem ideellen Wert wird man eher reparieren, als einen Toaster, dessen Reparatur ein Sicherheitsrisiko darstellt und bei dem die Reparaturkosten außerdem schnell den Einstandspreis übersteigen.

Bevor man eine Reparatur durchführt, sollte man sich ebenfalls überlegen, ob ein Austausch gegen ein neues Gerät oder Bauteil nicht eher lohnt, wenn damit eine ökologische oder qualitative Verbesserung verbunden ist. So hat es z. B. wenig Sinn, ein Fenster mit Einfachverglasung aufwändig zu restaurieren und zu reparieren, wenn es heute hochwertige Fenster mit Doppelverglasung gibt. Der technologische Fortschritt sollte in diesem und ähnlichen Fällen durchaus ein Argument sein, eine Reparatur nicht durchzuführen. Informieren Sie sich daher im Vorhinein ausführlich, welche Alternativen sich zu einer Reparatur bieten.

Langlebigkeit fördern

Wenn Sie bei der Reparatur die Wahl zwischen unterschiedlichen Materialien haben, sollten Sie sich für das langlebigere entscheiden. Genauso wie Haushaltsgeräte in der Regel nacheinander in kurzer Abfolge defekt werden, so gibt es im Haus auch viele Verschleißteile, die mit der Zeit einfach erneuert werden müssen. Dichtungen werden porös, Siebe verkalken oder Rohre rosten durch. Das abgebildete Standrohr eines Siphons rostet z. B. am oberen Rand fast zwangsläufig mit der Zeit durch, da das Material gerade in diesem Bereich herstellungsbedingt besonders dünn ist. Der Flansch wird aus der Rohrwand durchgezogen und ist damit automatisch dünner als der Rest des Rohres. An Sichtstellen würde man deshalb den Siphon jedoch nicht durch einen Siphon aus Kunststoff austauschen. Unter der Spüle sind Kunststoff-Siphons dagegen die Regel.

Sollten Sie mit Lochfraß an hartgelöteten Kupferrohr-Verbindungen Sorgen haben, lohnt es den neuen Abschnitt durch trinkwasserzugelassene Kunststoffrohre zu ersetzen. Die Innenwände von diesen Rohren sind so glatt, dass sich weder Rost noch Ablagerungen bilden können.

Kaputte Fliese ersetzen

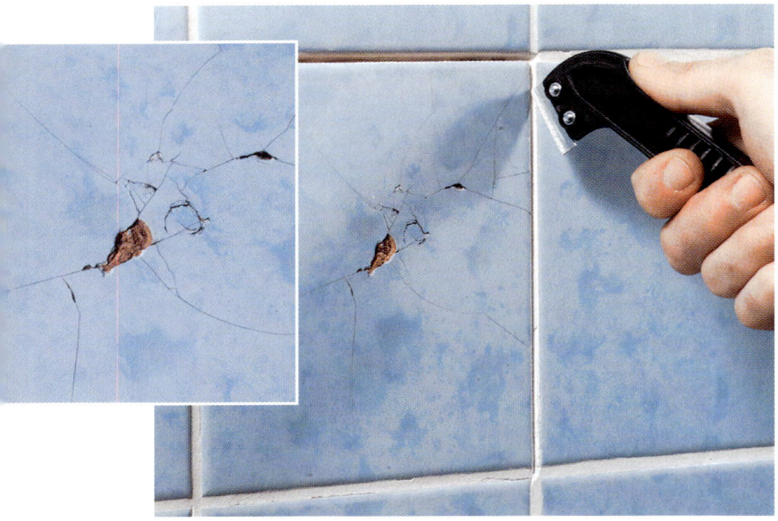

❶ Eine beschädigte Fliese zu ersetzen, ist gar nicht schwer. Entfernen Sie vorsichtig rundum den Fugenmörtel. Am besten geht das mit einem Fugenkratzer. Wenn Sie dafür einen Fugenmeißel nehmen, besteht die Gefahr, dass angrenzende Fliesen springen.

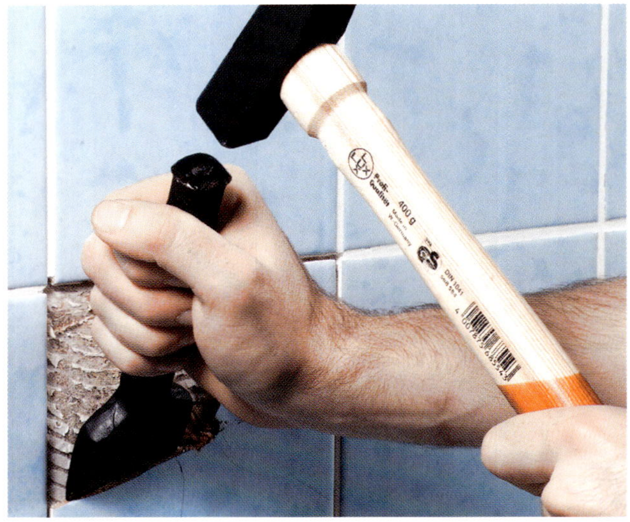

❷ Nun können Sie die beschädigte Fliese von den Fugen aus zur Mitte hin mit einem Fliesenmeißel abtragen. Wenn zuerst die Verbindung zum Fugenverband und damit die Spannung genommen ist, lässt sich der Rest der defekten Fliese recht einfach entfernen.

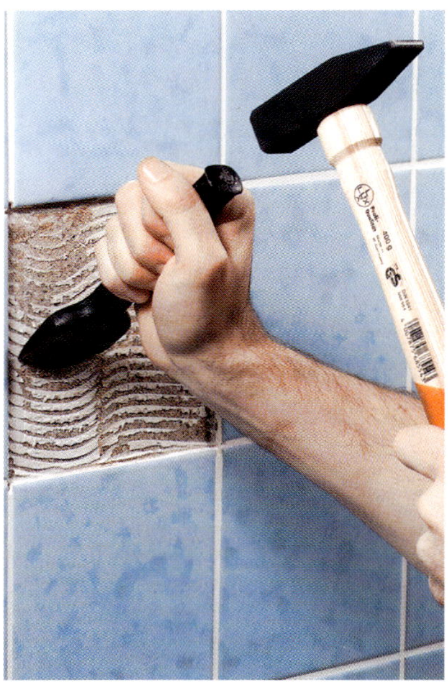

❸ Entfernen Sie auch vorsichtig alle Reste von Kleber und Fugenmörtel vollständig. Die neue Fliese braucht einen möglichst ebenen Untergrund, damit sie gut haftet.

❹ Mit einem Zahnspachtel der Zahnung 4–6 mm tragen Sie den gebrauchsfertigen (Dispersions-) Kleber auf.

❺ Setzen Sie die neue Fliese ein. Deren Position kann noch fünfzehn Minuten lang problemlos von Hand korrigiert werden.

❻ Nach etwa einem Tag Trockenzeit können Sie die Fugen mit Fugenmörtel füllen. Tragen Sie ihn diagonal zur Fuge mit einem Gummiwischer auf.

❼ Wischen Sie überschüssige Fugenmasse mit einem feuchten Schwamm vorsichtig von den Fliesen ab.

Das brauchen Sie

- Fugenkratzer
- Fliesenmeißel und Hammer
- Dispersionskleber
- Zahnspachtel 4–6 mm
- Ersatzfliese
- Fugenmörtel
- Gummiwischer
- Schwamm

❽ Mit dieser kleinen Reparatur erstrahlt Ihr Bad wieder im neuen Glanz!

So machen Sie es richtig

- Öffnen Sie auf jeden Fall zuerst die Fuge rings um die Fliese. Wenn Sie dann den Meißel ansetzen, überträgt sich die Wucht der Hammerschläge nicht auf die angrenzenden Fliesen.
- Stecken Sie gegebenenfalls Fugenkreuze senkrecht als Abstandshalter in die Fugen, um die Fliese auszurichten.

Tropfenden Wasserhahn reparieren

❶ Ein ständig tropfender Wasserhahn führt nicht nur zu Kalkflecken an Hahn und Waschbecken, der ungewollte Wasserverbrauch verursacht auch unnötige Kosten.

❷ Schließen Sie zunächst die Wasserzufuhr am Eckventil unter dem Waschtisch. Ziehen Sie dann den Griff des Wasserhahns ab.

❸ Bei älteren Armaturen öffnen Sie den Hahn ganz und schrauben ihn dann mit der Armaturenzange ab. Eine Rohrzange mit Tuch erfüllt denselben Zweck.

❹ Mit dem passenden Schraubenschlüssel können Sie nun das Ventil leicht lösen.

❺ Diese kleine Dichtung, die sogenannte Hahnscheibe, ist meistens für das Tropfen des Wasserhahnes verantwortlich.

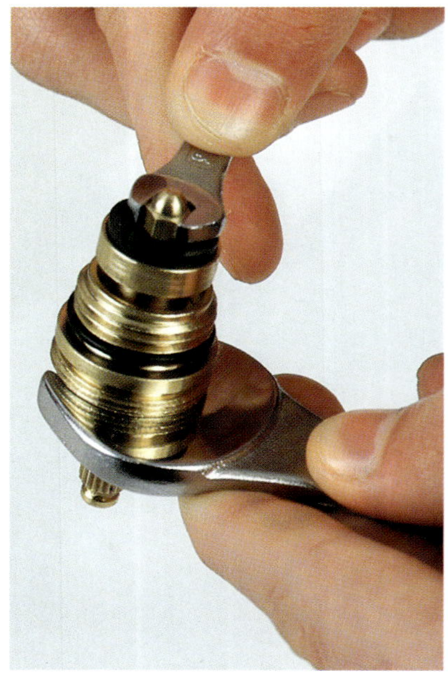

❻ Die Dichtung ist mit einer kleinen Mutter gesichert, die Sie ebenfalls mit einem Schraubenschlüssel lösen müssen.

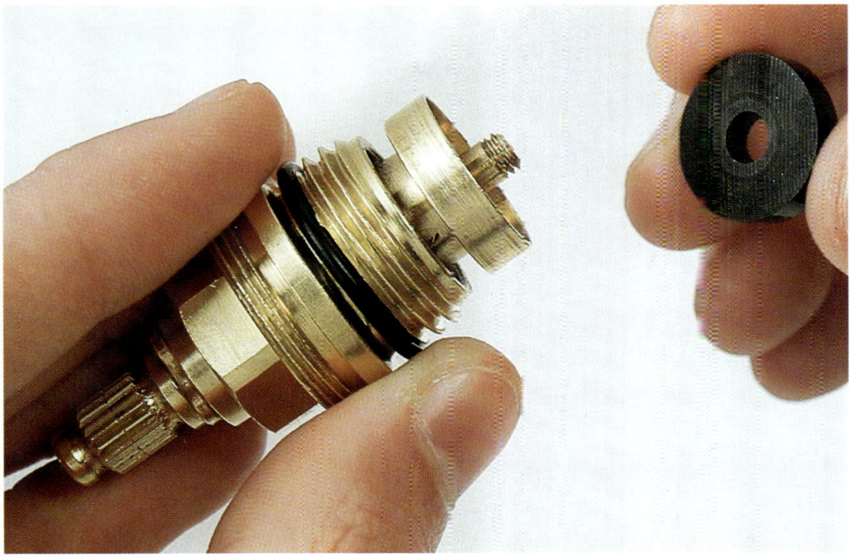

❼ Tauschen Sie die Dichtung aus und schrauben Sie die Bestandteile des Hahnes in umgekehrter Reihenfolge wieder zusammen. Bestreichen Sie zusätzlich das Spindelgewinde des Innenteils mit etwas Hahnfett.

❽ Achten Sie schon beim Kauf auf die Wartungsfreundlichkeit des Wasserhahns: Er sollte sich entweder leicht in seine Einzelteile zerlegen lassen, oder wartungs- und weitgehend verschleißfreie Teile enthalten.

Das brauchen Sie

- Gabelschlüssel in verschiedenen Größen
- Armaturenzange
- passende Dichtung
- Hahnfett

So machen Sie es richtig

- Bei drucklosen Untertisch-Geräten kann der Hahn bei der Warmwasserbereitung tropfen. Das Wasser dehnt sich bei der Erwärmung aus und tropft schließlich aus dem Wasserhahn. In diesem Fall liegt kein Defekt des Gerätes vor.
- Besorgen Sie sich möglichst schon beim Kauf der Armatur ein paar Ersatzdichtungen. Im Falle eines Falles sind sie so bestens vorbereitet.

Siphon reinigen

❶ Das kommt in jedem Haushalt vor: Eine zähe Mischung aus Schwemmstoffen, Haaren und Zahnpasta sammelt sich im Siphon. Irgendwann hat sich dann das Rohr fast zugesetzt und das Wasser läuft immer langsamer und schließlich gar nicht mehr ab.Schon mit wenigen Handgriffen ist das Problem beseitigt.

❷ Mit einer Rohrzange lösen Sie zuerst den U-förmigen Bogen. Stellen Sie auf jeden Fall einen Eimer unter, denn es steht Wasser, das sogenannte Sperrwasser, im Bogen. Legen Sie am besten ein Tuch um das Rohr. Die Backen einer speziellen Siphonzange sind mit Kunststoff ummantelt und verkratzen dadurch die Chromteile nicht.

❸ Wenn Sie den Bogen abnehmen, fließt das darin gestaute Wasser (das Sperrwasser) in den vorsorglich bereitgestellten Eimer.

❹ Entfernen Sie nun mit einer groben Flaschenbürste durch beide Öffnungen die Ablagerungen aus dem Bogen.

❺ Durch die Drehbewegung des verzinkten Federstahldrahtes einer Spirale werden fest haftende Ablagerungen im Abfluss gelöst.

Das brauchen Sie

- Rohrzange
- Haushaltstuch
- Siphonzange
- Flaschenbürste
- Rohrreinigungsspirale
- Gummiglocke
- Dichtungsringe

❻ Reinigen Sie auch das Rohrende, das aus der Wand ragt. Tiefer sitzende Verstopfungen können Sie nur mit der Rohrreinigungsspirale beseitigen.

❼ Auch der Stutzen unter dem Abfluss kann sich zusetzen. Er ist bei fließendem Wasser gut zu reinigen. (Eimer unterstellen nicht vergessen!)

❽ Nun können Sie den Siphon wieder verschrauben. Legen Sie zwischen jede Schraubverbindung unbedingt auch wieder eine Dichtung.

❾ Die Gummiglocke – oft kopiert, nie erreicht – ist immer noch eines der zuverlässigsten Mittel, um Verstopfungen zu beseitigen. Vorhandene Überläufe sollten Sie mit einem nassen Lappen abdichten.

Brandflecken im Teppich ausbessern

❶ Brandlöcher durch Zigaretten müssen Sie nicht unbedingt zur Weißglut bringen. Eine Reparatur ist besonders leicht möglich, wenn Sie von dem Teppich direkt beim Verlegen ein paar Reststücke aufgehoben haben.

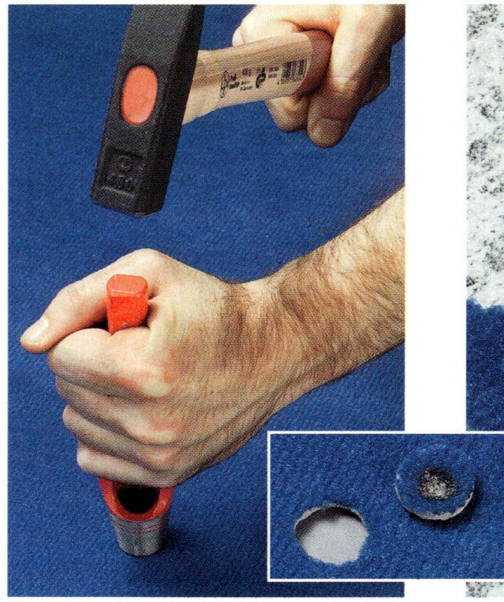

❷ Stechen Sie den Brandfleck mit einem Locheisen aus. Bei weicheren Teppichen reicht es oft sogar aus, das Locheisen mit der Hand einzudrücken.

❸ Locheisen gibt es mit Durchmessern zwischen 6 und 25 mm. Wählen Sie ein Werkzeug aus, das etwas größer ist als der Brandfleck. Auf einem harten Untergrund (z. B. Stein) können Sie das Ersatzstück leicht ausstechen.

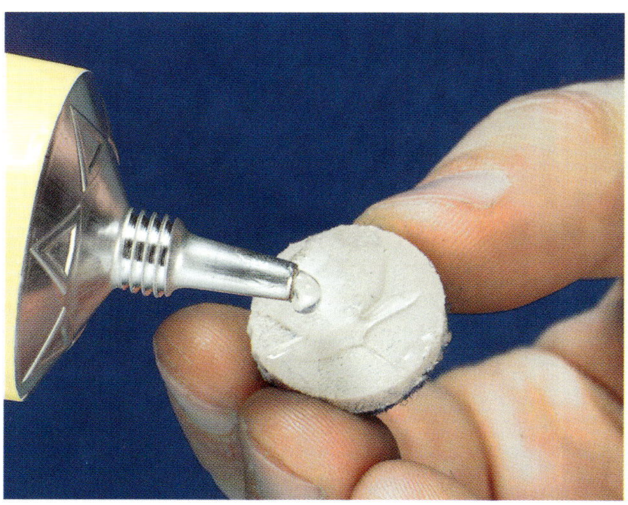

❹ Geben Sie etwas Kleber auf das neue Stück. Hier reicht meist ein handelsüblicher Zweikomponenten-Kleber aus. Erst bei größeren Flächen sollten Sie darauf achten, dass der Kleber auch für Teppiche geeignet ist.

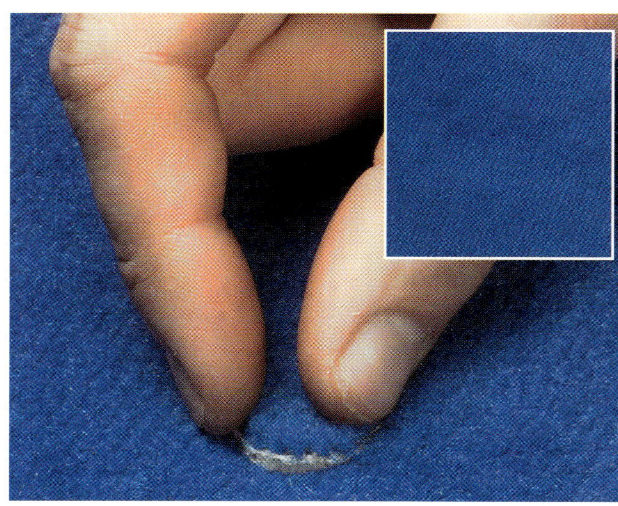

❺ Setzen Sie das neue Teppichstück ein. Achten Sie selbst bei kleinsten Flächen auf die Florrichtung des Teppichs. Sonst springt die reparierte Stelle je nach Lichteinfall direkt ins Auge.

Das brauchen Sie

- Locheisen
- Hammer
- Teppich-Messer
- Teppich-Reststück
- doppelseitiges Klebeband oder für Teppiche geeigneter Kleber

❻ Größere Flecken (Schuhcreme, Farbe, Rotwein usw.) oder abgelaufene Bereiche können Sie nicht ausstechen. Hier helfen Sie sich am besten mit einer Schablone.

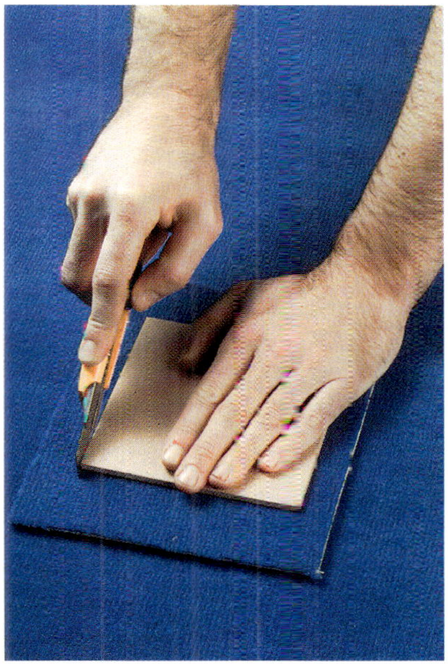

❼ Legen Sie einen Teppichrest in übereinstimmender Florrichtung auf den Fleck und bedecken Sie ihn mit einer Schablone aus einem hartem Material. Mit einer scharfen Klinge schneiden Sie nun entlang der Schablonenkanten

❽ Der Doppelnahtschnitt muss auf jeden Fall durch beide Teppichstücke gehen, damit das Ersatzstück passgenau ist. Entfernen Sie vom Untergrund noch Kleberreste oder Reste des Teppichrückens.

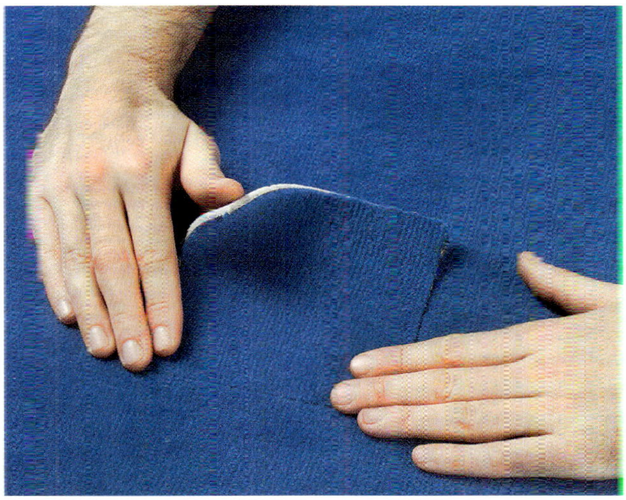

❾ Passen Sie das neue Teppichstück ein. Damit die Stelle nicht hochgetreten werden kann, sollten Sie beidseitig klebendes Band oder Teppichkleber verwenden. Achten Sie auch wieder auf die Florrichtung.

Umleimerkanten erneuern

❶ Einlegeböden von Regalen oder Schränken müssen nicht gleich ausgetauscht werden, wenn nur ein kleines Stück vom Umleimer ausgebrochen ist.

❷ Zuerst lösen Sie den beschädigten Umleimer vom Untergrund ab. Durch die Hitze des Bügeleisens löst sich der Kleber. Nun lässt sich der Umleimer gut abziehen. Verbrennen Sie sich nicht die Finger!

❸ Umleimer zum Aufbügeln gibt es in unterschiedlichen Dekoren. Stellen Sie das Bügeleisen auf die Stufe „Baumwolle" ein und bügeln Sie den Umleimer auf. Der Untergrund für den neuen Umleimer sollte eben, staubfrei und trocken sein. Entfernen Sie deswegen mit einem Beitel die Kleberreste.

❹ Drücken Sie den Kantenumleimer etwa 5–10 Sekunden gut an, damit sich die Kante später nicht wieder löst. Stechen Sie anschließend den überstehenden Umleimer an der Stirnseite des Brettes mit einem Beitel vorsichtig ab.

Das brauchen Sie

- Umleimer
- Bügeleisen
- Haushaltstuch
- Beitel
- Schleifblock
- Kantenschneider
- feines Schleifpapier
- hochwärmebeständiger Kraftkleber
- Hammer

❺ Nach dem Erkalten des Umleimers schneiden Sie mit einem Kantenschneider den Umleimer bündig zur Brettkante ab. Zum Schluss arbeiten Sie die Schnittkanten mit feinem Schleifpapier nach. Das Regal sieht wieder aus wie neu. Die Gebrauchsspuren sind verschwunden.

❶ Bei Arbeitsplatten wird auf Umleimer und Stirnseite mit einem kleinen Zahnspachtel gleichmäßig hochwärmebeständiger Kraftkleber aufgetragen.

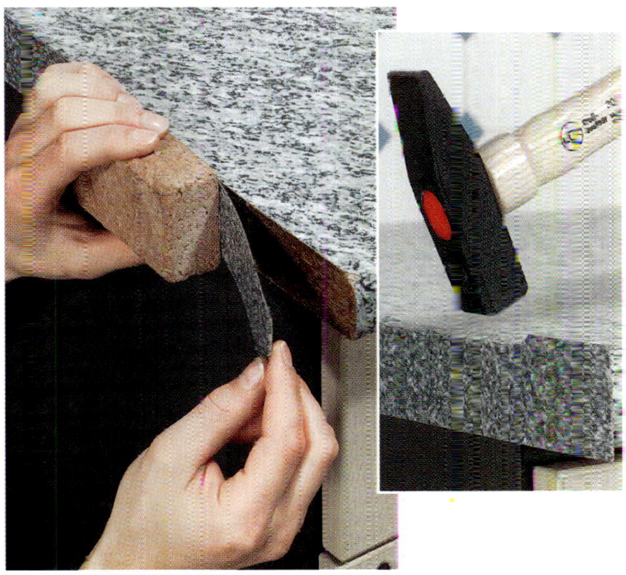

❷ Nach ca. 10–15 Minuten drücken Sie den Umleimer kurz und vor allem fest an (Kontaktkleben). Umleimer für Arbeitsplatten lassen sich mit einem Hammer sauber abkanten. Glätten Sie abschließend die Kanten mit feinem (150er) Schleifpapier.

Spüle auswechseln

❶ Wenn an Ihrer Spüle der Zahn der Zeit genagt hat, wie an der oben abgebildeten, dann ist deren Austausch naheliegend.

❷ Sperren Sie zuerst die Wasserzufuhr am Eckventil unter der Spüle ab, bevor Sie die dortige Überwurfmutter lösen und den Wasserhahn abmontieren. Entfernen Sie nun die mit Schraubverbindungen befestigte Abflussgarnitur. Stellen Sie einen Eimer für das Restwasser unter.

❸ Lösen Sie die Befestigungsklammern an der Unterseite der Spüle. Danach lässt sie sich aus der Arbeitsplatte herausheben.

❹ Sie sparen sich beim Einbau der neuen Spüle viel Mühe, wenn Sie an ihr vorab die Abflussgarnitur befestigen. Moderne Spülen brauchen keine zusätzlichen Dichtungsmittel, wie z. B. Installationskitt.

❺ Setzen Sie nun die Montageeinheit Spüle plus Abflussgarnitur in die Arbeitsplatte ein und bringen Sie die Befestigungsklammern wieder an. Die Befestigungsart kann je nach Hersteller variieren.

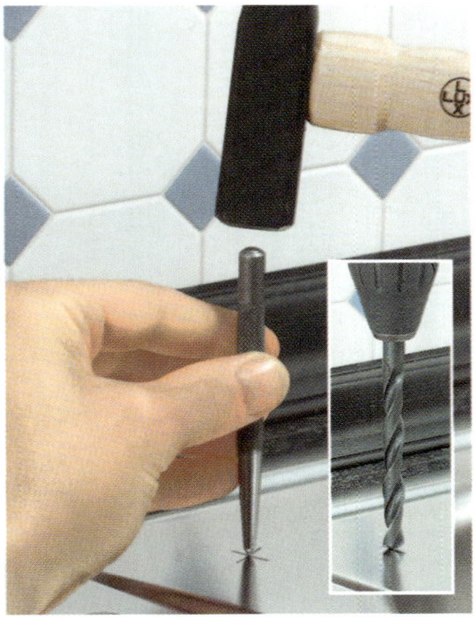

❻ Markieren Sie mit dem Körner den Mittelpunkt der Stelle, an der Sie den (ggf. neuen) Wasserhahn platzieren möchten.

❼ Mit einem Ringschlüssel drehen Sie nun so lange, bis der im vorgebohrten Loch angesetzte Lochbohrer das Blech durchtrennt hat.

Das brauchen Sie

- neue Spüle ggf. mit neuer Ablaufgarnitur
- Gabelschlüssel bzw. Ringschlüssel
- Schraubendreher
- Filzstift
- Körner und Hammer
- Bohrmaschine
- 10 mm Bohrer
- Schraublocher

❽ Das Loch sollte nur so groß ausgeschnitten werden, dass Sie die alte oder neue Armatur durchstecken und montieren können.

❾ Schließen Sie in umgekehrter Reihenfolge das Zubehör der Armatur an. Ihre Küche ist jetzt wieder ein optischer Leckerbissen!

Abgestoßene Wandecke ausbessern

❶ Schnell ist beim Umzug mit einem sperrigen Möbelstück eine Ecke von der Wand abgeschlagen.

❷ Mit etwas Modellgips und der richtigen Technik ist der Schaden einfach zu beheben. Damit der Füllstoff richtig hält, sollten Sie auf jeden Fall lose Putzteile sorgfältig entfernen.

❸ Rühren Sie jetzt den Modellgips nach den Herstellerangaben an. Achten Sie darauf, dass er nur in einer beschränkten Zeitspanne verarbeitet werden kann.

❹ Feuchten Sie stark saugenden Untergrund vorher an, damit dem angerührten Gips das Wasser nicht zu schnell entzogen wird. Sandende Untergründe sollten Sie mit Tiefengrund festigen.

❺ Halten Sie die Glättekelle wie eine Putzlehre. Mit der Maurerkelle können Sie dann den Füllspachtel auftragen.

❻ Führen Sie beide Kellen gleichzeitig an der Wand entlang. Wechseln Sie danach die Werkzeuge und schließen Sie die Ecke ebenfalls von der anderen Seite.

❼ Mit dem Glättbrett (oder einem Schwamm) reiben Sie zum Schluss die Oberfläche sorgfältig glatt.

❽ Jetzt brauchen Sie die Ecke nur noch zu überstreichen oder zu tapezieren und die Umzugsspuren sind beseitigt.

Das brauchen Sie

- **Pinsel oder Bürste**
- **Maurerkelle**
- **Eimer**
- **Putz oder Modellgips**
- **Sprühflasche**
- **Glättekelle**
- **Glättbrett oder Schwamm**

So machen Sie es richtig

- **Ziehen Sie den Modellgips etwas über die Schadstelle hinaus auf.**
- **Vor dem Streichen (oder Tapezieren) sollten Sie die Repaparaturstelle in jedem Fall grundieren oder ganz dünn Wand- oder Deckenputz auftragen.**

Pilzbefall an einer Wand beseitigen

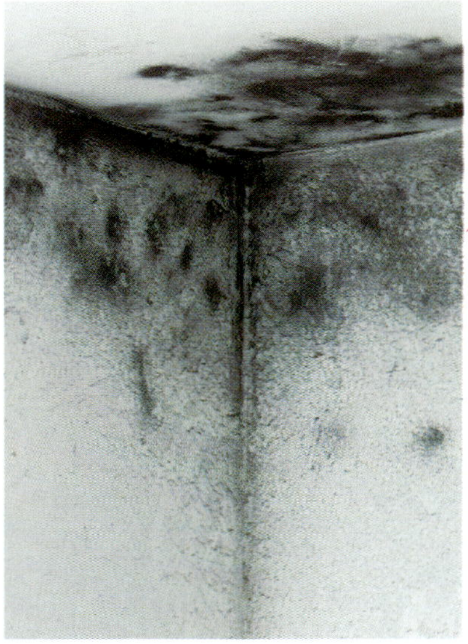

❶ Schimmelpilz an der Wand ist nicht nur ein abstoßender Anblick, seine Sporen können langfristig auch zu ernsten Atemwegserkrankungen führen.

❷ Trocknen Sie zunächst die Wand durch gutes Lüften oder mit dem Föhn. Tragen Sie dabei auf jeden Fall eine Staubmaske.

❸ Wenn der Schimmel nicht nur oberflächlich ist, entfernen Sie ihn am besten gründlich mit einem stabilen Spachtel.

❹ Haben Sie den Schimmel bereits kurz nach seiner Entstehung entdeckt, reicht oft schon eine Bürste aus, um die Sporen auf der Wand zu entfernen.

❺ Tragen Sie ein Isolierungs- und Grundierungsmittel gemäß der Herstellerangaben auf den sorgfältig gesäuberten und staubfreien Untergrund auf.

❻ Nach dieser Grundierung können Sie Feuchtraumfarbe auftragen. Dabei handelt es sich um wasserdampfdurchlässige Dispersionsfarbe, die Schimmel- und Pilzbefall vorbeugt.

Das brauchen Sie

- Föhn
- Staubmaske
- Spachtel und/oder Bürste
- Farbe oder Flüssigkeit, die isoliert und grundiert
- Pinsel oder Sprühflasche (je nach Mittel)
- Feuchtraum-Farbe
- Schimmelentferner
- Schwamm

❶ Besonders gerne breitet sich Schimmel im Bad an solchen Stellen aus, die nur langsam abtrocknen. Fugen (und nicht geflieste Raumecken) sind daher beliebte Plätze für Schimmel.

❷ Wenn der Schimmel gerade erst begonnen hat sich auszubreiten, reicht es, wenn Sie hier einen Schimmel-Entferner aufsprühen. Beachten Sie unbedingt die Sicherheits- und Anwendungshinweise des Herstellers.

❸ Nach einer kurzen Einwirkzeit reiben Sie dann das Mittel mit einem nicht zu groben Schwamm ab und spülen gut mit der Handbrause nach.

Außenputz erneuern

❶ Nach vielen Jahren kann sich an manchen Stellen der Hauswand der Außenputz durch Witterungseinflüsse lösen. Tipp: Machen Sie ein Sofortbild von der Schadstelle und lassen Sie sich beraten, bevor Sie einen bestimmten Putz kaufen.

❷ Alle losen Teile des Putzes müssen zunächst sorgfältig bis auf das Mauerwerk entfernt werden. Verwenden Sie einen Meißel mit Kunststoff-Handschutz. Sollten Sie einmal vorbeischlagen, sind Ihre Hände geschützt.

❸ Kleinere Unebenheiten und Putzreste entfernt man mit einem stabilen Spachtel, feinste Unebenheiten, alte Farbreste und losen Staub mit einer Drahtbürste. Auch die Mauerfugen werden bis auf den Fugenmörtel von Putz befreit.

❹ Rühren Sie jetzt den Putzmörtel nach den Angaben des Herstellers mit einem Rühraufsatz für die Bohrmaschine an. In diesem Fall handelt es sich um einen Kratzputz in Pulverform, dem noch etwas Wasser zugesetzt wird.

❺ Damit der Putz nach dem Auftrag gut an der Wand haften kann, sollten Sie die Wand wässern. Am schnellsten geht das mit einem Gartenschlauch. Mit einem Quast lässt sich das Wasser auch aus einem Eimer auftragen.

❻ Mit der Putzkelle bringen Sie nun einen Batzen Putz auf die Glättekelle auf. Nehmen Sie keine zu großen Portionen. Sie würden sich nicht gezielt genug auf der Wand verteilen lassen.

❼ Tragen Sie den Putz mit einer Glättekelle auf die Wand auf und füllen Sie die Schadstelle vollständig. Bei hoch gelegenen Schadstellen kann die Kelle nur geschoben werden, sonst wird sie besser von unten schräg nach oben gezogen.

❽ Danach ziehen Sie den Putz auch dünn über den Rand des festen Putzes ganzflächig glatt. Arbeiten Sie besonders im Randbereich sorgfältig, sonst sind diese Stellen später anfällig für neue Risse.

Das brauchen Sie

- **Hammer und Meißel mit Kunststoff-Handschutz**
- **Spachtel**
- **Drahtbürste**
- **Baueimer, Bohrmaschine, Rühraufsatz**
- **Putz (je nach vorhandenem Putz-Typ)**
- **Quast oder Gartenschlauch**
- **Putzkelle und Glättekelle**
- **breiter Pinsel**
- **Nagelbrett**
- **Lammfell-Walze**
- **Fassadenfarbe**

❾ Der Übergang zwischen dem alten und dem frischen Putz wird mit einem Pinsel nachgearbeitet. Der Pinsel muss dafür ganz nass sein, damit der dünn aufgetragene Putz in diesem Bereich verteilt und nicht weggerieben wird.

❿ Wenn der Putz leicht angezogen hat, kann man ihm mit dem Nagelbrett die Oberflächenstruktur des alten Putzes geben. Andere Putz-Typen können an dieser Stelle möglicherweise auch andere Werkzeuge erforderlich machen.

⓫ Nachdem der Putz vollständig durchgetrocknet ist, können Sie die Wand streichen. Am besten nutzen Sie die Gelegenheit und gönnen der ganzen Wand einen neuen Anstrich, da man in der Regel die Übergänge sonst sieht.

Dach ausbessern

❶ Eine undichte Stelle – hier um ein Entlüftungsrohr herum – kann mit faserhaltiger, elastoplastischer Bitumen-Spachtelmasse mit wenigen Handgriffen schnell selbst dicht abgespachtelt werden. Generell gilt für Reparaturen am und auf dem Dach: Achten Sie besonders auf Ihre Sicherheit!

❷ Anschlüsse zum Mauerwerk, zu Schornsteinen, Oberlichtern und Anschlussprofilen sind besondere Schwachstellen einer dichten Dachabdeckung. Stark unterschiedliche Witterungseinflüsse können das Material gerade in diesen Randbereichen verspröden (unelastisch werden) lassen, und so kann es über die Jahre zur Rissbildung kommen. Begradigen Sie zuerst die schadhafte Stelle mit einem Cut-Messer.

❸ Der Untergrund sollte sauber, staub- und fettfrei sein. Mit einem Pinsel lassen sich lose Teile und Schmutz gut entfernen. Stark verstaubte und stark saugende Untergründe, auf denen die Spachtelmasse nicht gut haften würde, sollten mit einem geeigneten Voranstrich versehen werden. Am besten wählen Sie alle Produkte aus dem System eines Herstellers.

❹ Bevor Sie die faserhaltige Spachtelmasse auftragen, sollten Sie sie mit einem Holzstab o. Ä. gut umrühren. Die Inhaltsstoffe werden so noch einmal gut durchmischt. Handelt es sich um einen Anbruch, wird die obere, vielleicht schon etwas erhärtete Schicht der Spachtelmassel untergemischt und die Streichfähigkeit des gesamten Doseninhalts ausgeglichen.

❺ Tragen Sie nun die Bitumen-Spachtelmasse auf den eventuell vorgestrichenen Untergrund mit einem Spachtel oder einer Maurerglättekelle etwa 4 mm dick auf. Bei heißem Wetter sollten Sie die Masse in dünneren Schichten auftragen. Schützen Sie Ihre Hände durch Einmal-Handschuhe, da sich Bitumen nur sehr schwer von Händen und später so gut wie nicht mehr von Kleidung wieder entfernen lässt.

❻ Die abgespachtelten Flächen brauchen bis zu vier Wochen, um komplett durchzutrocknen.

Sollte die Reparaturstelle noch nicht dicht sein, ist eine umfangreichere Reparatur notwendig. Eventuell ist eine Folie defekt oder Regenwasser läuft von einer anderen Stelle des Daches entlang eines Sparrens bis es an einer Zimmerdecke zu einem Wasserfleck kommt. In diesem Fall erfordert die Suche nach der Schadstelle Fachwissen. Auch das Schweißen von Folie – es gibt unzählige Sorten – oder der Bitumen-Bahnen sollten Sie einem Fachmann überlassen. Das Sicherheitsrisiko und die Wahrscheinlichkeit, dass der Reparaturversuch nicht zum gewünschten Ergebnis führt, ist viel zu hoch.

Das brauchen Sie

- Cut-Messer
- Pinsel
- Spachtel
- Handschuhe
- Einweghandschuhe

So machen Sie es richtig

- **Bitumen-Spachtelmasse ist entzündlich. Deshalb während der Verarbeitung nicht rauchen und das Gebinde von offenen Flammen, Funken und Wärmequellen unbedingt fernhalten.**
- **Lagern Sie Reste von Bitumenspachtel kühl, trocken und feuersicher.**
- **Bewahren Sie die verwendeten Materialien und Werkzeuge für Kinder unzugänglich auf.**
- **Kontakt mit Augen und Händen ist zu vermeiden. Bei Berührung gründlich mit Wasser abspülen und ggf. einen Augenarzt aufsuchen.**
- **Führen Sie nie alleine Dacharbeiten durch und achten Sie besonders auf Ihre Sicherheit.**

Arbeitstechniken für den Innenausbau

Die Entwicklung von Materialien und Techniken für den Innenausbau schreitet schnell voran. Manche Arbeitstechniken haben sich dabei mit der Zeit wie ein Standard etabliert und werden deshalb in diesem Kapitel Schritt für Schritt erklärt. Dazu erhalten Sie Tipps und Anregungen worauf Sie beim Ausbau achten sollten. Schaffen Sie neuen Wohnraum und gestalten Sie Ihre eigenen vier Wände neu.

- **Tipps für den Innenausbau**
- **Farbwirkungen bewusst einsetzen**
- **Begehbaren Kleiderschrank bauen**
- **Decke abhängen**
- **Wand aus Gasbeton einziehen**
- **Dübeln will gelernt sein**
- **Richtig Isolieren**

Tipps für den Innenausbau

Am flexibelsten sind Sie beim Ausbau Ihres Eigenheimes unter dem unausgebauten Dach. Dort können Sie theoretisch den Verlauf der Wände nach Ihrem Geschmack planen. Mitunter sind Sie jedoch durch den Verlauf bestehender Leitungen (Trink- und Abwasser, Heizung) etwas eingeschränkt. Oft verlaufen die Rohre in der Mitte des Hauses senkrecht durch alle Stockwerke. Viele Räume können von diesen Installationen profitieren, weil zentrale Stränge gute Anschlussmöglichkeiten bieten.

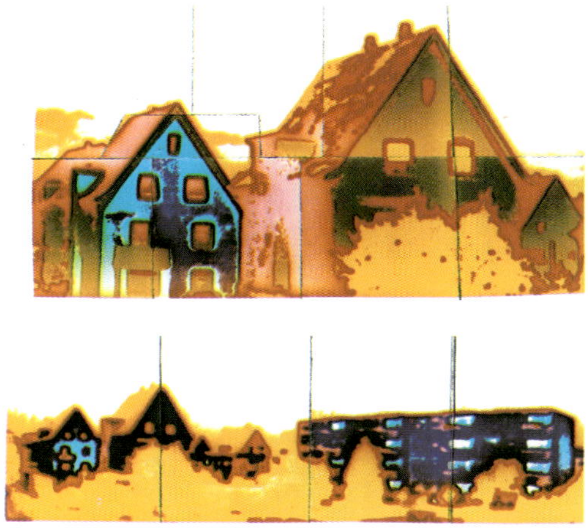

Die Fotografie macht sichtbar, was mit bloßem Auge nicht sichtbar ist. Je roter die Färbung, desto mehr Energie geht verloren.

Aus welchem Material werden Zwischenwände gebaut?

Nichttragende Zwischenwände werden am einfachsten entweder aus Porenbeton oder mit einem Ständerwerk aus Metall-Profilen und Gipskarton-Platten „eingezogen". Porenbeton-Plansteine sind recht leicht, sodass Sie mit der Statik keine Probleme bekommen sollten. Ziehen Sie einen Statiker zu Rate, damit die Deckenbelastung nicht zu hoch wird. Leichtbauwände aus (Feuchtraum-)Gipskarton-Platten haben nicht nur den Vorteil, dass sie leicht sind. Zwischen die Profile (oder Holzbalken) kann zusätzlich Dämmstoff eingelegt werden und es können ohne großen Aufwand zusätzliche Trinkwasser- und Stromleitungen zwischen den Wänden verlegt werden.

Innenausbau nach der aktuellen Wärmeschutzverordnung

Seit dem 1.1.1995 ist die 3. Wärmeschutzverordnung (WSchVO) in Deutschland in Kraft. Sie umfasst eine Reihe von Maßnahmen, die den Weg zu Niedrigenergiehaus-Standards, wie sie in vielen Ländern bei Neubauten bereits seit Jahren gelten, ebnen. Im Vordergrund stehen dabei die CO_2-Reduzierung und der effiziente Umgang mit Energie. Deutschland passt sich damit dem Anforderungsniveau seiner Nachbarländer an. Berechnungsgrundlage für die notwendige Wärmedämmung ist der Jahres-Heizwärmebedarf. Für kleinere Wohngebäude müssen lediglich einzelne Bauteile so ausgelegt sein, dass sie bestimmte „k-Werte" nicht überschreiten. Dieser Wert ist, vereinfacht gesprochen, ein Gradmesser für die Wärmedurchlässigkeit eines bestimmten Stoffes. Je kleiner dieser Wert, desto besser ist die Dämmfähigkeit des Materials.

Bei Um- und Ausbau – dem erstmaligen Einbau, Ersatz und bei Erneuerung von Bauteilen – gelten andere Werte für die Begrenzung des Wärmedurchgangs. Im Detail können wir hier nicht auf alle örtlichen Gegebenheiten eingehen. Architekten, aber auch Hersteller von Dämmstoffen, können über die erforderlichen Maßnahmen beim Ausbau fachkundig Auskunft geben.

Eigenschaften verschiedener Dämm-Materialien:

Nicht nur bezüglich Wärme- und Schallschutz sind hohe Anforderungen an die Dämmstoffe gestellt. Baustoffe können in Brandschutzklassen eingeteilt werden. Brandschutzklasse B2 bedeutet „normal entflammbar“, B1 „schwer entflammbar“ und A schließlich „nicht brennbar“.

In der Tabelle sind die gängigsten Dämmstoffe aufgeführt. Glas- und Steinwolle bieten größtmöglichen Nutzen, wenn man den Dämmstoff nach den Gesichtspunkten Wärmedämmung- und Brandschutz aussucht. Es gilt: Je kleiner der k-Wert, desto dünner braucht die Dämmschicht insgesamt zu sein, um eine bestimmte Dämmwirkung nach der WSchVO zu erreichen. Alternative Dämmstoffe erreichen keine so guten Werte.

Mineralfasern oder lieber alternative Dämmstoffe?

Dämmstoffe aus Mineralfasern (Glas- oder Steinwolle) standen lange in dem Verdacht, krebserregend zu sein. Die führenden Hersteller von Dämmstoffen aus den genannten Materialien haben darauf reagiert und ihre Produkte weiterentwickelt. Das Ergebnis sind sogenannte Ki-40-Dämmstoffe, die seitens des Bundesarbeitsministeriums (zuständig für Arbeitsschutz) wissenschaftlich abgesichert als „gesundheitlich unbedenklich“ eingestuft werden. Beträgt der Ki-Index mindestens 40, wird der Dämmstoff als gesundheitlich unbedenklich eingestuft. Es bleibt also letztlich eine Frage der Philosphie, für welchen Dämmstoff Sie sich entscheiden. Dennoch entstehen bei der Verarbeitung von Mineralfasern Feinstäube, weswegen Sie sowohl eine lange Hose als auch ein langes Hemd und eine Feinstaubmaske tragen sollten. Die alternativ angebotenen Materialien haben eine schlechtere Wärmeleitfähigkeit, beeinträchtigen dafür aber auf keinen Fall die Gesundheit.

Dämm-Materialien und ihre Wärmeleitfähigkeit bzw. Brennbarkeit

Material	Wärmeleitfähigkeit (k-Wert)	Brandschutzklassen
Holzfaserplatten	0,045 ≤ 0,060	B2
Zellulose	0,040 ≤ 0,045	B1 und B2
Kork	0,040 ≤ 0,055	B2
Schafwolle	0,040 ≤ 0,045	B2
Kokosfasern	0,045 ≤ 0,050	B2
Glas- und Steinwolle	0,035 ≤ 0,045	A
Polystyrol-Hartschaum (PS)	0,025 ≤ 0,040	B1
Phenolharz-Hartschaum (PF)	0,025 ≤ 0,045	B1 und B2
Polyurethan-Hartschaum (PUR)	0,020 ≤ 0,035	B1 und B2

Farbwirkungen bewusst einsetzen

❶ Farbtöne prägen das Erscheinungsbild von Wohnräumen und sorgen für eine bestimmte Raumatmosphäre. Damit Sie sich in Ihren eigenen vier Wänden wohl fühlen, geben wir Ihnen hier ein paar Tipps, wie Farben im Innenraum wirken. Die meisten Menschen empfinden z. B. Brauntöne als am angenehmsten. Diese Holz- und Erdfarben, Farben der Natur, wirken beruhigend. Zu dunkle Brauntöne wirken dagegen eher etwas bedrückend und vermitteln besonders in kleinen Räumen schnell ein Gefühl von Enge. Nicht zuletzt lassen sich Naturtöne fast beliebig mit fast allen anderen Farbtönen kombinieren.

❷ Die Farbstufen der Rotskala reichen von Orange über Zinnober und Karminrot bis Purpur. Diese Farbtöne bewirken das Gegenteil von Naturfarbtönen. Sie stehen für Dynamik, Kraft und Bewegungsenergie. Damit diese Wirkung auch gut zur Geltung kommt, sollte für eine gute Raumbeleuchtung gesorgt werden.
Es versteht sich von selbst, dass Rottöne nicht in jedem Raum verwendet werden können und man sie in der Regel nur sparsam einsetzt. In einem Fitness- oder Hobbyraum dagegen können Sie mit Rot unbesorgt Akzente setzen.

❸ Selbstverständlich wird die Raumwirkung nicht nur von der Farbgestaltung der Wände sondern auch von der Farbe von Möbeln und Bezügen, Übergardinen (Schals) und Accessoires beeinflusst. In diesem Raum stehen die Naturfarben und Blau und Schwarz in einem Spannungsverhältnis. Blau drückt einerseits – wie die Brauntöne – Ruhe und Vertiefung aus, andererseit aber auch Klarheit und Kühle. Es passt daher auch sehr gut zu einer modernen, eher nüchternen Einrichtung, bzw. einer Wohnung mit klarer Gliederung und Möbeln in modernem Design.

❹ Eine moderne und frisch wirkende Raumatmosphäre erreichen Sie auch durch die Kombination von zwei Hauptfarben, hier den dunklen Möbeln mit dem fein abgestimmten Blau der Wandflächen. Die Naturfarbtöne des Parketts der Möbel und der Vitrine gleichen ein wenig die „kühle“ Wirkung der Blautöne aus. Beachten Sie unbedingt bei Blau im Wohnbereich: Warmtonlicht, das von Glühlampen abgestrahlt wird, verfälscht die Wirkung der Blautöne. In modernen Einrichtungsstilen wird oft das weißere Halogen-Licht eingesetzt. Bei (ungedimmtem!) Halogenlicht sind die Farbabweichungen nicht so gravierend.

❺ Im Schlafzimmer sollten Sie mit zurückhaltenden Farben gestalten. Blaugrau und Beige wirken hier beruhigend. Bei ausreichender Sonneneinstrahlung wirkt Blau nicht mehr bedrückend sondern ausgleichend. Beige kann der Palette der Naturfarben zugeordnet werden und sorgt für eine behagliche Atmosphäre, in der man sich wohl fühlt und entspannen kann. Mit Grautönen wird man eigentlich in keinem Raum Fehler machen. Man bezeichnet Grau auch als „statische“ Farbe, die sich selbst nicht in den Vordergrund drängt und deshalb mit anderen Farben beliebig kombiniert werden kann. Große eintönige Flächen sollten mit einem Farbtupfer aufgelockert werden.

❻ Helle Räume wirken freundlich und einladend. Gelbe Decken als Alternative zu weiß gestrichenen Decken wirken oft noch strahlender und heller, da man hier das Sonnenlicht assoziiert. In der Regel werden aber zu kräftige Gelb- oder Orangetöne vermieden, da sie unruhig wirken.
Grüntöne schließlich vereinen das passive Blau und das aktive Gelb. Sie wirken von daher einerseits beruhigend und andererseits lebendig. Grün ist die Naturfarbe, die auf die meisten am beruhigendsten wirkt, vorausgesetzt der Blauanteil ist nicht zu hoch.

Begehbaren Kleiderschrank bauen

❶ Ein begehbarer Kleiderschrank lässt sich wie eine Trennwand ganz einfach mit Gipskarton-Platten herstellen. Besonders handlich sind die kleinen „Ein-Mann-Platten“. Alternativ gibt es auch Platten aus Papier und Pappresten.

❷ An Decke und Boden werden U-Profile, an den Seitenwänden bzw. als Ständerwerk so genannte C-Profile montiert. Sie sind in Längen bis zu 4 m erhältlich und können mit einer Blechschere auf das passende Maß gekürzt werden. Damit sich der Schall nicht auf die angrenzenden Wände überträgt, sollten Sie auf jedem Profil, das an einer Wand, der Decke oder dem Fußboden aufliegt, einen einseitig klebenden Moosgummi-Streifen aufkleben. Ziehen Sie einfach die Schutzfolie ab und drücken Sie den Schallschutz an.

❸ Am Boden wird nur ein kleines Stück U-Profil benötigt, da hier eine Tür entstehen soll. Dann wird ein C-Profil hineingestellt und bei Wänden aus Beton mit 4x60 Nageldübeln befestigt und ausgerichtet.

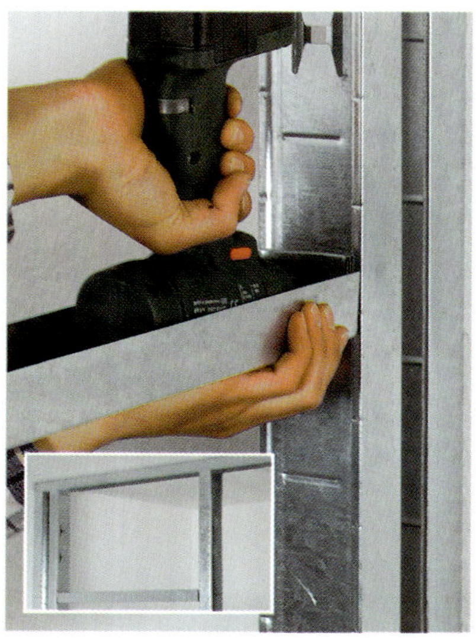

❹ Hier schließt eine Tür an. Der Türsturz wird mit Schnellbauschrauben befestigt. Schneiden Sie die Flanken des C-Profils ein, klappen Sie den Boden nach oben und befestigen Sie dann das Profil.

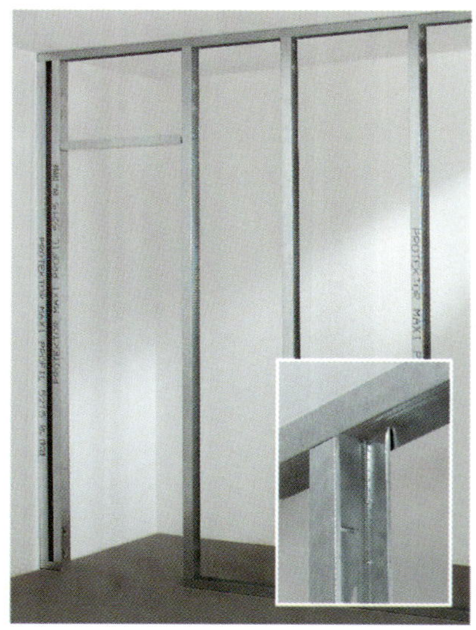

❺ Die C-Profile werden nun in einem solchen Abstand in das U-Profil gestellt – und nicht verschraubt! –, dass die Gipskarton-Platten immer bis zur Hälfte auf dem nächsten C-Profil aufliegen.

❻ Für Zuschnitte übertragen Sie das erforderliche Maß auf die Platte und ritzen die Markierungslinie mit einem scharfen Messer an. Dann brechen Sie den Überstand über eine Kante mit einem Ruck nach unten ab.

❼ Wenn die Profile den Abstand der Plattenbreite haben, sind die Platten schnell montiert. Ein Tiefenstopp sorgt dafür, dass die Schrauben (im Abstand von 25 cm) zwar bündig eingedreht sind, aber die Pappe nicht durchstoßen wird.

DAS BRAUCHEN SIE

- **Gipskarton-Platten (260x60x9,5 oder 250x125x12,5 mm)**
- **C- und U-Profile**
- **Trittschall-Moosgummi**
- **Akku-Schrauber mit Tiefenstopp**
- **Blechschere**
- **Steinbohrer 4 mm**
- **Nageldübel 4x60 mm**
- **Wasserwaage**
- **Schnellbauschrauben**
- **Steinwolle**
- **flexibler Gipskarton-Spachtel**
- **Glättekelle und Glättbrett**

❽ Bei Trennwänden – z. B. um große Räume oder einen Dachboden aufzuteilen – können Sie zur Wärme- und Schalldämmung in die Zwischenräume auch Mineral- oder Steinwollmatten einlegen.

❾ Die Stöße der Gipskarton-Platten und die Schraubenlöcher schließen Sie mit einem flexiblen Gipskarton-Spachtel. Die Flächen werden danach geglättet, plangeschliffen und dünn gespachtelt.

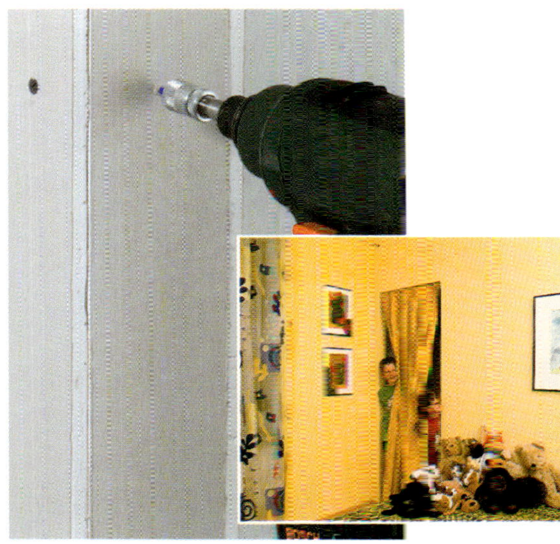

❿ Auch der „Türrahmen" des Durchgangs wird mit zugeschnittenen Gipskartonstreifen verkleidet. Am besten lassen Sie die vordere und die hintere Wand eine Plattendicke überstehen.

Decke abhängen

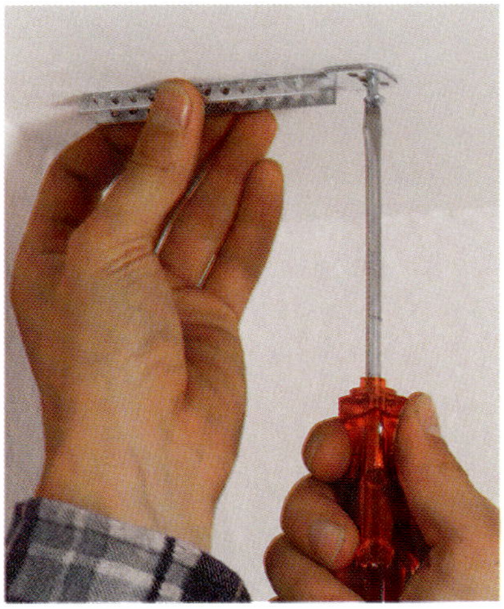

❶ Manchmal wirkt ein Raum etwas ungemütlich weil die Decke einfach zu hoch ist. Mit verzinkten Justierhängern, die es als Montage-Set gibt, ist die Decke schnell „abgehängt". Befestigen Sie den ersten Justierhänger mit ca. 15 cm Abstand zu den Wänden.

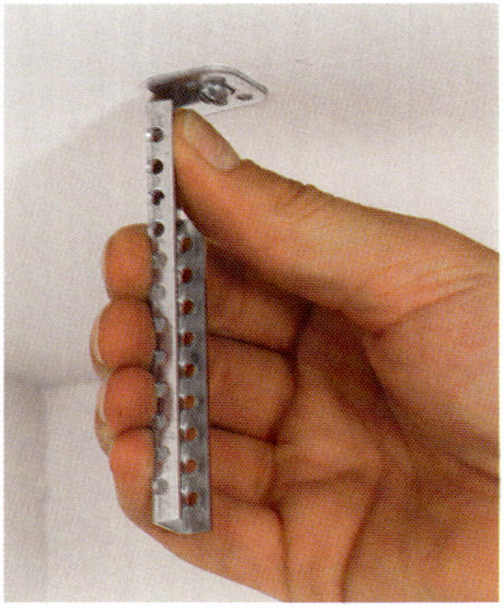

❷ Richten Sie den Justierhänger aus und knicken Sie ihn an der Sollbiegestelle, bis er senkrecht zur Decke steht. Es gibt Deckenabhänger mit verschiedenen Justierbereichen. Dieses Set lässt sich zwischen 10 und 20 cm unter der alten Decke einstellen.

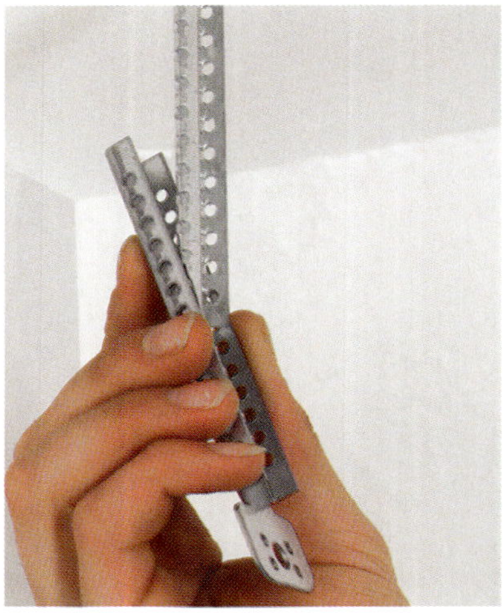

❸ Fügen Sie Unter- und Oberteil des Hängers zusammen und fixieren Sie sie mit zwei verzinkten Justiernägeln. Die Löcher in den Hängern haben einen Abstand von 1 mm; damit ist gewährleistet, dass Sie die Hänger millimetergenau justieren können.

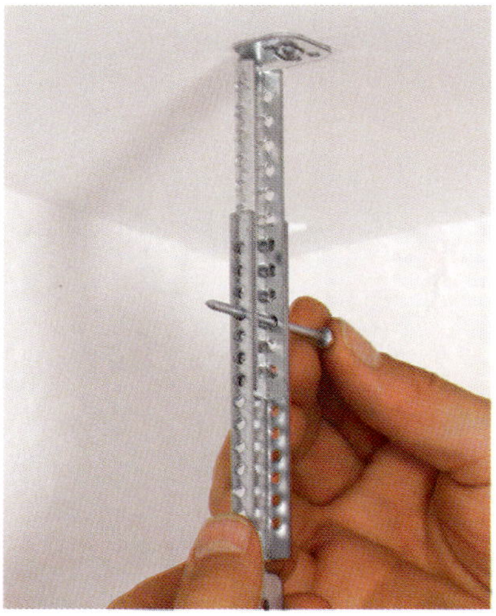

❹ Bringen Sie die weiteren Justierhänger (im Abstand von 80 cm) so an, dass sie im Wechsel rechts und links an die Latten geschraubt oder genagelt werden können. Das verleiht der Konstruktion Stabilität.

❺ Die Latten sollten einen Querschnitt von ungefähr 24 x 48 mm und an den Stirnseiten jeweils einen Abstand von 0,5 cm zu den Wänden haben. Mit einem Schnurschlag legen Sie die Fluchtlinie für die Deckenabhänger fest. Bevor Sie die verzinkten Nägel umknicken, sollten Sie die Latte der Länge nach waagerecht ausrichten. Gegebenenfalls können Sie jetzt die Nägel noch leicht umsetzen und die Hänger in der Höhe anpassen.

❻ An Trägerbalken oder Balken alter Decken befestigen Sie die Justierhänger seitlich bzw. unter den Balken. Bei Betondecken werden die Hänger mit großen Metalldübeln (8 mm) und Halbrundkopfschrauben (6×35) befestigt. Bei Gipskarton-Platten sind Hohlraumdübel am besten geeignet. Für die Befestigung der Justierhänger an den Dachlatten reichen kurze Holzschrauben völlig aus. Mit einem Akkuschrauber lassen sich die Schrauben zügig eindrehen. Ein Vorbohren ist, wenn Sie Schrauben mit selbstschneidendem Gewinde verwenden, nicht nötig.

Das brauchen Sie

- **Zollstock**
- **Wasserwaage**
- **Bleistift**
- **Bohrmaschine**
- **Dübel (Größe 6)**
- **Halbrundkopfschrauben (6x35)**
- **Dachlatten (24 x 48 mm)**
- **Justierhänger mit Justiernägeln**
- **Schlagschnur**

❼ Weitere Latten hängen Sie parallel im Abstand von 80 cm auf. Wenn Sie an diese Lattung bereits Paneele anbringen möchten, vermitteln Sie die Abstände so, dass die Paneele jeweils mit ihren Stößen auf einer Dachlatte aufliegen und zumindest in der Mitte an einer weiteren Dachlatte befestigt sind.

❽ Eine Konterlattung gibt zusätzliche Stabilität. Sie wird im Abstand von 60 cm mit der Grundlattung verschraubt. Dieser Abstand ist Vorschrift, wenn Sie z. B. die Decke mit Profilbrettern verkleiden möchten. Bei Gipskarton darf die Konterlattung nur den vorgeschriebenen Abstand von 42 cm aufweisen.

Wand aus Gasbeton einziehen

❶ Gasbetonsteine gibt es für unterschiedliche Anwendungssituationen. Für Zwischenwände reicht bereits eine Steinstärke von ca. 11 cm aus. Die Steine sind in jedem Fall 25 cm breit und können 50 bzw. 62,5 cm lang sein. Man unterscheidet im Verband einer Mauer aus Gasbeton-Steinen zwei Arten von Fugen. Der Bereich, auf dem die Steine aufliegen, heißt Lagerfuge. Die senkrechten Fugen nennt man Stoßfugen, da hier die Steine aneinanderstoßen.

❷ Die erste Reihe wird in ein Mörtelbett gesetzt, die weiteren Reihen werden geklebt. Rühren Sie Mörtel und Kleber nach den Herstellerangaben an. Mit einem langsam laufenden Rührwerkzeug geht das am besten. Beachten Sie die Verarbeitungszeiten. Für den Kleberauftrag gibt es Gasbetontraufeln, die angepasst auf die Steinbreite die richtige Zahnungstiefe ausweisen. Die Breite ist meist in Millimetern deutlich sichtbar auf der Rückseite der Traufel angegeben.

❸ Auf dem unteren und an dem seitlichen Stein (Lager- und Stoßfuge) ziehen Sie den Dünnbett-Kleber auf. Ziehen Sie die Traufel durch den Dünnbett-Kleber so über den Stein, dass nur noch der rillenförmige Kleber stehenbleibt. Dann hat das Kleberbett die richtige Dicke und Sie brauchen die Steine kaum noch auszurichten. So lässt sich sehr zügig arbeiten.

❹ Auf diese Art setzen Sie Stein um Stein ins Kleberbett. Rechts und unten Kleber aufziehen und den nächsten Stein einschieben. Bei Plansteinen mit Nut und Feder (Bild 1 ganz rechts) brauchen Sie sogar nur in der Lagerfuge Kleber aufzuziehen. Die Plansteine sind sehr passgenau. Wenn die erste Reihe waagerecht ausgerichtet ist, gelingen auch die nächsten Reihen.

❺ Da der Dünnbett-Kleber nach ca. 10 Minuten durchgetrocknet ist, sollten Sie überschüssigen Kleber sofort entfernen. In dieser Zeit sollten Sie die Steine endgültig ausgerichtet haben. Spätere Korrekturen sind nicht mehr möglich.

❻ Am stabilsten ist der Verband, wenn Sie die Steine von Reihe zu Reihe um eine halbe Steinbreite versetzen. In jeder zweiten Reihe beginnen Sie also mit einem halben Stein. Mit einer Gasbeton-Säge lassen sich die Plansteine schnell und mit geringem Kraftaufwand zuschneiden.

Das brauchen Sie

- Gasbeton-Plansteine (mind. 11,5 cm dick)
- Gasbetontraufel in Steinbreite
- Gasbeton-Säge
- Mörtel
- Sicherheitskleber für Gasbeton
- Mauer- und Putzmörtel
- Baueimer
- Rühraufsatz
- Bohrmaschine

❼ Wandecken mauern Sie am besten in dem abgebildeten Verband. Mit Viertel-, halben und ganzen Steinen entsteht nicht nur an der Ecke ein stabiler Verband, sondern Sie erreichen automatisch auch den Versatz der Stoßfugen. Prüfen Sie zwischendurch mit einer Wasserwaage immer wieder nach, ob die Wand senkrecht und die Lagerfuge waagerecht ist.

❽ Für die letzte Reihe müssen Sie die Steine in der Regel zuschneiden. Die Gasbeton-Säge ist so lang, dass Sie selbst durch die großen Steine der Länge nach schneiden können. Die Fuge zur Decke wird ebenfalls mit Mörtel gefüllt.

Dübeln will gelernt sein

❶ Standard-Dübel sind universell einsetzbar, z. B. in Beton oder Mauerwerk, Lochziegeln, Porenbeton und bedingt sogar in Leichtbauplatten. Doch ein Dübel hält nur dann gut, wenn Bohrloch, Dübel und Schraube aufeinander abgestimmt sind. Hinweise dazu finden Sie auf den Verpackungen von Dübeln und Schrauben. In der Regel werden Durchmesser von Dübel und Bohrloch gleich groß gewählt.

❷ Um leichter in harte Materialien (Vollbaustoffe) zu kommen, sollten Sie die Schlagbohrmaschine auf „Schlag" stellen. Wählen Sie eine kleine Drehzahl, damit der Bohrer nicht ausglüht.

❸ Mit Hilfe des Tiefenstopps können Sie die erforderliche Bohrlochtiefe einstellen. Als Daumenregel gilt: Bohrlochtiefe = Dübellänge + Dübeldurchmesser. Das heißt: Das Bohrloch sollte etwas tiefer als der Dübel sein, damit sich die Schraube ganz eindrehen lässt.

❹ Bohren Sie immer im rechten Winkel zur Wand. Nur so findet der Dübel den richtigen Halt im Werkstoff und kann voll belastet werden. Damit sich der Bohrstaub nicht erst im ganzen Zimmer verbreitet, einfach einen Briefumschlag mit etwas Krepp-Klebeband anheften.

❺ Ein Tipp: Bohrhämmer sind so kräftig, dass sie sich auch in harte Materialien fast von alleine „ziehen". Die Bohrerspitze rutscht auf glatten Materialien nicht so leicht ab, wenn Sie die Bohrstelle mit einem Gewebeband überkleben.

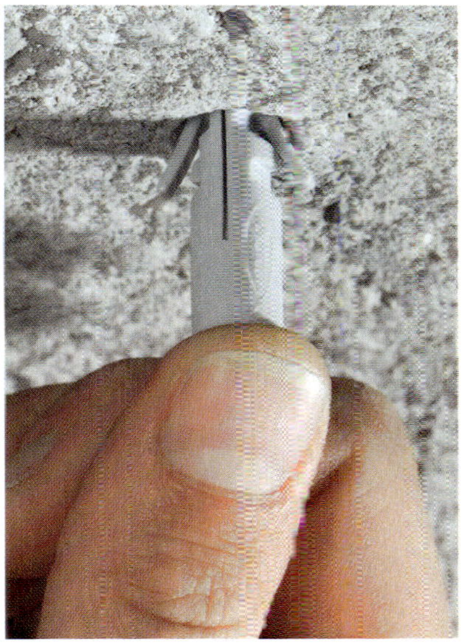

❻ Drücken Sie den Dübel bündig in die Decke. Für Wände gilt: Entfernen Sie immer den Staub aus dem Bohrloch, damit der Dübel richtig Halt finden kann.

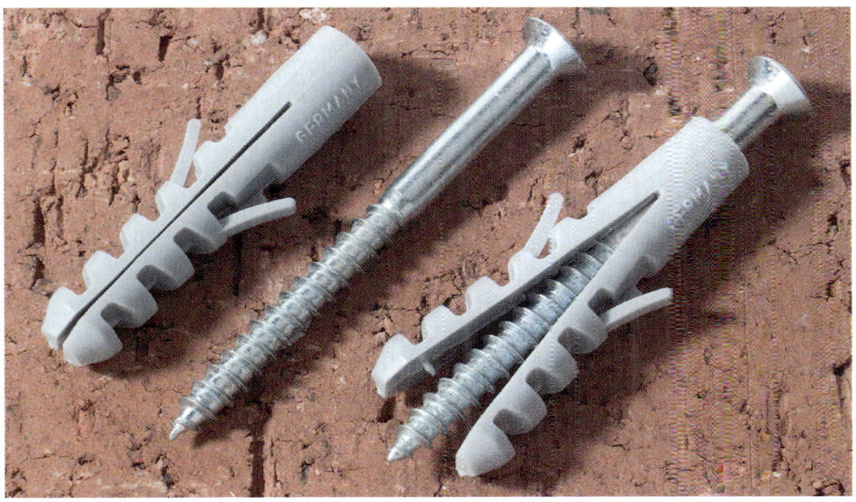

❼ Sie haben einen Dübel und wissen nicht, welche Schraube Sie nehmen sollen? Die Schraube sollte einen 1–2 mm kleineren Durchmesser haben und um etwa einen Schraubendurchmesser länger sein als der Dübel (zuzüglich der Dicke des zu befestigenden Materials natürlich).

Das brauchen Sie

- Schlagbohrer oder Bohrhammer
- Bohrer je nach Stärke und Material
- Standard-Dübel oder Universaldübel
- Schrauben entsprechender Länge und Stärke

✔ So machen Sie es richtig

- Achten Sie darauf, dass Sie beim Bohren keine Versorgungsleitungen für Strom, Gas oder Wasser beschädigen. Testen Sie ggf. mit einem Suchgerät den Verlauf der Leitungen.
- Gerade im Randbereich (z. B. einer Wandecke) sollten Sie den Dübel so eindrücken, dass die Spreizrichtung parallel zum Rand wirkt.
- Bei porigen Baustoffen sollte das Dübelloch mindestens 10 cm Abstand zum Rand haben, damit nichts herausbricht.
- Wenn Sie Löcher in sehr weiche Materialien bohren, führt ein 1 mm kleineres Bohrloch als der Dübeldurchmesser zu einer besseren Dübeltragfähigkeit.

Richtig isolieren

❶ Im Dach- und Innenausbau stellt sich für den Heimwerker häufig die Frage: Wie isoliere ich richtig und welche Materialien verwende ich dazu? Glas- und Steinwolle sind sicherlich am verbreitetsten, aber auch Naturprodukte wie Schafwolle werden angeboten.

❷ Zunächst sollten Sie klären, welche (Unterspann-) Folie zur Dachseite bereits angebracht ist und den Dämmstoff darauf abstimmen. Schmalere Gefache werden mit Dämmstoff in Balkenbreite mit 2 cm Zumaß ausgefüllt, dann kann man das Material einklemmen.

❸ Sind die Balkenfelder zu den Außenwänden oder Dachschrägen gedämmt, ist raumseitig eine Dampfbremsfolie anzubringen. Die erhältlichen Folien sind oft High-Tech-Produkte, die ihre Diffusionsfähigkeit je nach variierender Luftfeuchtigkeit anpassen können.

❹ Die Dämmung mit Mineralwolle ist nach wie vor sehr verbreitet. Der technologische Fortschritt hat hier zu verbesserten Produkten geführt, die nicht mehr als gesundheitsgefährdend gelten. Die Alufolie wirkt als Dampfbremse und wird luftdicht abgeklebt.

❺ Ein heute durchgeführter Innenausbau muss der 3. Wärmeschutzverordnung entsprechen. Als zusätzliche Dämmung bei vorhandener Zwischensparren-Dämmung eignet sich Klemmfilz, bei dem nur eine geringe Sparrenhöhe und Dämmschichtdicke nötig ist.

❻ Die Schalldämmung durch Geschossdecken in Altbauten ist oft nicht mehr zeitgemäß. An allen Wänden, Türen und Stützen können zur Verbesserung Rollrandstreifen aufgestellt und Estrich-Dämmplatten dicht gestoßen (bei Massivdecken auf einer 0,2 mm dicken PE-Folie) verlegt werden. Danach kann ein Trockenunterboden aufgebracht werden.

❼ Auch Heizungs- und Trinkwasserrohre sollten isoliert werden. Die Dämmung mindert sowohl Wärmeverluste als auch die Gefahr des Einfrierens von Rohren.

❽ Kellerwände, die nach dem Bau später mit dem Erdreich in Verbindung kommen, müssen gegen eindringende Feuchtigkeit und Sickerwasser besonders geschützt werden. Als Grundierung wird am besten eine Abdicht-Streichfolie ganzflächig aufgetragen.

❾ Die Bitumen-Dickbeschichtung (eine lösemittelfreie Bitumen-Kautschuk-Spachtelmasse) ist dann die eigentliche Isolierung. Sind Risse zu überbrücken, muss zusätzlich ein Glasgittergewebe in die mindestens 6 mm dicke Bitumenschicht eingearbeitet werden.

❿ Auch hinter der Heizung lohnt es sich, zu isolieren. Dort kann man alukaschierte Styropor®-Platten anbringen, damit die Wärme in den Wohnraum reflektiert und die Wand weniger aufgeheizt wird.

Mit dekorativen Putzen gestalten

Gewinnen Sie Platz zum Wohnen, für Ihr Hobby, für Ihre Gäste, indem Sie, wie Millionen Do It Yourselfer, Ihre Räume umgestalten. Dazu brauchen Sie einen detaillierten Plan, das passende Werkzeug und attraktive, preiswerte und „intelligente" Werkstoffe.
Wir zeigen Ihnen den Umgang mit mineralischem Putz und mit Putz auf Kunstharzbasis Schritt für Schritt.

- **Wände fein herausgeputzt**
- **Werkzeuge und Hilfsmittel zum Putzen**
- **Wände mit Strukturputz verzieren**
- **Reibeputze für Außenwände**

Wände fein herausgeputzt

Das Verputzen gehört zu den Arbeiten, die sich nicht jeder Heimwerker ohne weiteres zutraut. Dabei ist es mit etwas Übung gar nicht so schwierig, Innen- oder auch Außenwände mit Dekorputzen zu gestalten. Da diese Putze mit unterschiedlichen Techniken und Werkzeugen aufgetragen werden, kann man damit für jeden Einrichtungsstil die passende Wandoberfläche kreieren.

Materialien zum Gestalten

Zum Gestalten gibt es im Wesentlichen nur zwei Putzarten.

Dekorputze haben den Vorteil, dass sie nur einlagig, d. h. in einem Arbeitsgang, aufgetragen zu werden brauchen. Man kann bei den Materialien etwa Reibeputze von den Roll- bzw. Strukturputzen unterscheiden. Bei den Putzen kann man zusätzlich mineralisch und kunststoffgebundene Putze unterscheiden. Letztgenannte Putze werden bereits gebrauchsfertig angeboten, mineralische Putze müssen dagegen in der Regel vorher angerührt werden.

Besondere Effekte können Sie mit den Putzen erreichen, wenn Sie entweder spezielles Farbpulver oder – je nach verwendetem Produkt – zu einem gewissen Prozentsatz (meist 5 Volumenprozente) auch Vollton- oder Abtönfarbe zumischen.

Der richtige Untergrund

Wie bei jeder Art von Anstrich auch, sollte der Untergrund sauber, trocken und tragfähig sein. Zusätzlich empfiehlt es sich, eine Grundierung aufzutragen. Sie verfestigt den Untergrund und gibt dem aufgetragenen Putz eine gute Haftung. Bleiben Sie, wenn möglich „im System“, d. h. verwenden Sie die Produktpalette eines Herstellers. Dann haben Sie die Gewähr, dass die einzelnen Produkte optimal aufeinander abgestimmt sind. In der Regel sind die angebotenen Putze für den Innen- und den Außenbereich geeignet.

Geeignete Untergründe sind Putz, Bimsbeton, Kalksandstein und Porenziegel und alle Wände, die fest, am besten leicht rau und nicht zu saugfähig sind. Wände aus Porenbeton (Gasbeton) sind z. B. sehr saugfähig. Einem aufgetragenen Putz würde zu schnell das Wasser entzogen und der Zierputz haftet nicht mehr. Für Porenbeton gibt es speziellen Gips(kalk)putz. In Feuchträumen wie Bad oder Küche brauchen Sie dagegen einen Zementputz. Gipskarton-Platten sollten für eine bessere Haftung mit Tiefgrund vorbehandelt werden. Selbst Hartfaser-, Span- und Sperrholzplatten können mit Dekorputz gestaltet werden. Bei diesen Untergründen ist jedoch ein Grundanstrich mit Holzgrund nötig.

Lack- oder Dispersionsfarben-Beschichtungen können ohne weiteres überputzt werden, wenn man sie vorher gut anraut. Kreidende Anstriche müssen ebenfalls grundiert werden, damit der Untergrund eine größere Festigkeit bekommt.

Bei dunklen Untergründen ist es günstig, einen hellen Voranstrich aufzutragen, der gleichzeitig die Griffigkeit des Untergrundes erhöht. Den Voranstrich wählen Sie sinnvollerweise aus der gleichen Produktfamilie wie den verwendeten Putz.

Oberflächenstrukturen:
Die Struktur der Oberfläche eines Reibeputzes entsteht durch die Größe der Körner, die als Zuschlag im Putz enthalten sind. Die Körner sind je nach Putz zwischen 2 und 5,5 mm groß. Bei kornlosen Struktur- und Rollputzen wird die Struktur allein durch das verwendete Werkzeug bestimmt, mit dem man dem aufgetragenen Putz ein Muster gibt. Das können Relief-Walzen, aber auch andere Hilfsmittel sein.

Verarbeitung von Dekorputzen

Alle Putztypen müssen innerhalb einer bestimmten Zeit nach dem Aufziehen (meist zwischen 10 und 20 Minuten) strukturiert werden, da sie sonst bereits zu trocken sind. Die Regel „nass in nass" gilt auch für den Putzauftrag.
Um Ansätze zu vermeiden, wäre es ideal, die gesamte Wand in einem Zug zu beschichten. In jedem Fall sollten Sie nur eine so große Fläche beschichten und strukturieren, dass der Putz am Ansatz, an dem die Wand weiter verputzt werden soll, später noch nicht zu sehr getrocknet ist.

Im frisch aufgetragenen Putz können Sie dann einfach ein paar Muster mit verschiedenen Werkzeugen ausprobieren. Solange der Putz noch frisch ist, können Sie ihn beliebig oft wieder glattziehen, bis Ihnen das Muster gefällt. Ein Tipp für das Arbeiten zu zweit: Sie sollten sich beim Strukturieren des Putzes nicht abwechseln, da in der Regel die Arbeitstechnik von einer zweiten Person nicht nachgeahmt werden kann, ohne dass man einen Unterschied sieht.

Für das Verputzen im Außenbereich gelten besondere Verarbeitungshinweise. Die Putze sollten nicht bei direkter Sonneneinstrahlung, starkem Wind, Nebel bzw. hoher Luftfeuchtigkeit, drohendem Regen oder Nachtfrost verarbeitet werden. Die Trocknungszeit der Außenputze beträgt bei 20 °C und einer relativen Luftfeuchte von ungefähr 65 % etwa 3 Tage. Bei ungünstigeren Witterungsbedingungen kann sich diese Zeit verlängern.

Putzflächen renovieren

Wenn Sie sich nach vielen Jahren an der Putzfläche sattgesehen haben sollten, können Putzflächen auch mit wenig Aufwand renoviert werden. Es gibt z. B. Hersteller, deren Putz kann mit einem Spachtel und etwas Wasser einfach wieder entfernt werden. Bei mineralischen Putzen kann man eine dünne Schicht Gipsputz auftragen, auf der dann tapeziert oder auch neu verputzt werden kann.

Putzflächen lassen sich auch nach Jahren leicht renovieren.

Mit den Jahren kann der Putz etwas vergilben und Staub ansetzen. Wählen Sie deshalb am besten einen Putz, den man später problemlos überstreichen kann. Wenn Sie sich für einen mineralischen Putz entscheiden, sollten Sie einen Silikatfarben-Anstrich wählen. Diese Farben haften nicht wie herkömmliche Dispersionsfarben auf dem Putz, sondern sie dringen in den mineralischen Untergrund ein und verbinden sich in einer chemischen Reaktion mit ihm. Als Anstrich für Kunstharzputze sind Silikatfarben jedoch ungeeignet. Wählen Sie für diesen Putztyp eine Kunstharzdispersion.

Werkzeuge und Hilfsmittel zum Putzen

❶ Zum Schutz von Teppich, Fertigparkett und anderen Bodenbelägen sollten Sie Wellpappe oder Folie auslegen. Besonders dann, wenn Sie sich für einen mineralischen Putz entscheiden, der noch angerührt werden muss, erspart dies später mühsames Saubermachen.

❷ Die meisten erhältlichen Putze sind auf Kunstharzbasis aufgebaut und damit direkt verbrauchsfertig. Zum Anrühren mineralischer Putze brauchen Sie eine Bohrmaschine mit Rühraufsatz und einen ausreichend großen Baueimer. Der Rühraufsatz sollte – wie der Eimer – rostfrei sein. Aufsätze mit deutlichen Gebrauchsspuren sind möglicherweise schon ungeeignet.

❸ Je nach Untergrund und verwendetem Produkt ist die Fläche, die verputzt werden soll, mit einer Grundierung oder einem Haftverbesserer einzustreichen. Dazu eignen sich sowohl ein Quast als auch ein Farbroller. Rollputze können ebenfalls mit der Lammfell-Walze aufgetragen werden.

❹ Für den Putzauftrag (Reibeputz oder Strukturputz) können Sie Holz- oder Edelstahlkellen verwenden. Wichtig ist, dass die Stahlkellen rostfrei sind, denn Rost würde unschöne Flecken auf dem Putz hinterlassen.

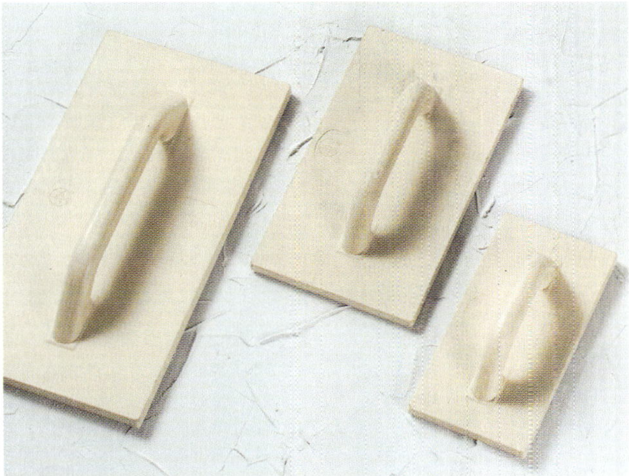

❺ Um den aufgetragenen Reibeputzen Struktur zu geben, nimmt man eine Kunststoffkelle oder ein Kunststoff-Reibebrett. Diese Reibebretter gibt es ebenfalls in unterschiedlichen Größen. Allen gemeinsam ist eine geriffelte Unterseite, mit der sich die Körner des Reibeputzes gut ziehen lassen.

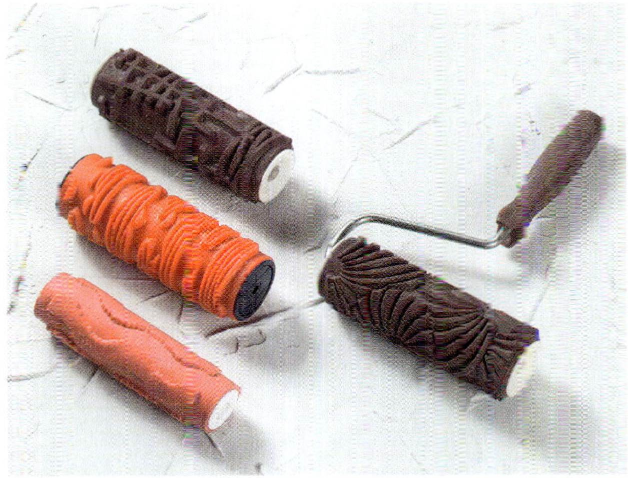

❻ Als Werkzeug zur Mustergestaltung von Dekorputzen bietet der Handel verschiedene Relief-Walzen an. Ihre Bezeichnungen (Fantasy, Hahnentritt, Noppen, Rinde, usw.) deuten oft schon an, welcher Effekt sich damit erzielen lässt. Diese Walzen sind jedoch recht teuer und haben nur diesen einen Anwendungszweck.

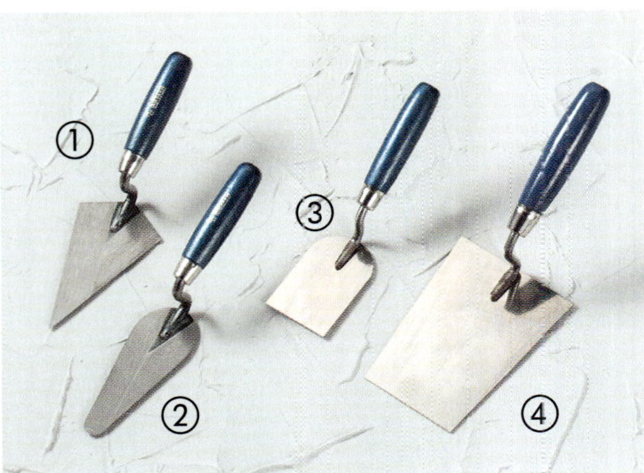

❼ Die in Baumärkten erhältlichen Kellen sind universeller einsetzbar und deutlich preiswerter. Die Berner Putzkelle ④ eignet sich z. B., um immer wieder einen neuen Batzen Putz auf die Glättekelle aufzutragen. Die anderen Kellen – Hamburger Putzkelle ①, Katzenzungenkelle ② und die Stukkateurkelle ③ – dienen dazu, beliebig feine oder grobe Muster zu erstellen. Die Bezeichnungen können regional unterschiedlich sein.

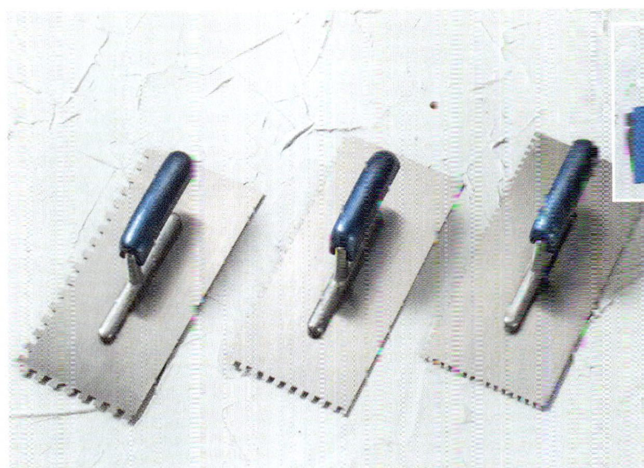

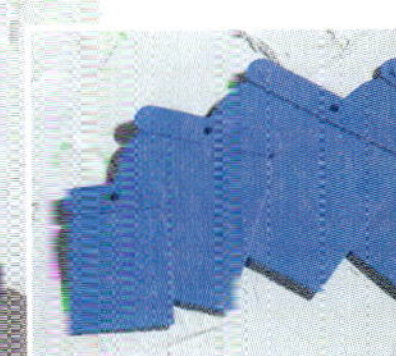

❽ Mit unterschiedlich gezahnten Stahlkellen oder Zahnspachteln aus Kunststoff lassen sich ebenfalls Muster erzeugen. Es kommen aber auch z. B. Haushaltsgegenstände wie Kämme, Flaschenböden und Bürsten als „Werkzeug“ in Frage. Selbst Ihre Hände können Sie zum Gestalten einsetzen.

Wände mit Strukturputz verzieren

❶ Grundieren Sie stark saugfähige und sandende Wände, um die Haftfähigkeit des Untergrundes zu erhöhen. Wählen Sie die (möglichst lösemittelfreie) Grundierung passend zum Untergrund und zum Strukturputz, mit dem Sie die Wand verschönern möchten.

❷ Mineralische Strukturputze müssen angerührt werden. Die Ergiebigkeit des Materials ist auf der Verpackung in Quadratmetern angegeben. Oft ist es jedoch so, dass man bei fehlender Übung den Putz dicker aufzieht und die Flächenausbeute verringert.

❸ Mit der großen Edelstahlkelle können Sie nun den Strukturputz auf der Wand auftragen. Geben Sie mit einer Maurerkelle Putz auf die Edelstahlkelle und ziehen Sie ihn in einem Zug von unten nach oben in der gewünschten Stärke (meist in 3–5 mm Stärke) auf.

❹ Die Feinarbeiten machen Sie am besten mit einer kleineren Edelstahlkelle. Glätten Sie vor allem die Übergänge sorgfältig, an denen man sieht, wo Sie die Kelle neu angesetzt haben. Glätten Sie den verputzten Wandabschnitt.

❺ Im nächsten Arbeitsgang können Sie dem Putz mit Werkzeugen eine gewünschte Oberflächenstruktur (z. B. ein Schuppen-Muster) geben. Die Kunst besteht darin, eine „regelmäßige Unregelmäßigkeit" herzustellen.

❻ Eine gleichmäßige oder versetzte Wellenform lässt sich gut mit einem Zahnspachtel oder einer Bodenlegerkelle, die auswechselbare Zahnleisten hat, herstellen. Probieren Sie einfach aus, welches Muster Ihnen am besten gefällt.

❼ Relief-Walzen sind recht teuer. Auf der anderen Seite spart man auch viel Zeit, da das Strukturieren der Wand sehr schnell von der Hand geht. Dieses Hahnentrittmuster kann man mit etwas Geschick natürlich auch mit einer Katzenzungenkelle erreichen.

❽ Mit einer Noppenwalze bzw. einer Erbslochwalze lassen sich gleichmäßige, runde Vertiefungen und Erhebungen im Strukturputz herstellen. Eventuell hervorstehende Putzgrate lassen sich im leicht angetrockneten Zustand mit einem Spachtel entfernen.

❾ Wenn Sie runde Strukturen mögen, können Sie eine Relief-Walze einsetzen, oder aber den Boden einer Sektflasche als Hilfsmittel verwenden. Mit dem Boden einer Weinflasche gelingt das Muster dagegen nicht, da der Flaschenboden zu wenig gewölbt ist.

❿ Diese Struktur entsteht, wenn man mit einem Farbroller über die frisch verputzte Wand geht. Auch hier entstehen Putzgrate, die man im halbtrockenen Zustand entfernen sollte, damit man sich später daran nicht verletzen kann.

⓫ Bei diesem Motiv kommen spontan Urlaubsgefühle auf. Diese Palmwedel-Muster passen gut zu einem Einrichtungsstil mit Cotto-Fliesen, Korbmöbeln, und Bildern mit südländischen Motiven an den verputzten Wänden.

⓬ Bei allen Putzen können Sie Farbe mit ins Spiel bringen. Es ist günstiger, bereits vor dem Putzauftrag Vollton- oder Abtönfarbe beizumischen. Nachträglich lässt sich der strukturierte Putz nicht so einfach überstreichen.

Reibeputze für Außenwände

❶ Reibeputze können innen wie außen verarbeitet werden. In der Regel ist es auch hier angebracht, einen untergrundstabilisierenden Grundanstrich aufzutragen.
Tipp: Tönen Sie den Grundanstrich ab, sodass der Untergrund später nicht dunkel durchscheint.

❷ Alle Putze auf Kunstharzbasis sind bereits gebrauchsfertig. Beachten Sie, dass beim Außenauftrag die Putze bei einer Mindesttemperatur von 8 ºC (Umluft und Untergrund) verarbeitet werden sollten. Bei niedrigeren Temperaturen haftet der Putz nicht.

❸ Der Putz wird, wie der Strukturputz auch, mit einer Edelstahlkelle möglichst in einem Zug gleichmäßig aufgezogen. Neue Putze sollten Sie jedoch 2–4 Wochen „stehenlassen“ und erst nach dieser Trockenzeit die Wand mit Reibeputz versehen.

❹ Solange der Putz noch sehr frisch an der Wand ist, sollten Sie die „Nasen“, die durch den Kellenansatz entstanden sind, glätten. Arbeiten Sie „nass in nass“ und verputzen Sie keine zu große Fläche auf einmal.

❺ Gehen Sie mit dem Kunststoff-Reibebrett über den Putz und ziehen Sie den Putz in Kornstärke ab, d. h. ziehen Sie das Reibebrett in der gewünschten Richtung so dicht über den Putz, dass die Kelle die Körner teilweise mitzieht.

❻ Wenn der Putz im Außenbereich verwendbar sein soll, dann muss er wetterbeständig, schlagregendicht und trotzdem wasserdampfdurchlässig sein. Dieser Kunstharz-Edelputz ist zusätzlich beständig gegen zerstörende Abgase.

❼ Finden Sie feinere Strukturen schöner? Der hier abgebildete Reibeputz hat z. B. eine Korngröße von 2 mm. Da der Reibeputz immer in Korngröße aufgetragen wird, sind bei kleinerer Körnung der Materialverbrauch und damit auch die Kosten geringer.

❽ Für das Abtönen von Putzen können wir noch zwei Empfehlungen geben: Bei kleinen Flächen ist es einfacher, den weißen Reibeputz farbig zu überstreichen. Bei Flächen ab 25 m² (100 kg Putz) ist der Putz auf Anfrage auch werksseitig abgetönt lieferbar.

❾ Kratzputz wird übrigens genauso wie Reibeputz verarbeitet. Zum Strukturieren nimmt man jedoch keine Kunststoff-Kelle, sondern ein Nagelbrett (Edelputzkrätzer) mit Stahlstiften zu Hilfe. Wie man damit umgeht, zeigen wir im Kapitel „Außenputz erneuern".

❿ Mit sogenannten Landhausputzen haben Sie es wesentlich einfacher, da Sie in einem Zug mit der Edelstahlkelle den Putz aufziehen und strukturieren können.

⓫ Dieser Putz auf Kunstharzbasis hat eine Korngröße von 4 mm. Dadurch ergibt sich natürlich auch eine sehr grobe Struktur und der Materialverbrauch ist recht hoch.

⓬ Meistens wird bei Außenputz zum Strukturieren die Kelle von unten nach oben gezogen. Natürlich sind auch andere Richtungen möglich. Probieren Sie es z. B. auch mit kreisenden Bewegungen. Dann ergibt sich dieses Muster.

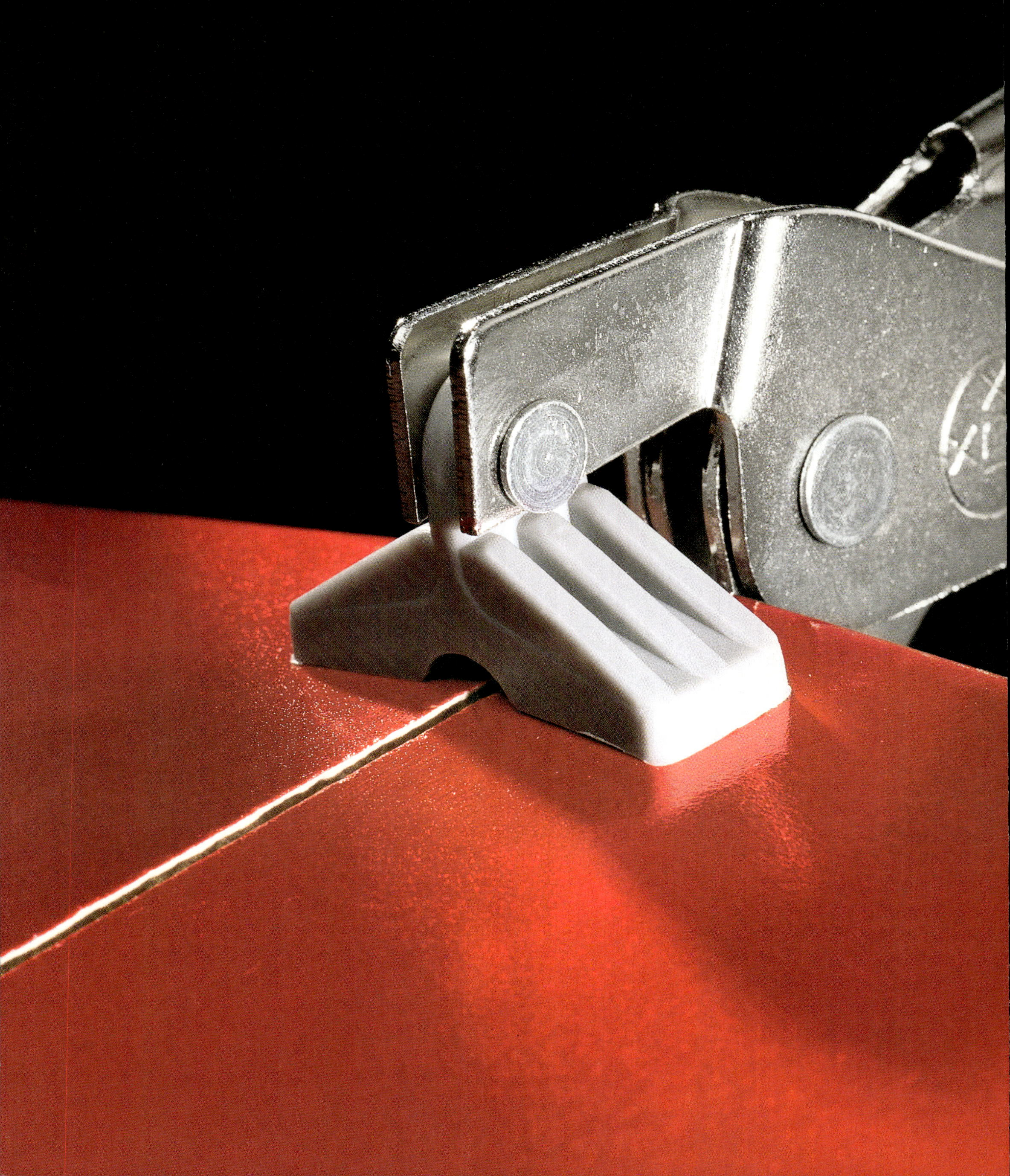

Fliesenlegen Schritt für Schritt

Fliesenlegen ist mit dem nötigen „Gewusst-wie“ ein Kinderspiel. Durch Selbermachen können Sie hier viel Geld sparen, das Sie auf der anderen Seite wieder für schöne Dekor-Fliesen einsetzen können. Tauchen Sie auf den nächsten Seiten in die Welt der Fliesen ein. Lassen Sie sich von einem Gang durch eine Badausstellung in Ihrer Nähe inspirieren. Spätestens dann werden Sie die Fliesen Ihres in die Jahre gekommenen Bades nicht mehr sehen wollen. Alles Wissenswerte zum Fliesenlegen geben wir Ihnen auf den nächsten Seiten an die Hand.

- **Rund um die Fliese**
- **Werkzeuge zum Fliesenlegen**
- **Welche Fliese ist Ihre 1. Wahl?**
- **Fliesen perfekt verlegen**

Rund um die Fliese

Achten Sie beim Kauf unbedingt auf die Beanspruchungsgruppe!

Fliesenwahl

Fliesen sind ideale Wandverkleidungen für Küche und Bad. Sie sind hygienisch, weil sie sich schnell und leicht reinigen lassen, und dazu dauerhaft schön. Bodenfliesen sind jedoch einer täglichen Belastung ausgesetzt. Je nach Wohnbereich müssen sie grobem Schuhwerk und Schmutz standhalten. Im Bad kommt es dagegen mehr auf Trittsicherheit an. Man darf auch dann auf den Fliesen nicht ausrutschen, wenn es mal zu einer kleinen Überschwemmung gekommen ist. Für den sogenannten „Barfuß-Nassbereich" gibt es Fliesen mit feinrauer Oberfläche oder einer mäßigen Profilierung, damit Sie auch im Bad nicht „aus dem Tritt" kommen. Unglasierte Steinzeugfliesen sind für höchste Beanspruchung geeignet, bei glasierten Steinzeugfliesen hängt alles von der Widerstandsfähigkeit der Glasur ab. Beim Fliesenkauf sollten Sie also auf die Beanspruchungsgruppe achten.

Verdeutlichen Sie sich vorher die optische Wirkung der Fliesen

Planung

Bevor Sie Fliesen einkaufen, sollten Sie sich ruhig etwas Zeit nehmen und überlegen, welche optische Wirkung Sie mit den Fliesen erzielen möchten. Kleine Räume wirken nicht so gedrungen, wenn sie nur bis zu einer Höhe von etwa 2 m verfliest werden. Die Bodenfliesen sollten großformatiger als die Wandfliesen sein, damit die Flächen optisch nicht ineinander übergehen. Am besten machen Sie sich eine maßstabsgetreue Skizze von Ihrem Bad. Die Fugen können Sie vorerst vernachlässigen. Bei der rechnerischen Ermittlung des Bedarfs sind sie jedoch sehr wichtig, damit

Was tun bei Fliesen, deren Ecken nicht rechtwinklig sind? Stecken Sie die Fliesenkreuze einfach senkrecht ein!

sich nachher auch eine symmetrische Fliesenfläche ergibt.

Symmetrie

Eine Wand ohne Fliesenzuschnitte ist wie ein Sechser im Lotto. Wahrscheinlicher ist, dass Sie in den Ecken um Zuschnitte nicht herumkommen. Zu schmale Zuschnitte (weniger als eine halbe Fliesenbreite) verschandeln die Optik. In solchen Fällen sollten Sie lieber eine ganze Fliese weniger verlegen und die beiden äußeren Fliesenreihen mit einem Zuschnitt abschließen.

Kleber

Am häufigsten werden heute Fliesen im so genannten Dünnbettverfahren verlegt. Das heißt, dass die Mörtel- bzw. Kleberschicht nur zwischen 1 und 5 mm zu betragen braucht. Mit diesem Verfahren verbinden

Beanspruchungsgruppen	Anwendungsbeispiele
I (sehr leichte Beanspruchung)	für Schlaf- und Badezimmer geeignet
II (leichte Beanspruchung)	Wohnbereich, ohne häufig beanspruchte Bereiche
III (mittlere Beanspruchung	gesamter Wohnbereich und häufig oder stark beanspruchte Bereiche wie Küche, Diele, usw.
IV (stärkere Beanspruchung)	haltbar über viele Jahre, auch in stark beanspruchten Bereichen
V (starke Beanspruchung)	für den privaten Bereich nicht erforderlich (z. B. für Verkaufsräume mit hoher „Verschleißbeanspruchung")

sich handfeste Vorteile für Sie: Es spielt letztlich keine Rolle, ob Sie von oben nach unten oder umgekehrt Fliesen verlegen. Wenn ein geeigneter (ebener und tragfähiger) Untergrund vorliegt, können Sie auch größere Flächen schnell verlegen und den Sitz der Fliesen noch nach längerer Zeit problemlos korrigieren.

Es werden drei Arten von Kleber zum Fliesenlegen angeboten:

1. Dünnbettmörtel: Dieser Mörtel ist nach den Angaben des Herstellers mit Wasser anzumischen. Er kann mit weiteren Zusatzstoffen vergütet werden, sodass er wasser- und frostbeständig ist. Bei normalem Dünnbettmörtel beträgt die Trockenzeit etwa 2 Tage, bei Schnellklebern kann jedoch schon nach 3 Stunden kann mit dem Ausfugen begonnen werden.

2. Dispersionsklebstoff: Dieser Kleber ist gebrauchsfertig, aber auch wesentlich teurer als der Mörtel. Er enthält bereits alle Zusatzstoffe, die bewirken, dass er gut auf glatten Oberflächen (alten Fliesen, Beton und Putz) haftet und „dynamische Beanspruchungen" wie z. B. Biegungen und Erschütterungen aushält.

3. Reaktionsharze: Bei Reaktionsharzen handelt es sich um Zweikomponenten-Kleber aus Harz und Härter. Dieser Kleber ist recht teuer und sollte daher nur für Spezialfälle eingesetzt werden, z. B. bei Beständigkeit gegen Chemikalien.

Kleberauftrag: Gleich für welchen Kleber Sie sich entscheiden, der Kleber wird mit einem Zahnspachtel oder einer Rillenkelle mit auswechselbaren Zahnleisten aufgekämmt.

Fliesenbreite	Fugenbreite	Zahnspachteltiefe
bis 5 cm	2 mm	3 mm
bis 11 cm	2 mm	4 mm
bis 20 cm	2–3 mm	6 mm
über 20 cm	3–6 mm	8 mm

Fliese, Fuge und Mörtelbett sollten aufeinander abgestimmt werden

Fliesen im Außenbereich

Für den Außenbereich verwenden Sie am besten grundsätzlich frostbeständige Fliesen bzw. flexiblen Fliesenkleber und Fugenmörtel. Der Fliesenverband wird idealerweise mit etwa 2 % Gefälle (vom Haus weg) verlegt, damit das Regenwasser ablaufen kann. Nach etwa 3–5 m sollten Sie eine Dehnungsfuge (Silikon-Fuge) von 1 cm oder ein Dehnungsfugenprofil setzen, damit der Fliesenbelag „arbeiten" kann, d. h. dass Bewegungen durch Temperaturunterschiede aufgenommen werden können.

Werkzeuge zum Fliesenlegen

Um Fliesen fachgerecht zu verlegen, braucht man gar nicht so viele Werkzeuge. Wir stellen Ihnen hier die gängigsten vor, von denen Sie jedoch nur einen Teil brauchen werden, da manche alternativ verwendet werden können.

Aller Anfang beim Fliesenlegen ist zwar nicht schwer, aber damit die erste Fliesenreihe ganz gerade wird, brauchen Sie Hilfsmittel zum Ausloten und Ausrichten. Das wichtiste Messwerkzeug ist die Wasserwaage. Neu auf dem Markt sind Modelle, die über eine Spiegel-Libelle auch bei Lotmessungen leicht ablesbar sind. Ab einer Länge von 60 cm lassen sich Waagerechten und Senkrechten noch genauer ermitteln. Schließlich gibt es noch Laser-Wasserwaagen, bei denen ein Laserstrahl die Ausrichtung über Meter hinweg ermöglicht.

Als „Hilfslinie“ für die erste Fliesenreihe eignet sich auch eine Richtschnur, eine Fliesenhexe oder eine Richtlatte. Mit der gehobelten Richtlatte wird es besonders genau, da Sie daran die erste Fliesenreihe direkt ansetzen können. Bei der Fliesenhexe handelt es sich um zwei Metall-Plättchen, die rechts bzw. links auf die erste und letzte Fliese der Fliesenreihe gesteckt werden und durch einen Gummi miteinander verbunden sind. An diesem gespannten Gummi können Sie dann die übrigen Fliesen der Reihe leicht ausrichten.
An den Raumecken oder bei einer Überschneidung mit Installationsrohren, brauchen Sie geeignetes Werkzeug für die Zuschnitte. Runde Zuschnitte sind schwieriger zu erstellen. Ein etwas unsauberer Rand ist fast nicht zu verhindern. Deswegen werden alle Rohrdurchführungen später mit Rosetten abgedeckt. Für Zuschnitte stehen Ihnen verschiedene Werkzeuge zur Verfügung.

Zum Verlegen und Verfugen haben wir Werkzeug abgebildet, das auch für andere Arbeiten eingesetzt werden kann. Bedenken Sie immer: An einem qualitativ hochwertigen Werkzeug haben Sie länger Freude als an einem vermeintlichen „Schnäppchen“.

❶ Hier sehen Sie, wie eine Schlauchwaage funktioniert. Die Wasserstände an den Rohrenden sind immer auf gleicher Höhe, auch wenn Sie einen Punkt von einem Raum in den nächsten übertragen.

❷ Wasserwaage und Schlauchwaage sorgen für die genaue Ausrichtung der Fliesen. Einfache, aber wirkungsvolle Hilfsmittel sind aber auch Richtlatte, Maurerschnur und Fliesenhexe.

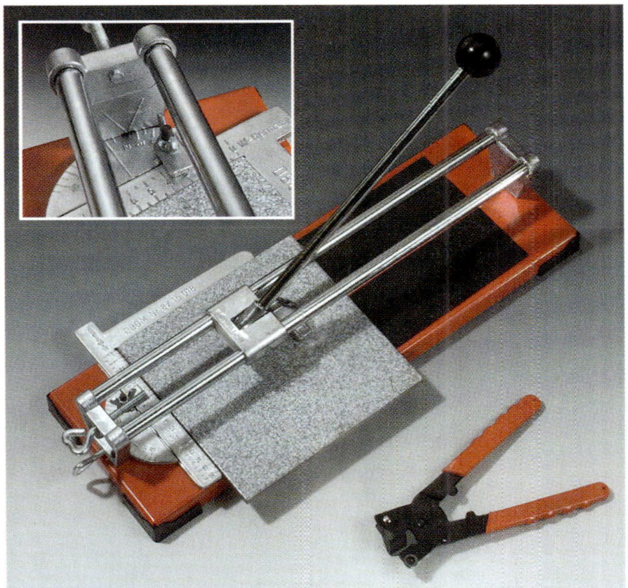

❸ Für gerade Zuschnitte reicht im Prinzip eine Fliesenschneid- und -brechzange völlig aus. Rechnen Sie dagegen mit vielen Zuschnitten, lohnt sich auch die Anschaffung einer Fliesenschneidemaschine.

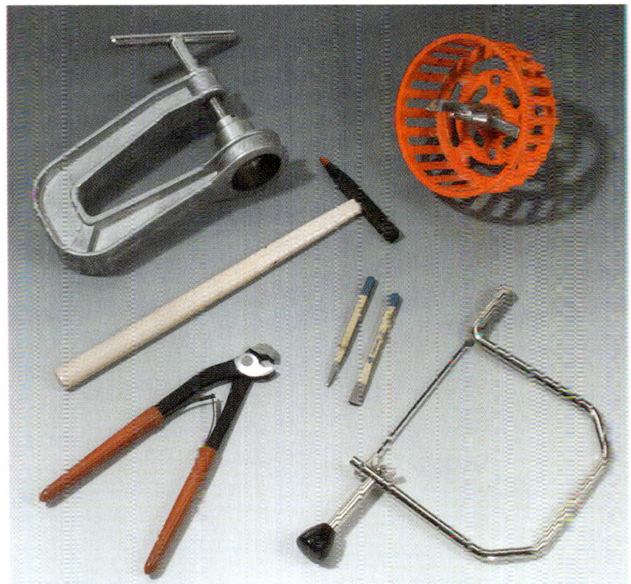

❹ Um Fliesen rund auszuschneiden, gibt es den Papageienschnabel, die Fliesensäge und das Fliesenlochgerät. Auch mit Bohrer und Fliesenmeißel sind die Fliesen schnell ausgeschnitten.

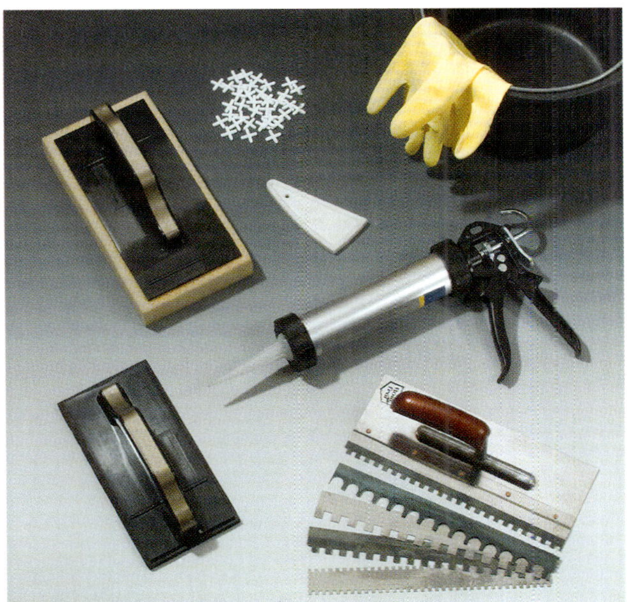

❺ Die wichtigsten Werkzeuge zum Verlegen sind eine Glättekelle mit verschiedenen Zahnleisten, ein Fugenglätter, ein Fliesenwaschbrett und eine Auspresspistole mit Silikonkartusche.

❻ Bodenfliesen kann man mit einem Gummihammer ausrichten. Verwenden Sie zusätzlich einen Schlagklotz als Unterlage. Nicht zuletzt werden es Ihnen Ihre Knie danken, wenn Sie Knieschoner anlegen.

Welche Fliese ist Ihre 1. Wahl?

❶ Zunächst gibt es die Steingutfliesen. Sie sind nicht frostbeständig und aus recht weichem Material. Fliesen aus anderen Materialien lassen sich nicht einritzen. Für Wände in Küche und Bad ist das jedoch ausreichend, sodass im Innenbereich meist Steingut zu finden ist.

❷ Steinzeugfliesen (glasiert oder unglasiert) haben dagegen einen dichter gepressten Scherben und sind damit frostsicher und mechanisch belastbarer. Typische Einsatzgebiete sind daher Böden im Innen- und Außenbereich. Die Glasur bietet Schutz vor Flecken.

❸ Feinsteinzeugfliesen sind in jedem Fall eine gute Wahl. Wie der Name schon sagt, sind ihre Inhaltsstoffe noch feiner und dichter. Daher ist diese Fliese frostsicher, sehr strapazierfähig und gegen Flecken weitgehend unempfindlich.

❹ Cotto-Fliesen sind unglasiert und haben die Naturfarbe des Tons. Deswegen können diese Fliesen auch mit der selben Fertigungsnummer farblich leicht variieren. Nach einigen Jahren bekommt die Cotto-Oberfläche eine natürliche Patina.

❺ Schließlich gibt es noch Fliesen aus groberen Rohstoffen, die Grobkeramik. Hierzu zählen die Spaltplatten, die in ihrem Herstellungsprozeß gespalten werden und die ein rustikales Erscheinungsbild haben, oder auch die Ziegelfliesen.

❻ Gängige Formate für Wandfliesen sind heute 20x25 cm oder größer. Bei Bodenfliesen werden 40x40, 60x60 oder 30x50 oft gewählt. Die Verlegung geht bei diesen Formaten recht schnell.

❼ Mosaikfliesen, die auf einer Gewebematte zusammengefasst sind, sind etwas für den individuellen Geschmack. Dabei sorgen sie z. B. im Bad gerade wegen des höheren Fugenanteils für mehr Trittsicherheit – ganz abgesehen von ihrem optischen Reiz.

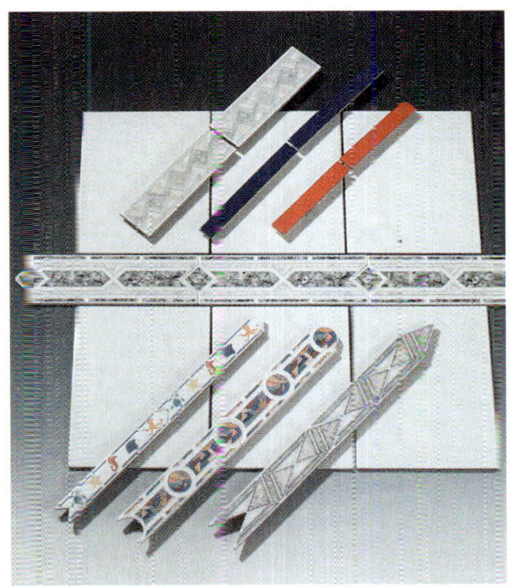

❽ Besondere Gestaltungsmöglichkeiten bieten Ihnen (Endlos-)Bordüren und Dekor-Fliesen. Sie sorgen für Farbtupfer und unterstreichen Ihren persönlichen Einrichtungsstil.

Fliesen perfekt verlegt

❶ Bei Gipskarton-Platten und Gipsputzen sowie bei Faserzementplatten, Porenbeton-Mauerwerk und Spanplatten müssen Sie grundieren bzw. mit einer dünnen Kleberschicht eine Haftbrücke schaffen.

❷ Die erste Reihe auf jeder Wand ist die wichtigste. Markieren Sie mit dem Senklot zunächst eine vertikale Hilfslinie, damit die senkrechte Anordnung der Fliesen gesichert ist.

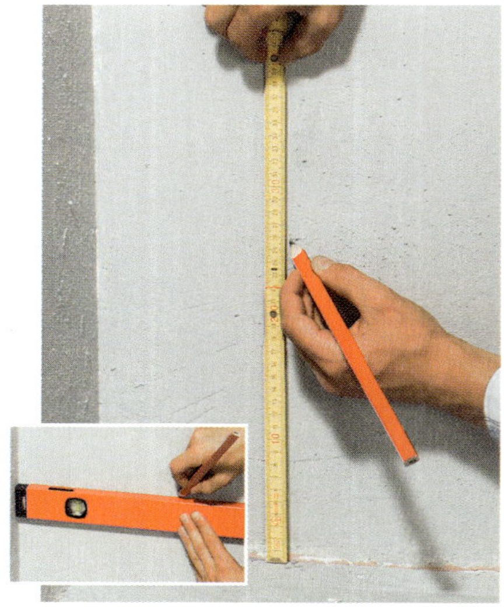

❸ Von der tiefsten Stelle des Bodens aus wird nun die Höhe der ersten Fliesenreihe (Fußbodendicke + Dehnungsfuge + Maß der Fliese) angetragen und die Waagerechte mit einer Wasserwaage markiert.

❹ Ziehen Sie mit der glatten Seite des Zahnspachtels den Kleber in einer dünnen Schicht quer auf. In einem zweiten Schritt geben Sie dem Kleberbett mit der Zahnung sein Profil. Die Größe des Zahnspachtels wählen Sie entsprechend dem Fliesenformat.

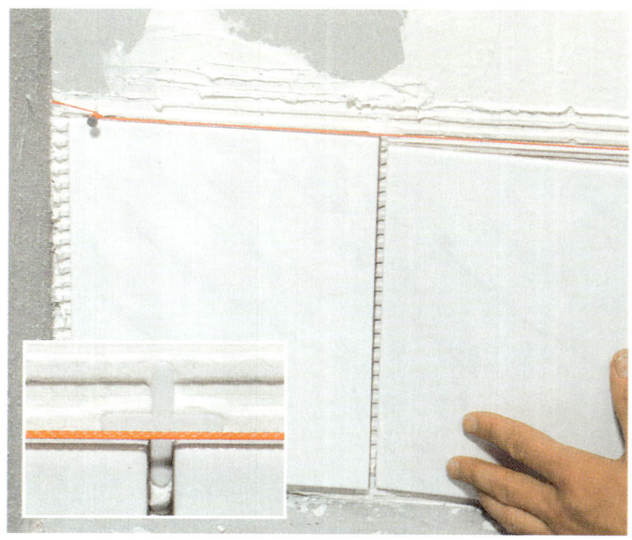

❺ Fliese um Fliese wird nun schräg angesetzt und in das Kleberbett gedrückt. Leichte Korrekturen sind (bei Dispersionsklebern) noch nach ca. einer halben Stunde möglich. Mit Richtschnur und Fliesenkreuzen gelingt diese wichtige erste Reihe ganz einfach.

❻ Auch eine exakt ausgerichtete Richtlatte garantiert eine perfekte erste Fliesenreihe. Ihre Höhe wird ebenfalls mit einer Fliese an der tiefsten Stelle des Bodens ermittelt (Fugen zum Boden und zur zweiten Fliese berücksichtigen!). Die unterste Reihe wird dann zum Schluss zugeschnitten und geklebt.

❼ Die weiteren Reihen gehen jetzt leicht von der Hand: Setzen Sie die Fliesen zwischen den Fliesenkreuzen an und schieben Sie sie leicht ins Kleberbett. Das macht man, damit zwischen Fliese und Kleber eine vollflächige, innige Verbindung ensteht und eine gewisse Anfangshaftung erreicht wird.

❽ Irgendwann werden Sie jedoch unweigerlich auf Installationsrohre wie Eckventile oder Abflüsse stoßen. An diesen Stellen kommen Sie um Zuschnitte an den Fliesenecken oder sogar in der Fliesenmitte nicht herum. Hier gibt es eine Reihe von Möglichkeiten ans Ziel zu kommen.

❾ In einem Fugenkreuz lässt sich die gewünschte Rundung mit einem Papageienschnabel vorsichtig „ausknabbern“. In der Fliesenmitte können Sie ein Loch ganz einfach mit einer Fliesensäge erstellen. Bohren Sie ein Loch und führen Sie den speziellen Sägedraht hindurch. So vermeiden Sie sichtbare Schnitte.

❿ Löcher in Fliesenmitten erstellen Sie am besten mit einem Fliesenlochgerät. Es hält die Fliese, sodass Sie mit dem Fliesenhammer leicht ein Loch in die Fliese schlagen können. Preiswerter geht es mit einem Fliesenmeißel, mit dem Sie die Stege zwischen den Bohrlöchern entfernen.

⓫ An Außenecken beginnt man, wenn möglich, immer mit einer ganzen Fliese. Wenn Zuschnitte anfallen, sollten diese nicht zu schmal sein. Setzen Sie eine Abschluss-Schiene ein. Unglasierte Fliesenkanten werden damit verdeckt und die Ecke sieht sauber und symmetrisch aus.

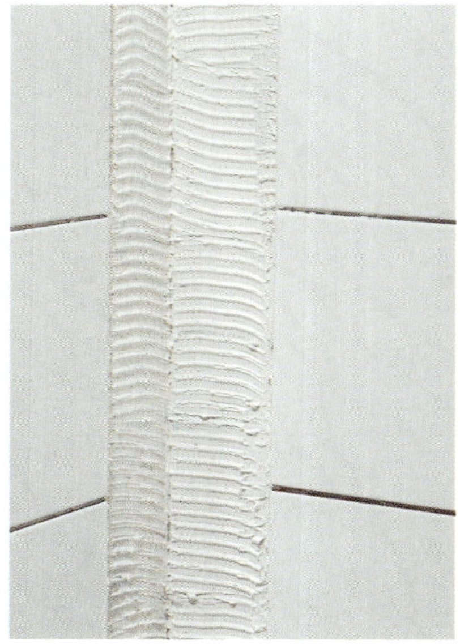

⓬ An Innenecken werden die Wände zunächst bis in die Ecken hinein gefliest. Erst zum Schluss wird der Fliesenkleber auch in der Ecke mit dem Zahnspachtel aufgetragen, da er nur eine begrenzte Zeit „offen“ (verarbeitbar) ist, und die Zuschnitte werden gemacht.

⓭ Mit dem Schneidrädchen der Fliesenbrechzange und einem Winkel ritzen Sie die Glasur auf der gemessenen Breite an und brechen dann die Fliese. Bei harten oder auch dicken Fliesen empfiehlt sich eine Fliesenschneidemaschine. Die Zuschnitte gelingen besonders schnell und einfach.

⓮ Setzen Sie die Zuschnitte nach und nach ein. Schneiden Sie nicht alle Fliesen auf einmal zu, sondern messen Sie sicherheitshalber ab und zu nach.

⓯ Rühren Sie die Fugenmasse nach den Herstellerangaben an. Wenn der Kleber durchgetrocknet ist, arbeiten Sie sie diagonal in die Fugen ein, bis die Fuge gefüllt ist. Nach ca. 10 Minuten ist der Fugenmörtel matt angetrocknet. Dann können Sie die Reste mit einem Schwamm und sauberem Wasser entfernen. Zum Schluss wischen Sie den angetrockneten Schleier mit einem weichen, trockenen Tuch von den Fliesen.

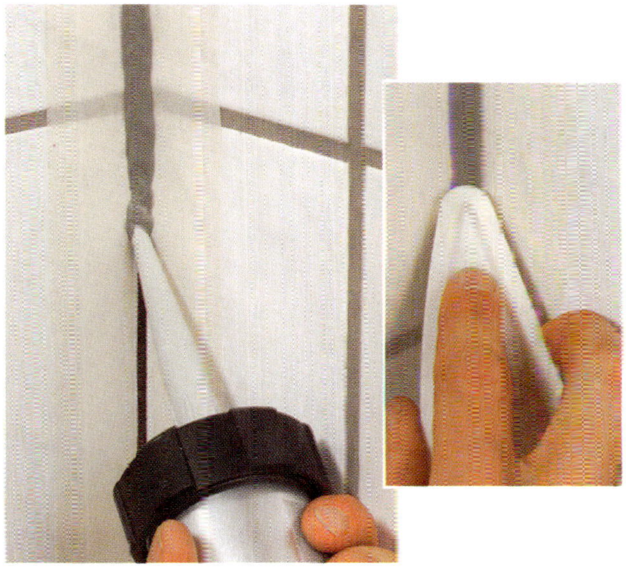

⓰ Zuletzt schließen Sie die Übergänge zwischen den Wänden, zwischen Wand und Boden bzw. der Fliesenfläche und den Sanitärteilen mit einer elastischen Silikon-Fuge. Sie ist wasser- und wärmebeständig und nimmt kleinere Bewegungen durch ihre Elastizität auf.

⓱ Beim Verlegen von Bodenfliesen gelten dieselben Regeln wie für Wandfliesen. Verwenden Sie dazu angerührten Fliesenmörtel. In der letzten Fliesenreihe können Sie den Zuschnitt anzeichnen, wenn Sie die Fliesen wie im Bild gezeigt hinlegen.

So machen Sie es richtig

- **Beachten Sie unbedingt die Herstellerangaben bei der Verarbeitung von Kleber, Fliesenmörtel und Fugenmasse, da wir hier keine allgemeingültigen Hinweise geben können.**
- **Vor dem Entfernen der Blenden von Schaltern oder Steckdosen, sollten Sie unbedingt die Sicherung ausschalten, gegen Wiedereinschalten sichern und die Kabel auf Spannungsfreiheit prüfen!**

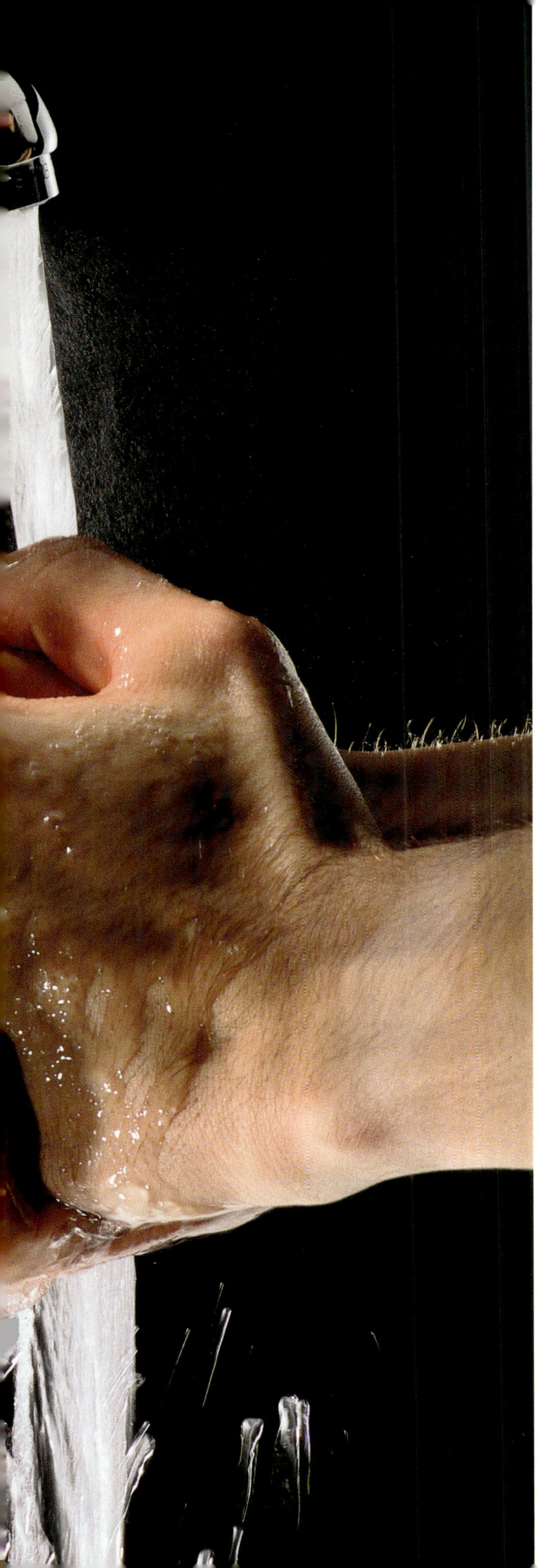

Moderne Sanitär-Installationen im Bad

Bäder werden als Lebensraum mehr und mehr wieder entdeckt. Folgerichtig erweitert sich das Angebot für Selbermacher um praktische, einfach zu installierende Ausbau-Hilfen und Sanitär-Keramik in formschönem Design. Das nächste Bad können Sie komplett nach Ihren Wünschen selber ausbauen.

- **So gelingen Sanitär-Installationen**
- **Häufig benötigte Materialien**
- **Werkzeuge für Sanitär-Installationen**
- **Kupferrohre weichlöten**
- **Trinkwasserleitung verlegen**
- **Abwasserrohr verlängern**
- **Vorwand-Installation mit Montage-Element**
- **Waschbecken montieren**
- **Badewanne aufstellen**
- **Dusche mit Duschabtrennung montieren**
- **Spieglein, Spieglein an der Wand ...**
- **Untertisch-Gerät anschließen**
- **Heizkörper austauschen**

So gelingen Sanitär-Installationen

Wann lassen Sie Ihr Wunschbad Wirklichkeit werden? Besonders moderne Sanitär-Installationen sind leicht für den Heimwerker umzusetzen. Das Geheimnis sind Vorwandelemente und Verteilerkästen, die ohne mühsame Stemm-Arbeiten vor oder auf der Wand montiert werden können. Die Materialkosten liegen im Vergleich zu herkömmlichen Installationen etwas höher, dafür sind die Montage-Elemente als Komplett-Set leicht in Eigenarbeit zu installieren, was hohe Handwerkerkosten spart.

Wasserver- und -entsorgung

Wussten Sie, dass Wasser aus dem Wasserhahn – und somit auch das Wasser für den WC-Spülkasten – ein Lebensmittel ist und deswegen strenge Qualitäts-Kriterien erfüllen muss? Deswegen sind die verlegten Rohre, alle verwendeten Dichtungsmittel und Materialien und alle Arbeiten so auszuführen, dass kein Gesundheitsrisiko entsteht. Verwenden Sie daher nur Material, das für Trinkwasserleitungen zugelassen ist und das DVGW-Zeichen trägt. (DVGW = Deutscher Verein des Gas- und Wasserfaches e. V.) In südeuropäischen Ländern verzichtet man auf diesen Luxus.

Materialien für Verbrauchs- und Abwasserleitungen

Trinkwasserleitungen, die auch Verbrauchsleitungen genannt werden, sind heute entweder aus Kupfer oder aus Kunststoff. Bei Kunststoffleitungen ist besonders darauf zu achten, dass sie ausreichend wärmebeständig sind. Alle Abwasserleitungen sind heute aus hitze- und formbeständigem sowie bruchfestem Kunststoff. Man bezeichnet sie als HT-Rohre (HT= Hochtemperatur). Richtungsänderungen werden bei Trinkwasserleitungen über Fittings hergestellt, bei Abwasserleitungen über Abzweigungen und Bögen.

Bezeichnungen der Rohrweiten

Je nach Material werden die Rohrgrößen unterschiedlich gekennzeichnet. Gewinderohre und -fittings erhalten Angaben in Zoll, während bei Kunststoffrohren der Innendurchmesser mit der Nennweite (DN) angegeben wird. Kupferrohre werden durch die Angabe ihres Außendurchmessers und ihrer Wandstärke bezeichnet. Die beiden Größenbezeichnungen haben folgende Entsprechungen:

Nennweite (DN)	Whitworth-Rohrgewinde (Zoll)
10	⅜“
15	½“
20	¾“
25	1“
32	1 ¼“
40	1“
50	2“
65	2“
80	3“
100	4“

Die gebräuchlichsten Kupferrohrgrößen in Trinkwasser-Installationen sind 15x1 , 22x1 und 28x1,5 [Außendurchmesser x Wandstärke (in mm)]. Auch Trinkwasserrohre aus Kunststoff tragen oft diese Bezeichnung.

Maße für Versorgungsleitungen

Der Durchmesser der Versorgungsleitungen nimmt von der Wasseruhr bis zum Wasserhahn in Stufen ab. Die Steigleitungen, die die einzelnen Etagen mit Wasser versorgen, haben mindestens DN 20 (= 22x1). Auf den jeweiligen Stockwerken reichen zu den Armaturen Rohre mit DN 15 (= 15x1) aus, wenn nicht mehr als drei Entnahmestellen angeschlossen sind. Holen Sie im Zweifel den Rat des Fachberaters in Ihrem Baumarkt ein.

Mindestmaße für Abwasserleitungen

Waschbecken, Waschtische und Bidets sollten eine Abfluss-Rohrweite von DN 40 aufweisen. Spülbecken, Wasch- und Spülmaschinen, Badewanne und Dusche brauchen eine Mindestrohrweite von DN 50. WC-Abflüsse und Fallrohre bekommen Rohre mit DN 100. Wenn mehr als drei Abflüsse zusammenlaufen, das Rohr mehrere Bögen machen muss oder die Gefällestrecke einen Höhenunterschied von mehr als 50 cm aufweist, erweitert man das Abwasserrohr um eine Nennweite.

Weich- oder Hartlöten?

Kupferrohre werden über Fittings miteinander verlötet. Bei Rohrverbindungen mit Durchmessern ab DN 25 ist jedoch das aufwändigere Hartlöten Vorschrift. Ansonsten spricht mehr für das Weichlöten. Vor allem in Regionen mit „hartem“ Wasser traten in Deutschland vermehrt Fälle von „Lochfraß“ an hartgelöteten Kupferrohr-Verbindungen auf. Verantwortlich für die Wasserhärte ist der Anteil der gelösten Bestandteile an Kalzium (Kalk) und Magnesium, die z. B. im Dünger enthalten sind. Überschüssiger Dünger, der von den Anbauprodukten nicht aufgenommen werden kann, gelangt über den Regen in das Grundwasser und damit auch in die Trinkwasserversorgung.

Fachausdrücke

Achsmaß: Das Achsmaß zwischen zwei Rohren wird zwischen den Mittelpunkten der Rohre gemessen.

Fallrohr: Senkrecht verlaufendes Rohr, das Abwasser wegleitet.

Fittings (meist Plural): Verbindungsstücke aus Kupfer, über die Kupferrohre miteinander verbunden werden.

Grat: Die raue Schnittkante, die beim Zuschneiden entsteht.

Meterriss: Markierung in 1 m Höhe über dem Fertigfußboden. Kann als Anhaltspunkt für Montagepunkte o. Ä. dienen.

Steigleitung: Senkrecht verlaufende Kalt- oder auch Warmwasserleitung, die Trinkwasser zu den Etagen eines Hauses transportiert.

Häufig benötigte Materialien

❶ Für Abwasserleitungen verwendet man HT-Rohre. Für Waschtische und Handwaschbecken reichen Rohre mit DN 40, Spül- und Waschmaschine, Dusche und Badewanne brauchen DN 50-Rohre. WC-Abflussrohre haben immer einen Durchmesser von DN 100.

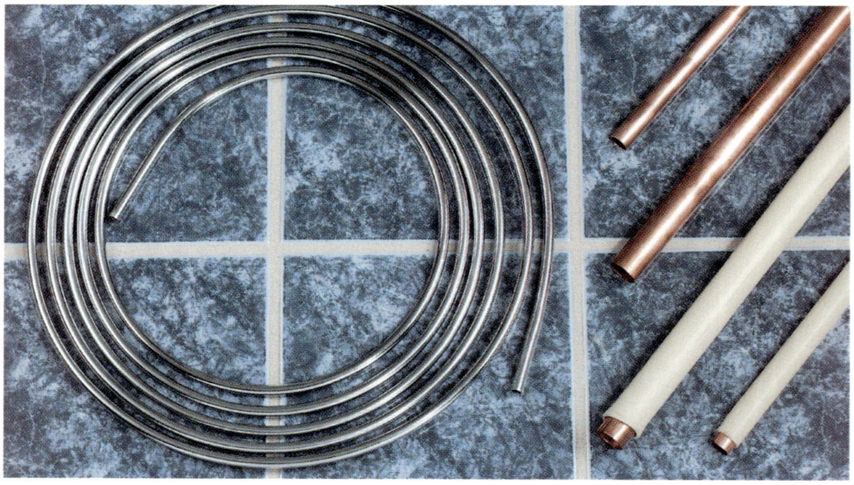

❷ Trinkwasserleitungen sind heute entweder aus Kupfer oder aus Kunststoff. Kupferrohre werden zum einen in Stangen angeboten. Übliche Durchmesser bei Trinkwasser-Installationen sind 15 und 22 mm. Daneben gibt es mit einem PVC-Mantel isolierte Stangenware. Für Anschlüsse an Eckventile oder Untertischgeräte unter Waschtischen und Spülen bzw. an Spülkästen von WCs wird flexibles, verchromtes Kupferrohr in Ringform verwendet. Es sollte nicht stärker als im Bild zu sehen ist gebogen werden, da das Material sonst bricht. Auch durch Hin- und Herbiegen „ermüdet" das Material.

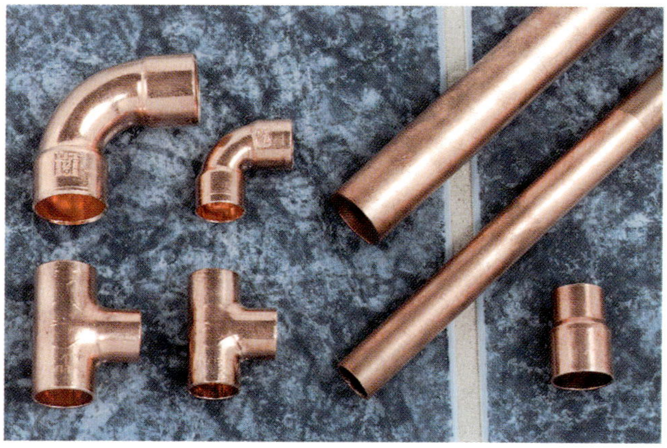

❸ Kupferrohre werden über Fittings miteinander verlötet. Mit den abgebildeten Übergangsstücken können Sie sowohl Bögen und T-Verbindungen herstellen, als auch von einer Rohrstärke auf die andere reduzieren oder vergrößern. Auch bereits bestehende Trinkwasserleitungen lassen sich damit problemlos erweitern. Der Durchmesser ist auf jedem Fitting eingestanzt.

❹ Es gibt zwar auch andere Befestigungsmöglichkeiten, aber am besten sind diese mit Moosgummi versehenen Rohrschellen geeignet, HT-Rohre an der gewünschten Positon zu halten. Sie gleichen kleinere Rohrbewegungen aus und verhindern eine Übertragung der Fließgeräusche auf die Befestigung bzw. auf die angrenzenden Wände der Nachbarn.

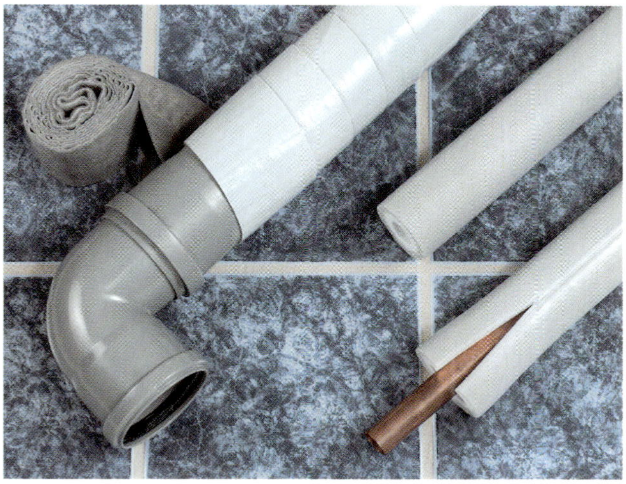

❺ Isolationen bieten keinen verlässlichen Schutz vor Einfrieren von Wasserleitungen, sie vermindern jedoch deutlich das Risiko. Jedes Material hat einen so genannten k-Wert, der die Dämmfähigkeit charakterisiert. Lassen Sie sich hier vom Fachberater in Ihrem Baumarkt beraten, welches Material an einem bestimmten Ort (z. B. Garage oder Keller) am geeignetsten ist. In jedem Fall dämmen diese Stoffe die Fließgeräusche.

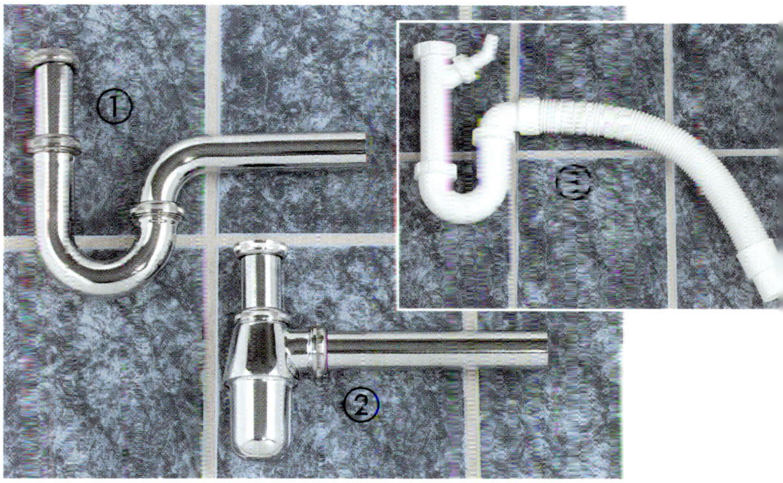

❻ Siphons gibt es in unterschiedlichen Bauformen. Bei allen bleibt Wasser im Bogen stehen und verhindert damit, dass unangenehmer Geruch aus dem Abfluss nach oben steigen kann. Für kleine Waschtische eignet sich eher der Siphon in Flaschenform ②. U-Bögen gibt es verchromt ① und aus Kunststoff mit flexiblem Anschlussrohr ③. Oft kann daran der Abwasserschlauch einer Spülmaschine angeschlossen werden.

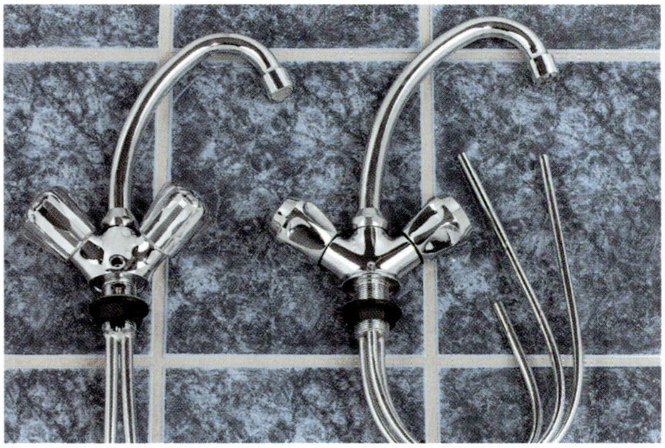

❼ Waschtischarmaturen lassen sich an der Anzahl ihrer Anschlussrohre unterscheiden. Niederdruck-Armaturen für Untertischgeräte haben einen Kaltwasser-Zulauf, der am Eckventil angeschlossen wird. Die anderen Rohre werden mit dem Zu- bzw. Ablauf des Untertischgeräts verbunden. Bei Hochdruck-Armaturen gibt es nur zwei Kupferrohre für Kalt- und Warmwasser.

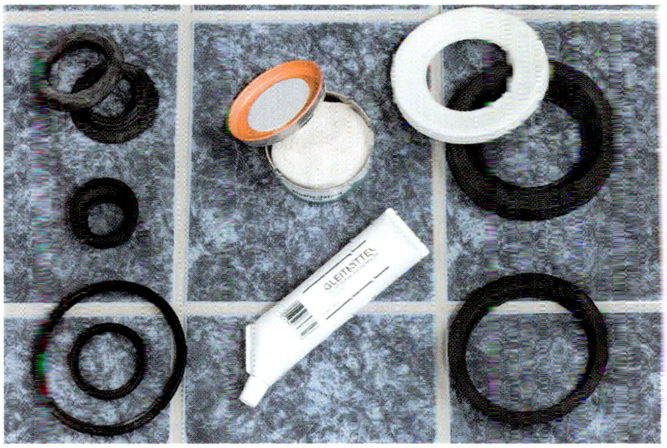

❽ Wenn Sie Sanitärteile in Ihrem Bad erneuern, sollten Sie grundsätzlich ein paar Dichtungen mehr kaufen. Wenn über die Jahre eine Dichtung porös wird, haben Sie sofort passenden Ersatz. Zwischen Spülrohr und WC-Abgangsstutzen bzw. Waschtisch-Siphon und Wand setzt man Gumminippel ein. Installationskitt und Dichtungspaste runden das Angebot an Dichtmitteln ab.

Werkzeuge für Sanitär-Installationen

❶ Um Kupferrohre zu kürzen, brauchen Sie einen Rohrabschneider. Damit gelingen gerade Schnitte und das Rohr wird nicht gequetscht. Mit einer Metallsäge geht es zwar auch, der Schnitt ist jedoch nicht so sauber. Verchromtes Kupferrohr ist nur begrenzt biegbar. Mit einer Biegespirale können Sie es in die gewünschte Form bringen, ohne dass es dabei bricht.

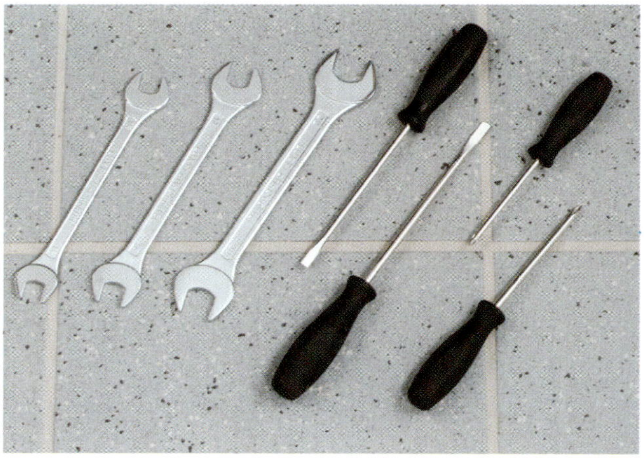

❷ Zum Befestigen von Halterungen, Spiegeln oder Accessoires im Badezimmer brauchen Sie Kreuz- und Schlitz-Schraubendreher in den mittleren Größen. Montagehalterungen oder Waschtische werden mit Außensechskant-Schrauben befestigt. Dafür und für andere Befestigungen benötigen Sie in der Regel die größeren Gabelschlüssel.

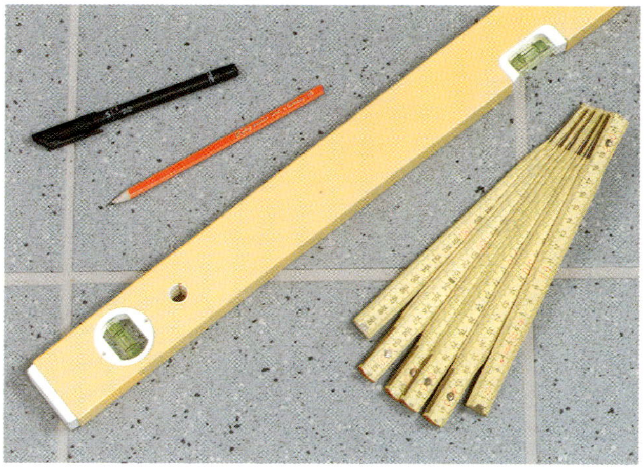

❸ Ob etwas wirklich waagerecht, senkrecht oder exakt ausgefluchtet ist, lässt sich nur mit einer Wasserwaage feststellen. Je länger sie ist, desto genauer können Sie messen. Eine Laserwasserwaage muss es jedoch nicht sein. Mit einer langen Richtlatte aus Aluminium und einer kleinen Wasserwaage geht es auch. Zollstock, Bleistift und Filzstift zum Ausmessen bzw. Markieren sind bestimmt schon in Ihrer Werkzeugkiste.

❹ Für Sanitärbefestigungen müssen Sie meist in Fliesen oder in Wände aus Stein oder Beton bohren. In allen Fällen brauchen Sie dafür Steinbohrer bis 14 mm. Damit Fliesen nicht springen, können Sie entweder mit Hammer und Körner die Ansatzstelle für den Bohrer vorkörnern – dabei wird die Glasuroberfläche gebrochen – oder die Bohrstelle mit einem Klebeband versehen. Dann rutscht die Bohrspitze nicht ab.

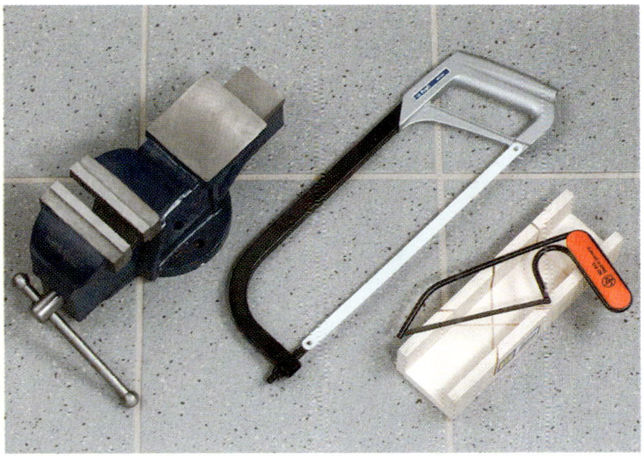

❺ Kunststoffrohre lassen sich am schnellsten mit einer Metall- oder Puksäge und eventuell in einer Gehrungslade zuschneiden. So ergibt sich ein feiner Schnitt und Sie müssen das zugeschnittene Rohr nur noch leicht entgraten. Zum Weichlöten sollten Sie das Kupferrohr einspannen. Teurere Schraubstöcke haben zusätzlich runde Backen, die auch Rohre gut halten können.

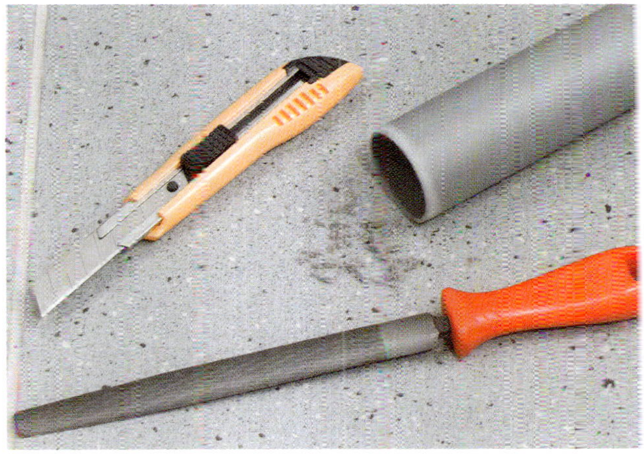

❻ Kunststoffrohre lassen sich erst dann passgenau zusammenstecken, wenn Sie den Grat (die ausgefranste Kante, die durch den Sägeschnitt entstanden ist) mit einem Cut-Messer entfernen. Zum Anschrägen der Schnittkante ist eine Feile am besten geeignet. Die zugeschnittenen Rohrabschnitte lassen sich dann leicht ineinander stecken.

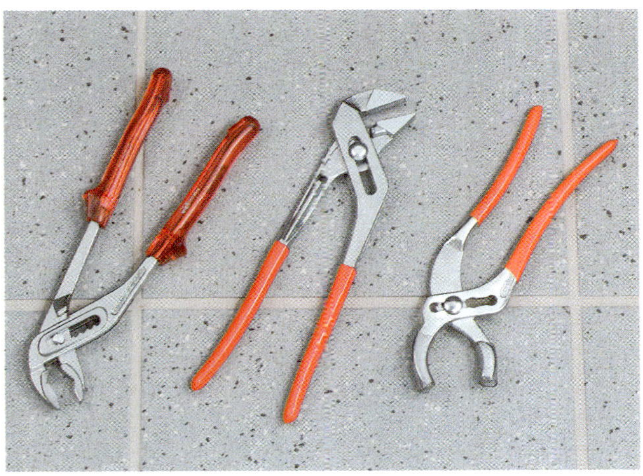

❼ Bei fast allen Sanitär-Installationen kommen Sie mit den folgenden drei Zangen aus: Wasserrohrzange, Armaturenzange und Siphonzange. Die Siphonzange dient dazu, die Verbindungen zwischen den einzelnen Teilen eines U-Bogens zu lösen oder festzuschrauben. Die Backen der anderen beiden Zangen sind so geformt, dass Sie damit sowohl runde als auch eckige Werkstücke greifen können.

❽ Verbindungen zwischen Kupferrohren sollten nur noch weichgelötet werden. Dazu brauchen Sie neben einem Rohrabschneider auch noch Fittings, Lot, Flussmittel, ein Lötgerät mit Gaskartusche, Reinigungsflies und natürlich die Kupferrohre, die Sie miteinander verlöten möchten. Achten Sie unbedingt darauf, dass die verwendeten Materialien das DVGW-Zeichen tragen und für Trinkwasserinstallationen zugelassen sind.

Kupferrohre weichlöten

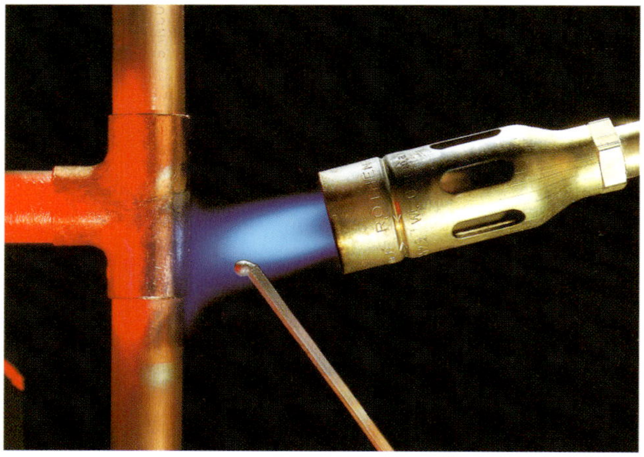

❶ Trinkwasser-Leitungssysteme bestehen oft aus Kupfer. Dass das Weichlöten bei Trinkwasserleitungen bevorzugt wird, hat viele Vorteile für Sie als Heimwerker. Sie brauchen nicht wie beim Hartlöten bei wesentlich höheren Temperaturen zu arbeiten; deswegen reicht z. B. eine kleine Gaskartusche aus. Außerdem ist das Weichlöten, wie Sie sehen werden, recht einfach.

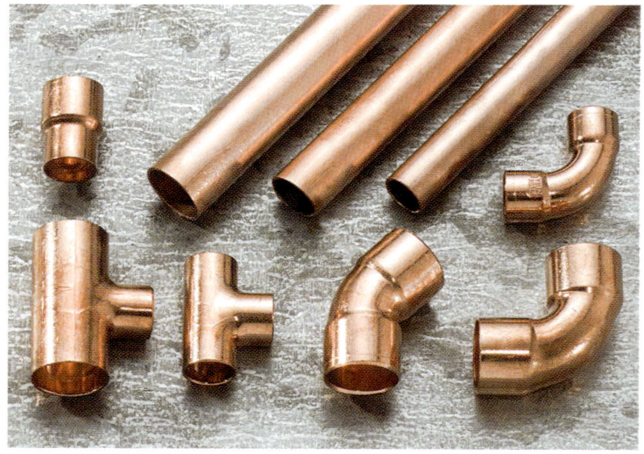

❷ Wenn Sie beispielsweise für eine weitere Waschmaschine einen separaten Wasseranschluss benötigen, können Sie ein bestehendes Kupferrohr über ein entsprechendes Fitting mit einem neuen Kupferrohr verlöten. Dazu stehen Ihnen Übergangsstücke in allen gängigen Rohrdurchmessern und für jede beliebige Richtungsänderung zur Verfügung.

❸ In der Regel werden Sie zuerst ein Stück Kupferrohr ablängen müssen, bevor Sie es anlöten. Mit einem Rohrabschneider gelingt ein sauberer und senkrechter Schnitt, ohne das Rohr zu zerquetschen. Mit einer Metallsäge geht das nicht so schnell und der Schnitt ist vor allem nicht so gleichmäßig.

❹ Meist befindet sich am Rohrabschneider ein Entgrater. Damit lässt sich der Grat leicht entfernen. Halten Sie dabei das Rohr nach unten, dann fallen die Reste heraus. Jetzt werden Schmutz- und eventuelle Farb- oder Fettreste am Rohrende mit einem Stückchen Reinigungsvlies vollständig entfernt.

❺ Tragen Sie nun gleichmäßig rund um das Ende des Kupferrohres etwas Lötfett oder Lötpaste auf. Achten Sie darauf, dass das Mittel auch für die Trinkwasserinstallation zugelassen ist. Stecken Sie das Fitting mit einer leicht drehenden Bewegung bis zum Anschlag auf das Rohrende.

❻ Auch preiswerte Lötgeräte sind heute mit einem automatischen piezoelektrischen Zünder ausgestattet. Die Flamme stellen Sie so ein, dass der Flammenkegel gut sichtbar ist. Dann hat die Flamme die richtige Temperatur.

❼ Erhitzen Sie nun die Lötstelle mit der Flamme, indem Sie das Lötgerät gleichmäßig um die Lötstelle herumführen. Wenn das Flussmittel anfängt zu verdampfen, ist das für Sie das Zeichen, dass die Lötstelle heiß genug ist.

❽ Nehmen Sie jetzt die Flamme beiseite und halten Sie das Lot kurz an den Lotspalt, bis ein geschlossener Lotring am Lotspalt sichtbar wird. Das geht sehr schnell. Mit einem kurzen Zischen verteilt sich das Lot um den Lotspalt, steigt in ihm auf und schafft eine dichte Verbindung.

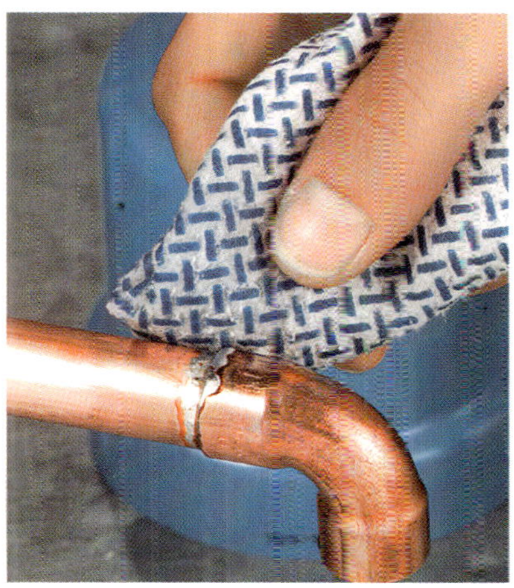

❾ Mit einem nassen Lappen entfernen Sie abschließend Lot- und Flussmittelreste an dem abgekühlten Werkstück. Wenn rund um die Verbindung die silbrige Oberfläche des Lotes sichtbar ist und sich unter der gelöteten Verbindung ein kleiner Lot-Tropfen gebildet hat, ist das Fitting fachgerecht angelötet.

DAS BRAUCHEN SIE

- Rohrabschneider
- Fittings
- Lot
- Flussmittel
- Kupferrohr
- Lötgerät und Gaskartusche
- Reinigungsvlies
- Lappen

SO MACHEN SIE ES RICHTIG

- Lassen Sie das Flussmittel nicht verbrennen, sonst wird die Lötstelle ungleichmäßig und porös.
- Sollten Sie in der Nähe von brennbaren Materialien löten, schützen Sie das Umfeld auf jeden Fall durch eine feuerfeste Matte.

Trinkwasserleitung verlegen

❶ Trinkwasser-Leitungssysteme werden heute ausschließlich etagenweise verlegt. Je eine Steigleitung für Warm- und für Kaltwasser führen vom Keller in die einzelnen Etagen zu Verteilerkästen, von denen aus die Armaturen versorgt werden. Der Vorteil liegt auf der Hand: Bei einem Rohrbruch oder Arbeiten an Installationen, können so einzelne Leitungsstränge gezielt und vor allem schnell abgesperrt werden.

❷ Zuerst wird der Verteilerkasten auf oder unter Putz montiert. Bequemer ist, wie hier zu sehen, die Aufputz-Montage. Hinter einer Vorsatzschale aus Gipskarton verschwinden dann alle Installationen. Bis zu sieben Abgänge – getrennt für Warm- und Kaltwasser – können in den Verteilerkasten eingesetzt werden. Die Leitungen für Warmwasser verlaufen dabei näher zur Wand bzw. oberhalb der Kaltwasserleitungen.

❸ Schließen Sie die Steigleitungen an den Verteiler an. Separate Absperrventile ermöglichen im Falle eines Falles ein problemloses Abstellen der Wasserzufuhr auf jeder Etage.

❹ Nicht benötigte Verteilerabgänge werden mit einer selbstdichtenden Blindkappe verschlossen. Bei einem späteren Umbau oder Ausbau haben Sie dann noch ein paar Abgänge „in Reserve".

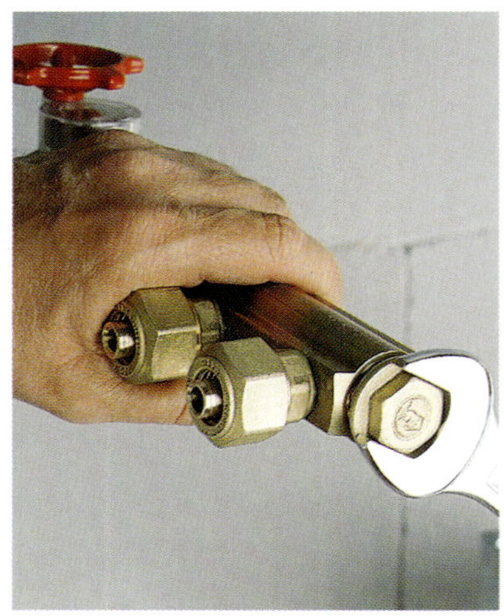

❺ Es gibt Verteiler mit 3 und 4 Abgängen, die miteinander kombiniert werden können. Brauchen Sie lediglich einen von beiden, schrauben Sie am Ende einfach einen Verteilerblindstopfen auf.

Das brauchen Sie

- Bohrmaschine
- Dübel (je nach Größe der Befestigungsschrauben und Untergrund)
- Gabelschlüsselsatz
- Schraubendreher (je nach den verwendeten Schrauben)
- Wasserwaage
- Föhn
- Unser Beispiel: System Marley

❻ Sanitär-Anschlussdosen bestehen aus zwei Teilen, einem Kunststoffgehäuse ① und einem Messingwinkel, der hier bereits aus den Anschlussdosen herausgeschraubt wurde. Befestigen Sie zuerst die Kunststoff-Gehäuse auf der Montageschiene ②.

❼ Die Montageschiene ist stufenlos verstellbar, damit Sie die Kunststoffgehäuse genau im Abstand Ihrer Armatur befestigen können. Befestigen Sie die Messingwinkel und die PVC-Stopfen und prüfen Sie, ob die Sanitär-Anschlussdosen waagerecht ausgerichtet sind.

❽ Verbinden Sie die Messingwinkel mit den PE-X-Rohren. Sie brauchen dazu nur einen Gabelschlüssel, mit dem Sie die Klemmringverschraubung des Adapters fest anziehen. Die Warmwasser-Zuleitung wird stets links angeschlossen, Kaltwasser immer rechts. Tipp: Die Verbindung geht leichter, wenn Sie die Rohrenden mit einem Föhn anwärmen.

❾ Die Messingwinkel werden ihrerseits mit zwei Schrauben in den Kunststoffgehäusen befestigt. Es gibt übrigens auch sogenannte Doppelanschluss Dosen, mit denen die Kaltwasserleitung von einem Waschtisch zu einem WC-Spülkasten oder einem Waschmaschinenanschluss mit wenigen Handgriffen weitergelegt werden kann.

Abwasserrohr verlängern

❶ Wenn Sie ein Abwasserrohr verlängern wollen, um z. B. eine Waschmaschine anzuschließen, dann müssen Sie in das bestehende Fallrohr an möglichst tiefer Stelle eine Abzweigung und eine Steckmuffe einbauen.

❷ An den vorher angebrachten Markierungen sägen Sie das Fallrohr mit einer Metallsäge ein. Sollte die verwendete Säge eine grobere Zahnung aufweisen, ergibt sich ein zu grober Schnitt. Das Rohr wird dann innen mit einem Cut-Messer entgratet. Von außen wird das Rohr angefast, d. h. man schrägt den Rand des Rohres mit einer Feile ab (eine Raspel wäre ein zu grobes Werkzeug). Die Steckmuffe (oder ein anderes Anschlussstück) lässt sich durch den angefasten Rand leicht aufstecken.

❸ Damit sich die Rohrverbindungen leichter aufschieben lassen, geben Sie an den Rand der Rohrverbindung etwas Gleitmittel. Tipp: Etwas Spülmittel erfüllt übrigens denselben Zweck. Allgemein gilt, dass die Rohrabschnitte ganz ineinander geschoben werden sollten. Diese 5 cm sollten Sie bei Zuschnitten berücksichtigen.

❹ Schieben Sie die Steckmuffe auf das untere, die Abzweigung auf das obere Rohr. Wenn Sie die Steckmuffe hochschieben, ist die Verbindung hergestellt. Setzen Sie an die Abzweigung einen 45º-Bogen (DN 50). Daran können Sie das gerade Teilstück des Abwasserrohres (auch DN 50) anschließen.

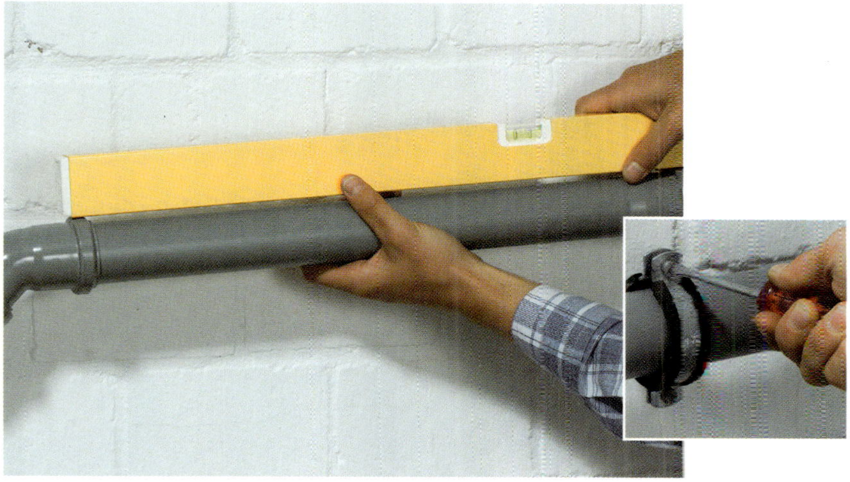

❺ Halten Sie das gerade Rohr mit einem leichten Gefälle zum Fallrohr an (2 cm pro Rohrmeter sind ausreichend) und befestigen Sie es in dieser Höhe mit schalldämmenden Rohrschellen. Vor Steckverbindungen bzw. nach je 1 m Abstand sollten Sie eine Rohrschelle einplanen. Je nach Rohrlänge und Anzahl der angeschlossenen Geräte muss ein größerer Rohrdurchmesser (DN 70) gewählt werden.

DAS BRAUCHEN SIE

- **Einfach-Abzweig DN 100 auf DN 50**
- **Steckmuffe HT DN 100**
- **graues HT-Rohr DN 50 mit Muffe**
- **Rohrschellen für DN 50 und DN 100**
- **Gehrungslade**
- **Fein- oder Eisensäge**
- **feine Feile und Cut-Messer**
- **Wasserwaage**
- **3 x 45º-Bögen**
- **HT-Rohr DN 50 mit 90º-Bogen**
- **Siphon für Wasch- oder Spülmaschine**

❻ Winkel von 90º werden immer über zwei 45º-Bögen hergestellt, damit die Fließgeschwindigkeit nicht zu sehr gemindert wird. Eine zu geringe Fließgeschwindigkeit würde dazu führen, dass sich das Rohr schnell zusetzt. Nur direkt am angeschlossenen Gerät, bei Stand-WCs bzw. bauartbedingt bei Vorwand-Elementen, findet man bei Sanitär-Installationen 90º-Bögen.

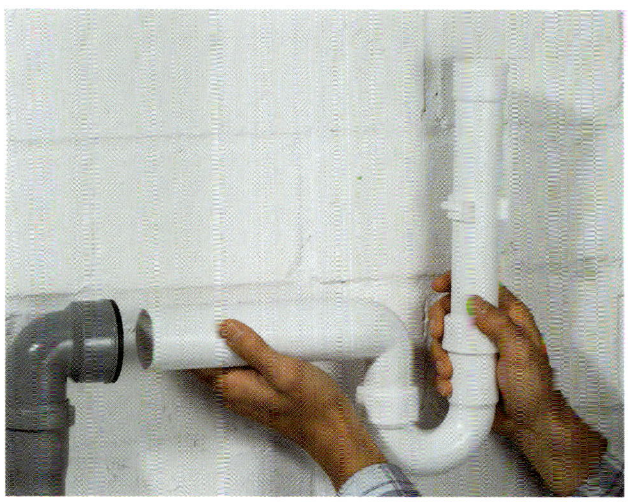

❼ Für eine Waschmaschine z. B. kann jetzt ein Siphon über ein HT-Rohr mit 90º-Bogen in der gezeigten Weise angeschlossen werden. Sollen mehrere Geräte angeschlossen werden oder sind die zu überbrückenden Wege lang, fragen Sie den Fachberater in Ihrem Baumarkt. Das Prinzip, nach dem Abwasserrohre verlegt werden, bleibt jedoch immer dasselbe.

Vorwand-Installation mit Montage-Element

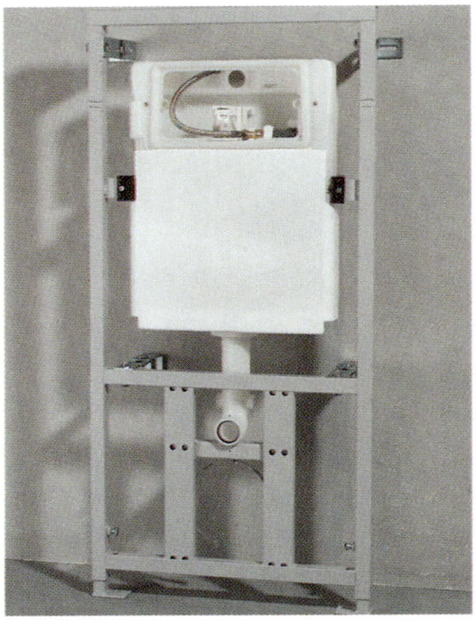

❶ Das Prinzip, wie Vorwand-Elemente aufgestellt und angeschlossen werden, ist immer dasselbe, gleich ob es sich dabei um ein Bidet, einen Waschtisch, oder – wie hier – um ein WC handelt.

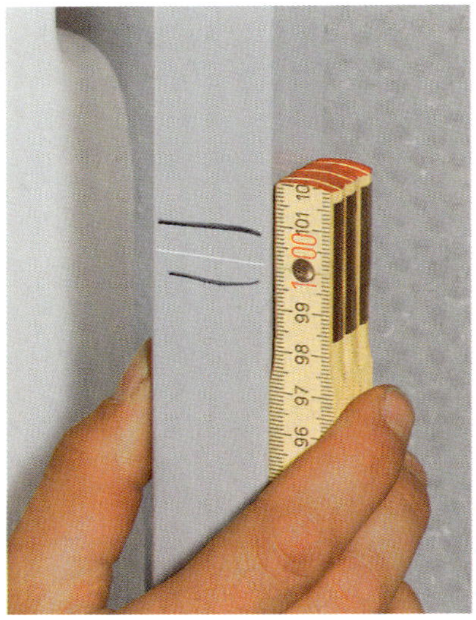

❷ Das Element wird zuerst in der Höhe justiert. Die Füße des Gestells werden so weit ausgezogen, dass der Meterriss, die Markierung am Element, später einen Meter über dem Fertigfußboden liegt.

❸ Mit einer Ratsche und Steckschlüsseln lassen sich die Schrauben schnell festziehen. Prüfen Sie mit einer Wasserwaage, ob das Gestell waagerecht steht – der Untergrund könnte uneben sein.

❹ Das Vorwand-Element wird mit Winkeln an der Wand befestigt. Wählen Sie für den Untergrund geeignete Dübel aus und befestigen Sie das Element.

❺ Den Abstand zur Wand können Sie mit den seitlichen Schrauben an den Winkeln einstellen. Damit können Sie Unebenheiten in der Wand ausgleichen. Prüfen Sie abschließend auch die Flucht mit einer Wasserwaage nach.

❻ Markieren Sie das Ende des 45º-Winkels, um die benötigte Länge des Abflussrohres messen zu können. Wenn Sie den Abfluss zur Seite führen, sollte der Höhenunterschied zwischen den Rohrmitten 10 cm betragen.

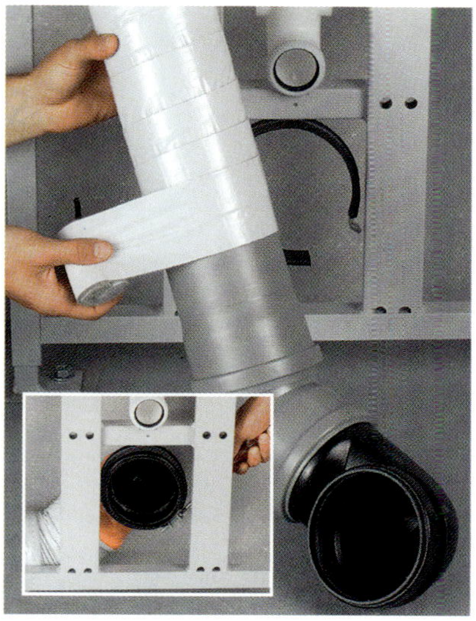

❼ Umwickeln Sie das Abflussrohr in überlappenden Bahnen mit einer Filzbinde. Sie dämpft etwas die Fließgeräusche. Fixieren Sie das Filzbindenende mit Klebeband und befestigen Sie das Abwasserrohr.

❽ Befestigen Sie die Gewindestangen, stülpen Sie darüber Kunststoffhülsen und kleben Sie die Enden ab. So sind die Gewindestangen geschützt, während Sie das Element mit Platten verkleiden.

DAS BRAUCHEN SIE

- Vorwand-Element WC
- Zollstock und Filzstift
- Ratschen-Kasten oder Gabelschlüssel
- Wasserwaage
- Filzbinde
- Wandscheibe
- Trinkwasserzuleitung
- 2 PVC-Stopfen
- Armaturenschlüssel
- Abklebeband
- HT-Rohr DN 100
- Metallsäge
- evtl. Rohrschellen (mit Dübeln)
- Schraubendreher

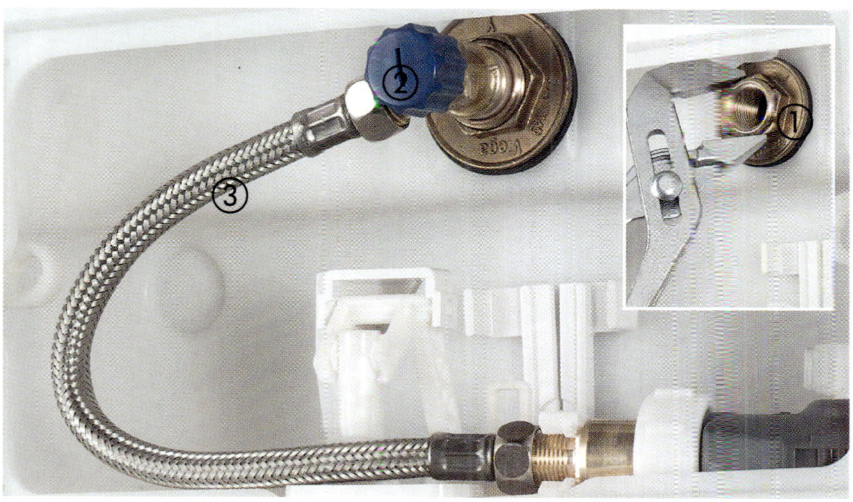

❾ Hinter der großen abnehmbaren Spültaste schrauben Sie die Kaltwasserleitung über ein Fitting (im Bild nicht sichtbar, da hinter dem Spülkasten) mit einer Wandscheibe ① auf der Vorderseite fest. In diese Wandscheibe schrauben Sie danach das Eckventil ② ein und verbinden es mit dem Druckschlauch ③ zum Spülkasten.

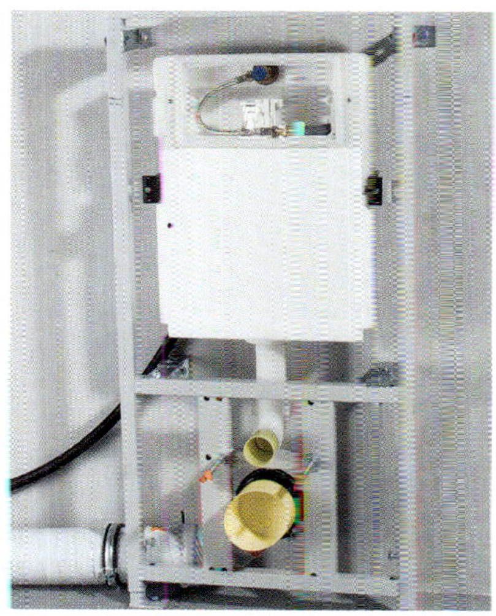

❿ Damit ist das Vorwand-Element fertig montiert. Jetzt brauchen Sie es nur noch mit feuchtraumgeeigneten (grünen) Gipskarton- oder Bauplatten zu verkleiden.

Waschbecken montieren

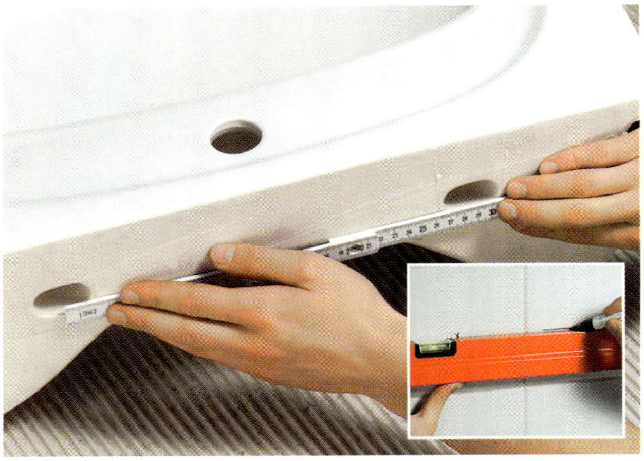

❶ Messen Sie zuerst auf der Rückseite des Waschbeckens den Abstand für die Befestigungen. Eventuell finden Sie auch eine Skizze auf der Verpackung des Waschbeckens. Prüfen Sie mit einer Wasserwaage die Markierungen für die Befestigung auf der Wand nach, damit der Waschtisch später auch wirklich waagerecht hängt. Markieren Sie die Bohrlöcher an der Wand so hoch, dass die Oberkante des Waschtisches ungefähr 85 cm hoch ist.

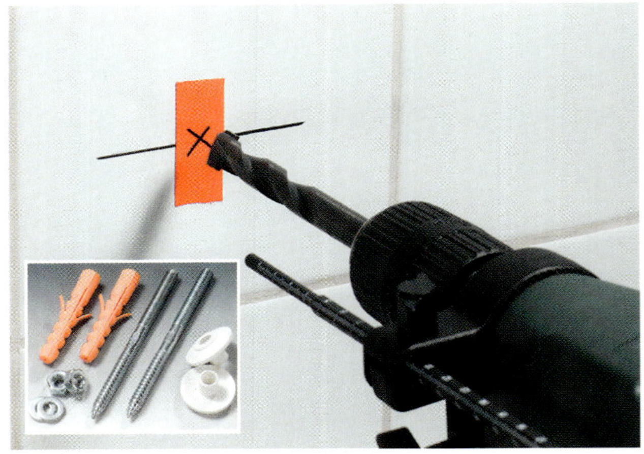

❷ Nun können Sie die Löcher für die Stockschrauben in Dübelgröße bohren. Körnen Sie möglichst vor, d. h. schlagen Sie mit Hammer und Körner ein kleines Loch in die Fliese, bevor Sie den Bohrer ansetzen. Die passende Waschtischbefestigung gibt es abgepackt als Set. Es beinhaltet zwei Stockschrauben (M10) mit Dübeln, Metall- und Bundmuttern und passenden Sechskant-Muttern. Tipp: Auf (rauem) Klebeband tanzt die Bohrerspitze nicht so wie auf der glatten Fliese.

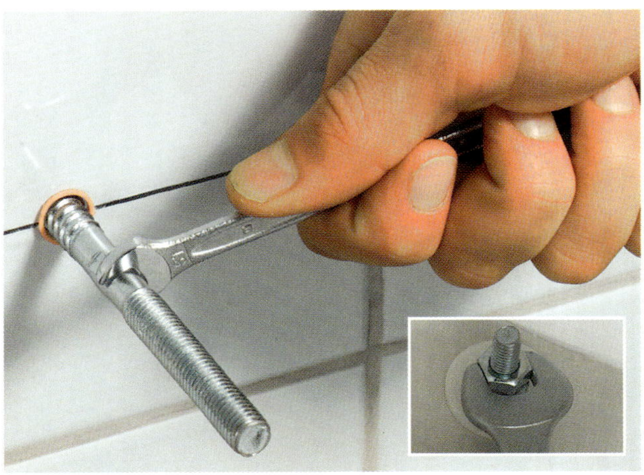

❸ Der Übergang zwischen den unterschiedlichen Gewinden ist abgeplattet, sodass Sie die Gewindestangen mit einem Schraubenschlüssel eindrehen können. Danach wird der Waschtisch befestigt. Erst bringen Sie die Unterlegscheibe aus Kunststoff an, damit Waschtisch und Aufhängung keinen direkten Kontakt haben, dann die Metall-Unterlegscheibe und Mutter.

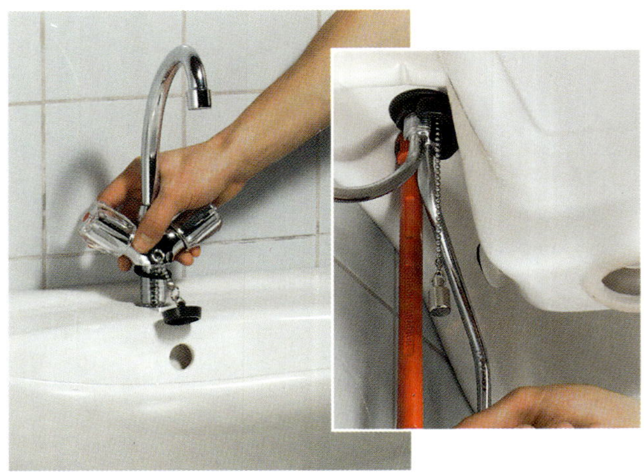

❹ Setzen Sie von oben die Armatur ein. Vergessen Sie den Dichtungsring nicht! Mit einem sogenannten Standhahn-Mutternschlüssel wird die Armatur von unten festgezogen. Manche Armaturen werden mit einer langen Sechskantmutter befestigt, die an ihrem Ende geschlitzt ist. In diesem Fall kommen Sie mit einem normalen Schraubendreher aus.

❺ Nun schließen Sie die verchromten Kupferröhrchen für die Warm- und Kaltwasserzuleitung an. Die Röhrchen sollten später wenigstens bis zur Gewindehälfte in den Eckventilstutzen hineinreichen. Kürzen Sie ggf. die Röhrchen und befestigen Sie diese mit Quetschdichtung und Überwurfmutter.

❻ Wie die Teile des Siphons zusammengeschraubt werden müssen, sehen Sie hier. Beginnen Sie mit dem Senkrohr. Das Endstück wird mit einer aufgeschobenen Rosette ca. 5 cm in die Wand gesteckt. Diese Verbindung sollte durch einen Gumminippel abgedichtet sein.

Das brauchen Sie

- Waschbecken
- Abflussgarnitur
- Waschtischbefestigungs-Satz
- Bohrmaschine
- Steinbohrer (14 mm)
- Bleistift oder Filzstift
- Klebeband oder Körner und Hammer
- Montage- oder Schraubenschlüssel
- Armatur
- Standhahn-Mutternschlüssel
- Siphonzange
- Rohrabschneider
- Schraubendreher

❼ Mit einer langen Schraube verbinden Sie das Sieb mit dem Ablauf. Entweder setzen Sie oben und unten Dichtungen ein oder Sie legen unter das Sieb einen Ring aus Installationskitt, bevor Sie die Teile miteinander verschrauben.

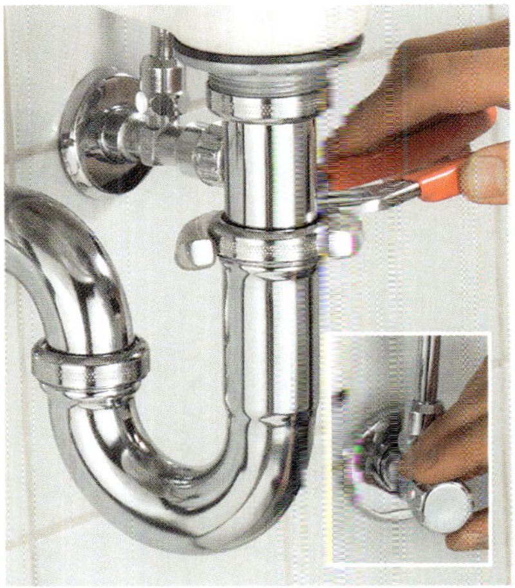

❽ Wenn Sie den Rohrbogen auf die richtige Höhe eingestellt haben, können Sie auch hier die Verbindung festziehen. Verwenden Sie dafür eine Siphonzange oder eine Rohrzange mit zwischengelegtem Haushaltstuch.

❾ Und jetzt: Wasser marsch! Prüfen Sie die Verbindungen noch auf ihre Dichtigkeit, dann kann der neue Waschtisch in Gebrauch genommen werden.

Badewanne aufstellen

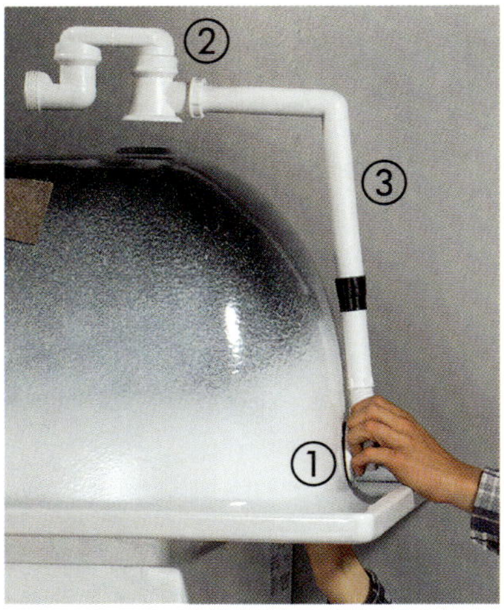

❶ Im ersten Schritt werden Überlauf ① und Siphon ② miteinander verbunden. Hier muss eventuell das Rohr ③, das Überlauf und Abfluss verbindet, mit einer Metallsäge gekürzt werden.

❷ Meistens lässt es sich jedoch so weit zusammenstecken, dass Sie als nächstes das Sieb mit dem Siphon verschrauben können.

❸ Die Trägerwanne aus Schaumstoff steht nicht vollflächig auf dem Boden. Dort, wo Kontakt zum Boden besteht, tragen Sie gebrauchsfertigen Fliesenkleber mit einem Zahnspachtel auf.

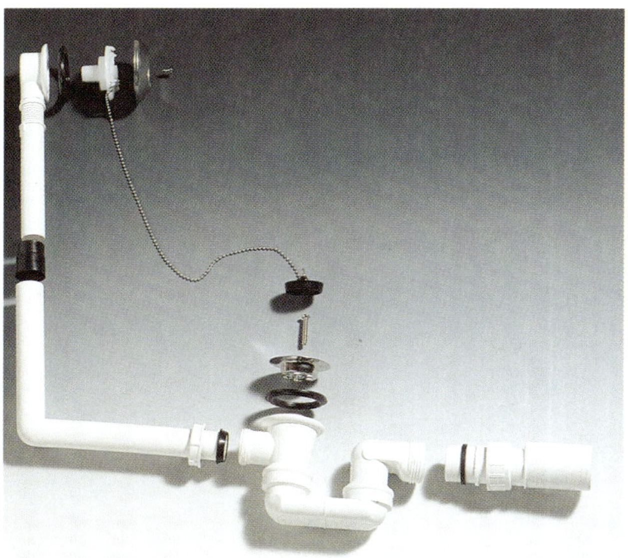

❹ So werden die einzelnen Teile des Überlaufs und der Abfluss-Garnitur schematisch zusammengesteckt. Der untere Teil des Abfluss-Ventils, der U-Bogen oder auch Siphon, lässt sich in verschiedene Richtungen drehen. Damit sind Richtungsänderungen möglich, je nachdem, wie das Abflussrohr zum Fallrohr geführt werden kann.

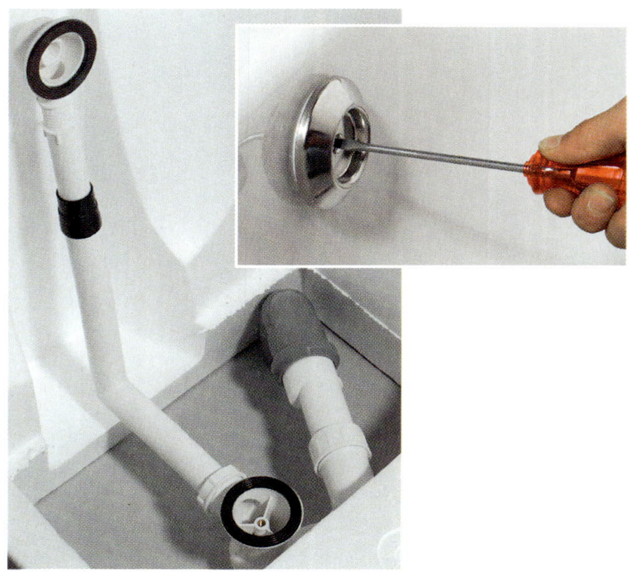

❺ Wenn Sie richtig gemessen haben, liegt das Abfluss-Ventil genau an der Stelle, an der sich die Aussparung des Wannenträgers befindet und an der die Badewanne ihr Abfluss-Sieb hat. Setzen Sie die Wanne (am besten zu zweit) in den Wannenträger und befestigen Sie Abfluss-Garnitur und Überlauf.

Das brauchen Sie

- **Zollstock**
- **Wasserwaage**
- **Filzstift**
- **Metallsäge**
- **Badewanne**
- **Wannenträger**
- **Fliesenkleber oder -mörtel**
- **Zahnspachtel**
- **Cut-Messer**
- **Revisionsrahmen**
- **4 Fliesenmagnete**
- **Fliesen**
- **Silikon und Kartuschenpistole**
- **Fugenmörtel**

❻ Sehen Sie unbedingt eine Revisionsöffnung für Wartungs- oder Reparaturarbeiten vor. Sie wird unterhalb der ersten Fliesenreihe (Dehnungsfuge + Fliese + Fliesenfuge) eingeplant.

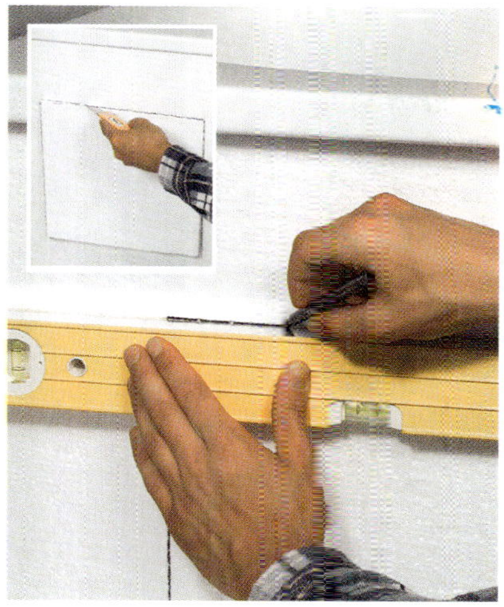

❼ Zeichnen Sie den Ausschnitt in einer Größe von 4 Fliesen oder einer Fläche etwa 40 × 40 cm und schneiden Sie die Öffnung mit einem scharfen Cut-Messer aus dem Wannenträger heraus.

❽ Die Erdung der Wanne muss spätestens jetzt durch einen Fachmann erfolgen. In den feuchten (Dispersions-)Kleber setzen Sie an allen vier Ecken der Revisionsöffnung Magnethalter ein.

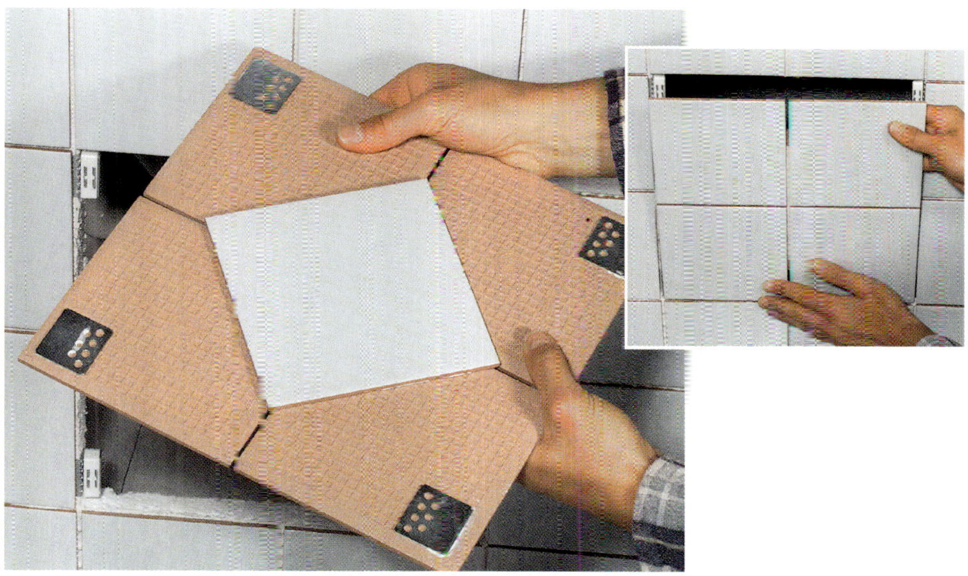

❾ Vier Fliesen bilden mit einer auf der Rückseite aufgeklebten fünften Fliese die Revisionsklappe. Platzieren Sie an den Ecken die vier Magnete. Als Kleber eignet sich entweder Dispersionsfliesenkleber oder Heißkleber. Schließen Sie die Revisionsöffnung und fliesen Sie den restlichen Wannenträger. Die Fugen der Revisionsöffnung sollten mit Silikon ausgespritzt werden. Tipp: Kleben Sie die Rückseite der Fuge mit Klebeband ab!

Dusche mit Duschabtrennung montieren

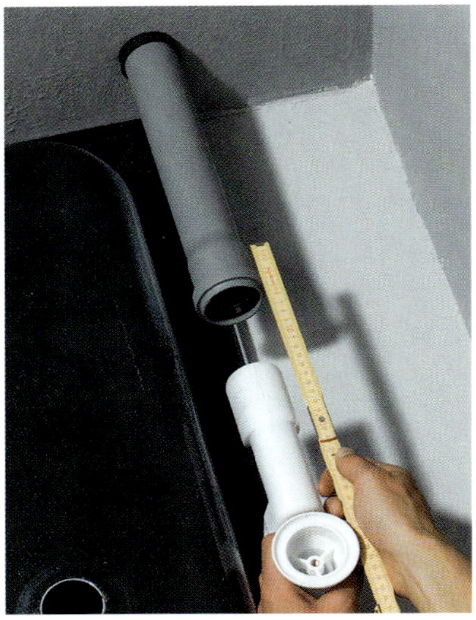

❶ Bestimmen Sie zuerst die Länge des Abflussrohres vom Abfluss bis zur Abfluss-Garnitur der Duschwanne. Rechnen Sie dabei unbedingt auch hinzu, wie tief die Rohre später ineinander stecken.

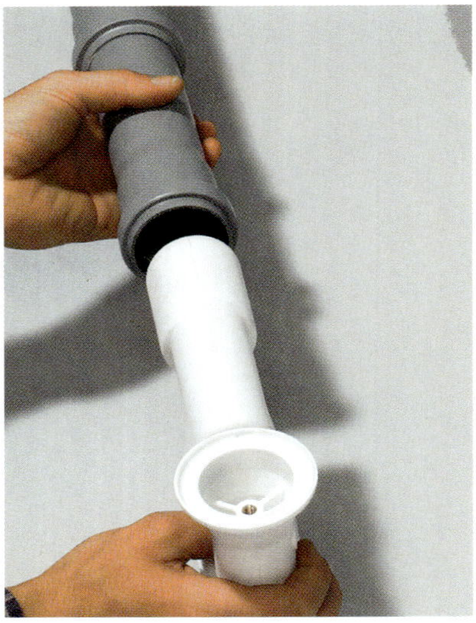

❷ Zuschnitte sollten Sie entgraten und anfasen (mit der Feile leicht anschrägen). Versehen Sie die Rohrenden mit etwas Spül- oder Gleitmittel und stecken Sie dann die einzelnen Teile zusammen.

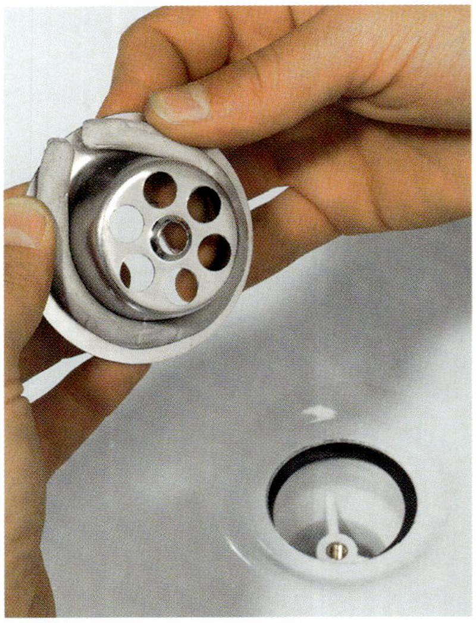

❸ Um das Ablaufsieb legen Sie einen Strang Installationskitt. Er dichtet den Übergang zwischen Sieb und Duschtasse ab.

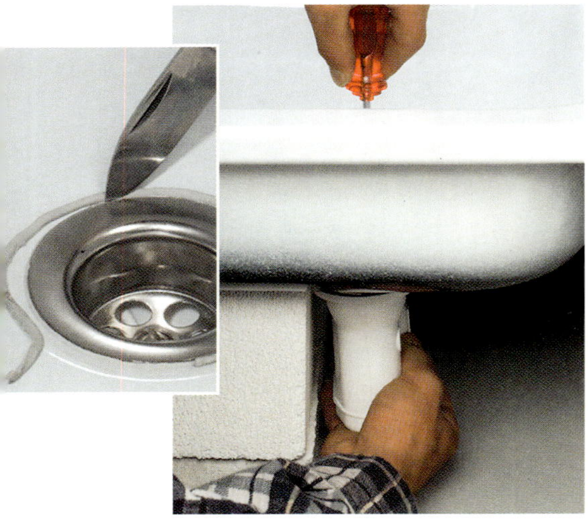

❹ Legen Sie als Auflage für die Duschtasse, besonders wenn sie aus Acryl ist, in der Mitte Porenbeton-Steine unter. Von oben und unten wird nun die Abfluss-Armatur angeschlossen und der überschüssige Kit vorsichtig entfernt.

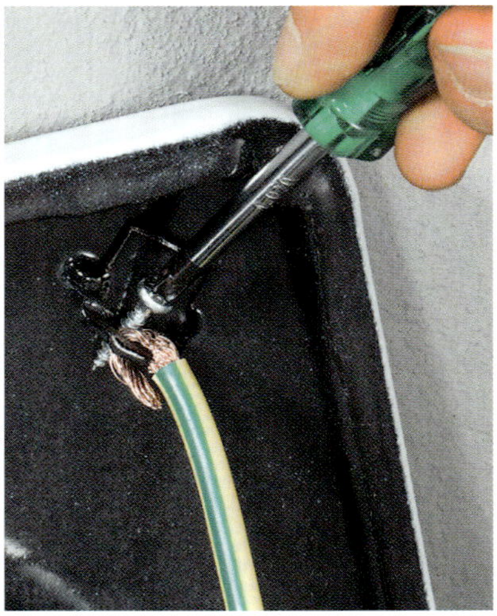

❺ Duschtassen aus leitenden Materialien (z. B. aus emailliertem Stahl) müssen auf jeden Fall geerdet werden. Diese Erdung sollten Sie zu Ihrer eigenen Sicherheit nur von einem eingetragenen Elektriker vornehmen lassen.

❻ Ummauern Sie die Duschtasse mit 11,5 cm dicken Porenbeton-Steinen. Sie lassen sich leicht zuschneiden. Nach dem Auftragen einer dünnen Kleberschicht als Haftbrücke lässt sich Porenbeton auch gut fliesen.

❶ Um die Duschabtrennung zu befestigen, werden zuerst auf beiden Seiten, an denen die Abtrennung endet, die Löcher für die Schrauben der Seitenschienen angezeichnet und gebohrt.

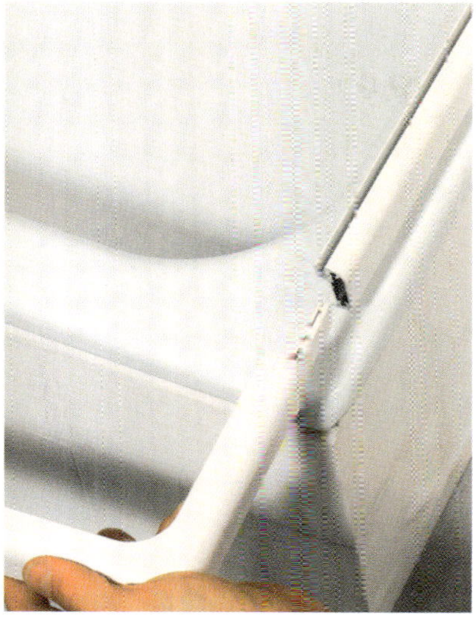

❷ Nachdem Sie die Schienen rechts und links der Dusche befestigt haben, stecken Sie die Führungsschienen zusammen. Die Eckelemente werden erst zum Schluss eingesetzt.

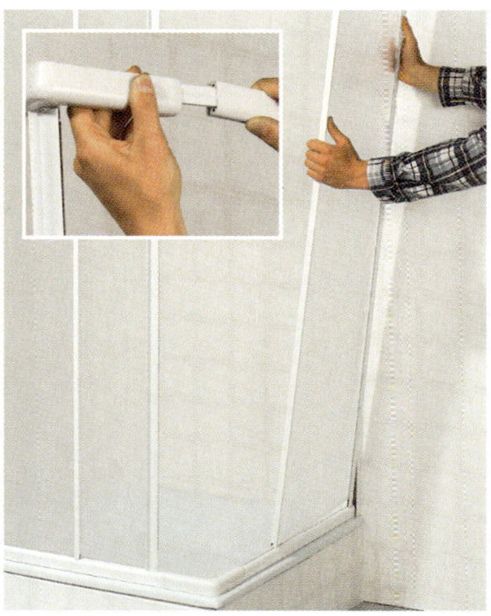

❸ Schieben Sie die Türen nacheinander ein. Wenn die Türen oben und unten in die Schienen eingesetzt sind, können Sie die Schienen an den Ecken über Winkel miteinander verbinden. Am leichtesten geht das zu zweit.

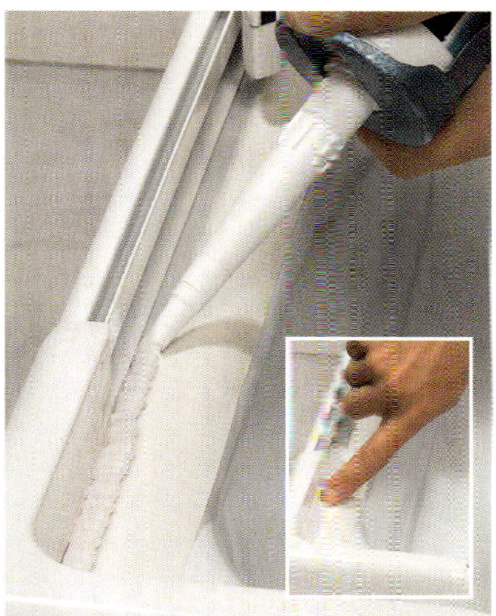

❹ Damit es später nicht zu einer unliebsamen Überschwemmung kommt, werden jetzt noch die Fugen mit Silikon ausgespritzt und mit dem Finger geglättet.

DAS BRAUCHEN SIE

- Duschtasse mit Ablaufgarnitur
- Zollstock und Bleistift
- Wasserwaage
- HT-Rohr DN 50
- Metallsäge
- Cut-Messer und Feile
- Installationskitt
- Steinbohrer
- Bohrmaschine
- Schraubendreher
- Silikon und Kartuschenpistole
- Gasbeton-Plansteine
- Gasbeton-Säge und -Traufel
- Gasbeton-Kleber

SO MACHEN SIE ES RICHTIG

- **Erdungen sollten zu Ihrem eigenen Schutz und aus Versicherungsgründen grundsätzlich durch einen eingetragenen Elektriker vorgenommen werden.**
- **Duschtassen aus relativ weichen Materialien (z. B. Acryl) brauchen eine stabile Auflage. Hier sollten Sie entweder Montagefüße verwenden oder Porenbeton-Steine flach unterlegen.**

Spieglein, Spieglein an der Wand ...

❶ Spiegel haben bei weitem nicht nur die Funktion, dass man sich darin sehen kann. Das mag vielleicht für einfache Spiegel zutreffen. Facetten- oder Ornamentschliffe, aus mehreren Teilen kunstvoll zusammengesetzt oder in eigenwilligen Formen, machen Spiegel leider deutlich teurer, aber auch wesentlich schöner.

❷ Natürlich können Sie auch andere Bereiche der Wohnung mit Spiegeln aufwerten. Sie dienen oft dazu, Räume größer und exklusiver erscheinen zu lassen. Je nach Design können Spiegel alle Einrichtungsstile von rustikal bis hochmodern unterstreichen. Die gängigen Befestigungssysteme stellen wir Ihnen hier vor.

❸ Hochwertige Spiegel sollten Sie „unsichtbar" mit Klebeblechen aufhängen. Markieren Sie die Klebestellen auf der sauberen, staub- und fettfreien Spiegelrückseite. Entfernen Sie die Schutzfolie des Bleches und drücken Sie es fest.

❹ Seit längerer Zeit ist eine Markierungshilfe auf dem Markt, die Sie auf einer Wasserwaage befestigen können. Sie lässt sich auf jede beliebige Breite einstellen. Anzeichnen und waagerechtes Ausrichten der Markierungen für die Bohrlöcher können Sie mit diesem Hilfmittel bequem in einem Schritt erledigen, ohne aufwändig die Montagepunkte ermitteln zu müssen.

❺ Bohren Sie jetzt die Löcher für die Dübel und schrauben Sie die Wandhaken an die Wand. Genauso befestigen Sie auch die gelochten zweiteiligen Klemmteile im unteren Bereich des Spiegels.

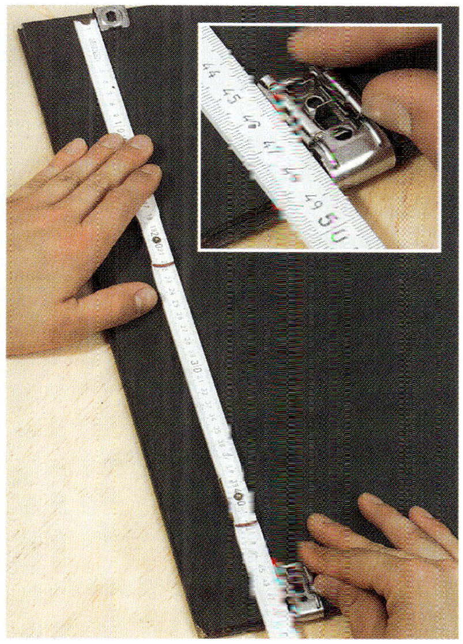

❻ Immer seltener werden Spiegel mit Federklammern befestigt. Den Montageabstand finden Sie, indem Sie die Klammern auf der Spiegelrückseite anlegen und vom Lochabstand 0,5 cm abziehen.

Das brauchen Sie

- **Spiegelband**
- **Holzbrett**
- **Bohrmaschine**
- **Bohrer je nach Untergrund**
- **Klebebleche**
- **Wasserwaage**
- **Markierungshilfe**
- **2 Bleistifte**
- **Schraubendreher**
- **Zollstock**
- **Spiegelklammern**

❼ Die Krallen zur Befestigung des Spiegels werden mit Schrauben und Dübeln auf der Wand befestigt. Durch den etwas geringer gewählten Abstand der Montagepunkte gegenüber der Spiegelhöhe müssen Sie nach dem Aufsetzen des Spiegels auf die unteren Krallen die oberen über den Spiegelrand ziehen. So wird der Spiegel zwischen den Krallen gehalten.

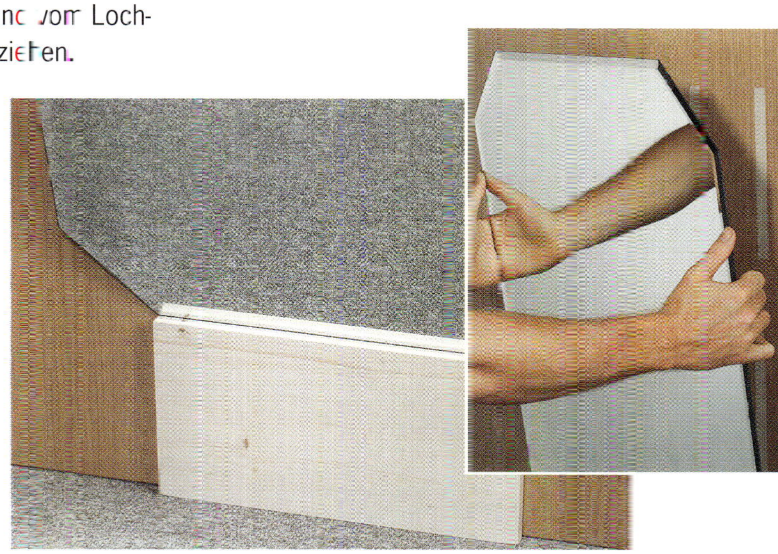

❽ Eine weitere Möglichkeit besteht darin, Spiegel mit Spiegelband zu befestigen. Dabei handelt es sich um ein etwas dickeres, beidseitig haftendes Klebeband, das in mehreren Streifen z. B. auf eine Tür geklebt wird. Tipp: Stützen Sie bei der Montage den Spiegel unten mit einem Holzbrett in geeigneter Höhe ab. Dann lässt sich der Spiegel leichter anhalten.

Untertisch-Gerät anschließen

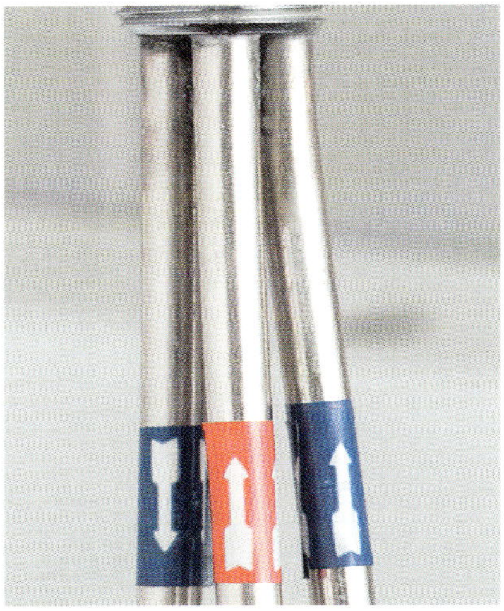

❶ Um einen Heißwasserspeicher anzuschließen, braucht man eine Niederdruck-Armatur, von der drei verchromte Kupferrohre abgehen. Das rechte geht zum Eckventil, die anderen zum Untertischgerät.

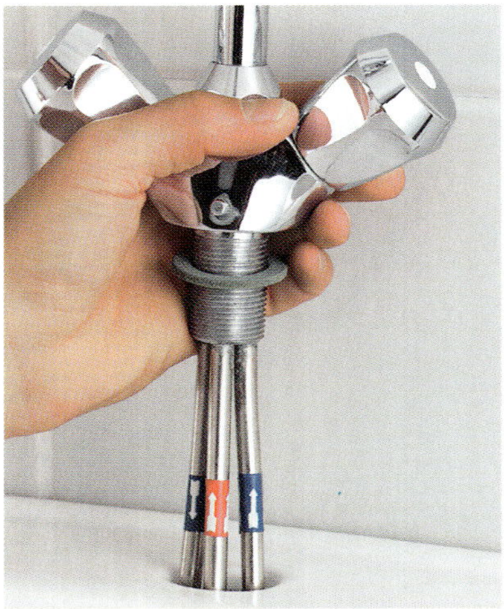

❷ Zuerst befestigen Sie die Niederdruck-Armatur. Biegen Sie die Kupfferrohre gerade, damit Sie die Armatur zusammen mit den eingelegten Dichtungen in das Loch im Waschtisch einsetzen können.

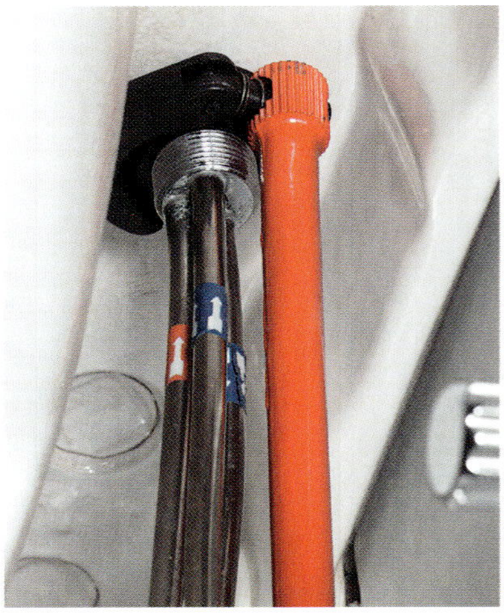

❸ Von unten ziehen Sie die Armatur mit einem Standhahn-Mutternschlüssel fest. Halten Sie mit der anderen Hand die Armatur von oben fest, damit sie sich beim Festschrauben nicht dreht.

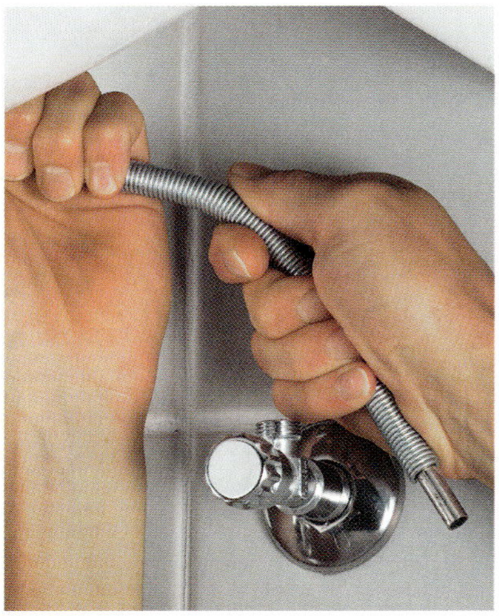

❹ Biegen Sie die einzelnen Kupferrohre zum Eckventil bzw. zum Untertischgerät. Seien Sie dabei besonders vorsichtig, falls Sie keine Biegespirale verwenden, denn die Rohre können bei einem zu eng gewählten Biegeradius leicht knicken.

❺ Die Rohre sind meistens so großzügig bemessen, dass Sie sie mit einem Rohrabschneider kürzen müssen. Das geht schnell und ist besser, als die Kupferöhrchen zu stark zu biegen.

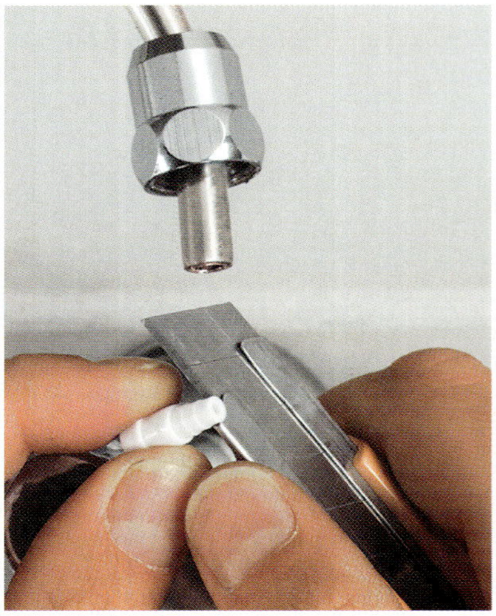

❻ Kürzen Sie die dem Gerät beiliegende Stufendrossel. Sie reduziert den Wasserdruck am Verwendungsort für das Untertisch-Gerät. Beachten Sie dazu die Hinweise des Geräteherstellers und erfragen Sie den Wasserdruck bei Ihrem Wasserlieferanten.

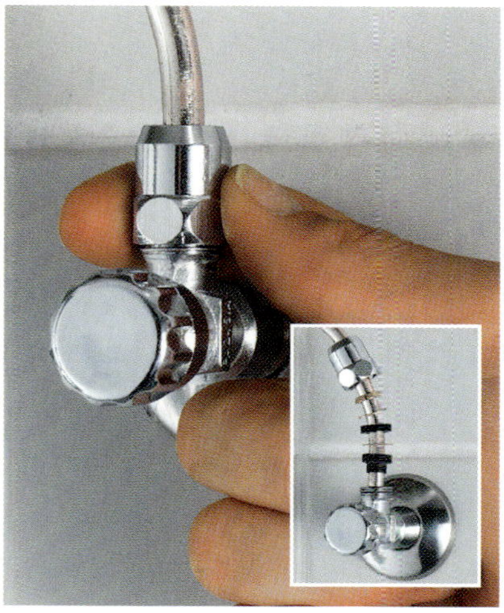

❼ Setzen Sie die gekürzte Drossel ein, schieben Sie die Überwurfmuttern und die einzelnen Teile der Quetschdichtung auf das Kupferrohr, und schrauben Sie dann die Überwurfmutter fest.

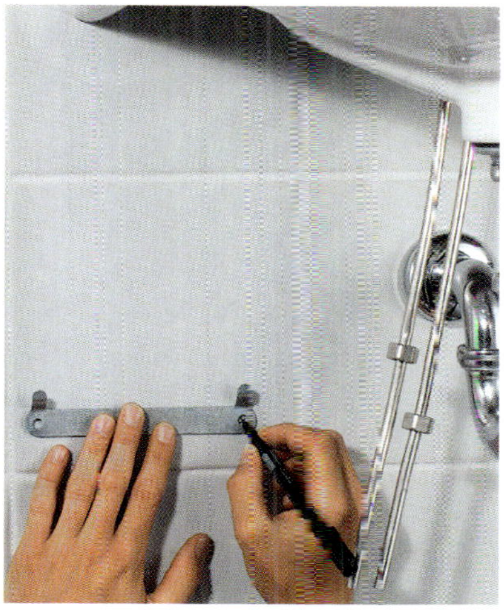

❽ Markieren Sie die Montagepunkte für die Aufhängeleiste. Ermessen Sie, wie weit der Speicher über die Bohrlöcher hinausragt. Dann ist eine fliesengerechte (symmetrische) Montage möglich.

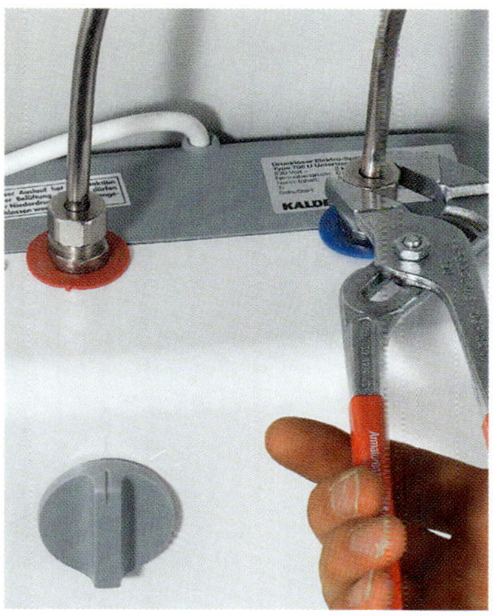

❾ Genauso wie an dem Eckventil werden die beiden übrigen Kupferrohre am Untertischgerät angeschlossen. Die auffällige Farbsymbolik bzw. die Aufkleber auf den Rohren helfen Ihnen, die Rohre auf jeden Fall den richtigen Anschlüssen zuzuordnen.

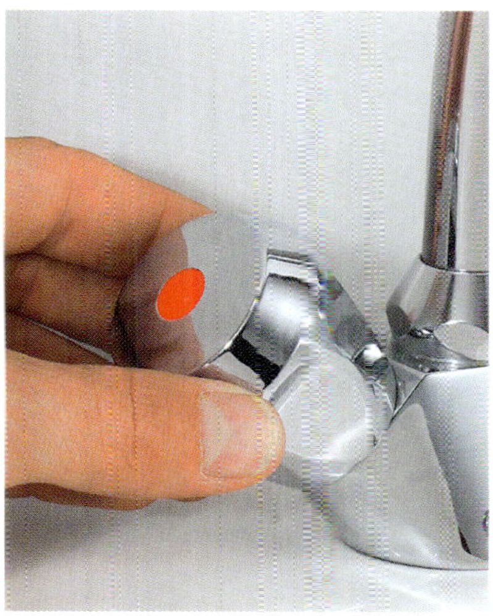

❿ Füllen Sie zuerst den Speicher mit Wasser, bevor Sie ihn an den Strom anschließen. Drehen Sie dazu den linken Griff ganz auf. Nach etwa einer Minute fließt Wasser aus dem Schwenkauslauf. Dann können Sie das Gerät an den elektrischen Strom anschließen.

Das brauchen Sie

- Niederdruck-Armatur
- Standhahn-Mutternschlüssel
- Rohrabschneider
- Biegespirale
- Filzstift
- Wasserwaage
- Bohrmaschine
- Dübel
- Wasserrohrzange

So machen Sie es richtig

- Durch einen falschen Wasseranschluss kann der Heißwasser-Speicher beschädigt werden.
- Ein Einschalten der Heizspirale bei leerem Speicher (bei Erstinbetriebnahme beachten!) zerstört das Gerät.
- Die Stufendrossel ist bei drucklosen Heißwasser-Speichern unverzichtbar. Ist sie nicht eingebaut, kann das Gerät durch Staudruck beschädigt werden.
- Denken Sie auch an die Möglichkeiten, mit Untertisch-Geräten Strom zu sparen.

Heizkörper austauschen

❶ Bevor Sie einen alten Heizkörper durch einen neuen ersetzen können, müssen Sie erst das Wasser aus der Heizung ablassen. Entweder hat der Heizkörper direkt am Rücklauf ein Ventil, oder es gibt eins auf der Etage, spätestens jedoch beim Heizkessel.

❷ Zuerst lösen Sie die obere Verbindung vom Heizungszulauf mit einer Rohrzange. Nach vielen Jahren können diese Verbindungen verkalkt sein und sich daher nur schwer lösen lassen. Bei verchromten Muttern bitte einen Welllappen benutzen.

❸ Die untere Verbindung lösen Sie genauso. Es befinden sich immer etwa zwei Liter Restwasser im Heizkörper. Mit zwei oder drei Personen lässt sich der Heizkörper über einer Schale entleeren.

❹ Jetzt sollten Sie die Gunst der Stunde nutzen und die vergilbte und staubige Wand hinter der Heizung frisch streichen. Wenn der neue Heizkörper hängt, geht das nur noch mit viel Mühe.

❺ Zeichnen Sie als Nächstes die Montagepunkte für den neuen Heizkörper an. Die Befestigungen brauchen nur waagerecht angezeichnet zu werden, da die Heizkörper bereits so gebaut sind, dass sie das nötige Gefälle zum Heizwasserrücklauf aufweisen. Befestigen Sie die Montagehalterungen in jedem Fall mit Dübeln und Schrauben.

❻ Der neue Heizkörper wird in der Regel kleiner und leichter sein als der alte – er nutzt die Themperatur des Heizungswassers jedoch besser aus. Dennoch lässt sich auch der leichtere Heizkörper besser zu zweit auf den Halterungen aufsetzen und ausrichten.

❼ Die oberen Montagehalterungen sind über Stellschrauben ebenfalls justierbar, sodass Sie die Heizung mit einer Wasserwaage exakt ausfluchten und abschließend befestigen können.

Das brauchen Sie

- **Rohrzange**
- **Wanne oder Eimer**
- **Wasserwaage**
- **Bleistift**
- **Bohrmaschine**
- **Steinbohrer**
- **Dübel**
- **Schraubenschlüsse**
- **Schraubendreher**
- **neuer Heizkörper mit demselben Achsmaß**
- **Ventil**
- **Thermostat**
- **Entlüfter**
- **Wandfarbe**
- **Lammfellrolle**

❽ Verbinden Sie als Nächtes ein neues Ventil mit der Heizung und mit der bestehenden Zuleitung. Wenn die neue und die alte Heizung dasselbe Achsmaß haben (Abstand zwischen den Rohrmitten von Zulauf und Rücklauf), brauchen Sie die Leitungen nicht zu verändern und können den Heizkörper einfach anschließen.

❾ Sie sollten den alten Regler gleich durch einen neuen mit Thermostat ersetzen. Abschließend füllen Sie wieder das Wasser im Heizungssystem nach (Ventil zum Druckausgleich erst nur minimal öffnen). Entlüften Sie abschließend alle Heizungen im selben Strang bis zur neuen Heizung.

Mit Holz Wände und Decken verkleiden

Ob an Wänden oder Decken: Holzvertäfelungen machen Räume gemütlich und sorgen für ein gutes Klima. Ihr Gestaltungsspielraum ist so groß wie die Auswahl an Profilhölzern und Paneelen. Dabei bleibt es ganz Ihnen überlassen, ob Sie unbehandelte Holzoberflächen durch Lack oder Wachs verschönern, oder ob Sie Ihre Wohnung durch ein ausgefallenes Dekor modern gestalten.

- **Von Profilhölzern und Paneelen**
- **Werkzeuge für die Arbeit mit Profilhölzern**
- **Mit Profilhölzern die Wand verschönern**
- **Fenster und Türen mit Holz verkleiden**
- **Kassetten-Decke anbringen**
- **Profilhölzer anstreichen und pflegen**

Von Profilhölzern und Paneelen

Profilhölzer gibt es z. B. aus Kiefer, Zeder und Hemlock.

Bei Paneelen werden die Federn nur lose eingelegt.

Anwendungsbereiche

Wände oder Decken mit Profilholz oder Paneelen zu verkleiden ist eine schöne Alternative zum Tapezieren oder Verfliesen. Massivholz hat außerdem eine positive Wirkung auf das Raumklima, weil es Luftfeuchtigkeit aufnimmt und wieder abgibt. Egal ob Wohn- oder Schlafzimmer, Treppenhaus, Diele oder Feuchträume wie Bad und Küche, Holzverkleidungen können überall positive Akzente setzen.

Profilholz und Paneele

Profilholz ist im Gegensatz zu Paneelen aus Massivholz, das auf den Längsseiten profiliert ist. Diese Profile (Nut und Feder) sind so geformt, dass man die einzelnen Bretter ineinander stecken kann. Profilholz wird je nach Optik der sichtbaren Seite in den Qualitätsklassen A und B angeboten. Soll die Holzoberfläche naturbelassen bleiben, entscheidet man sich besser für die A-Sortierung. In Räumen, in denen es Ihnen nicht so auf die Optik ankommt, oder wenn Sie das

Wenn Paneele kürzer und breiter sind spricht man von Kassetten. Diese werden zur Verkleidung von Decken verwendet und sind ebenfalls mit vielen Dekoren erhältlich.

Profilhölzer sind aus Massivholz. Die profilierten Längsseiten nennt man Nut (im Bild rechts) und Feder. Je breiter das Holz, desto größer der mögliche Schwund.

Holz ohnehin deckend lackieren wollen, reicht die B-Sortierung. Gängige Holzarten sind Fichte, Kiefer, Hemlock und Red Cedar. Bei Paneelen ist dagegen nur die oberste Schicht aus Echtholz. Ihr Aufbau ähnelt dem von Fertigparkett. Daher sind bei Paneelen nicht nur Holzdekore, sondern auch ausgefallene Dekore möglich.

Anbringen der Verkleidung

Grundvoraussetzung für eine Holzverkleidung ist ein trockener Raum. Damit das angebrachte Holz nicht fault, wird zunächst eine Unterkonstruktion aus Dachlatten erstellt. Auf dieser Konstruktion werden dann die Profilhölzer mit passenden Krallen und einer Fuge zu Boden und Decke befestigt. Für das erste Brett verwendet man spezielle Anfangskrallen. Paneele haben im Gegensatz zu Profilhölzern einen Kern aus Holzwerkstoff und sind furniert oder beschichtet. Oft haben sie auf beiden Seiten eine Nut, in die dann eine Feder lose eingesetzt wird. Deswegen werden Paneele auch mit anderen Krallen befestigt als Profilhölzer, bei denen jedes Brett mit seinem Federprofil in das Nutprofil des vorausgehenden Brettes geschoben wird.

Holz in Feuchträumen

Holzverkleidungen in Bädern stellen auch kein Problem dar, wenn Sie gewisse feuchtraumspezifische Vorkehrungen treffen. Zum einen muss das verwendete Paneel für Feuchträume geeignet sein. Diese Eigenschaft kann entweder durch eine entsprechende Oberflächenvergütung oder durch einen feuchtigkeitsbeständigen Schutzlack erreicht werden. Der Schutzanstrich sollte rundum, also auch auf den Schmalseiten der Paneele aufgetragen werden.

Zum anderen sollte man besonders in Feuchträumen für eine Unterlattung sorgen, die sicherstellt, dass die Paneelrückseite der Vorsatzschale gut belüftet wird und dadurch immer wieder abtrocknen kann. Das erreicht man z. B. besonders gut mit einer Konterlattung. Sollen die Profilhölzer senkrecht angebracht werden, erstellt man zunächst eine Unterkonstruktion aus ebenfalls senkrecht verlaufenden, kesseldruckimprägnierten Dachlatten. Auf diese Lattung werden waagerecht weitere Dachlatten angebracht. Durch die Zwischenräume und die Fuge rund um die Holzverkleidung kann dann jederzeit problemlos eine ungehinderte Hinterlüftung stattfinden.

Tipp: Holz aus dem Baumarkt kann, wenn es recht frisch ist, eine hohe Feuchtigkeit aufweisen. In beheizten Räumen kann diese Holzfeuchtigkeit nach der Montage später so weit sinken, dass durch den Schwund Brettkrümmungen entstehen oder sich im ungünstigsten Fall sogar Fugen öffnen. Lagern Sie deshalb, wenn möglich, das Holz schon 14 Tage vor der Montage in dem dafür bestimmten Raum, damit es sich dem Raumklima anpassen kann.

Fachausdrücke

Holz „arbeitet": Bei Veränderung der Luftfeuchtigkeit (unterschiedliche Jahreszeiten oder „Heizperiode") dehnt sich Holz aus oder es schwindet.

Feuchträume: alle Räume, in denen starke Luftfeuchtigkeitsänderungen zu erwarten sind. Dazu zählen besonders (Wasch-)Küche und Badezimmer.

kesseldruckimprägniert: Eigenschaft durch ein Vergütungverfahren, bei dem die Poren von Holz mit einer Salzlösung unter sehr hohem Druck gefüllt werden und durch die angelagerten Kristalle wasserundurchlässig werden.

lichtes Maß: Der offene Abstand bzw. die Breite, die man zwischen zwei Werkstücken messen kann, d. h. die Breite, in der man etwas einlegen kann (z. B. Dämm-Material zwischen zwei Dachlatten).

Zum individuellen Gestalten gibt es Dekor- und Spiegelfedern.

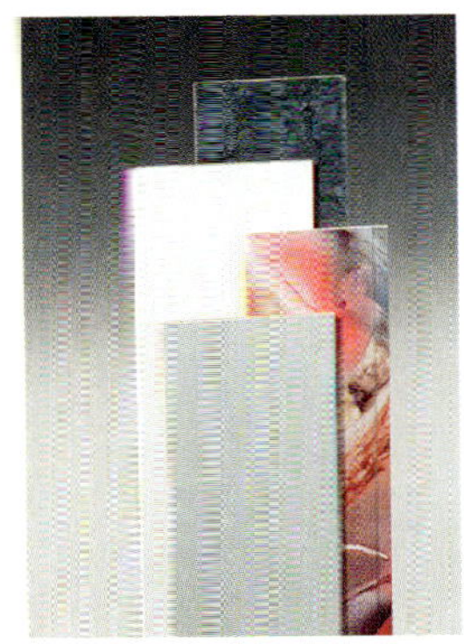

Durch Dekorpapiere erhalten Paneele ein äußerst attraktives Aussehen.

Werkzeuge für die Arbeit mit Profilhölzern

❶ Zu den wichtigsten Werkzeugen, um Profilbretter zu befestigen, zählen Zollstock und Wasserwaage, ein mittelschwerer Hammer und bei Bedarf auch ein Schlagklotz. Meist sind die Profilhölzer und die Befestigungsklammern jedoch so passgenau, dass Sie keinen Schlagklotz brauchen.

❷ Um eine Holzverkleidung anbringen zu können, ist zunächst eine Unterkonstruktion aus gehobelten Dachlatten nötig, die mit dem Untergrund verschraubt wird. Mit den passenden Schraubendrehern lässt sich diese Arbeit zwar auch erledigen, bei Serienverschraubungen macht sich jedoch ein Akku-Schrauber zum Vorbohren schnell bezahlt. Immerhin müssen Sie bei einer Wand von 2,50 m Höhe und 4 Meter Länge je nach Dübelstärke zwischen 50 und 70 Befestigungspunkte rechnen. Wenn Sie Standard-Dübel und -Schrauben verwenden, sollten Sie hochwertige Bits einsetzen. Bei einer so hohen Schraubenanzahl müssen die Bits viel aushalten können.

❸ Arbeiten Sie im Alleingang? Wenn Sie auf der Leiter stehen und theoretisch drei Hände brauchen, um Nagelhalter, Paneele und Befestigungskralle zu halten, entlastet Sie die Paneel-Zange. Sie hält die Paneele – oder natürlich auch ein Profilholz – in der Feder der bereits hängenden Verkleidung und Sie können in Ruhe die Befestigungskralle anbringen.

❹ Ohne Zuschnitte wird es nicht gehen. Hier eignet sich eine Handsäge mit feiner Zahnung, denn es gilt: Je feiner die Zahnung, desto sauberer der Schnitt. Die Schnittkanten brauchen Sie bei einer feinzahnigen Säge kaum noch nachzubearbeiten. Schneller geht es mit einer elektrischen Stichsäge, bei der Sie jedoch auch mehr auf exakte Führung achten müssen.

❺ In den meisten Fällen werden Profilhölzer senkrecht angebracht. In diesem Fall werden sie überwiegend rechtwinklig abgelängt. Dazu brauchen Sie dann einen Winkel. Eine diagonale Verlegung kann aber gerade an der Decke optisch sehr reizvoll sein. Die Schmiege ist für diese Fälle das richtige Werkzeug. Man kann sie auf einen bestimmten Winkel einstellen oder auch einen bestimmten Winkel im Raum abnehmen und diesen dann auf Profilhölzer oder Paneele übertragen.

❻ Um Paneele oder Profilhölzer zu befestigen, gibt es verschiedene Befestigungsmethoden. Mit einem Elektrotacker können Sie Paneele besonders rationell befestigen. Gerade beim Arbeiten über Kopf erleichtert dieses Gerät Ihnen die Arbeit und spart zudem viel Zeit. Für kleine Flächen lohnt sich die Anschaffung dieses elektrischen Gerätes sicher nicht. Wenn Sie jedoch einen Dachausbau ganz mit Holz verkleiden möchten, macht sich so ein Gerät schnell bezahlt.

❼ Zum unsichtbaren Befestigen der Profilbretter oder Paneele mit Nägeln verwendet man Profilbrett-Krallen. Es gibt sie passend zu den verschiedenen Nutwangenstärken der Profilhölzer und Paneele. Für die erste Reihe gibt es sogenannte Anfangskrallen, genauso wie es spezielle Krallen für Paneele gibt, bei denen die Feder nachträglich eingelegt wird.

❽ Ein magnetischer Nagelhalter darf nicht fehlen. Mit ihm lassen sich die Nägel, mit denen die Krallen auf der Lattung befestigt werden, nicht nur gut halten, sondern auch bündig eintreiben, ohne dass beim Hämmern das befestigte Holz beschädigt wird. Wenn Sie die Profilhölzer mit einem Montage-Kleber befestigen möchten, brauchen Sie dagegen eine Auspresspistole.

SO WIRD'S GEMACHT

Mit Profilhölzern die Wand verschönern

❶ Bei der einfachsten Möglichkeit, Paneele oder Profilhölzer zu befestigen wird das Holz mittig genagelt und der Stauchkopf versenkt. Alternativ kann man auch in die Nut hinein nageln. Dabei besteht allerdings die Gefahr, dass das Holz einreißt.

❷ Die wohl gängigste Befestigungsart ist die mit Krallen. Sie werden auf die hintere Nutwange (die Nutwange, die auf der Lattung liegt) gesteckt und mit der Unterkonstruktion vernagelt. Wer sich Arbeit sparen möchte, nimmt einen Elektronagler.

❸ Schließlich gibt es noch die Möglichkeit, die Holzverkleidung mit Montage-Kleber zu befestigen. Diese Verbindungsart sollten Sie jedoch nur wählen, wenn Sie Holz in B-Qualität verwenden, das nicht mehr „arbeitet“.

❹ Der gewichtigste Grund, eine Wand oder eine Decke mit Holz zu verkleiden, dürfte sein, dass Sie auf jedem tragfähigen Untergrund eine Holzverkleidung anbringen können und die Holzfläche über Jahre nicht renoviert werden muss.

❺ Erstellen Sie zuerst eine Unterkonstruktion aus gehobelten Dachlatten. Am schnellsten gelingt die Befestigung mit Nageldübeln: Vorbohren (bei 60 mm Dübeln in 40 cm Abstand) und den Dübel durch die Latte in das Bohrloch schlagen.

❻ Damit sich das Holz nicht verzieht, sollte zwischen den Dachlatten ein Abstand von 50 cm (lichtes Maß) nicht überschritten werden. Wenn Sie mit Feuchtraum-Paneelen verkleiden, sollten Sie dazu kesseldruckimprägnierte Dachlatten verwenden.

❼ In Altbauten lässt die Isolierung der Wände oft zu wünschen übrig. In solchen Fällen sollten Sie in die Zwischenräume der Lattung dämmenden Schaumstoff einlegen.

❽ Längen Sie das erste Profilbrett auf Raumhöhe ab. Markieren Sie es auf der Rückseite und kürzen Sie es mit einer Stichsäge. Für Massivhölzer stellen Sie die Stichsäge auf eine hohe (Pendel-)Hubzahl ein, d. h. das Sägeblatt bewegt sich in dieser Einstellung in sehr schnellem Takt auf und ab.

❾ Das erste Profilbrett wird immer mit einer Anfangskralle in einer Raumecke befestigt. Ob Sie rechts oder links im Raum beginnen, spielt keine Rolle. Wichtig ist, dass Sie die Feder des ersten Brettes abschneiden, damit die Paneelkante an der Wand anliegt.

⑩ Befestigen Sie das erste Brett mit Profilholz-Krallen. Die Nutseite zeigt dabei in den Raum. Messen Sie zu Anfang besonders genau nach, denn wenn das erste Brett schief ist, gerät die gesamte Holzverkleidung aus dem Lot.

⑪ So befestigen Sie Brett für Brett. Bei Innenecken kürzen Sie das letzte Brett zusätzlich um eine Profilholz-Stärke. An dem ersten Brett der nächsten Wand wird die Feder abgeschnitten und die Schnittkanten plangehobelt.

⑫ Die beiden Zuschnitte werden auf der Rückseite miteinander vernagelt und können dann in die Ecke eingesetzt werden. Weitere Profilbretter lassen sich problemlos ansetzen und ebenfalls mit Krallen befestigen.

⑬ Bei der Verkleidung von Außenecken können Sie die Wand mit einem auf Maß geschnittenen Brett beginnen, sodass das letzte Brett (ohne Feder) eine Brettstärke über die Außenecke reicht.

⑭ Dann können Sie auf der angrenzenden Wand mit einem neuen Brett beginnen, dessen Feder Sie ebenfalls absägen. Die Bretter der Außenecke werden durch Nägel mit Senkkopf verbunden.

⑮ Eine andere Möglichkeit besteht darin, die Stöße sowohl von Innen- als auch Aussenecken mit Winkel- oder Hohlkehlleisten zu verdecken.

⑯ Ähnliches gilt für Deckenabschlüsse. Mit einer Schattenfugenfräse können auch noch nachträglich die einzelnen Bretter auf gleiche Länge gebracht werden. Tipp: Streichen Sie die oberste Dachlatte der Unterkonstruktion schwarz. Dann bildet sich der Schatten noch stärker aus.

⑰ Alternativ ist auch eine Hohlkehlleiste als Abschluss möglich. Sie verdeckt außerdem eventuelle kleine Schönheitsfehler bei den Zuschnitten. Die Leiste wird aufgenagelt, die Köpfe werden versenkt und die Löcher mit etwas Holzkitt verschlossen.

⑱ Als Abschluss zum Fußboden dient ein Brett als Unterkonstruktion, das maximal 10 cm unter der Verkleidung hervorragt. Eine aufgestiftete Hohlkehlleiste verdeckt dann das Ende des Bodenbelags.

⑲ Steckdosen werden mit Hohlraumdosen zwischen zwei Dachlatten eingepasst. Zeichnen Sie den Kreis auf der Rückseite des Profilbrettes an und schneiden Sie ihn mit einem Lochsägeaufsatz aus.

So machen Sie es richtig

- **Prüfen Sie mit einer langen Richtlatte, ob der Untergrund, auf dem Sie die Lattung aufbringen möchten, eben ist. Gegebenfalls sollten Sie die Lattung mit Keilen unterfüttern. Kontrollieren Sie auch die Flucht der Wand. Sie darf natürlich weder nach vorne noch nach hinten „kippen“.**

Fenster und Türen mit Holz verkleiden

❶ Bis zum Fenster ist das Anbringen der Holzverkleidung sicherlich kein Problem. Die Lattung sollte bündig mit der Fensterlaibung abschließen. Markieren Sie auf dem nächsten Profilholz, auf welcher Höhe und wie tief das Brett eingeschnitten werden muss. Unterhalb der Fensterbank wird das Profilholz nicht ausgeschnitten.

❷ Schneiden Sie das letzte Brett mit einer Stichsäge bis zur Fensterlaibung bündig zu und hobeln Sie die Schnittkante plan. Auf der Höhe des Fensters wird das Profilholz „ausgeklinkt" (ausgeschnitten). Über dem Fenster und unter der Fensterbank befestigen Sie das Profilholz mit Krallen an den Dachlatten.

❸ An der ausgeschnittenen Stelle befestigen Sie das Profilholz einfach mit Nägeln. Setzen Sie die Nägel dabei so weit an den Rand, dass die Nagelköpfe später gerade noch von der Eckleiste überdeckt werden. Bevor Sie jedoch das Eckkantenprofil aufsetzen, sollten Sie die Fensterlaibung streichen bzw. tapezieren.

❹ Nachdem der Untergrund gut durchgetrocknet ist, setzen Sie ein Eckkantenprofil passend zum Profilholz auf. Es wird angestiftet oder – optisch schöner – aufgeleimt. Wenn Sie die Laibung ganz mit Profilholz verkleiden wollen, gehen Sie so vor, wie wir es Ihnen bereits bei einer Außenecke (s. S. 206) gezeigt haben.

❶ An der Tür wird der Höhenunterschied zwischen Profilholz und Türzarge, der durch die Lattung entstanden ist, mit einer Bekleidungsleiste überbrückt. Die Breite des letzten Profilholzes wird so ermittelt, dass es zusammen mit der Leiste an der Türzarge bündig abschließt. Da die Nut des letzten Profilholzes abgeschnitten wird, befestigt man das letzte Brett mit kleinen Nägeln auf der Lattung. Sie sollten so weit am Rand eingeschlagen werden, dass die Nagelköpfe von der Bekleidungsleiste verdeckt werden.

DAS BRAUCHEN SIE

- **Eckkantenprofile bzw. Bekleidungsleiste**
- **Zollstock**
- **Stichsäge oder Fuchsschwanz**
- **Gehrungslade**
- **Fein- oder Rückensäge**
- **Leistenstifte**
- **Nagelhalter**
- **Hammer**
- **Schraubzwinge**
- **Holzleim**

❷ Über der Tür werden weitere zugeschnittene Profilhölzer eingesetzt und mit den entsprechenden Krallen befestigt. Planen Sie auch über der Tür den Abstand für die Bekleidungsleiste mit ein.

❸ Schneiden Sie die Bekleidungsleiste oben auf Gehrung. Sie kann entweder angestiftet oder mit der Türzarge verleimt werden. Legen Sie zum Schutz der Zarge Holzklötzchen dazwischen.

❹ So sieht das Ergebnis aus. Mit einer Bekleidungsleiste in der Holzart der Zarge kann man für einen ansprechenden Abschluss sorgen, ohne gleich die ganze Türzarge auswechseln zu müssen.

So wird's gemacht

Kassetten-Decke anbringen

❶ Bringen Sie zuerst eine Unterkonstruktion aus Dachlatten an. Diese sollte einen Abstand von 60 bis 80 cm aufweisen. Wichtig ist, dass die Kassetten (oder Paneele) mindestens an ihren Enden und in der Mitte auf einer Dachlatte befestigt werden können. Sollte die Unterlattung keine ebene Fläche ergeben, können Sie dies mit kleinen Keilen ausgleichen.

❷ Damit das Gewicht von Deckenleuchten nicht allein von der Holzdecke getragen werden muss, sollten Sie zwei Reststücke zusätzlich befestigen, an denen Sie später die Leuchte verschrauben können. Die Holzdecke würde sonst durchhängen. Kleinere Halogenleuchten sind nicht so schwer. Sie können auch ohne diese Konstruktion befestigt werden.

❸ Das erste Brett wird mit Anfangskrallen an seiner langen Seite auf der Unterlattung befestigt. Wenn Sie an der Stirnseite weitere Bretter anfügen, sollten Sie aufpassen, dass Sie das bereits angebrachte Brett nicht verschieben.

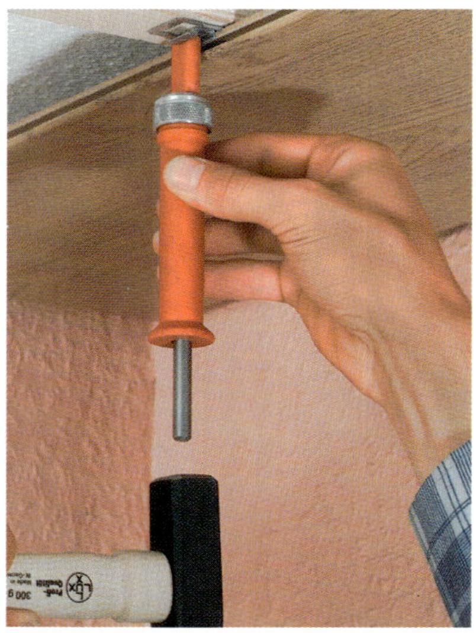

❹ Die Profilbrettkrallen werden mit einem Nagelhalter befestigt. Der Nagelhalter verhindert, dass Sie versehentlich das Holz beim Einschlagen der Nägel mit dem Hammer beschädigen.

❺ In Kassetten (wie auch Paneelen) wird nun eine Feder eingesetzt. Die passend gewählte Kralle umschließt genau die der Decke zugewandte Nutwange. Die Nut ist so breit, dass sich die Feder dann immer noch gut einlegen lässt.

❻ Entsprechend der Unterkonstruktion befestigt man Paneele oder Kassetten an der Decke im regelmäßigen Verband, d. h., in jeder zweiten Reihe beginnen Sie mit einem halben Paneel. Hier noch ein Tipp: Ritzen Sie die Schnittlinie für Zuschnitte auf der „guten" Seite der Paneele mit einer scharfen Klinge an. Dann können Sie die Bretter mit der Stichsäge auch von oben sägen!

❼ Die letzte Kassettenreihe und das letzte Brett schließen mit der angrenzenden Wand nicht bündig ab. Ziehen Sie für das Maß der Zuschnitte eine Fugenbreite ab. Auf der Seite des befestigten Verbandes werden die Zuschnitte in die Federn eingesetzt. An der Wandseite werden sie mit dünnen Nägeln, die man später kaum sieht, befestigt.

❽ Paneele, in die Löcher für Halogenleuchten oder Hohlwanddosen gebohrt werden sollen, werden am besten auf einer Werkbank bearbeitet. Legen Sie ein Stück Holz unter, damit das Bohrloch an der Unterseite nicht ausreißt.

❾ Halogen-Deckenstrahler haben Federklammern und sind deshalb besonders für den Einbau in Holzverkleidungen geeignet. Beachten Sie die Angaben des Herstellers zur Einbautiefe und zu Mindestabständen der Leuchten.

❿ Wie beim Fertigparkett können Sie auch bei der Kassetten-Decke Leisten als Abschluss zu den Wänden aufnageln. In der entsprechenden Breite verdecken Sie die Nägel, mit denen Sie die letzte Reihe Paneele befestigt haben.

Profilhölzer anstreichen und pflegen

❶ Zunächst stellt sich die Frage, ob Sie das Profilholz verschönern oder schützen wollen. Anstrichmittel, die das Profilholz schützen sollen, müssen in jedem Fall ganzflächig (auch in die Nut und auf die Feder) aufgetragen werden. Im ersten Arbeitsgang sollten Sie das Profilholz mit mittlerem Schleifpapier (80er) von beiden Seiten gründlich vorschleifen.

❷ Das Ziel des Schleifens ist, eine absolut glatte Oberfläche zu erzielen. Deswegen wird im zweiten Schritt das Holz „gewässert". Nehmen Sie einen mit sauberem, warmem Wasser getränkten Schwamm und reiben Sie das Profilholz ganzflächig ein. Dadurch quellen die Porenränder, Druckstellen oder auch eingedrückte Holzfasern auf.

❸ Lassen Sie jetzt das Holz vor dem feineren Nachschleifen mit 240er Körnung vollständig trocknen. Das Schleifpapier würde sich sonst durch die nassen Schleifpartikel sofort zusetzen. Die Wirkung des Wässerns – aufgestellte Holzfasern und hervorgehobene Porenränder – bleibt trotz Trocknung erhalten.

❹ Leinölfirnis dringt tief ins Holz ein und betont seine charakteristische Holzfarbe und -maserung. Im Erstauftrag (mit Baumwolllappen oder Pinsel) dient er als Grundierung für weitere Anstriche. Tragen Sie ihn ruhig großzügig auf, lassen Sie jedoch keine Tropfen oder Pfützen auf der Holzoberfläche stehen.

❺ Nach 12–24 Stunden (abhängig vom verwendeten Produkt) können Sie den Leinölfirnis erneut auftragen. Wenn Sie einen Hartölzusatz beimischen, bildet sich sogar eine Schutzschicht, die wasserabweisend und atmungsaktiv ist.

❻ Alternativ können Sie entweder nach dem zweiten Schleifen oder nach dem Grundieren mit Leinölfirnis das Profilholz ganz mit Klarlack einstreichen. Der Lack verleiht dem Profilholz eine undurchlässige Schutzschicht.

❼ Selbstverständlich können Sie Profilhölzer auch mit Buntlack verschönen. Da hier nicht das Schützen des Holzes, sondern mehr die Optik des Lackes im Vordergrund steht, reicht es, wenn Sie die verkleidete Wand vorschleifen und dann den Lack auftragen. Diese Vorgehensweise bietet sich z. B. an, wenn Sie sich für preiswertere Profilhölzer entscheiden, die Sie dann ohnehin deckend lackieren möchten.

Das brauchen Sie

- **Schleifklotz und Schleifpapier mit 80er und mit 240er Körnung oder höher**
- **evtl. Schwingschleifer mit Schleifpapier in denselben Körnungen**
- **Werkzeug zum Wässern**
- **Pinsel (um Klarlack oder Buntlack aufzutragen)**
- **Baumwolllappen**
- **wahlweise Leinölfirnis, Klarlack oder Buntlack**

So machen Sie es richtig

- **Mit Leinölfirnis o. Ä. getränkte Lappen nicht knüllen, sondern ausgebreitet trocknen lassen (Selbstentzündungsgefahr!).**
- **Vollständig eingetrocknete Leinölfirnisreste können zum Haus- oder Restmüll gegeben werden, leere Dosen (Weißblech) sind recycelbar.**

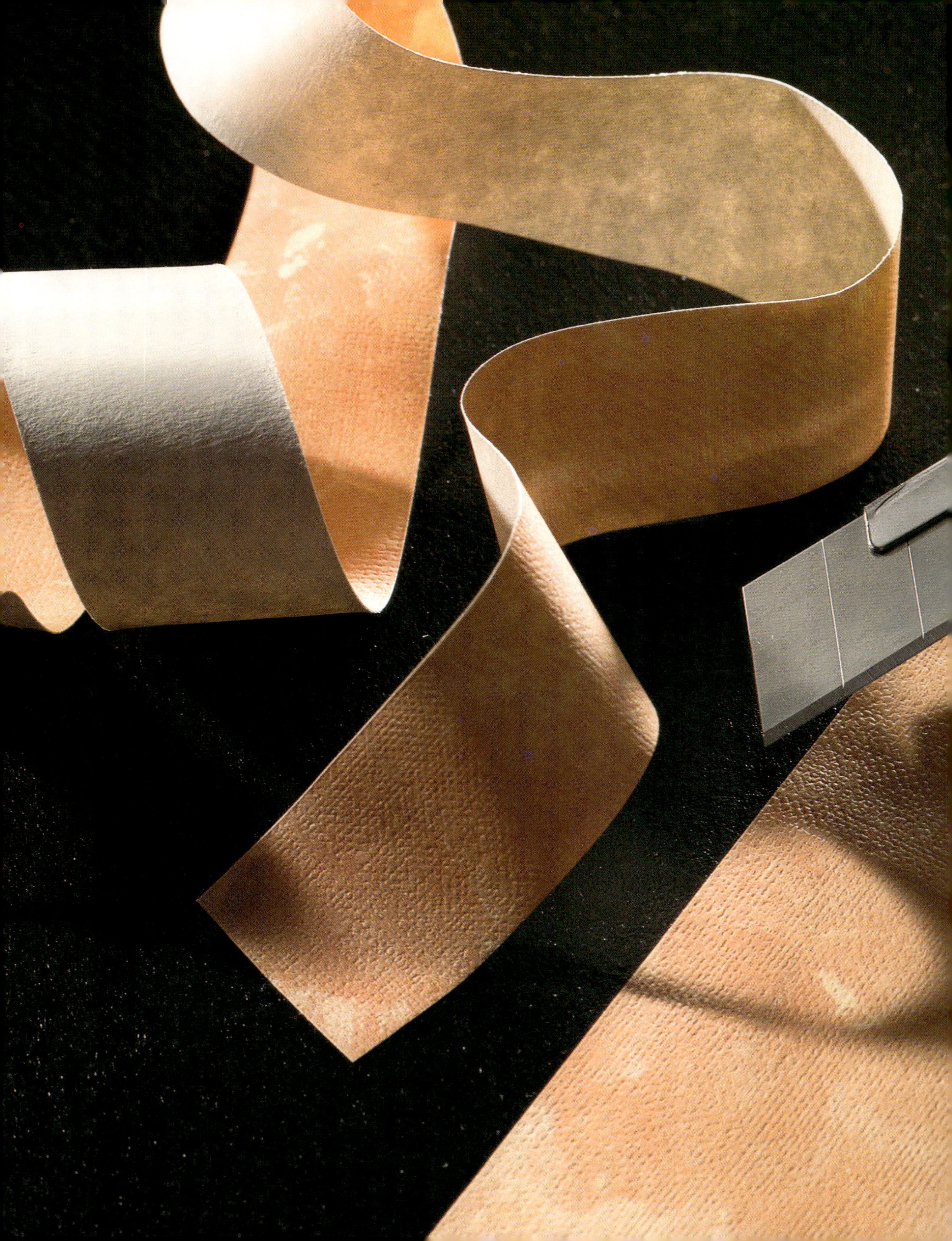

Tapezier-techniken und Wandgestaltung

Haben Sie mal wieder Lust auf einen „Tapetenwechsel“? Nichts leichter als das. Da Tapezieren zu den beliebtesten Heimwerker-Tätigkeiten zählt, haben wir es besonders ausführlich dargestellt. Damit sind Ihre Gestaltungsmöglichkeiten jedoch noch nicht erschöpft. Mit den in diesem Kapitel gezeigten Techniken können Sie auch einfach mit Raufaser tapezierte Wände mit Wandfarbe optisch reizvoll gestalten.

- **Basisinformationen zum Tapezieren**
- **Tapetensorten**
- **Werkzeuge zum Tapezieren**
- **Alte Tapeten entfernen**
- **Sinnvolle Arbeitsbeschleuniger**
- **Richtige Untergrund-Vorbehandlung**
- **Strukturfaser tapezieren**
- **Raufaser tapezieren**
- **Wand-Gestaltungstechniken**
- **Wickeltechnik und Bordüren**

Basisinformationen zum Tapezieren

Tapezieren ist *die* Heimwerkertätigkeit. Die meisten Tapetenrollen, die in den Baumärkten über den Ladentisch gehen, werden in Eigenarbeit zu Hause verklebt. Genauso wichtig wie die Tapete, für die Sie sich letztlich entschieden haben, ist beim Tapezieren jedoch eine gute Planung, die richtige Vorbehandlung des Untergrundes und die Verwendung geeigneter Werkzeuge.

Untergrundvorbehandlung

Beim Tapezieren kommt es ganz besonders auf eine gute Vorbereitung des Untergrundes an. Was nützt die schönste Tapete, wenn sie sich schon nach ein paar Tagen wellt oder die Nähte aufgehen. Die Eigenschaften eines perfekten Untergrundes sind schnell zusammengefasst: Der Untergrund sollte fest, tragfähig, bedingt saugfähig, trocken, neutral und glatt sein.

Eine fester Untergrund ist unbedingt notwendig, damit Tapete und Kleister eine feste Verbindung eingehen können. Wenn Sie mit der Hand über eine verputzte Wand fahren, darf diese keinen Abrieb erzeugen. Falls doch, sollten Sie die Wand grundieren. Die Tiefengrundierung verfestigt den Untergrund. Bei Untergründen wie z. B. Gipskarton-Platten, die saugfähig, aber glatt und tragfähig sind, reicht es auch vorzukleistern. Beim Vorkleistern wird Tapetenkleister nach den Herstellerangaben dünnflüssig angerührt und auf die Wand aufgetragen. Dem Kleister auf der Tapetenrückseite wird mit dieser Maßnahme das Wasser nicht zu schnell entzogen und die Klebewirkung bleibt voll erhalten.

Tapetenwechselgrund

Der nächste Tapetenwechsel kommt bestimmt. Fast alle Mietverträge schreiben in bestimmten Zeitabständen Schönheitsreparaturen vor. Nach 4–5 Jahren haben Tapeten zumeist deutliche Gebrauchsspuren oder Sie haben sich an dem Muster oder der Farbe sattgesehen. Damit sich die Tapete bei der nächsten Renovierung leichter abziehen lässt, kann man die Wände mit Tapetenwechselgrund vorstreichen. Dieser Anstrich verfestigt jedoch den Untergrund nicht so gut wie die Tiefengrundierung.

Verarbeitungstipps und Empfehlungen für sicheres Tapezieren

Bei den Anstrichen zur Untergrund-Vorbehandlung handelt es sich um Chemikalien, mit denen Sie besonders sorgsam umgehen sollten. Beachten Sie zu Ihrem eigenen Schutz die Verarbeitungshinweise und bewahren Sie diese Mittel immer für Kinder unzugänglich auf.
Zum Tapezieren werden die Blenden von Schaltern und Steckdosen abgeschraubt. Schalten Sie vorher unbedingt die entsprechenden Sicherungen aus und prüfen Sie die Dosen auf Spannungsfreiheit. Decken sollten vor Wänden tapeziert und auch angestrichen werden.

Bedarfsrechnung

Die Rollenlänge einer Tapete beträgt bei einer Breite von 0,53 m nach Europa-Norm 10,05 m. Damit lassen sich also etwas mehr als 5 m^2 Fläche tapezieren. Aber Vorsicht: Der Bedarf sollte nach der Anzahl der benötigten Bahnen berechnet werden, denn

Sie wollen ja nicht Tapete anstückeln. Die untenstehende Tabelle gibt den Rollenbedarf in Abhängigkeit von Raumhöhe und Raumumfang wieder. In der Tabelle ist bereits ein Tapetenüberstand von 10 cm berücksichtigt, den Sie abschneiden, sobald die Tapete an der Wand klebt. Tapeten mit einem so genannten Rapport (Abstand in dem sich das Muster wiederholt) bzw. Versatz haben mehr Verschnitt. Da wir die Flächen von Fenstern und Türen einfach mitgerechnet haben, bleibt in jedem Fall auch noch für spätere Reparaturen genug Tapete übrig.

Tipp: Kaufen Sie lieber eine Rolle mehr als berechnet. Tapeten unterliegen auch modischen Trends und sind u. U. zu einem späteren Zeitpunkt nicht mehr erhältlich. Achten Sie beim Tapetenkauf auf die Nummer des Druckdurchgangs. Nur bei identischen Nummern, haben Sie die Gewähr, dass alle Tapeten die gleiche Farbgebung haben.

In drei Schritten lässt sich für jedes Rollenmaß der Bedarf genau errechnen:

1. Ermitteln Sie zuerst, wie viele Bahnen sich mit einer Tapetenrolle tapezieren lassen – *Rollenlänge : Raumhöhe (evtl. + Zuschnitt) = Anzahl der Bahnen pro Rolle* Dieses Ergebnis müssen Sie auf die ganze Zahl abrunden, da Sie Reste nicht zu einer Bahn zusammenstückeln.

2. Wie viele Tapetenbahnen werden für den Raum benötigt? Für eine Überschlagsrechnung reicht es aus, als Wandumfang die ganze Breite der Wände einschließlich Türen und Fenstern anzunehmen – *Wandumfang : Rollenbreite = Anzahl der Bahnen.*

3. Wie viele Rollen Tapete werden benötigt? *Anzahl der Bahnen (Ergebnis aus 2.) : Anzahl Bahnen pro Rolle (Ergebnis aus 1.) = Anzahl der benötigten Rollen.*

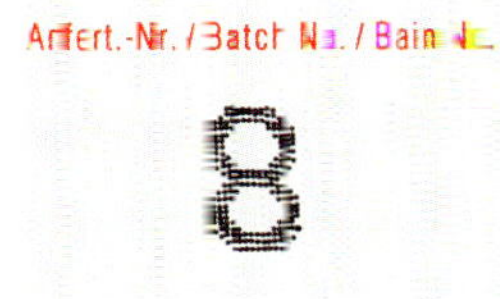

Tapetenrollen mit verschiedenen Anfertigungsnummern können sich farblich leicht unterscheiden!

Raumumfang	**2,00 – 2,35 m**	**2,40 – 3,20 m**	**3,25 – 3,90 m**
6 m	3	4	6
bis 8 m	4	6	8
bis 10,5 m	5	7	10
bis 12,5 m	6	8	12
bis 14,5 m	7	10	14
bis 16,5 m	8	11	16
bis 19 m	9	12	18
bis 21 m	10	14	20
bis 23 m	11	15	22
bis 25 m	12	16	24
bis 27,5 m	13	18	26
bis 29,5 m	14	19	28
bis 30 m	15	19	29

Tapetensorten

Im klassischen Sinne haben Tapeten eine Trägerschicht aus Papier, die mit unterschiedlichen Verfahren bedruckt worden ist. So entstehen Tapeten mit unterschiedlichen Farben und Motiven ⑦. Wenn die Tapete zwischen einer Positiv- und einer Negativ-Walze geprägt wird, spricht man von einer Prägetapete ⑤. Profiltapeten ① haben dagegen eine reliefartige Oberfläche, die durch einen aufgeschäumten Farbpastenauftrag entsteht. Sie haben kein Negativ-Profil auf der Rückseite.

Kunststofftapeten, z. B. mit Vinyl-Oberfläche ③, sind mit Lack oder Folien beschichtete Tapeten und tragen deshalb die Symbole für Wasch- und Scheuerbeständigkeit. Raufaser ② nimmt eine besondere Stellung unter den Tapeten ein. Sie ist eine mehrschichtige Wandbekleidung, in die unterschiedlich geformte Holzfasern eingearbeitet sind, die dem Wandbehang die jeweilige Struktur geben. Sie wird wie die Strukturfaser nach dem Tapezieren mit Wandfarbe überstrichen.

Neben den genannten Tapetensorten gibt es auch eine ganze Reihe von Sonderformen. Vliestapeten ④ und Relieftapeten ⑥ lassen sich sehr leicht verarbeiten. Textiltapeten haben als Trägermaterial ebenfalls Papier, auf das Kettfäden oder Gewebe aufgeklebt („kaschiert") werden. Als Materialien kommen hier (Baum-)Wolle, Leinen, Seide, Kunstfasern aber auch Kork oder Gras in Frage. Handgemalte Tapeten und Stiltapeten sind recht teuer und werden von daher nicht oft nachgefragt.

Mäßigen Absatz verzeichnen auch die aus der Mode gekommenen Metallic-Tapeten, auf die eine Metall- oder Aluminiumfolie kaschiert ist.

Welche Eigenschaften die Tapeten haben, bzw. wie sie zu verarbeiten sind, verraten Ihnen die Ansatz- und Tapetensymbole (nach Euro-Norm), die auf der nächsten Seite abgebildet sind:

Ansatz:
Der Ansatz kennzeichnet die Höhe, in der eine Tapetenbahn an die vorausgehende anzusetzen ist. Trägt die Tapete das erste Symbol, braucht das Muster nicht beachtet zu werden. Bei den anderen sind die Muster in gleicher Höhe bzw. versetzt zu kleben.

Klebehinweise:
Üblich ist das Einkleistern der Tapete. Bei manchen Tapeten erfolgt der Kleisterauftrag aber auch an der Wand. In seltenen Fällen braucht die Tapete nur noch gewässert zu werden. Dadurch wird der Kleber auf der Tapetenrückseite aktiviert.

Abziehbarkeit:
Tapeten mit dem ersten Symbol lassen sich trocken und ohne Rückstände abziehen. Das mittlere Symbol bedeutet, dass die untere Tapetenschicht haften bleibt und als Untertapete übertapeziert werden kann. Im dritten Fall ist die Tapete nass zu entfernen.

Gestürzt kleben:
Jede 2. Bahn wird auf den Kopf gestellt. Sie tapezieren die Tapete immer abwechselnd in beiden Pfeilrichtungen.

Wasserbeständigkeit:
Diese Symbole bedeuten, dass die Tapete wasser-, wasch- bzw. hochwaschbeständig ist. Bei waschbeständigen Tapeten lässt sich z. B. frischer Kleister nur abtupfen. Hochwaschbeständige Tapeten lassen sich mit einer leichten Seifenlauge abwaschen.

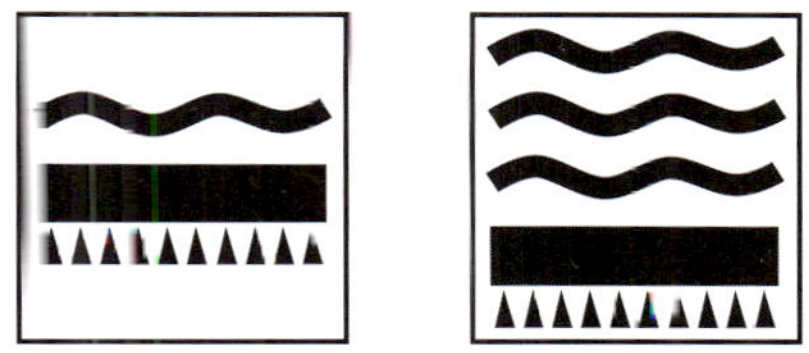

Scheuerbeständigkeit:
Tapeten mit diesen Symbolen sind hart im Nehmen. Wasserlösliche Flecken können von dieser Tapeten mit einem leichten Scheuermittel entfernt werden. Von hochscheuerbeständigen Tapeten lässt sich beinahe jede Art von Fleck beseitigen.

Lichtbeständigkeit:
Je weniger lichtbeständig eine Tapete ist, desto schneller verblassen ihre Farben bzw. sie vergilbt mit der Zeit bei direktem Sonnenlichteinfall. Die meisten Tapeten sind heute jedoch mindestens gut lichtbeständig (mittleres Symbol).

dupliert:
Bei duplierten Tapeten ist eine zweite Papier-Trägerschicht aufkaschiert. Dadurch werden z. B. Prägetapeten stabiler.

Der richtige Kleister

Nur wenn Sie den richtigen Tapetenkleister verwenden, kann auch eine dauerhafte, blasenfreie Verbindung zwischen Tapete und Wand entstehen. Je nach Hersteller haben die Kleister unterschiedliche Zusätze, die bestimmte Eigenschaften deutlich verstärken. Die ideale Zimmertemperatur zur Verarbeitung des Kleisters beträgt 20 °C.

Zum einen gibt es Normalkleister auf Methylzellulose-Basis. Er ist für alle Papiertapeten geeignet und nach 20–25 Minuten gebrauchsfertig. Das Mischungsverhältnis von Wasser und Packungsinhalt ist abhängig von der verwendeten Tapete. Man unterscheidet leichte ①, mittelschwere ② und schwere ③ Tapeten. Je schwerer die Tapete, desto weniger Wasser wird dem Ansatz beigefügt.

Spezial-Kleister ist universell einsetzbar. Dank seines Kunstharz-Zusatzes eignet er sich auch für Rau- und Strukturfaser, für Präge-, Textil- und papierkaschierte Vinyltapeten. Auch die große Palette an Tapeten aus Naturwerkstoffen kann mit diesem Kleister geklebt werden.

Bei Instant-Spezial-Kleister handelt es sich um hochwertigen Kleister mit Methylzellulose und Kunstharz-Zusatz, der schon nach drei Minuten gebrauchsfertig ist. Mit diesem klebkraftverstärkten (auch teureren) Kleister bekommen Sie bei fast allen Tapetensorten ein optimales Tapeziererergebnis.

Tapeziergerätekleister ist ebenfalls in drei Minuten gebrauchsfertig. Rühren Sie diesen Kleister besonders kräftig um, damit Sie einen glatten und homogenen Kleisterauftrag auch mit einer Kleistermaschine erreichen können.

Die richtige Weichzeit

Nach dem Kleisterauftrag soll der Kleister je nach Tapetensorte eine bestimmte Zeit auf die Papierträgerschicht einwirken, bevor die Bahn an die Wand geklebt wird. Diese Weichzeit sollte bei allen Bahnen gleich lang sein. Kleistern Sie daher nicht zu viele Bahnen auf einmal ein, und beginnen Sie mit der Bahn, die Sie zuerst eingekleistert haben. Bei unterschiedlichen Weichzeiten sind Tapeten – bis auf wenige Ausnahmen – nicht mehr formstabil. Die Folge: Einzelne Nähte öffnen sich, die Tapete wirft Blasen oder das Muster verschiebt sich sogar.

Damit sich die geklebte Tapete beim nächsten Renovieren leicht entfernen lässt, gibt es restlos ⑤ und spaltbar abziehbare Tapete ④.

Optische Tricks durch Farben und Bordüren

Bordüren sind farblich auf die Tapete abgestimmte Ornamentbänder, die in der Regel nachträglich aufgeklebt werden. In diesem Fall wird zunächst die Tapete Bahn für Bahn bis unter die Decke geklebt. In einem zweiten Schritt kleben Sie die Bordüre einfach in der gewünschten Höhe auf die Tapete.

Die meisten Tapetenhersteller bieten Tapeten einschließlich dazu harmonierender Bordüren an. Dabei bleibt es Ihnen überlassen, ob Sie bis zur Decke mit einer einzigen Tapete tapezieren oder über der Bordüre mit einer anderen Tapete in einem passenden Farbton neu ansetzen. Das ist jedoch recht schwierig, da Sie die angesetzten Bahnen besonders sorgfältig abschneiden müssen.

Beachten Sie beim Tapezieren noch folgende optischen Tricks: Eine Wand wirkt niedriger, wenn Sie durch eine Bordüre „geteilt" wird. Das Gleiche trifft auf den Raum zu, wenn Sie über der Bordüre oder zugleich die Decke dunkel tapezieren.

Was ist der Rapport?

Gemusterte Tapeten werden oft gemieden, da der Umgang mit dem Muster auf den ersten Blick zu schwierig erscheint. Besonders für Kinderzimmer gibt es nach wie vor eine große Auswahl an gemusterten Tapeten. Für die anderen Wohnbereiche werden heute eher ansatzlose Tapeten bevorzugt.

Gemusterte Tapeten haben immer Bilder, die sich in bestimmten Abständen wiederholen. Die Musterlänge, nennt man Rapport. Er ist genauso wie der Versatz (durch Symbole gekennzeichnet) auf der Tapete angegeben. Die Angabe 65/32,5 auf der Tapetenrolle bedeutet demnach eine Musterlänge von 65 cm, wobei das Muster beim Kleben jeweils um eine halbe Musterlänge versetzt wird.

Der Rapport ist auch wichtig für das Zuschneiden der Tapetenbahnen. Wenn auf einer neuen Tapetenrolle das Muster, mit dem Sie die nächste Tapetenbahn unter der Decke beginnen wollen, gerade unvollständig ist, haben Sie mehr Verschnitt.

Werkzeuge zum Tapezieren

❶ Das A und O beim Tapezieren ist ein stabiler Tapeziertisch mit Rollenablage. Die abgelegten Rollen erhöhen durch ihr Gewicht etwas die Standsicherheit des Tisches. Eine Deckenbürste und ein sauberer Eimer für den Kleister sind ebenfalls unentbehrlich.

❷ Wenn Sie den Boden vor dem Tapezieren mit Malerpappe oder Folie auslegen (Vorsicht, Rutschgefahr!), bleibt Ihnen nach Abschluss der Arbeiten eine lange „Aktion Saubermann" erspart.

❸ Mit dem Tapetenmesser schneiden Sie die Tapetenbahnen zeitsparend und genau zu. Schere und Cut-Messer leisten Ihnen bei kleineren Schnitten in Ecken und rund um das Fensterbrett nützliche Dienste.

❹ Die Tapetenschiene ist aus gehärtetem Bandstahl und eignet sich z. B. hervorragend um Linien für Tapetenzuschnitte anzuzeichnen.

❺ Unverzichtbar ist das Senklot. Auf jeder Wand muss die erste Tapetenbahn immer neu ausgelotet werden.

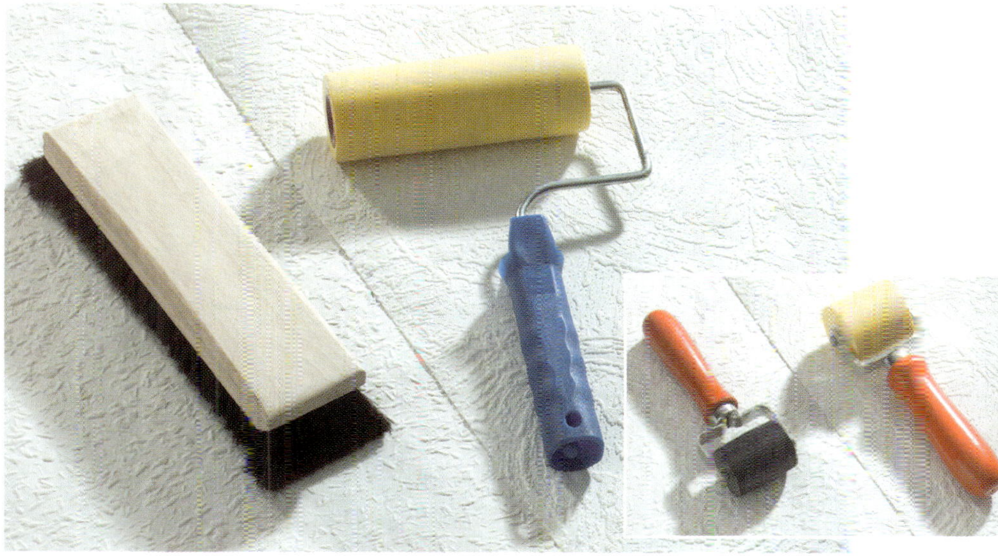

❻ Raufaser wird mit der Tapezierbürste, Strukturtapete mit einer Tapetenandrückwalze in der Fläche angedrückt. Die Ränder der Bahnen dagegen werden bei Raufaser mit einer Walze aus Hartplastik angedrückt. Für Strukturtapeten verwenden Sie am besten eine Moosgummirolle.

❼ Mit dem Andrückspachtel können Sie Tapeten auch am Übergang zwischen Wand und (Fertig-)Parkett ohne Probleme andrücken.

❽ Tapezieren geht meist nicht ohne kleine Ausbesserungsarbeiten ab. Dafür brauchen Sie einen Gipsbecher, einen Spachtel und etwas Gips.

Alte Tapeten entfernen

❶ Bevor Sie beginnen, die alte Tapete zu entfernen, sollten Sie nicht nur den Boden gut mit Folie auslegen, sondern auch die Fußleisten abkleben.

❷ Am besten ist es, wenn Sie schon beim Tapezieren ans nächste Renovieren denken: Spaltbare Tapeten lassen sich leicht abziehen. Restlos abziehbare Tapeten oder Tapeten auf Tapetenwechselgrund lassen sich schnell und rückstandslos von der Wand entfernen.

❸ Waschbeständige oder mit wasserfesten Farben gestrichene Tapeten lassen sich nicht ohne weiteres einweichen. Die gehärteten und selbstschärfenden Messerrädchen von Perforierern durchdringen jedoch auch mehrere Anstriche.

❹ Die Stachelwalze mit ihren gehärteten Nagelspitzen hat dieselbe Funktion wie ein Perforierer. Alle nicht spaltbaren oder rückstandlos abziehbaren Tapeten sollten mit Wasser oder lösemittelhaltigem Tapeten-Entferner eingestrichen werden.

❺ Mit einem Drucksprühgerät geht das Einsprühen der Wände dann sehr leicht. (Schützen Sie jedoch auf jeden Fall den Boden durch eine ausgelegte Folie!)

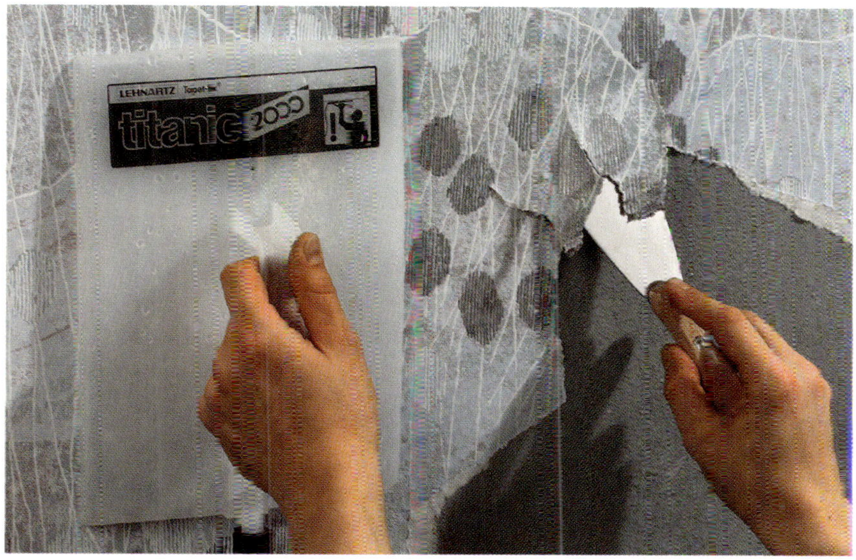

❻ Tapeten mit Wasserdampf abzulösen, ist nicht nur umweltfreundlich, sondern auch zeitsparend. Der Dampf durchdringt die (perforierte) Tapete, die sich nach einer kurzer Einwirkzeit einfach ablösen lässt.

❼ Wenn Sie die Tapete mit Wasser eingesprüht haben, lässt diese sich nach etwa einer Viertelstunde mit einem (ergonomischen) Spachtel leicht ablösen.

❽ Hier noch ein Tipp, damit das Renovieren leichter von der Hand geht. Stumpf gewordene Spachtel sollten Sie mit Metallschleifpapier von Zeit zu Zeit wieder schärfen.

So machen Sie es richtig

- **Mit warmem Wasser (und etwas Spülmittel) lässt sich die Tapete noch wesentlich besser aufweichen.**
- **Für weiche Untergründe sollten Sie einen Spachtel mit stumpfem Blatt verwenden, damit der Untergrund nicht beschädigt wird.**
- **Beachten Sie beim Einsatz von chemischen Mitteln unbedingt die Sicherheitshinweise des Herstellers.**

Sinnvolle Arbeitsbeschleuniger

❶ Instant-Kleister ist bereits drei Minuten nach dem Anrühren gebrauchsfertig. So können Sie mit dem Tapezieren direkt beginnen.

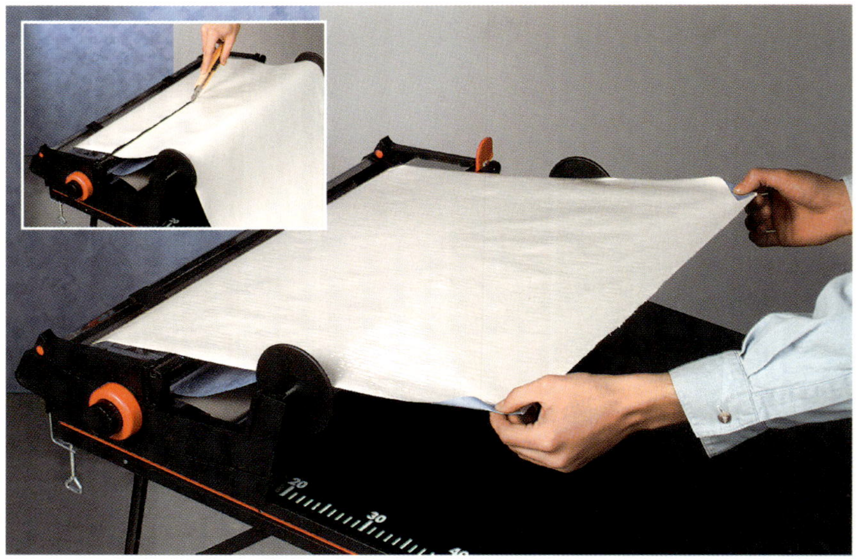

❷ Wenn Sie große Flächen zu tapezieren haben, lohnt sich die Anschaffung einer Kleistermaschine. Damit ist ein gleichmäßiger, dosierter und vor allem schneller Kleisterauftrag möglich. Bei den meisten Kleistermaschinen können Sie zwischen drei Kleisterauftragsstärken wählen.

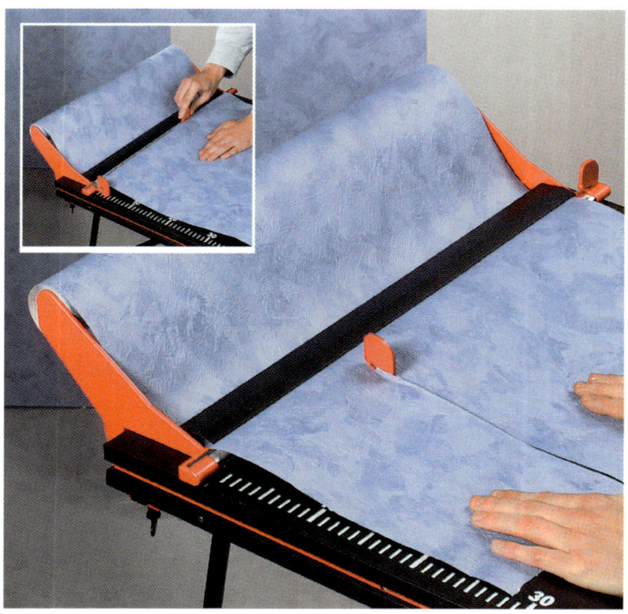

❸ Mit einem Tapetenzuschneider können passgenau Bahnen abgelängt werden. Das kleine Cutmesser wird dabei in einem Aluminium-Schneidbalken geführt.

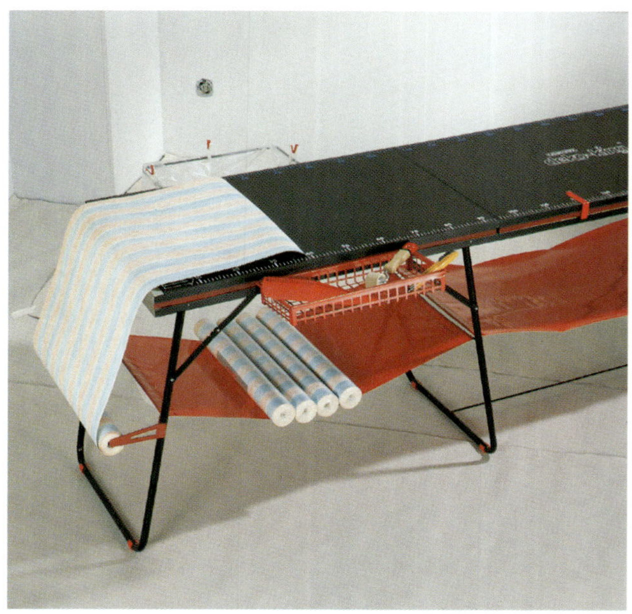

❹ Für Vieltapezierer führt ein Komfort-Tapeziertisch zu Zeitgewinn. Mit oder ohne Kleistermaschine haben Sie durch die zwei Skalen immer das richtige Maß.

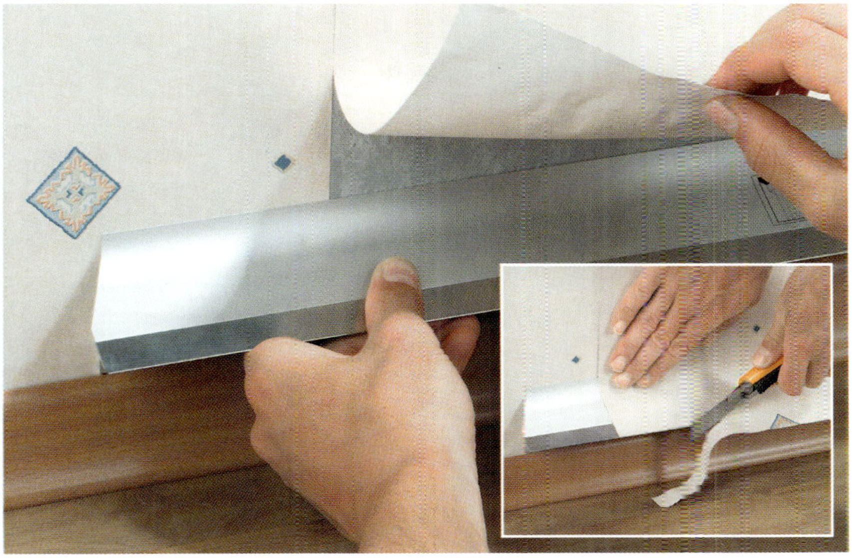

❺ Zuschnitte an Decke und Boden gelingen im Nu mit einer Beschneideschiene. An der Fußleiste sind damit Schnitte auf Stoß oder auch abgestuft möglich, je nachdem, ob Sie die Tapete bündig mit der Fußleiste oder etwas überdeckend kleben wollen.

Der Dampf-Tapetenablöser: schnell und umweltfreundlich

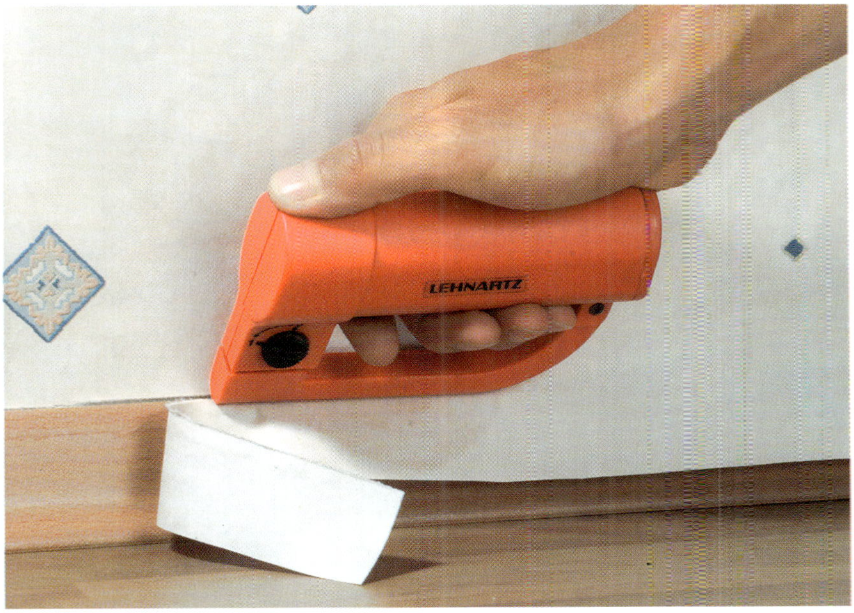

❻ Auch eine Elektro-Tapetenschere kann Ihnen die Arbeit erheblich erleichtern. Zwei geschliffene Stahlnadeln, die auf unterschiedlich dicke Tapeten einstellbar sind, perforieren die Tapete gleichmäßig und sorgen so für eine ansehnliche Kante, ohne dass Sie die Tapete abheben müssen.

❼ Wo war gleich nochmal der Bleistift? Mit einem „Bauchladen" haben Sie alle benötigten Werkzeuge schnell zur Hand.

Richtige Untergrund-Vorbehandlung

❶ Der perfekte Untergrund zum Tapezieren ist trocken, eben, tragfähig und saugfähig. Überstehenden Putz entfernen Sie am besten mit einem Putzglätter oder einem Spachtel.

❷ Bei kleinen Rissen sollten Sie mit einem Spachtel bröckelige Kanten abkratzen und den Spalt mit Wasser einstreichen. Anschließend können Sie den Riss mit etwas Naturgips zuspachteln.

❸ Für Dübel- und Nagellöcher wird gebrauchsfertige Füllmasse angeboten, die Sie nur in das Loch zu drücken brauchen. Abschließend glätten Sie die Oberfläche mit einem Spachtel.

❹ Heute gibt es rissüberbrückende Bänder, die nach dem Anbringen nicht mehr überspachtelt werden müssen. Diese Bänder können einfach übertapeziert werden.

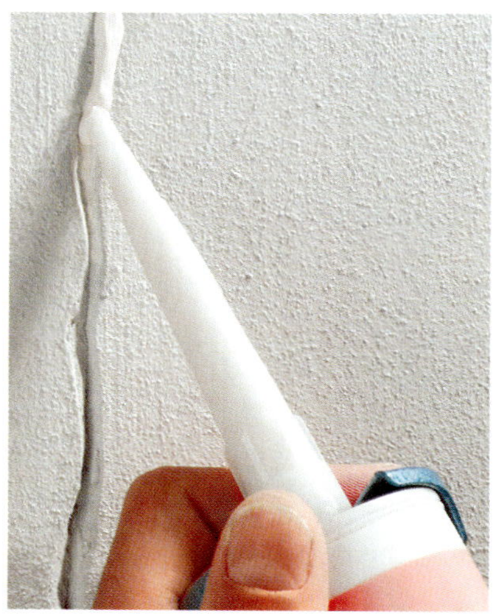

❺ Wenn die Risse etwas größer sind, können sie auch mit Acrylatdichtstoffen gefüllt werden. Die Oberfläche sollten Sie auf jeden Fall abschließend mit einem Spachtel glätten.

❻ Stock- und Rußflecken können Sie einfach mit einem Fleckenblocker oder -isolierer überstreichen. Diese Mittel sind oft deckend weiß, sodass die dunklen Flecken später nicht mehr sichtbar sind.

❼ Der Untergrund darf nicht zu saugend sein (dunkle Färbung). Ist er zu glatt, perlt das Wasser ab. Im ersten Fall sollten Sie grundieren, im zweiten Fall sollte die Wand angeraut werden.

❽ Sandende Putze erkennen Sie am schnellsten mit dem Klebeband-Test. Hier sollte ggf. grundiert oder vorgekleistert werden.

❾ Gipskartonwände sollten Sie (nach den Angaben des Herstellers) vorkleistern, da sonst der Kleister zu schnell abtrocknet und damit die Tapete nicht richtig auf dem Untergrund haftet.

❿ Auch wasserbasierter Tiefgrund nimmt dem Untergrund etwas die Saugfähigkeit. Zudem festigt er die Oberfläche (z. B. von leicht sandendem Putz).

⓫ Mit einer Wechselgrundierung schlagen Sie zwei Fliegen mit einer Klappe: Der Untergrund entzieht dem Kleister nicht so schnell das Wasser und vor allem können Sie die Tapete beim nächsten Renovieren leicht abziehen.

⓬ Makulatur sorgt für einen gleichmäßig saugenden Untergrund. Wenn sie zudem spaltbar ist (links im Bild), können Sie die Tapete beim Renovieren leicht abziehen und die haften bleibende Schicht erneut nutzen.

Strukturfaser tapezieren

❶ Strukturfaser ist eine der Tapeten, die am leichtesten zu verarbeiten sind. Der Kleister kann mit einer Tapeziermaschine, Lammfell-Rolle oder einem Quast (auch auf der Wand) aufgetragen werden.

❷ Nachdem Sie das Lot für die erste Bahn gefällt haben, können Sie die Strukturfaser sofort ohne jede Weichzeit aufhängen und leicht mit einem Tapezierwischer in der Fläche andrücken.

❸ Schneiden Sie den Tapetenüberstand an Decke und Boden mit einem Cut-Messer ab. Besonders gut eignen sich übrigens auch Werkzeuge mit Schneidrädchen, die nicht an der Tapete reißen.

❹ Strukturfaser-Tapete können Sie sowohl mit einer Tapezierbürste als auch mit einer Gummirolle andrücken. Die Oberflächenstruktur bleibt, anders als z. B. bei Prägetapeten, bei der die Prägung zerstört würde, absolut formstabil.

❺ Weitere Bahnen können Sie theoretisch auch von der Rolle Bahn für Bahn tapezieren. Strukturfaser-Tapeten bleiben, auch wenn sie erst an der Wand durch den Kleister feucht werden, absolut dimensionsstabil.

❻ An Innenecken wird die letzte Bahn genauso wie die erste Bahn der nächsten Wand etwa 2 cm „um die Ecke" geklebt. Dann schneiden Sie die Überstände ab. Wechseln Sie öfters die Klinge, damit das Werkzeug immer scharf ist.

❼ An Außenecken wird ebenfalls eine 2 cm breitere Tapetenbahn tapeziert. Schneiden Sie mit der lang ausgefahrenen Klinge des Cut-Messers an der noch nicht tapezierten Wand mit einer Sägebewegung den Tapetenüberstand ab.

❽ Bei der anderen Seite gehen Sie ähnlich vor. Schlagen Sie jedoch die bereits tapezierte Bahn etwas zurück, damit Sie die angrenzende Bahn ebenfalls genau bis zur Ecke zuschneiden können und die hängende Tapete nicht beschädigen.

❾ Wenn Sie jetzt beide Seiten mit einer Schaumgummiwalze andrücken, sieht man die Naht kaum noch. Da diese Tapete dimensionsstabil ist, brauchen Sie an der Ecke nicht zu befürchten, dass sich die Nähte öffnen.

❿ An „gefährdeten Ecken“, z. B. bei Außenecken in Flur, Diele oder Kinderzimmer, empfiehlt es sich, ein Kunststoff-Eckprofil einzusetzen. Es wird entweder beim Verputzen der Wand oder nachträglich eingesetzt. Da das Profil schützend leicht hervorsteht, wird ähnlich wie an einer Innenecke bis an das Profil tapeziert und der Überstand abgeschnitten.

⓫ Auch so genannte Doppelnahtschnitte sind bei dieser Tapete kein Problem, da sie nicht einreißt. Hier kleben Sie die Bahnen überlappend und schneiden auf einmal durch beide Bahnen.

⓬ Schlagen Sie die obere Tapetenbahn zurück. Jetzt können Sie den Streifen, den Sie durch den Doppelnahtschnitt von der unteren Bahn abgetrennt haben, einfach entnehmen. Tipp: Doppelnahtschnitte bei groß gemusterten Tapeten setzen voraus, dass man den Rapport nicht zu berücksichtigen braucht. Andernfalls müssen die Bahnen auf Stoß angebracht werden.

⓭ Wenn Sie auch den unteren Tapetenstreifen entfernt haben, brauchen Sie die obere Tapetenbahn nur wieder anzudrücken. Durch den millimetergenauen Schnitt ist die Naht nachher nicht mehr sichtbar. Drücken Sie die Tapetenbahnen im Nahtbereich zuerst mit der flachen Hand und abschließend noch einmal gut mit einer Moosgummirolle an.

⓮ Steckdosen und Schalter werden zunächst, nachdem Sie die Blenden entfernt haben, einfach übertapeziert. Vorher unbedingt auf Spannungsfreiheit prüfen! Schneiden Sie die Tapete erst kreuzförmig und dann rundherum ein. Ganz so genau brauchen Sie dabei nicht zu arbeiten, da die Blenden diesen Bereich später großzügig überdecken.

⓯ Nach dem Tapezieren wird die Strukturfaser-Tapete mit Dispersionswandfarbe „nass in nass“ gestrichen. Streichen Sie erst Ecken und Kanten mit einem Heizkörperpinsel vor. Die großen Flächen können Sie dann mit einer Lammfellrolle streichen. Beachten Sie dabei die Wirkung von unterschiedlichen Anstrichen: Die Strukturen treten bei glänzenden Oberflächen unter direkter Sonneneinstrahlung besonders hervor.

16 Auch Decken sind mit Strukturfaser-Tapete schnell tapeziert. Tapeziert wird quer zur Lichtrichtung. Der Verlauf der ersten Bahn (Tapetenbreite zuzüglich 2 cm) wird am besten zu zweit mit einer farbig eingekälkten Schlagschnur markiert. Die Schnur wird angehalten und wie eine Gitarrensaite gezogen. Dadurch bildet sich ein deutlicher Kalkstrich an der Decke ab.

17 Streichen Sie die erste Bahn unter der Decke mit einer Tapezierbürste fest. Das geht zügig, wenn eine zweite Person mithilft und die restliche Tapetenbahn mit einem Besen hochhält. Drücken Sie die Bahnen mit einem Tapezierwischer an.

18 Am Übergang zwischen Decke und Wand tapezieren Sie zunächst etwas überlappend und schneiden dann den Tapetenüberstand mit einem scharfen Messer ab. Tapetenbahn dabei gut andrücken.

19 Streichen Sie jetzt die Decke. Ein Farbroller mit Teleskopstiel erleichtert diese Arbeit sehr. Cremige Dispersionen bzw. feste Farbe lassen sich leicht verarbeiten und tropfen nicht.

So machen Sie es richtig

- **Strukturfaser wird wie jede andere Tapete auch in Lichtrichtung tapeziert.**
- **Strukturfaser kann direkt nach dem Kleisterauftrag verarbeitet werden und braucht keine Weichzeit.**
- **Kleine Schadstellen lassen sich bei dieser Tapete leicht reparieren: Arbeiten Sie mit einer Schablone. Die Vorgehensweise ist ähnlich wie beim Einsetzen eines neuen Teppichstücks bei einem größeren Fleck.**

Raufaser tapezieren

❶ Raufaser ist nicht gleich Raufaser. Leicht unebene Wände fallen bei einer grob strukturierten Raufaser weniger auf. Zu einem modernen Einrichtungsstil passen besser feinere, zu einer rustikalen Einrichtung besser grobere Raufaserstrukturen.

❷ Da es sich bei Raufaser um eine schwere Tapete handelt, sollten Sie Spezial-Kleister oder Raufaser-Kleister nach den Herstellerangaben ansetzen. Geben Sie das Pulver breit gestreut (durch Schütteln der Verpackung) in das Wasser.

❸ Auch Raufaser wird in Lichtrichtung (vom Fenster weg) tapeziert. Loten Sie die erste Bahn auf jeder Wand neu aus (bei einer Rollenbreite von 53 cm im Abstand von ca. 55 cm zur Raumecke). So bleibt die Markierung beim Tapezieren der ersten Bahn sichtbar.

❹ Kleistern Sie 3–4 Bahnen Raufaser von der Mitte zum Rand hin ein (Länge = Wandhöhe + 10 cm Zuschlag). Wenn Sie die eine Hälfte eingekleistert haben, ziehen Sie die oberste Bahn zur anderen Kante des Tisches. So kleistern Sie den Tisch nicht mit ein.

❺ Schlagen Sie das oben anzusetzende Stück jeweils zu ⅓, das untere zu etwa ⅔ um. Nach einer Weichzeit von 10–15 Minuten beginnen Sie mit der zuerst eingekleisterten Bahn. Bei diesem Vorgehen haben alle Bahnen ungefähr die gleiche Weichzeit.

❻ Richten Sie die erste Bahn am Lot so aus, dass sie in der Ecke und an Decke und Fußboden jeweils etwa 5 cm übersteht.

❼ Drücken Sie dann die Raufaser mit einer Schaumwalze oder einem Tapezierwischer an. So bleibt die Oberfläche auch bei stark strukturierten Raufasertapeten erhalten.

❽ Am Beschneidelineal wird der Tapeten-Überstand vorsichtig abgerissen. Ist der Übergang zur Decke nicht ganz gerade, nehmen Sie besser ein kürzeres Lineal.

❾ Drücken Sie auch unten die Raufaser-Bahn mit dem Beschneidelineal gegen die Wand und reißen Sie den Überstand ab. Das Lineal verhindert, dass Ihnen die bereits hängende Bahn einreißt.

❿ So tapezieren Sie Bahn für Bahn auf Stoß. Mit dem Nahtroller werden schließlich die Bahnen längs der Nähte angedrückt, damit sich diese durch schnelleres Trocknen später nicht öffnen.

⓫ Außen- und Innenecken bedürfen besonderer Aufmerksamkeit. Bei Außenecken wird überlappend tapeziert (hier von links) und der Überstand mit einem scharfen Cut-Messer in einer sägenden Bewegung abgeschnitten.

⓬ Tapezieren Sie jetzt von der anderen Seite. Damit Sie auch hier die Klinge plan an der Wand entlangführen können, klappen Sie die bereits hängende Bahn etwas zurück.

⓭ Jetzt stoßen die beiden Bahnen bündig aneinander. Um die Naht sauber zu schließen, gehen Sie mit einem Tapetenrest und etwas Kleister über die Außenecke. Die Naht ist dann nicht mehr sichtbar.

⓮ An Innenecken reißen Sie mit dem Beschneidelineal den Überstand der Raufaser von rechts und links ab. Auch hier sollten Sie mit einem Tapetenrest und etwas Kleister den Stoß nacharbeiten.

⓯ An Fensterbänken gehen Sie so vor: Auf Höhe der Fensterbank-Mitte schneiden Sie die Tapete waagerecht ein. Schneiden Sie dabei nicht zu weit.

⓰ Mit einem scharfen Cut-Messer machen Sie dann auf Höhe der Fensterbank einen T-Schnitt. Wenn die Klinge stumpf ist, reißt die Raufaser möglicherweise ein.

⓱ Den einen Teil der Raufaser-Bahn können Sie einfach unter der Fensterbank andrücken. Über der Fensterbank haben Sie wieder die Situation wie an der Außenecke.

⓲ Legen Sie in der Fensterlaibung ein passendes Stück Raufaser ein. Dann markieren Sie die senkrechte Innenkante des Mauerwerks mit einem Bleistiftstrich auf der Tapete an und schneiden den Überstand ab.

⓳ Bevor Sie die Blenden abschrauben, um über eine Steckdose zu tapezieren, müssen Sie die Dose unbedingt auf Spannungsfreiheit prüfen! Erst dann wird die Raufaser über dem Steckdosen-Körper kreuzförmig eingeschnitten und die Tapete rundherum entfernt.

⓴ Nun können Sie die Raufaser in Ihrer Wunschfarbe anstreichen. Da Sie mit einer Farbrolle nur schwer in die Ecken kommen, sollten Sie sowohl dort als auch am Übergang zur Decke mit einem 70er-Heizkörperpinsel vorstreichen.

㉑ Den Rest können Sie dann recht zügig mit einer Farbrolle „nass in nass“ streichen. Tragen Sie die Farbe erst in leicht schrägen Bahnen über Kreuz und abschließend in senkrechter Richtung in einander leicht überlappenden Bahnen auf.

Wand-Gestaltungstechniken

❶ Die Schablonentechnik ist eine von mehreren Möglichkeiten, mit Raufaser tapezierte Wände zu verschönern. Reißen Sie ein Stück festeren Karton (z. B. die Rückseite eines Zeichenblockes) ungleichmäßig ein.

❷ Legen Sie die so erstellte Schablone auf dem Untergrund an. Tauchen Sie den Rundpinsel nur leicht in die Farbe und wischen Sie dann damit ganz leicht und nur mit dem Eigendruck des Pinsels über die Schablonenkante. So entsteht auf der einen Seite eine scharfe Abrisskante und auf der anderen Seite ein Wisch-Effekt.

❸ Wenn Sie die Schablone nochmal ansetzen und einen zweiten Farbton auftragen, lassen sich sehr interessante optische Effekte erreichen. Sollte die Pappe mit der Zeit durch die Farbe etwas weich werden, reißen Sie sich einfach eine neue Schablone zurecht.

❹ Gerade mit selbst hergestellten Schablonen lässt sich ungemein kreativ gestalten. Reißen Sie für den zweiten Farbauftrag einfach einen anderen oder einen größeren Bogen in die Schablone, oder variieren Sie mit unterschiedlichen Farben und Formen!

So machen Sie es richtig

- **Der Pinsel sollte ziemlich trocken sein. Gießen Sie auf einer Unterlage etwas Farbe aus. Nehmen Sie die Farbe mit dem Pinsel auf und stupfen Sie den Pinsel neben der Farblache ein bisschen ab.**
- **Damit der Farbauftrag nicht zu satt wird, führen Sie den Pinsel am besten nur mit „Eigendruck“ und mit einer wischenden Bewegung über die Schablone.**
- **Man kann beim Wischen übrigens auch etwas in der Richtung variieren und damit interessante Effekte erzielen.**

❶ Die zweite Möglichkeit besteht darin, auf die gestrichene Wand ein Muster zu tupfen. Geben Sie etwas Farbe auf eine Unterlage oder eine Farbwanne und tauchen einen Naturschwamm in den Farbfilm.

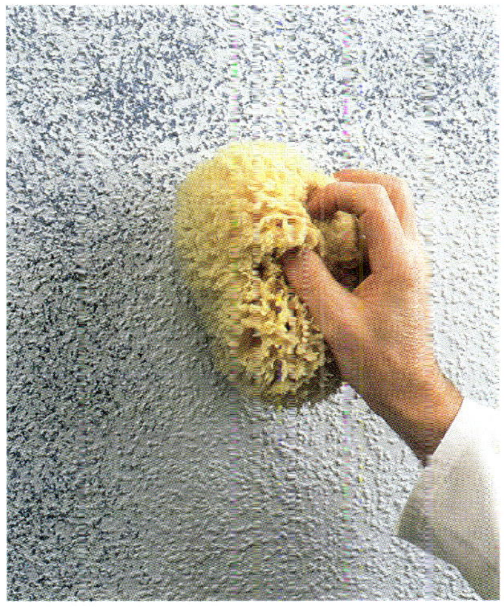

❷ Setzen Sie den Schwamm ganz leicht auf der Wand auf, sodass die großen Schwammporen gerade die Wand berühren. Das Tupfmuster können Sie etwas dichter oder auch nur sporadisch auftragen.

❸ Auch hier sorgt die Zweifarbigkeit für einen besonderen optischen Reiz. Tupfen Sie also noch ein zweites Mal die Wand in einem passenden Farbton. Testen Sie die Farbkombination am besten auf einem Reststück Raufaser, bevor Sie der Wand das Muster geben.

❹ Wenn Sie die ganze Fläche dicht mit dem Schwamm betupfen möchten, ist es nicht ganz so einfach, das Muster unregelmäßig erscheinen zu lassen. Tupfen Sie für diesen Effekt etwas überlappend oder drehen Sie den Schwamm ein wenig.

Das brauchen Sie

- **Raufaser**
- **fester Karton**
- **Rundpinsel**
- **Farbwanne**
- **Dispersionsfarben**
- **Naturschwamm**
- **Lackierwanne**

So machen Sie es richtig

- **Tupfen Sie den Schwamm auf jeden Fall gut ab, bevor Sie damit auf die Wand gehen. Wenn er zu voll ist, ergibt sich nicht nur ein unerwünschter flächiger Farbauftrag, es läuft schlimmstenfalls sogar etwas Farbe die Wand herunter.**
- **Betupfen Sie die Wand nicht in geraden Reihen. Wenn Sie systematisch vorgehen, sind Sie vielleicht schneller fertig, unter Umständen ergibt sich dadurch aber ein zu gleichmäßiges Muster.**

Wickeltechnik und Bordüren

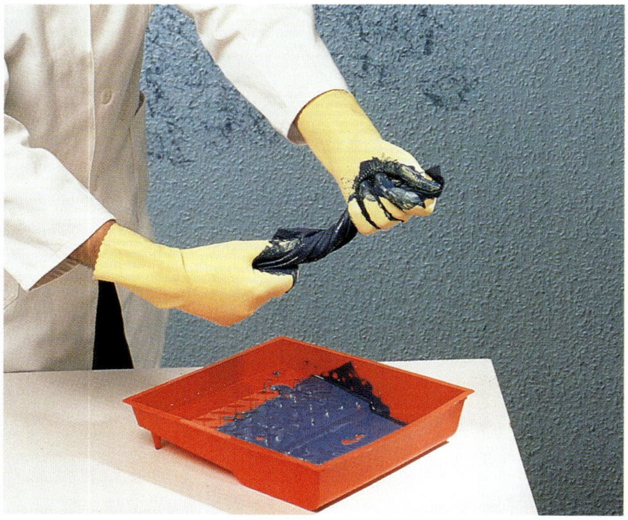

❶ Bei der Wickeltechnik füllen Sie zunächst etwas Dispersionsfarbe in eine Lackierwanne. Tauchen Sie ein sauberes Fensterleder in die Farbe und wringen Sie es wie einen Aufnehmer aus.

❷ Lassen Sie dann das Tuch sich leicht zurückdrehen. Halten Sie es der Breite nach an der Wand an und wickeln (rollen) Sie es über die Wand. Die heraussstehenden Falten des Tuches hinterlassen dann ihr unregelmäßiges Muster auf der Wand.

❸ In der gleichen Weise verfahren Sie auch mit weiteren Farben. Mit dem Fensterleder etwas Dispersionsfarbe aufnehmen, gut ausdrücken und dann von oben nach unten über die Wand rollen.

❹ So entstehen je nach Beschaffenheit des verwendeten Tuches mehr oder weniger grobe Muster. Am besten ergänzen Sie solche stark gemusterten Wände durch uni gefärbte Stoffe, damit der Gesamteindruck des Raumes nicht zu unruhig ist.

So machen Sie es richtig

- **Verwenden Sie für die Wickeltechnik unbedingt ein Tuch, das nicht flust. Ein Fensterleder eignet sich deswegen für diese Technik besonders gut. Außerdem ist es etwas dicker, öffnet sich daher nach dem Wringen von selbst und hat dann eine Oberfläche, die schöne Muster auf der Wand hinterlässt. Das Muster eines Leinentuchs könnte schnell zu flächig und gleichmäßig wirken.**

Das brauchen Sie

- Dispersionsfarben
- Fensterleder
- Gummihandschuhe
- Lackierwanne
- Bleistift
- Lineal
- Wasserwaage
- Klebeband
- kleiner Farbroller
- Klebeschablone oder Klebevlies
- Rundpinsel

❶ Bordüren lassen sich nicht nur tapezieren sondern auch mit einer Schablone herstellen. Legen Sie als Erstes den Verlauf der Bordüre fest und kleben Sie den Rand ab.

❷ Tragen Sie nun die „Hintergrundfarbe" der Bordüre zwischen den Klebestreifen auf. Die Streifen können später rückstandslos von der Tapete entfernt werden.

❸ Schablonen aus Vlies sind nur einmal verwendbar. Dafür garantiert dieser Schablonentyp exakte Bordürenmuster. Der Kleber auf der Rückseite sorgt nur für die gerade notwendige Haftung: so können Sie die Schablone abziehen ohne die Tapete zu beschädigen.

❹ In Kombination mit ausgewählten Dispersionsfarben können Sie „Ihre" Bordüren frei gestalten. Natürlich gibt es nicht nur Schablonen mit Motiven für das Kinderzimmer, sondern auch Motive für Badezimmer, alle Wohnbereiche und Einrichtungsstile.

So machen Sie es richtig

- **Achten Sie auf die Verarbeitungsqualität, wenn Sie eine Schablone kaufen. Je exakter diese hergestellt ist, desto schöner wird später das Endergebnis ausfallen.**
- **Bei der Bordüren-Schablone ist es wichtig, dass Sie die Farbe aufstupfen und nicht aufstreichen. Sobald Sie streichen, gelangt Farbe – besonders bei Raufaser – unter die Schablone und das Bordürenmuster ist nicht mehr exakt.**

Teppich fachgerecht verlegen

Ein schöner Teppichboden trägt viel zur Behaglichkeit eines Raumes bei. Textile Böden von Wand zu Wand sind genauso verbreitet wie Fertigparkett und geflieste Böden. Vom richtigen Vorbereiten des Untergrundes bis zur Verlegung auch an „kniffligen Ecken“ bekommen Sie alle Informationen, die Sie brauchen. Eine ausführliche Kaufberatung verschafft Ihnen in Sachen Teppichauswahl den nötigen Durchblick.

- **Teppiche sind Auslegungssache**
- **Werkzeuge zum Teppichverlegen**
- **Durchblick bei Teppichsorten**
- **Untergrund richtig vorbereiten**
- **Teppich verlegen Schritt für Schritt**
- **Wandabschlüsse und Übergänge**

Teppiche sind Auslegungssache

Teppichen mit diesem Symbol können Rollen von Bürostühlen nicht viel anhaben.

Dieses Symbol deutet die Eignung der Verlegeware für Feuchträume an.

Wenn der Teppich über einer Fußbodenheizung verlegt wird, muss er dieses Symbol tragen.

Das Verlegen von Teppich gehört mit dem Tapezieren zu den Tätigkeiten, die am häufigsten in „Eigenregie" durchgeführt werden. Teppichböden verbinden viele Vorteile. Sie machen einen Wohnraum behaglich und leisten zudem ihren Beitrag zur Wärme- und Trittschalldämmung. Teppiche können zusätzlich spezielle Anforderungen erfüllen, wie Stuhlrollen-, Treppen- oder Feuchtraumeignung. Erschöpfende zAuskunft geben die standardisierten Symbole auf dem Teppichsiegel, das Sie auf der Rückseite eines jeden Teppichs finden.

Geeignete Untergründe

Nicht nur die Qualität des Teppichbodens ist entscheidend für einen haltbaren Bodenbelag, sondern auch die Beschaffenheit des Untergrundes und nicht zuletzt die fachgerechte Verlegung des Teppichs. Die Anforderungen an den Untergrund sind hoch: Er muss dauerhaft trocken, eben, fest, tragfähig und rissfrei sein. Klebstoffhersteller bieten die dafür geeigneten Grundierungen und Spachtelmassen an, sollte die Oberfläche des Untergrundes von der Norm abweichen.

Aufbau von Teppichen und verwendete Materialien

Qualitative Unterschiede ergeben sich beim Teppich durch das verwendete Material, die Dichte des Flors und den Teppichrücken. Die Nutzschicht des Teppichs ist bei heutigen Teppichen meist aus synthetisch hergestellten Fasern, da diese besonders pflegeleicht und strapazierfähig sind. Vor allem bei synthetischen Teppichen sollten Sie auf

Beim Transport sollte der Teppich auf keinen Fall geknickt weren. Die Falten bekommen Sie sonst nie wieder richtig heraus.

das Symbol „antistatisch" achten, da diese sich bei niedriger Luftfeuchtigkeit elektrostatisch aufladen. Die Entladungen sind nicht nur unangenehm, sie können sogar elektronische Bauteile zerstören. Teppiche mit hohem Wollanteil in der Nutzschicht tragen durch ihre naturgegebenen Eigenschaften zu einem gutem Raumklima bei, da die Wolle, ebenso wie andere natürliche Teppichmaterialien, Luftfeuchtigkeit aufnehmen und wieder abgeben kann.

Bei gewebten Teppichen entsteht bei der Herstellung in einem Arbeitsgang ein Belag aus Grundschicht und Polschicht (Nutzschicht). Heute werden Teppiche meist im schnelleren Tufting-Verfahren hergestellt. In diesem Verfahren werden die Florfäden in ein Grundmaterial eingenadelt. Bei beiden Herstellungsarten entsteht so zunächst eine Nutzschicht mit Garnschlingen. Wenn diese Garnschlingen aufgetrennt werden,

Das Teppichsiegel gibt verlässlich Auskunft über das Material, den Strapazier- und den Komfortwert der Verlegeware.

wird aus dem Schlingenflor ein Schnittflor (Velours). Allgemein kann man sagen: Je mehr Garnfäden pro Quadratzentimeter zum Teppich verarbeitet werden, desto dichter und hochwertiger ist die Ware und desto höher ist auch der Begehkomfort.

Andere Bodenbeläge

Für Linoleum-, PVC- und CV-Beläge gelten im Prinzip dieselben Aussagen über die ideale Untergrundbeschaffenheit und über die Verlegetechnik. Mit bloßem Auge sind kaum Unterschiede zwischen den Belägen feststellbar. PVC ist wegen der Dämpfe, die der Belag absondert, mit den Jahren in Verruf gekommen. Eine Weiterentwicklung stellt der CV-Boden dar. Die Skepsis ist dennoch groß, und so hat der Linoleum-Belag weiter an Popularität gewonnen, auch deshalb, da die Hersteller bei den gesundheitlich unbedenklichen Böden heute kräftige Farben ins Spiel gebracht haben.

Kleben oder lose verlegen?

Ob Sie Teppich ganzflächig verkleben oder lose verlegen, ist eine Frage der Teppichgröße. Ab 20 m² Fläche wird empfohlen, den Teppich zu verkleben. Ob der Teppich einen Latex-, PU-Schaum oder textilen Zweitrücken hat, spielt dabei eine untergeordnete Rolle. Ein Teppich mit dickem Teppichrücken aus Latex legt sich gut im Raum, da das Material weich, schwer und zudem angenehm trittelastisch ist. Ähnlich dem Tapetenwechselgrund für Tapeten werden neben gebrauchsfertigen Dispersionsklebstoffen so genannte Wiederaufnahmekleber angeboten. Damit verklebte Böden lassen sich beim nächsten Renovieren wieder leichter entfernen. Dabei verzieht sich der Teppich aber so stark, dass er in keinem Fall bei einem Umzug „mitgenommen“ und erneut ausgelegt werden kann.

FACHAUSDRÜCKE

Ablüftzeit: Die Zeit, die der aufgetragene Teppichkleber trocknen muss, bevor der Teppich angedrückt wird.

Einlegezeit: Zeitspanne, innerhalb derer der Teppich in das frische Kleberbett eingelegt werden sollte. Danach ist der Kleber zu sehr abgetrocknet.

Florrichtung: Die Richtung, in die der Velours oder die Schlingen stehen.

Polschicht: Die Nutzschicht eines Teppichs auf dem Grundmaterial.

Teppich auf Treppen wird besonders beansprucht. Dieses Symbol weist auf die Eignung hin.

Verlegeware mit diesem Zeichen lädt sich elektrostatisch nicht auf.

Werkzeuge zum Teppichverlegen

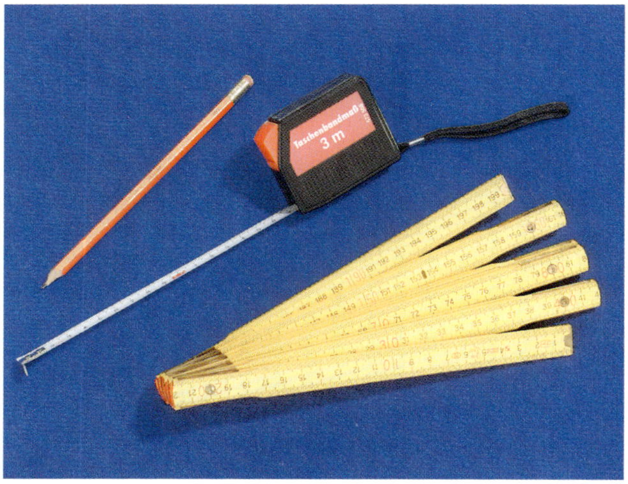

❶ Für alle Bodenbeläge gilt: Richtig ausgemessen ist halb verlegt. Damit Sie genau das richtige Maß finden, brauchen Sie einen Zollstock. Große Räume lassen sich schneller mit einem langen Maßband vermessen. Besonders bei teurer Verlegeware kommt es auf genaues Messen an. Papier und Bleistift gehören mit dazu.

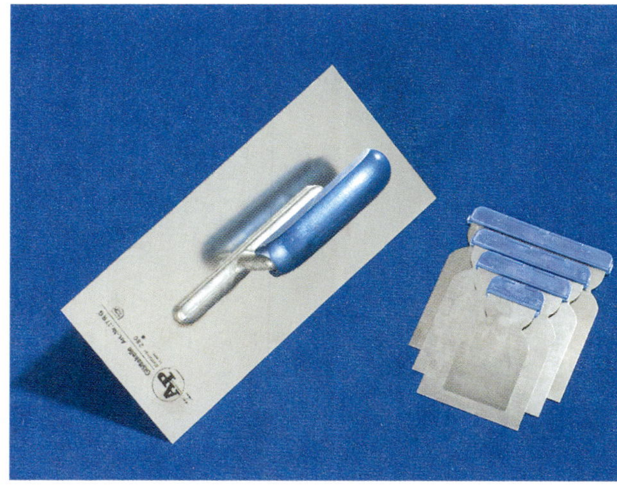

❷ Wenn Unebenheiten im Untergrund zu beseitigen sind, kann man dafür Spachtel verwenden. Bei harten Untergründen sollten Sie einen Spachtel mit scharfem Blatt, bei weicheren Untergründen einen „stumpfen“ Spachtel verwenden. Zum Verteilen von selbstfließenden Ausgleichsmassen benutzt man eine Glättekelle.

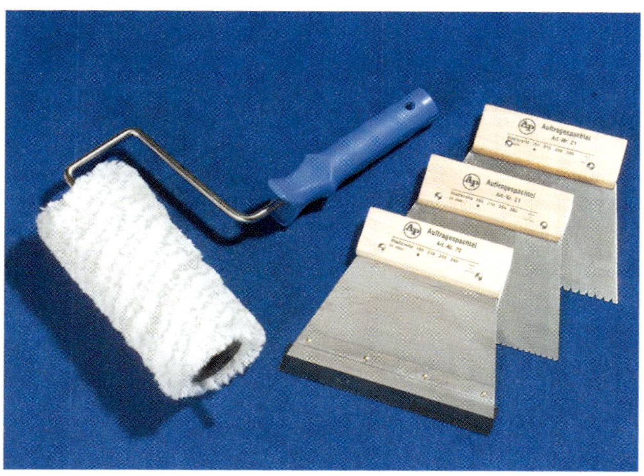

❸ Sie können Teppiche ganzflächig fixieren oder kleben. Je nach Struktur des Teppichrückens brauchen Sie zum Auftragen des Klebers einen passenden Zahnspachtel: Je strukturierter die Belagsrückseite, desto grober sollte die Zahnung sein. Welche Zahnung zu verwenden ist, geben die Kleber-Hersteller auf ihren Gebinden an. Dünnflüssige (Wiederaufnahme-)Kleber lassen sich am besten mit einer Farbwalze auftragen.

❹ Bei Teppichen in Räumen, die kleiner als 20 m^2 sind, sowie bei schwerer Verlegeware reicht es aus, den Teppich an den Rändern und an den Übergängen zu angrenzenden Belägen mit doppelseitigem Klebeband zu fixieren. Diese Methode scheint auf den ersten Blick sehr einfach zu sein. Dennoch müssen Sie sehr sorgfältig arbeiten, da die Klebekraft enorm ist und spätere Korrekturen kaum möglich sind.

❺ Das wichtigste Werkzeug beim Verlegen von Bodenbelägen ist ein (ergonomisches) Cut-Messer ① mit Trapez- und Hakenklingen und eine Teppichschere ②. Zum Zuschneiden von Teppichen mit Kompaktschaumrücken eignet sich ein Teppich-Unterschneider ③. Lose Fäden sollten Sie nicht versuchen abzureißen, sondern mit einer kleinen (Flor-)Schere ④ abschneiden.

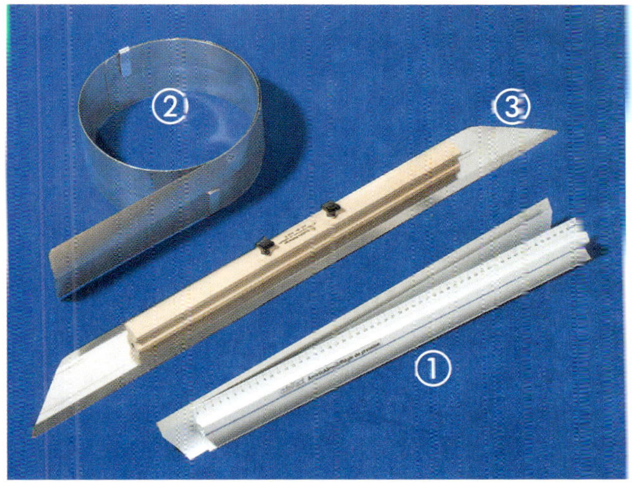

❻ Gerade Schnitte gelingen von Hand nur mit viel Übung. Saubere Zuschnitte entlang der Wand sind mit Teppichlineal und Andrückschiene ① möglich. Lange Schnitte mitten im Raum, z. B. bei zwei angrenzenden Teppichbahnen gelingen am besten mit einer Aufrollschiene ②. Mit einem Türlineal ③ können Sie Beläge in der Türzarge passgenau zuschneiden.

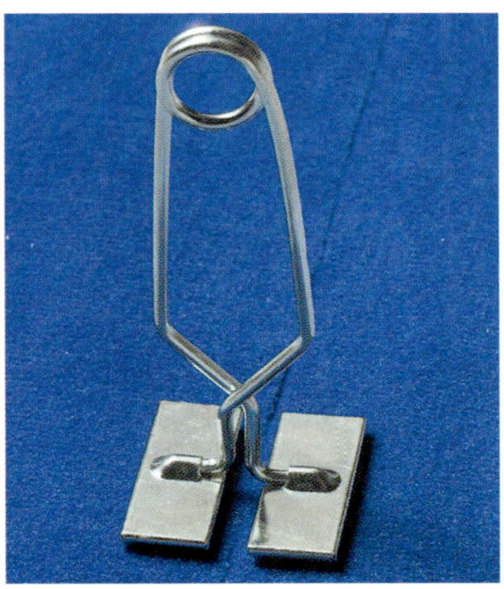

❼ Kennen Sie das schon? Beim Zusammenklappen der Bahnen eines vollflächig verklebten Teppichs passen die beiden Stücke plötzlich nicht mehr millimetergenau zusammen. Mit einer Nahtklammer kann man kleinere, offene Nähte zusammenziehen.

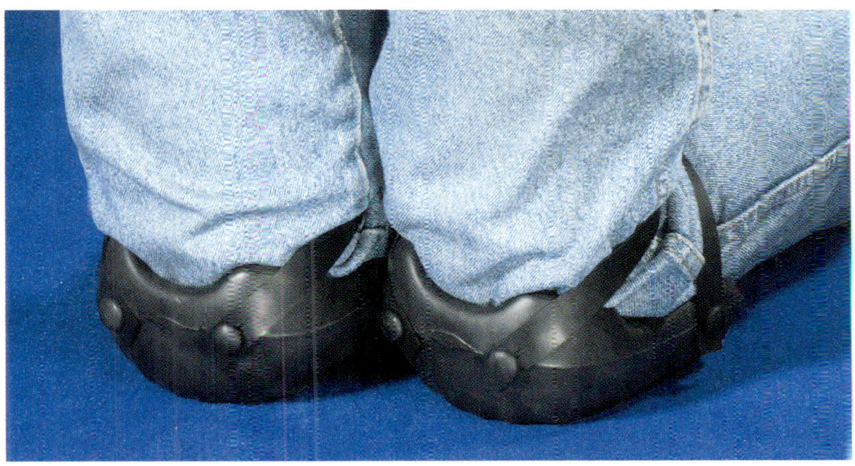

❽ Ihre Knie werden beim Teppichverlegen arg strapaziert. Besonders wenn Sie viele Zuschnitte zu machen haben, z. B. bei Räumen mit hineinragenden Mauervorsprüngen, vielen Türen, oder wenn die Verlegeware um Heizungsrohre herum angepasst werden muss, sind gepolsterte Knieschoner recht nützlich. Auch bei Knieschonern gibt es qualitative Unterschiede, die sich im Tragekomfort bemerkbar machen.

Durchblick bei Teppichsorten

❶ Betrachtet man die Unterseite von Teppichen, findet man meist synthetische Zweitrücken. Filz- und Latexrücken sorgen für einen hohen Begehkomfort. Auch ökologische Materialien wie Juterücken stehen zur Verfügung.

❷ Wie bekommt der Teppich seine Farbe? Hier gibt es die unterschiedlichsten Verfahren. Entweder wird er bedruckt ① oder gefärbt ②. Der Melange-Velours ③ ist bei der Herstellung zunächst unifarben. Dann nehmen die verschiedenen im Teppich enthaltenen Garne die Farbe unterschiedlich auf. Das ergibt dann interessante, changierende Effekte.

❸ Bei den Florarten, also der Oberseite, die für den Betrachter den Teppich ausmacht, unterscheidet man zwischen Schlinge (Bouclé) ① und Velours. Hochwertige Schlingenware ist mit einem textilen Zweitrücken ausgestattet. Mit Salz-und-Pfeffer-Melierung ③ oder als rustikale Berberschlinge ② sind diese Teppiche unempfindlich gegen Flecken.

❹ Wenn der Schlingenflor aufgeschnitten ist, spricht man von Velours. Besonders strapazierfähig und angenehm begehbar ist die Ausführung, bei der unter Wärmezufuhr das Garn zweifach gezwirnt wurde (mittleres Bild).

❺ Für welche Teppichsorte auch immer Sie sich entscheiden, ein gut sortierter Bau- oder Fachmarkt hält Musterbücher für Sie bereit, nach denen Sie sich auch den Farbton aussuchen können, der zu Ihrer Einrichtung am besten passt.

❻ Im gleichen Maße wie das ökologische Bewusstsein wächst, erweitert sich auch das Angebot an Teppichen aus Naturprodukten. Dabei kann es sich um Mischungen wie z. B. Sisal und Wolle ① oder Cocos und Sisal ③ handeln oder um auch um reine Produkte aus Jute ② oder Sisal ④. Meist sind diese Teppiche mit einem Latexrücken ausgestattet, der aber leider von begrenzter Lebensdauer ist.

❼ Neben der Verlegeware, die es in Breiten zu 4 und 5 Metern gibt, darf man die Teppichfliesen nicht vergessen. Diese können im Schachbrettmuster parallel zu den Wänden oder auch diagonal im Raum verlegt werden.

❽ Ähnlich wie Teppichböden werden auch Linoleum, PVC- bzw. CV-Böden verlegt. Ursprünglich wurde Linoleum nur in Grau angeboten. PVC-Böden verkauften sich besser, da sie in vielen unterschiedlichen Designs angeboten werden konnten. Sie verloren dann jedoch deutlich an Attraktivität, da der Verdacht aufkam, sie seien gesundheitlich nicht unbedenklich. Hersteller von Linoleumböden haben nur mit ihren Designs nachgezogen, sodass optisch kaum noch ein Unterschied zwischen den Böden feststellbar ist.

Untergrund richtig vorbereiten

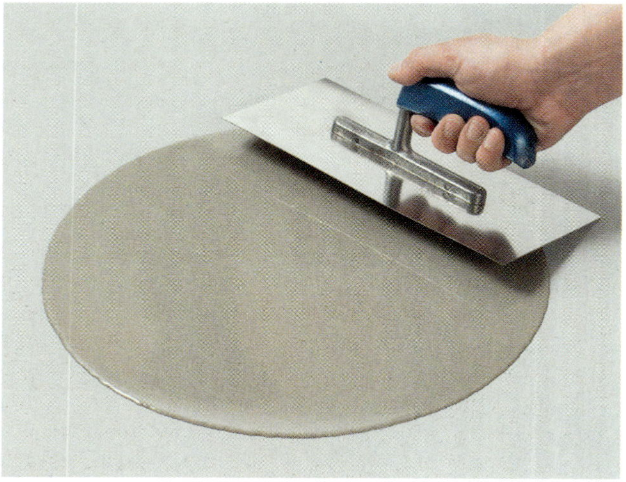

❶ Selten ist der Untergrund zum Teppichverlegen so perfekt, dass keinerlei Vorarbeiten nötig sind. Wenn z. B. Fußböden aus Beton oder Zement-Estrich nicht ganz eben sind, können Sie diese „Dellen" am schnellsten mit einem Fließspachtel ausgleichen. Die Spachtelmasse wird fließfähig angerührt und nach einer Reifezeit von 5 Minuten zügig ausgegossen und verarbeitet. Mit einer Glättekelle können Sie das Auseinanderfließen des Materials etwas unterstützen.

❷ Saugende Untergründe, wie z. B. Zement- oder Anhydrit-Estriche, aber auch andere Estriche, sollten entweder grundiert oder mit einem Voranstrich versehen werden, bevor Sie eine Ausgleichsmasse oder Teppichkleber auftragen. Sonst wird den aufgetragenen Massen das Wasser zu schnell entzogen und dadurch die Haftfähigkeit vermindert.

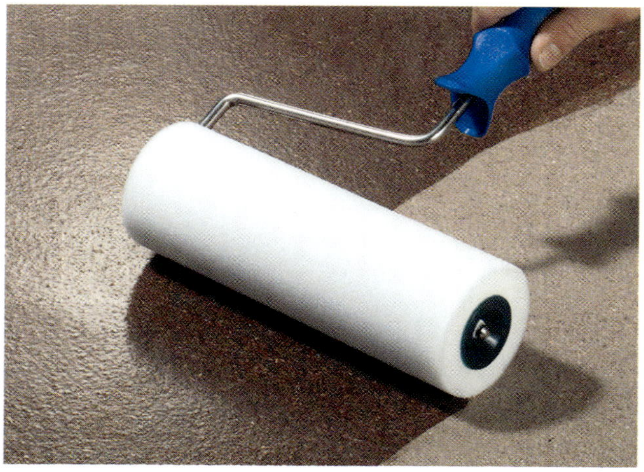

❸ V-100-Spanplatten werden als Bodenverlegeplatten immer häufiger eingesetzt. Dieser Untergrund ist uneingeschränkt für die Teppichverlegung geeignet, wenn Sie einen Neopren- oder Polyurethan-Voranstrich auftragen. Schraubenlöcher und eventuell vorhandene Fugen sollten mit Spachtelmasse ausgefüllt werden.

❹ Wenn PVC- oder Linoleumbeläge fest mit dem Untergrund verbunden sind, können Sie direkt darauf Teppich verlegen, ohne den alten Belag erst mühsam herauszureißen. Sie sollten lediglich von dem alten Nutzboden Staub, Schmutz und alte Pflegemittelrückstände gründlich entfernen.

❺ Theroretisch können Sie auch über einen alten Teppich neue Ware verlegen. Dies ist aber nur möglich, wenn der alte Teppich ganzflächig verklebt ist, sich damit nicht wellen kann und kurzflorig ist. Schlingenteppiche oder Teppiche mit hoher Veloursschicht sind als Untergrund nicht stabil genug. Diese Teppichsorten müssen Sie dann leider entfernen. Eine große Arbeitserleichterung stellt dabei die Reißklaue dar, mit der Sie selbst den Teppichanfang gut packen können.

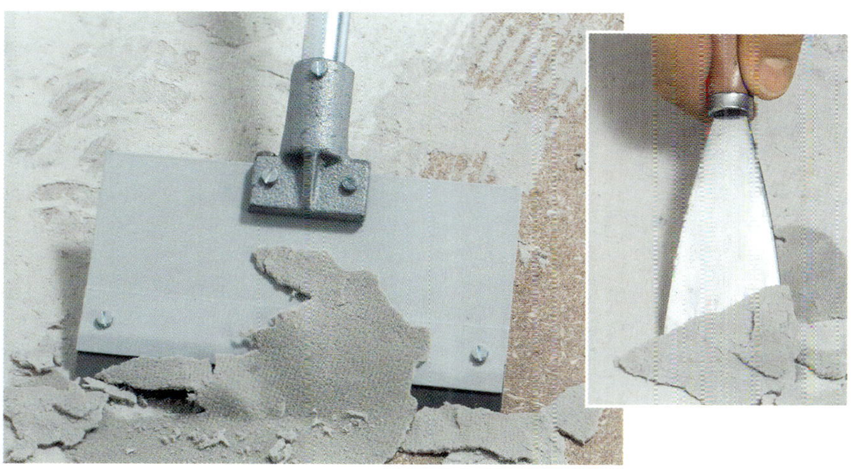

❻ Selbst wenn der herausgerissene Belag mit einem Wiederaufnahmekleber verlegt wurde, bleiben in jedem Fall Kleberreste und Reste des Teppichrückens am Untergrund haften. Diese Rückstände müssen natürlich vollständig entfernt werden, bevor Sie den neuen Teppich verlegen. Je stabiler und größer das verwendete Werkzeug, desto leichter ist die Arbeit. Achten Sie darauf, dass Sie dabei nicht den Untergrund beschädigen.

So machen Sie es richtig

- **Der Untergrund für die Teppichverlegung sollte tragfähig, rissfrei, sauber, staubfrei, trocken und leicht saugfähig sein.**
- **Die Vorbereitung des Untergrundes ist sehr wichtig. Wenn der Kleber später nicht haftet und sich deshalb der Teppich löst oder wellt, sieht auch teure Verlegeware nicht mehr schön aus.**
- **Beachten Sie die Hinweise der Hersteller auf den Verpackungsrückseiten der Materialien, die Sie verwenden. Deren Anwendung kann von Anbieter zu Anbieter variieren. Die Qualität der Vorarbeiten ist jedoch abhängig von der fachgerechten Verarbeitung.**
- **Kleinere Unebenheiten lassen sich durch das Auslegen von Verlegevlies ausgleichen. Das macht den Bodenbelag zwar deutlich teurer, vereinfacht aber genauso die Verlegung wie Haftgitter, auf dem der Teppich auch ohne Kleber perfekt liegt.**

Teppich verlegen Schritt für Schritt

❶ Legen Sie zuerst den Teppich lose so im Raum aus, dass er an den Wänden ungefähr 10 cm hochsteht. Lässt man ihn über Nacht ausgebreitet, kann er sich etwas legen und anschließend leichter verarbeitet werden.

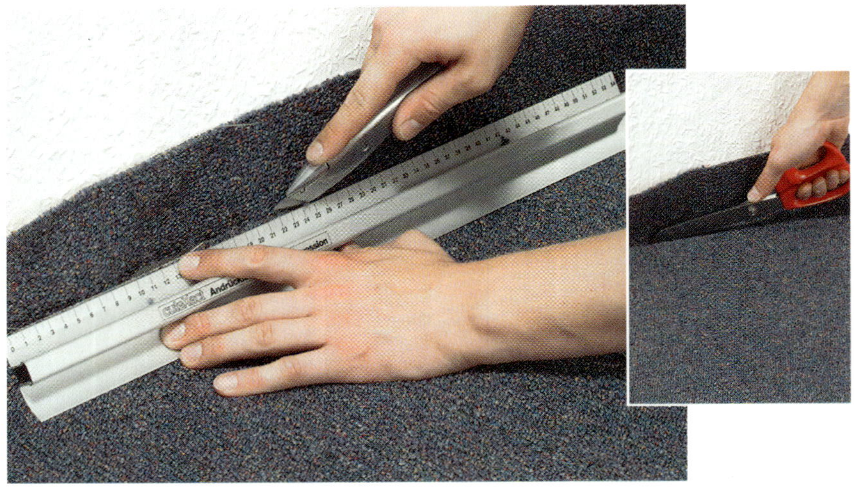

❷ Mit einer Schneidekante oder einem Andrücklineal und einem Cut-Messer mit Trapez- oder Hakenklinge können Sie den Überstand an den Wänden passgenau abschneiden. Führen Sie die Klinge immer so, dass Sie von der anderen Hand weg schneiden. Sie können den Teppich auch ohne Hilfsmittel schneiden. Drücken Sie dazu den Teppich mit dem Scherenrücken ganz in die Ecke.

❸ Dann schneiden Sie entlang der Türschiene, einem Stahllineal oder einem anderen Hilfsmittel den überstehenden Teppich ab. Mit etwas Übung geht das auch ohne jegliche Hilfmittel, zumal ein Wandabschluss später in der Regel das Ende des Teppichs überdeckt.

❹ An Innenecken sollten Sie ein bisschen vorsichtig zu Werke gehen, da man hier schnell zu viel wegschneidet. Schneiden Sie den Bodenbelag vom Rand aus diagonal nicht ganz bis zum Boden ein.

❺ Wenn der Teppich ein Stück eingeschnitten ist, lässt er sich mit beiden Händen etwas leichter in die Ecke nachdrücken und schließlich ganz exakt in die Raumecke hineinschieben. Mit etwas Übung klappt das mit der Zeit immer besser.

❻ Der überstehende Teppich kann jetzt einfach abgeschnitten werden. Setzen Sie am besten ein Messer mit Hakenklinge ein. Mit einer Trapezklinge schneiden Sie in den Untergrund und die Klinge ist schnell stumpf.

❼ Auch an Außenecken schneiden Sie den Bodenbelag nach und nach diagonal bis zum Boden ein. Den überstehenden Teppich können Sie dann wie an einer geraden Seite mit oder ohne Teppichschiene bündig abschneiden.

❽ Zum einen kann man Teppiche mit doppelseitigem Klebeband befestigen. Drücken Sie das Klebeband mit einem Stück Teppich gut an und ziehen Sie die Schutzfolie des Klebebandes flach über dem Boden ab, damit es sich nicht löst.

❾ Reiben Sie dann den Teppich unter Druck an. Am besten nehmen Sie dazu die flache Seite eines Hammers. Mit bloßen Händen funktioniert das zwar auch, durch die Reibung ensteht aber eine so große Hitze, dass man sich leicht verbrennen kann.

❿ Wenn der Raum größer als die erhältliche Rollenware ist (größer als 4,50 m), kommt man nicht umhin, eine zweite Teppichbahn anzusetzen. Legen Sie die zweite Bahn (mit der gleichen Florrichtung) mindestens 3–4 cm überlappend über die erste.

⓫ Mit dem Teppichunterschneider lässt sich sauber gleichzeitig durch beide Bahnen schneiden, da die Klinge von schräg unten schneidet und damit der Untergrund intakt bleibt. An einer Aufrollschiene ist mit einem Cut-Messer natürlich auch ein genauer Schnitt möglich.

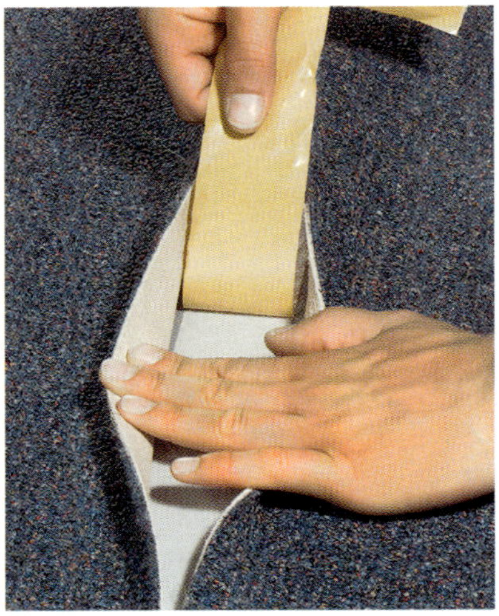

⓬ Die Bahnen sollten dann im Nahtbereich auch mit doppelseitigem Klebeband fixiert werden. Am geschicktesten gehen Sie vor, wenn Sie schrittweise 30 cm von der Schutzfolie abziehen.

⓭ Durch die aufstehende Schutzfolie legt sich der Teppich nicht sofort und Sie können ihn nach und nach mit den Händen andrücken. Ziehen Sie also nicht zu viel auf einmal von der Schutzfolie ab.

⓮ Eine weitere Möglichkeit, den Teppich zu fixieren, besteht in einer vollflächigen Verklebung. Dazu wird der Teppich in halber Bahnbreite zurückgeschlagen. Stellen Sie sich immer auf die Seite, die Sie zurückschlagen. So kann Ihnen der Teppich nicht verrutschen.

⓯ Wenn es beim nächsten Renovieren einfacher gehen soll, empfiehlt es sich, einen Wiederaufnahme-Kleber zu verwenden. Der Teppich lässt sich dadurch zwar nicht wiederverlegen, dafür aber leichter entfernen. Je nach Untergrundbeschaffenheit sollte jedoch vorher ein Haftverbesserer aufgetragen werden. Der Kleber selbst wird dann mit einer gut eingearbeiteten Lammfellrolle, einem Schrubber oder einem Quast aufgetragen.

⓰ Als Alternative stehen lösemittelfreie Dispersionsklebstoffe zur Auswahl. Sie enthalten meist schon haftverbessernde Additive. Dispersionsklebstoffe werden bogenförmig mit einem Zahnspachtel aufgetragen, dessen Zahnung sich nach dem Rücken des gewählten Bodenbelags richtet. Die verwendeten Spachtel unterscheiden sich nicht nur in der Tiefe, sondern auch in der Form der Zahnung.

⑰ Nach der Ablüftzeit wird der Bodenbelag in den Kleber eingelegt. Beachten Sie die Herstellerangaben zur Einlegezeit. Die geklebten Flächen werden gut angedrückt. Eine offene Naht zwischen zwei Bahnen lässt sich begrenzt mit einer Nahtkralle schließen.

⑱ An der Türzarge gehen sie folgendermaßen vor: Schneiden Sie den Teppich vor der Zarge Stück für Stück diagonal ein und drücken Sie ihn zwischendurch immer wieder an.

⑲ Schneiden Sie danach den überstehenden Teppich neben der Türzarge senkrecht ein. Drücken Sie auch hier den Teppich immer wieder an, damit Sie nicht aus Versehen zu weit einschneiden.

⑳ Sind Heizungsrohre im Weg, legen Sie den Teppich gerade an und schneiden ihn auf Höhe der Rohrmitten senkrecht bis zum Boden ein. Dann schneiden Sie die Löcher für die Heizungsrohre zu. Fixieren Sie den Teppich nachträglich mit doppelseitigem Klebeband.

㉑ Schneiden Sie nun auch seitlich den überstehenden Teppich ab. Mit etwas Übung lässt er sich mit einer Hakenklinge auch ohne ein Lineal abschneiden. Seien Sie dabei vorsichtig, damit Sie nicht aus Versehen die Türzarge beschädigen. Wenn Sie im nächsten Raum auch Teppich verlegen, sollten beide Teppiche zunächst überlappend verlegt werden. An der (justierbaren) Türschiene wird dann durch beide Teppichlagen geschnitten (Doppelnahtschnitt).

Wandabschlüsse und Übergänge

❶ Selbst ein ganzflächig geklebter Teppich kann mit der Zeit am Übergang in den anderen Raum hochgetreten werden. Die Beanspruchung im Bereich der geklebten Kante ist besonders hoch und an der offenen Schnittkante können sich Florfäden lösen. Deswegen sollte man an jeder Stelle, wo zwei Bodenbeläge aneinander grenzen, eine überbrückende Schiene anbringen.

❷ Teppichschienen werden mit Dübeln und Schrauben befestigt. Bohren Sie im Abstand der Löcher der Teppichschiene mit einem Steinbohrer die Löcher für die Dübel vor. Bei Standard-Dübeln nehmen Sie einen Bohrer mit gleichem Durchmesser. Für Übergänge zwischen unterschiedlich hohen Belägen gibt es auch Teppichschienen mit verstellbarem Neigungswinkel.

❸ Fuß- oder Sockelleisten aus Holz sind nur eine Möglichkeit, einen ansprechenden Übergang zu den Wänden zu schaffen. Schön sind auch Teppichsockelleisten, die wie Fußleisten in den Raumecken auf Gehrung geschnitten werden.

❹ Damit die Sockkelleisten sauber aneinander stoßen, sollten Sie die Leisten an den Schnittkanten entgraten. Nehmen Sie dazu einen Schleifklotz und feines Schleifpapier; dann bleibt die Schnittkante gerade und passgenau.

❺ Befestigen Sie die auf Gehrung geschnittenen Leisten mit Stahlstiften an der Wand. Die Nägelchen sind nicht sehr groß. Mit einem Nagelhalter lassen sie sich gefahrlos für Ihre Finger in die Leiste einschlagen.

Das brauchen Sie

- Bohrmaschine
- Steinbohrer
- Standard-Dübel
- Gehrungslade
- Fein- oder Rückensäge
- Schleifklotz und feines Schleifpapier
- Hammer
- Nagelhalter
- Zollstock
- Teppichschiene
- Cut-Messer

❻ Durch den Gehrungsschnitt ergibt sich ein symmetrischer Übergang in der Ecke.
Tipp: Es gibt auch Schienensysteme mit passenden Eckstücken. Dann brauchen Sie die Schienen nur gerade zuzuschneiden.

❼ Die Teppichsockelleisten sind meist nur 2,50 m lang. Das reicht in der Regel nicht für die Länge einer Wand. In diesem Fall fügt man zwei Sockelleisten mit zwei Gehrungsschnitten in der gezeigten Weise aneinander.

❽ Messen Sie an einem Reststück der Sockelleiste, wie breit der einzupassende Teppichstreifen sein muss. An einem langen Lineal oder einer Aufrollschiene wird der Teppichstreifen mit einem Cut-Messer zugeschnitten.

❾ Jetzt legen Sie den Zuschnitt in die Sockelleiste ein, ziehen nach und nach die Schutzfolie des Klebebands ab und drücken den Teppichstreifen fest an

❿ Die Teppich-Zuschnitte müssen nicht millimetergenau sein. Die angrenzenden Flore gleichen kleinere Unebenheiten aus. Mit Sockelleisten aus Holz oder Kunststoff lässt sich natürlich auch ein schöner Abschluss schaffen.

Böden mit Fertigparkett verschönern

Dank moderner Fertigungsmethoden ist Fertigparkett für jedermann leicht zu verlegen. Ob Fertigparkett mit Echtholz-Nutzschicht oder Laminat, die heute angebotenen Parkett-Arten sind extrem dünn, sodass sie sogar über vorhandene Fliesen, kurzflorigen Teppich und Holzdielen verlegt werden können. Mit den Informationen in diesem Kapitel kommen Sie auch bei der „schwimmenden Verlegung" nicht ins Schwimmen.

- **Wissenswertes über Fertigparkett**
- **Warenkunde Fertigparkett**
- **Grundwerkzeuge für die Parkettverlegung**
- **Fertigparkett meisterhaft verlegen**

Wissenswertes über Fertigparkett

Fertigparkett unterscheidet sich im Wesentlichen nur durch die Nutzschicht.

Was ist Fertigparkett?

Fertigparkettelemente sind nach ihrer technischen Definition „... fertig oberflächenbehandelte Fußbodenelemente aus Holz, Holzwerkstoffen oder anderen Baustoffen, deren Oberfläche aus Holz besteht und die nach der Montage keiner weiteren Nachbehandlung bedürfen“. Der handfeste Nutzen für Sie besteht darin, dass bei Fertigparkett keine weitere Nachbearbeitung erforderlich ist. Die einzelnen Dielen bestehen aus mindestens drei Schichten, wobei eigentlich nur die oberste, genutzte Schicht – die Nutzschicht – aus Hartholz über die Bezeichnung des Parketts entscheidet. Die unteren Schichten sind aus preiswertem Press- oder Weichholz. Da die einzelnen Schichten bei der Herstellung jeweils senkrecht zur Maserung unter Hochdruck miteinander verbunden werden, entsteht ein sehr biegesteifes Parkett, das jedoch nicht dick zu sein braucht. Daher lässt sich Fertigparkett auch gut nachträglich auf einem bereits vorhandenen Boden verlegen.

Mosaikparkett ist aus einzelnen Stäben aufgebaut und wird deshalb mit einem Parkett-Kleber vollflächig verklebt.

Am häufigsten wird Fertigparkett „schwimmend“ verlegt. Die einzelnen Dielen sind nur untereinander aber nicht mit dem Untergrund verbunden

Bei Laminatböden befindet sich unter einer sehr strapazierfähigen durchsichtigen Kunststoff-Schicht ein Dekorfilm. Die mehrere Millimeter starke Nutzschicht wird also durch ein fotorealistisches Papier ersetzt, weshalb die Gesamtstärke von Laminatböden nur wenige Millimeter beträgt.

Sorgen Sie für gutes Raumklima

Ein Fertigparkett mit Echtholz-Nutzschicht „atmet“, d. h. es nimmt durch seine offenporige Acryl-Lack-Oberschicht Luftfeuchtigkeit auf und gibt sie auch wieder ab. Optimal ist daher ein Raumklima mit 60 Prozent

Luftfeuchte, die Sie auch mit einem Luftbefeuchter erreichen können. Bei zu trockener Luft besteht die Gefahr, dass sich die Fugen des Fertigparketts öffnen. Noch gravierender kann sich zu trockene Luft bei Laminat auswirken. Wenn es mit Gummisohlen begangen wird, sind unangenehme statische Aufladungen möglich, die beim Arbeiten mit Computern sogar elektronische Bauteile zerstören können. Deswegen sollten Sie bei Laminat mit Kunststoff-Gegenzug statt einer PE-Folie unbedingt Kork unterlegen und zusätzlich für eine ausreichende Luftfeuchte sorgen.

Verlegearten

Alle Verlegearten setzen einen festen, ebenen und trockenen Untergrund voraus. Bei der „schwimmenden" Verlegung sind die einzelnen Fertigparkettelemente nur über Nut und Feder miteinander verleimt. Eine feste Verbindung zum Untergrund besteht nicht. Bei mineralischen Unterböden (Beton, Estrich, Terrazzo) sollten Sie eine 0,2 mm dicke PE-Folie als Dampfsperre auslegen. Bei nichtunterkellerten Räumen bzw. oberhalb von Gewölbekellern verwenden Sie am besten eine mindestens 1,2 mm dicke Folie.

Um bei Mosaik-Fertigparkett eine ausreichende Stabilität zu erreichen, wird es vollflächig mit dem Untergrund verklebt. Massivholzdielen können dagegen festgeschraubt oder -genagelt werden. Dabei sollte der Abstand der Kanthölzer bei 16 mm dicken Dielen 35 cm und bei Dielen über 20 mm ca. 50 cm betragen.

Fachausdrücke

Dampfsperre: Folie, die unter dem Fertigparkett verlegt wird und es gegenüber von unten aufsteigender Feuchtigkeit absperrt.

Dehnungsfuge: Fuge, die rund um den Fertigparkett-Verband zur Wand hin gelassen wird, damit das Fertigparkett „arbeiten" kann.

Nutzschicht: Oberste, meist nur wenige Millimeter dicke, „genutzte" Schicht eines Fertigparketts.

Stoß: Als Stoß bezeichnet man die kurzen Seiten, an denen zwei Dielen aneinander stoßen.

Schutz und Pflege

Laminatböden sind pflegeleichter als Fertigparkett mit Echtholzschicht oder Massivholzdielen. Reine Holzdielen unterliegen einem normalen Oberflächenverschleiß. Für Fertigparkett gibt es verschiedene Testverfahren, die Abriebfestigkeit von Oberflächen festzustellen. Je höher die angegebene Zahl (Umdrehungen eines Tellers mit Schleifpapier) desto widerstandsfähiger ist die Oberfläche. Nutzungsspuren können mit Filzgleitern unter Möbelbeinen oder Untersetzern unter Rollen von Phonomöbeln o. Ä. verringert werden. Im Eingangsbereich können Fußmatten den größten Teil des hereingetragenen Schmutzes leicht auffangen. Verwenden Sie zum Reinigen keine Scheuermittel oder scharfe Reiniger und wischen Sie nur feucht, niemals nass.

Modernes Fertigparkett ist pflegeleicht und strapazierfähig.

Warenkunde Fertigparkett

❶ „Klassisches" Schiffsbodenparkett hat eine Echtholz-Nutzschicht und wird schwimmend verlegt.

❷ Die Optik von Fertigparkett wird durch die Holzsorte der Nutzschicht (Ahorn, Buche, Eiche usw.) und das Muster bestimmt (z. B. breites oder schmales Schiffsbodenmuster oder wie aus einem Stück).

❸ Bei Laminatböden hingegen ist in die oberste Schicht ein dünnes Dekorpapier eingearbeitet. Dadurch sind auch ausgefallene Oberflächenoptiken möglich.

❹ Mosaik-Parkett wird generell vollflächig verklebt, da die einzelnen Stäbchen nur durch dünne Drähte auf der Rückseite verbunden sind.

❺ Schließlich gibt es noch Verlegeware mit Kork- oder Linoleumoberfläche. Sie sind pflegeleicht, da auch die Korkschicht von einer Vinylschicht geschützt wird.

Grundwerkzeuge für die Parkettverlegung

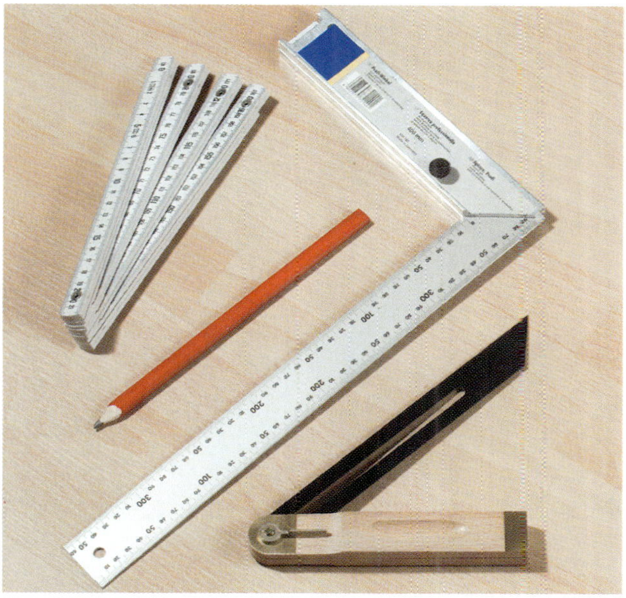

❶ Zum Messen und Anzeichnen brauchen Sie einen Bleistift, Zollstock und Winkel. Bei schiefen Räumen und diagonaler Verlegung benötigen Sie eine Schmiege.

❷ Für exakte Zuschnitte eignet sich eine Feinsäge mit Gehrungslade. Leichter – jedoch nicht unbedingt genauer – gelingen die Zuschnitte mit einer Stichsäge.

❸ Werkzeug zum Verlegen wird oft im Set angeboten. Sie brauchen ein Zugeisen und einen Schlagklotz, damit die Feder des Parketts nicht beschädigt wird. Darüber hinaus brauchen Sie eine Flasche Weißleim und einen 500-g-Hammer.

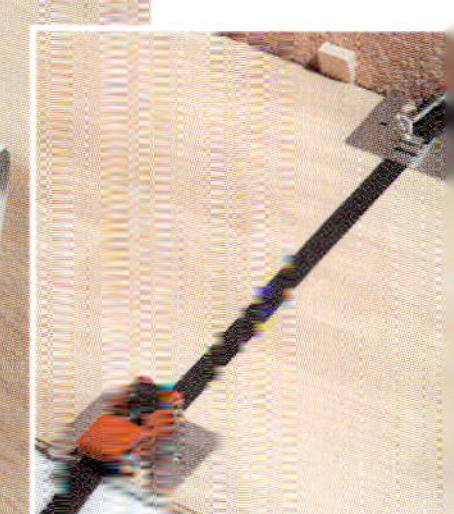

❹ Ganz wichtig sind kleine Keile, um Dehnungsfugen rund um den Parkett-Verband herzustellen. Unterschiedlich dicke Holzkeile gleichen kleine Unebenheiten der Wand aus. Eine Parkettzwinge hilft schließlich bei der Verleimung der ersten 3 Reihen.

Fertigparkett meisterhaft verlegen

❶ Mit einer Richtlatte aus Aluminium oder einer gehobelten Holzlatte prüfen Sie zuerst nach, ob der Untergrund eben ist. Eventuelle Unebenheiten gleichen Sie am besten mit einem Fließspachtel aus. Dieser ist so dünnflüssig, dass er sich mit einer Glättekelle leicht verteilen lässt und eine ebene Fläche entsteht.

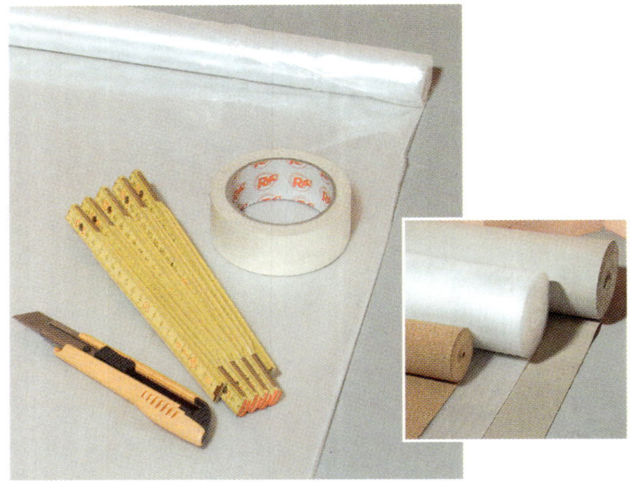

❷ Bei Neubauten mit Restfeuchte im Estrich bzw. bei nicht unterkellerten Räumen sollten Sie eine Dampfsperre in Form einer 2 mm dicken PE-Folie auslegen. Benachbarte Folienbahnen sollten Sie ca. 40 cm überlappend verlegen. Eine Trittschalldämmung sollte in keinem Fall fehlen. Die gängigsten Materialien dafür sind Wellpappe, Schaumstoff und Kork.

❸ Je größer der Echtholzanteil des verlegten Parketts ist, desto wichtiger ist es, die Fertigparkett-Packungen mindestens einen Tag vor der Verlegung flach in dem betreffenden Raum zu lagern. Dort hat das Holz dann Zeit sich zu „akklimatisieren".

❹ Beginnen Sie mit der ersten Diele in der rechten Raumecke. Die beiden Nutseiten der ersten Diele kommen an die Wände. Mit kleinen Keilen stellen Sie eine Dehnungsfuge zwischen Diele und Wand her. Sie sollte ungefähr 1 cm breit sein.

❺ Im abgebildeten Fall muss die nächste Diele zugeschnitten werden. Dafür wird die Länge des erforderlichen Zuschnitts gemessen und die Dehnungsfuge von 1 cm zur Stirnseite der Diele eingeplant.

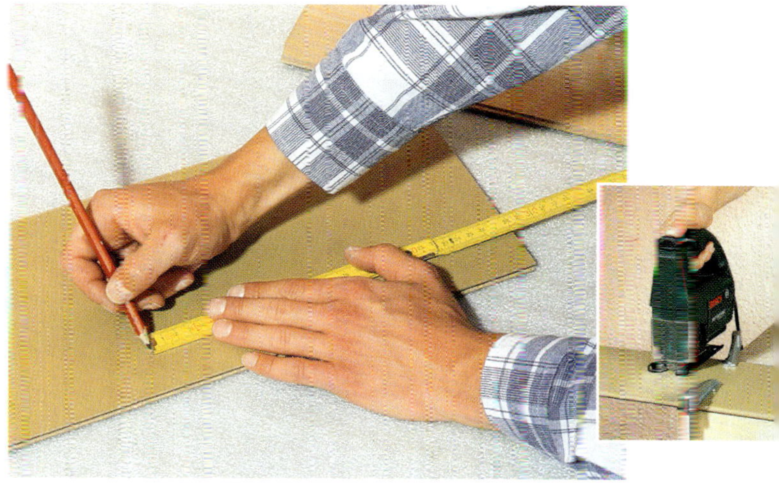

❻ Beim Zuschnitt mit einer Stichsäge übertragen Sie das Maß mit einem Winkel auf die Rückseite der Diele. Da der Schnitt mit der Stichsäge nach oben immer etwas ungleichmäßig ist, ergibt sich durch die gedrehten Dielen auf der Seite der Lauffläche ein glatter Schnitt. Bei Verwendung einer Feinsäge, kann die Markierung dagegen auch auf der Oberseite sein.

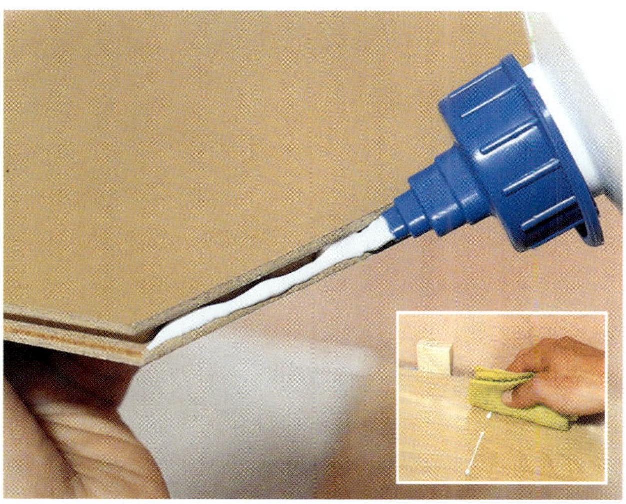

❼ Wenn Sie zwei Fertigparkett-Elemente verbinden, tragen Sie auf die untere Seite der Nut einer umgedrehten Diele einen Leimstrang auf. Der Leim umläuft dann beim Einschieben in die Feder die Nut. Sollte beim Verlegen etwas Leim aus der Fuge quellen, entfernen Sie ihn am besten direkt mit einem feuchten Tuch.

❽ Fügen Sie die beiden Fertigparkett-Elemente zusammen und schließen Sie die Fuge durch leichte Hammerschläge auf das Zugeisen. Vergessen Sie auch hier nicht, an der Kopf- und an der Wandseite Keile einzufügen, damit die Parkettelemente nicht verrutschen, bis der Leim durchgetrocknet ist.

❾ Das Reststück aus einer vorausgehenden Reihe können Sie in der nächsten ansetzen, wenn es nicht kürzer als 30 cm ist. Diele um Diele wird mit Leim versehen, schräg angesetzt und erst auf der langen, dann an der Kopfseite in Position geschlagen. Nach den ersten drei Reihen wird der Parkett-Verband mit einer Parkett-Verlegehilfe längs wie quer verspannt. Der Verband darf sich dadurch jedoch nicht heben.

❿ An Außenecken wird die Parkettdiele zunächst einfach mit Keilen für die Dehnungsfuge angelegt. Dann messen Sie den Abstand zwischen den zu überbrückenden Dielenreihen und übertragen ihn auf das Zwischenstück. Markieren Sie auf der Oberseite der Diele bei Verwendung einer Feinsäge und auf der Unterseite, wenn Sie eine Stichsäge benutzen.

⓫ Beim Einfügen des Zuschnitts werden wieder Keile eingesetzt. Dielenbretter, die zugeschnitten sind oder an der Wand liegen, sind die Schwachstelle des gesamten Parkettverbandes. Deswegen sollten sie besonders sorgfältig verlegt werden.

⓬ Wenn die Stöße des Verbandes sichtbar sind, sollte ihr Abstand wenigstens 50 cm betragen, damit Häufungen auf engstem Raum vermieden werden.

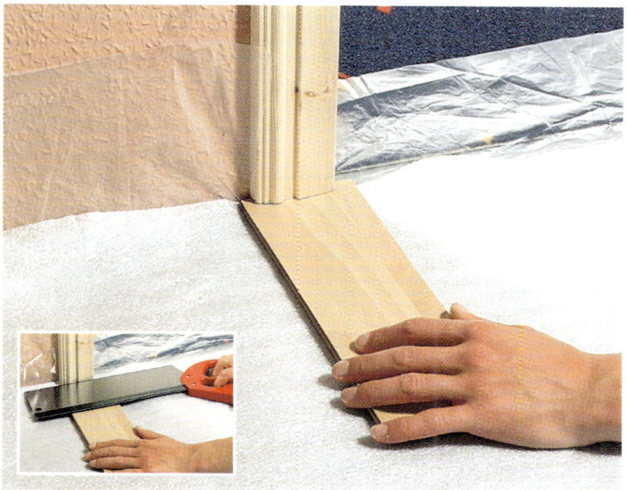

⓭ An Türzargen und Durchführungen für Installationsrohre sind beim Parkettverlegen kleine Hürden zu nehmen. Fertigparkett wird, wenn es möglich ist, unter der Türzarge verlegt. Halten Sie dazu ein Reststück Parkett an die Türzarge und kürzen Sie sie mit einer Feinsäge. Jetzt kann das Parkett Reihe für Reihe weiter verlegt werden. An den Türzargen kann es nun problemlos untergeschoben werden.

⓮ Durchführungen für Installationsrohre lassen sich auch leicht ausführen. Stellen Sie zunächst fest, ob eine ganze Diele in die Lücke passt oder ob es an der langen Seite zugeschnitten werden muss. Messen Sie dann den Abstand zwischen dem Keil für die Dehnungsfuge und dem Mittelpunkt des Rohres und übertragen Sie ihn auf das Dielenbrett.

⓯ Um das Loch zu erstellen brauchen Sie einen Flachfräsbohrer, dessen Durchmesser mindestens 10 mm größer als der der Installationsrohre sein sollte. So erhalten Sie auch hier eine Dehnungsfuge. Sägen Sie auf der Rückseite der Diele schräg von beiden Seiten auf den Rand der Löcher zu. Zum Schluss erfolgt ein gerader Schnitt zwischen den Löchern.

⓰ Die Diele passt nun problemlos um die Heizungsrohre herum. Ziehen Sie sie ebenfalls mit dem Zugeisen gut fest und fügen Sie auch wieder Holzkeile ein. Sowohl das ausgesägte Stück als auch die liegende Diele wird nun mit Holzleim eingestrichen. Dann werden beide Teile fest zusammengedrückt und der Verband wieder mit Keilen gesichert.

17 Die letzte Dielenreihe muss genauso sorgfältig eingepasst werden wie die erste. Meistens erfordert das letzte Stück in der letzten Dielenreihe einen Zuschnitt der Länge und der Breite nach. Rechnen Sie auch hier wieder eine Dehnungsfuge mit ein.

18 Erst an der kurzen, dann an der langen Seite wird auch die letzte Diele gut festgezogen. Das ist besonders wichtig, da die Randstücke nur von zwei Seiten durch den Parkettkleber gehalten werden.

19 An den beiden offenen Seiten schlagen Sie abschließend wieder Distanz-Keile ein. Nachdem der Kleber gut durchgetrocknet ist, können Sie die Keile entfernen. Beachten Sie die Angaben des Kleberherstellers.

20 Den Abschluss zu den Wänden bilden Sockelleisten, die es ebenfalls mit unterschiedlichen Dekoren gibt. Sie werden an der Wand – nicht auf dem Parkett – mit Dübeln und Schrauben oder mit Nägeln befestigt.

❷❶ Schließlich gilt es noch potentielle Stolperfallen zu entschärfen. An Grenzen zwischen verschiedenen Belägen entsteht oft eine Fuge oder sogar ein Höhenunterschied. Zur Überbrückung werden Schienen angeboten, die angrenzenden Teppichbelägen eine feste Abschlusskante geben und den Übergang überdecken.

❷❷ Um außer Fugen auch Höhenunterschiede auszugleichen, sind ebenfalls eine ganze Reihe von Schienensystemen erhältlich. Die Befestigung erfolgt entweder durch einen Kugelkopf oder der obere Teil des Schraubenschafts ist flexibel, sodass die Schiene dem gewünschten Neigungswinkel angepasst werden kann.

❷❸ Fertigparkett ist pflegeleicht, da es bereits versiegelt ist. Etwas Spülmittel im Wasser reicht daher vollkommen aus. Unbehandeltes Echtholzparkett wird dagegen noch geschliffen, geölt und gewachst. Erst danach ist die Oberfläche wassergeschützt.

✔ So machen Sie es richtig

- **Verwenden Sie nur Zugeisen, Schlagklötze oder ein Reststück Diele, um damit ein Stück Fertigparkett mit dem Hammer einzufügen. So bleiben Nut und Feder intakt und die einzelnen Elemente bleiben passgenau.**
- **Planen Sie in jedem Fall rund um den Parkettverband eine Dehnungsfuge von 1 cm ein. Nur so kann der Parkettverband „arbeiten".**

Rund ums Fenster

Der Bereich um das Fenster wird täglich sehr oft beansprucht und daher mit der Zeit auch abgenutzt. Die Dekoration rund um das Fenster ist wie Ihre gesamte Einrichtung ein Spiegel der Zeit. Mit einer neuen, breiteren Fensterbank, neuen Gardinen oder einer Jalousie können Sie dem Blickfeld rund ums Fenster neue Frische geben.

- **Fenster – die Augen zur Welt**
- **Dachwohnfenster verkleiden**
- **Fensterbank austauschen**
- **Schutzvorrichtungen am Fenster montieren**
- **Gardinen und Befestigungsmöglichkeiten**
- **Jalousie montieren**
- **Rollladengurt reparieren**
- **Fliegen hinter Gitter bringen**

Fenster – die Augen zur Welt

Fenster sollen eine ganze Reihe von Aufgaben erfüllen. Sie lassen das Tageslicht herein und dienen zum Lüften. Auf der anderen Seite sollen Fenster aber auch so konstruiert sein, dass der Schall (z. B. der Straßenlärm) draußen bleibt und die Wärme nicht nach außen verloren geht. Durch ein verglastes Holzfenster geht im Vergleich zum Mauerwerk bis zu viermal mehr Wärme verloren. Gradmesser für den Wärmeverlust ist der k-Wert: Je niedriger dieser Wert für das Fenster, desto besser die Wärmedämmung. Besondere Bedeutung kommt deswegen den Dichtungen zwischen Fensterglas und der Abdichtung zum umgebenden Mauerwerk (Baukörper) zu. Isolierverglasungen (Mehrscheibensysteme) dienen aber nicht nur der Wärmedämmung, sondern auch dem Schallschutz.

Wie ist ein Fenster aufgebaut?

Der Flügelrahmen ① hält die Glasscheibe des Fensters und ist beweglich mit dem feststehenden Blendrahmen ② über (die im Bild verdeckten) Einbohrbänder (Fensterbänder) verbunden. Der Blendrahmen ist seinerseits im Mauerwerk verankert. Den Übergang bildet eine elastische, aber witterungsfeste Anschlussfuge, die Bewegungen (Schlagregen, Wind) und Erschütterungen aufnehmen kann. Nach außen hin ist oft am unteren Flügelrahmen eine Regenschutzschiene angebracht, die das Regenwasser ableitet. Der Flügelrahmen ist so groß gewählt, dass er genau in die Falze ③ des Blendrahmens passt. Die Beschläge ④ ermöglichen ein leichtgängiges Öffnen und Schließen der Fenster. Die meisten Fenster sind mit Drehkippbeschlägen ausgerüstet, mit denen sich das Fenster sowohl um die senkrechte Achse öffnen als auch kippen lässt. Den Griff zum Öffnen des Fensters nennt man „Halbolive für Einhandbedienung“ ⑤.

Werkstoffe im Fensterbau

Die am häufigsten verwendeten Materialien im Fensterbau sind Kunststoff und Holz, aber auch Aluminium und Stahl. Holzfenster sind oft aus Kiefer oder Fichte, da diese Hölzer eine hohe Festigkeit aufweisen, gegen Pilzbefall beständig und gut zu bearbeiten (beizen, lackieren) sind. Jede Art von Anstrich sollte bei Holzfenstern von Zeit zu Zeit erneuert werden. Kunststoff-Fenster bestehen in der Regel aus schlagzähem

PVC, das eine ganze Reihe günstiger Eigenschaften hat. Kunststoff ist wetterunempfindlich und hat gute Dämmeigenschaften. Dafür ist Kunststoff nur begrenzt temperatur- und farbbeständig. Bei Kunststoff-Fenstern unterscheidet man Einkammer- und Mehrkammersysteme, d. h. im Querschnitt gesehen besteht der Rahmen aus Hohlkammern, die durch zusätzliche Aluminium- oder Stahlprofile versteift werden und damit je nach Konstruktion über 20-mal biegefester sind als Holzprofile. Mehrkammer-Profile haben gegenüber dem Einkammer-System zusätzlich bessere Wärmedämmeigenschaften. Auch ihre Biegesteifigkeit wird durch eingesetzte Profile verbessert. Sehr pflegeleicht und passgenau sind Fenster aus Aluminium. Bei Aluminium handelt es sich um ein hartes, korrosionsbeständiges, d. h. nicht rostendes Material. Aluminiumfenster sind wesentlich leichter und dauerhafter, dafür aber auch deutlich teurer als Fenster mit einem Flügelrahmen aus Holz.

Anstriche von Holzfenstern

Wie wir bereits festgestellt haben, sind Holzfenster in der Pflege wesentlich anspruchsvoller als Fensterrahmen aus anderen Materialien. Lacklasuren, die in das Holz eindringen und auf der Holzoberfläche einen dünnen Film bilden, sind nach 2 bis 3 Jahren zu erneuern. Wenn Sie (Klar-)Lacke verwenden, sollten Sie darauf achten, dass diese besonders für Fenster ausgewiesen sind. Lackieren Sie das Fenster, bis der Lack die Poren des Holzes vollständig schließt. Imprägnierlasuren bilden, anders als Lacke, keinen Film an der Holzoberfläche und dringen wie Lasuren ins Holz ein. Eine Nachbehandlung ist hier je nach Beanspruchung durch Witterung einmal jährlich nötig.

Anstriche von Kunststoff-Fenstern

Wenn man von Kunststoff-Fenstern spricht, meint man meist Fensterrahmen aus Hart-PVC. Dabei handelt es sich um ein sehr glattes Material mit geschlossener (nicht poriger) Oberfläche, die eine sorgfältige Vorbehandlung erfordert. Zunächst müssen die Kunststoffflächen bis in die Ecken hinein gründlich gereinigt werden. An diesen Stellen löst sich sonst der neue Lack vom Untergrund. Dann wird die Kunststoffoberfläche leicht angeraut und nach dem Entstauben (Lappen, warmes Wasser und evtl. ein leichtes Reinigungsmittel) mit einem Voranstrich versehen, der für eine bessere Haftung des Schlussanstrichs sorgt.

Fachausdrücke

Korrosion: Zersetzungsvorgang von Metallen durch Luft und Wasser.

Schlagregen: Regen, der durch starke Sturmböen an das Fenster gepeitscht wird.

DIN rechts/DIN links: Norm für Fenster, Türen und Griffe. Ein Fenster, dessen Bänder auf der rechten Seite sind, heißt DIN rechts-Fenster. Fenstergriffe werden nach der Seite des Fensterflügels bezeichnet, an dem man sie später montiert.

Dachwohnfenster verkleiden

❶ Für Dachwohnfenster gibt es praktische Innenfutter-Systeme, mit denen sich der Bereich um das Fenster herum schnell und einfach verkleiden lässt. Mit einer Stichsäge kürzen Sie die Innenverkleidung des Daches seitlich so weit, dass sie mit der Außenbreite des Fensters übereinstimmt.

❷ Mit einer Schablone werden die Dachneigungslinien ermittelt. Dabei hilft ein auf der Schablone befestigtes Pendel. Kürzen Sie die Schablone an der so ermittelten Neigungslinie und bestimmen Sie das Maß für den Dachausschnitt. Nach Abtragen der Maße wird der Dachausschnitt waagerecht hergestellt.

❸ Die an den gefundenen Neigungslinien zugeschnittene Schablone dient auch zur Ermittlung der Schnittlinien auf den senkrecht verlaufenden Innenfutter-Seitenteilen. Es ist nicht notwendig, Maße am Fenster oder vom Dachausschnitt zu übertragen.

❹ Die zum Schutz der Oberflächen zusammengeklammerten Seitenteile werden an den Schnittlinien oben und unten zugesägt. Diese Schnittlinien entsprechen den mit der Schablone ermittelten Dachneigungslinien. Anschließend werden die Seitenteile auf die entsprechende Dachdicke zugeschnitten.

❺ Schrauben Sie die Breiten- und Seitenteile des Innenfutters zusammen und dichten Sie die Verbindungsstellen an den Rückseiten sorgfältig ab. Die um das Fenster herum verbliebenen Zwischenräume werden mit Isoliermaterial aufgefüllt und eine eventuell vorhandene Dampfsperre wieder hergestellt. In die Fensternut werden jetzt die Innenfutter-Halteklipps und ein umlaufender Dichtungsstreifen eingebracht.

Das brauchen Sie

- Innenfutter (unser Beispiel: Velux)
- Zollstock
- Bleistift
- Winkel
- Schere
- Cut-Messer
- Hammer
- Schraubendreher
- Bohrmaschine und 5 mm Bohrer
- Stichsäge
- Silikonkartusche und Kartuschenpistole
- Tacker

❻ Setzen Sie das Innenfutter zu zweit ein. Nachdem die Abdeckprofile für die Dampfsperre zugeschnitten und angetackert wurden, werden die Klippse zur Befestigung der Abdeckleisten montiert. Danach werden die waagerechten Abdeckleisten und die senkrechten Abdeckleisten zugeschnitten und befestigt. Schneiden Sie die überstehende Dampfsperre bündig mit den Leisten ab. Die Montage ist damit abgeschlossen.

❼ Solche Innenfutter sind zeitlos schön und bieten darüber hinaus noch mehr Vorteile. Sie sind so geformt, dass der Lichteinfall nicht beeinträchtigt wird und hinter dem Innenfutter noch genügend Platz für Wärmedämmung bleibt. Für jede Fensterform – mit und ohne Fensterbank – gibt es ein passendes Innenfutter.

Fensterbank austauschen

❶ Haben Sie sich an Ihrer alten Fensterbank sattgesehen, oder hat der Zahn der Zeit ganz offensichtlich seine Spuren hinterlassen? In wenigen Schritten und mit einem geringen Materialaufwand kann man eine alte, unansehnliche Fensterbank durch eine neue, breitere Fensterbank ersetzen.

❷ Schneiden Sie mit einem Cut-Messer die Silikonfuge rund um die Fensterbank weg. Mit ein paar Hammerschlägen von unten lässt sich die Fensterbank meist leicht vom Mauerwerk lösen. Schützen Sie evtl. die Fenster mit dicker Pappe, damit fliegende Splitter nicht das Fensterglas beschädigen.

❸ Damit Sie die neue Fensterbank später genau waagerecht einpassen können, sollten Sie die Kleberreste und auch kleinere Unebenheiten im Untergrund mit einem stabilen Spachtel entfernen.

❹ Bei diesen Vorarbeiten kann es leicht passieren, dass etwas Putz aus dem Mauersims herausbricht. Diese Löcher müssen Sie dann wieder sorgfältig mit einem (gipshaltigen) Schnellspachtel füllen.

❺ Bevor Sie die Fensterbank einpassen, sollten Sie mit einer Wasserwaage überprüfen, ob die Laibung nach den Ausbesserungen waagerecht in alle Richtungen ist. Gleichen Sie die Fensterbank ggf. in der Höhe mit etwas angerührtem Reparaturspachtel aus.

❻ Fensterbänke sind in unterschiedlichen Größen erhältlich, müssen in der Regel aber dennoch zugeschnitten werden. Die Kopfseite des Brettes wird mit einem neuen Umleimer versehen.

❼ Mit der Auspresspistole tragen Sie nur in regelmäßigen Abständen Montage-Kleber auf, den Sie danach mit einem feinen Zahnspachtel gleichmäßig zu einer ganzflächigen, dünnen Schicht verteilen.

Das brauchen Sie

- **Cut-Messer**
- **Hammer**
- **Wasserwaage**
- **evt. Umleimerkante**
- **Schnellspachtel**
- **Montage-Kleber und Auspresspistole**
- **Zahnspachtel**
- **Silikon-Kartusche**
- **evt. Tapete und Wandfarbe**

❽ Drücken Sie nun die Fensterbank gut an. Montage-Kleber hat eine besonders gute Anfangshaftung, d. h. es kommt besonders auf das erste Andrücken an. Die Position der Fensterbank ist noch einige Minuten korrigierbar.

❾ Sollte beim Austausch der Fensterbank die Tapete etwas beschädigt worden sein, passen Sie ein neues Stück in der Fensterlaibung ein und streichen es ggf. in der Farbe der übrigen Wand.

❿ Ganz zum Schluss versehen Sie noch alle Übergänge zwischen Fensterbrett und Laibung mit einer elastischen Silikonfuge. Sobald Silikon und Montage-Kleber vollständig durchgetrocknet sind, können Sie wieder Blumen auf die neue Fensterbank stellen.

Schutzvorrichtungen am Fenster montieren

❶ Ein abschließbarer Fenstergriff verhindert das leichte Eindringen von Einbrechern durch ein in die Scheibe geschnittenes oder geschlagenes Loch. Die Montage ist einfach. Entfernen Sie den alten Griff, indem Sie seine Befestigungsschrauben lösen.

❷ Der neue Griff kann in der Regel einfach an Stelle des alten Fenstergriffes eingesetzt werden. Achten Sie darauf, dass der Fenstergriff auch für dieselbe Fensterseite ausgelegt ist

❸ Als Kindersicherung für Fenster oder als Schutz vor unbefugtem Öffnen, wenn es gekippt ist, eignet sich ein Fensterschloss. Lösen Sie dafür zuerst das Innenteil aus dem Anschraubgehäuse.

❹ Halten Sie das Anschraubgehäuse am unteren Fensterflügel an. Auf der Seite, an der das Fenster geöffnet wird, markieren Sie die Montagepunkte für das Schloss.

❺ In Holz- oder Kunststofffenster bohren Sie als nächstes 2,5 mm große Löcher (bei Aluminium 3,5 mm) vor. Benutzen Sie unbedingt einen Tiefenanschlag, um nicht aus Versehen zu tief in den Fensterflügel zu bohren.

❻ Danach können Sie das Anschraubgehäuse am Fensterflügel befestigen. Um das Innenteil mit dem Schloss zu montieren, müssen Sie das Fenster öffnen.

❼ Schließen Sie mit dem Schlüssel den Riegel heraus und halten Sie den Schließkasten mit dem Gelenk nach unten im Abstand von 1–2 mm zum bereits befestigten Schlossgehäuse an.

❽ Klappen Sie den Schließkasten auf und lösen Sie dessen Abdeckhaube, bohren Sie mit den oben genannten Lochdurchmessern vor und schrauben den Schließkasten am Fensterflügel fest.

❾ Damit ist die Montage der Fenstersicherungen abgeschlossen. Beachten Sie bitte, dass Fensterflügel aus anderen Materialien evtl. andere Befestigungsarten erfordern, damit die Schutzmaßnahmen richtig wirken können.

Das brauchen Sie

- **Schraubendreher**
- **abschließbaren Fenstergriff**
- **Fensterschloss**
- **Bleistift**
- **Bohrmaschine mit Tiefenanschlag**
- **2,5 bzw. 3,5 mm Holzbohrer**

So machen Sie es richtig

- **Erkundigen Sie sich nach der sachgerechten Montage von Fenstersicherungen. Nennen Sie Bauform und Matarial des Fensters bei der Beratung.**
- **Bei Kunststofffenstern sollten eventuell wegen der vorhanden Hohlkammern andere Befestigungsmittel verwendet werden.**
- **Verwenden Sie nur VdS-geprüfte Teile.**
- **Die Schutzwirkung ist abhängig von einer stabilen Befestigung der einzelnen Teile am Rahmen.**

Gardinen und Befestigungsmöglichkeiten

❶ Die sicherlich bekannteste Gardinenbefestigungsmöglichkeit ist die zwei- bzw. dreiläufige Aufputzschiene. In der einen Schiene werden die Übergardinen (Schals) bewegt, in der dem Fenster zugewandten Schiene die Gardine (Store). An der Gardine und den Schals werden die Plastikröllchen mit ihren Ösen eingehängt und seitlich in die Schiene eingeschoben.

❷ Wer Gardinen als Schutz vor neugierigen Blicken aufhängen, den Lichteinfall aber nicht ganz blockieren möchte, für den gibt es eine andere Lösung. Hier helfen (meist weiß lackierte) ineinanderschiebbare Leisten mit durchbohrten Endköpfen. Auf dem Fensterflügel werden Winkelhaken zur Aufnahme der längenangepassten Leisten aufgeklebt.

❸ Sehr dekorativ sind auch Seilspanngarnituren für Dekorstoffe (Stoffe mit Muster) und Gardinen. Es gibt sie ein- oder doppelläufig (ein oder zwei Seile) und mit verschiedenen Endstücken. Manche Systeme ermöglichen eine Wand-zu-Wand-Montage.

❹ Die Gardine wird bei diesem System mit Haken oder Klammern befestigt. Die Klammern sind in ausreichender Anzahl Bestandteil der Sets. Es gibt aber auch ein Seilsystem (nicht im Bild), das mit Trägern wie eine herkömmliche Gardinenstange nur an der Fensterwand und nicht zwischen den zwei angrenzenden Wänden befestigt wird.

❺ Sehr gebräuchlich sind auch Gardinenstangen mit Gardinenringen. Diese Stangen werden mit Dübeln und Schrauben in der Wand befestigt. Sie sind in Standardmaßen zwischen 120 und 240 cm erhältlich und können einfach auf Maß gesägt werden. Rechnen Sie für die Stangenlänge zur Fensterbreite noch 2x20 cm für Seitenüberstände dazu.

❺ Dieses Befestigungssystem gibt es selbstverständlich aus unterschiedlichen Materialien. Als einfache Ausführung wird die Gardinenstange aus kunststoff- oder folienbeschichtetem Stahlrohr angeboten. Eiche (rustikal), Kiefer oder gebeiztes Holz sind genauso möglich. Vermessingte Gardinenstangen mit Mustern sind bereits deutlich teurer.

❻ Schließlich gibt es noch Gardinen mit Schlaufen für den Stangendurchzug. Für diese Befestigungsart sind somit keine Gardinenrollen erforderlich. Die Gardine muss entsprechend breiter als das Fenster sein, damit ein schöner Faltenwurf möglich ist.

❽ Manche Stangen dieser Art können alternativ auch an beliebiger Stelle auf dem Fensterflügel befestigt werden. Bei gerafft aufgehängten Gardinen sollten Sie nach dem Dekomaß kaufen, d. h. der gekräuselten Höhe und Breite, die für den Faltenfall benötigt wird.

❾ Der Fall eines Schals wird durch die Länge des Raffbandes bestimmt und durch den Abschluss zur Aufputzschiene. Bei einfachen Gardinen können Sie den Faltenfall selbst bestimmen. Teuere Schals schließen nach oben mit einem dekorativen Faltenband ab.

Jalousie montieren

❶ Bei Jalousien gibt es drei mögliche Montagepunkte: Auf dem Mauerwerk, am Fenstersturz oder auf dem Fensterflügel. In jedem Fall wird im ersten Schritt die Position der Montagelöcher ermittelt und angezeichnet. Egal wie breit Sie die Jalousie letztlich auswählen, Sie sollten darauf achten, dass sie mittig ausgerichtet ist.

❷ Je größer das Bohrloch, desto mehr Abstand sollten Sie zum Rand des Fenstersturzes halten, damit das Mauerwerk an der Kante nicht ausbricht. Den Dübel sollten Sie passend zum Schraubendurchmesser und zum Untergrund wählen. Setzen Sie den ersten Dübel ein und ziehen Sie die Schraube für den Jalousie-Träger gut an. Diese Halterungen sollen schließlich einer täglichen Belastung über Jahre standhalten.

❸ Übertragen Sie jetzt den Montagepunkt mit einer Wasserwaage auf die andere Seite und bohren Sie dort das Loch für den zweiten Träger. Diese Vorgehensweise hat den Vorteil, dass das zweite Loch in jedem Fall waagerecht auf gleicher Höhe ist, sollte der Fenstersturz nicht ganz gerade sein.

❹ Hängen Sie die Jalousie in die Träger ein und schließen Sie die Halterungen. Alternativ werden bei anderen Fabrikaten ebenfalls Träger angebracht und die Jalousie auf Klipps aufgesteckt.

❺ Zum Schluss befestigen Sie die Stange, mit der Sie den Winkel der Lamellen und damit auch den Lichteinfall regulieren können. Meist braucht die Stange nur eingehängt zu werden.

❻ Die meisten Jalousien lassen sich mit wenigen Handgriffen auch in der Länge kürzen und können damit genau an die Fensterhöhe angepasst werden. Die innen liegenden Schnüre werden einfach gekürzt und die nicht benötigten Lamellen entnommen.

DAS BRAUCHEN SIE

- **Jalousie in Fensterbreite (minus 4 cm)**
- **Bleistift und Zollstock**
- **Bohrmaschine mit Steinbohrer in Schraubendurchmesser**
- **Dübel (je nach Untergrund und Schraubendurchmesser)**
- **Kreuz-Schraubendreher**
- **Wasserwaage**

❼ Sie können die Jalousie natürlich auch am Fenstersturz befestigen. Sie tritt dann optisch etwas in den Hintergrund. Messen Sie jedoch vorher, ob sich das Fenster bei ganz hochgezogener Jalousie noch öffnen lässt, d. h. ob der Bereich über dem Fenster, die so genannte Fensterlichte, die Dicke der geschlossenen Jalousie (10–12 cm) übertrifft.

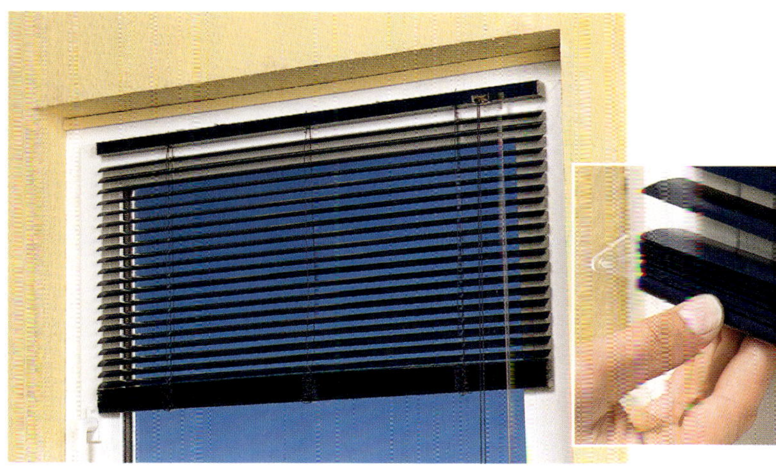

❽ Theoretisch ist sogar eine Befestigung auf dem Fensterrahmen möglich. Dann sollte die Jalousie nur in der Breite des Fensterglases auf dem Fensterflügel angebracht werden. Damit die Jalousie bei gekipptem Fenster nicht in den Raum hängt, können bei dieser Montageart zusätzlich kleine Plastikhalter auf dem Fensterflügel befestigt werden.

Rollladengurt reparieren

❶ Ein verschlissener Rollladengurt ist schnell repariert, wenn er noch nicht abgerissen ist, weil Sie dafür den Rollladenkasten nicht öffnen müssen. Mit einem Reparatur-Set lässt sich der Defekt bereits innerhalb weniger Minuten beheben.

❷ Trennen Sie den Gurt (bei heruntergelassenem Rollladen) ein bis zwei Zentimerter über der verschlissenen Stelle mit einem scharfen Cut-Messer ab.

❸ Dann schneiden Sie den Gurt mit einer scharfen Klinge ungefähr 5 mm horizontal ein. Hier wird später ein Edelstahlstreifen eingesteckt, der mit speziellen Werkzeugen Bestandteil einem handelsüblichen Reparatur-Sets ist.

❹ Stecken Sie das kurze Ende des Edelstahlstreifens durch den geschnittenen Schlitz. Der neue, bereits vernietete Gurt wird mit dem alten Gurt so verbunden, dass die Gurtstücke genau bündig sind.

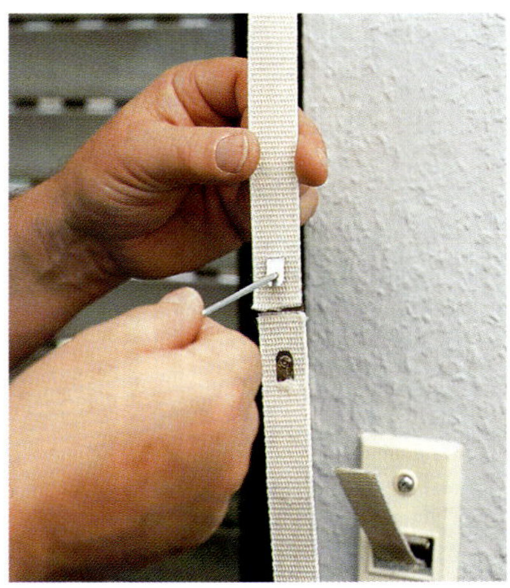

❺ Mit dem beiliegenden, kleinen Werkzeug wird der Edelstahlstreifen umgebogen. Die Nietlöcher müssen jetzt genau übereinander stehen, damit der alte Gurt genietet werden kann.

❻ Lochen Sie den Gurt mit dem im Set enthaltenen Locher und drücken Sie die Nieten von beiden Seiten durch das Loch. Schlagen Sie die Nieten auf einem zweiten Hammer als Unterlage zusammen.

Das brauchen Sie

- Reparatur-Set für Rollläden
- Schraubendreher
- Cut-Messer
- 2 Hämmer

❼ Zum Schluss umkleben Sie den genieteten Edelstahlstreifen mit dem Spezialklebeband. Da es wie das Rollladenband grob gewebt ist, fällt die Reparatur kaum auf.

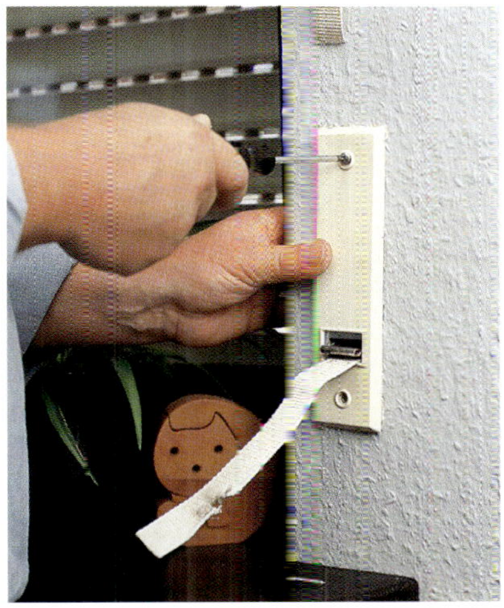

❽ Nun entfernen Sie das alte Rollladenband nach Ausbau der Gurttrommel. Schrauben Sie den Gurt sehr vorsichtig von dem Gurtwickler ab, denn die Trommel ist durch eine kräftige Feder stark gespannt.

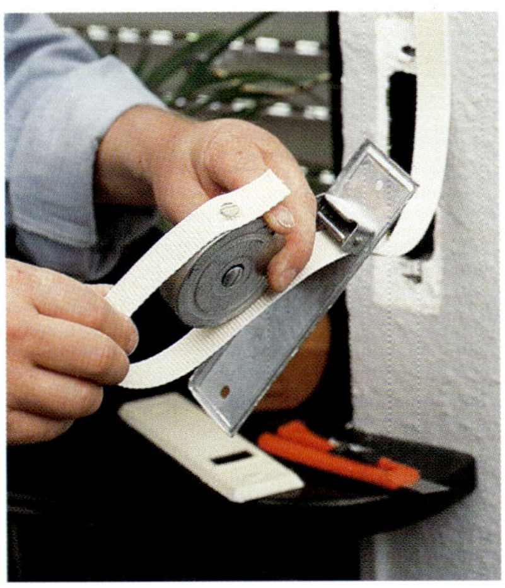

❾ Lochen Sie mit dem beiliegenden Werkzeug den neuen Gurt und führen Sie ihn unterhalb der Gurtbremse ein. Spannen Sie die Trommel bis zum Anschlag und befestigen Sie den Gurt auf der Trommel.

❿ Lassen Sie nun die Trommel wieder vorsichtig los. Der Gurt wickelt sich durch die gespannte Feder von alleine auf die Trommel. Jetzt setzen Sie die Wicklereinheit in den Mauerkasten ein und schrauben zuletzt die Abdeckplatte wieder auf.

⓫ Damit ist die Reparatur abgeschlossen. Ein Öffnen – und später auch Tapezieren – des Rolladenkastens über dem Fenster ist nur dann nötig, wenn der Gurt ganz abgerissen ist und ein Teil des Rollladenbandes im Rollladenkasten verschwunden ist.

Fliegen hinter Gitter bringen

❶ Fliegengitter schützen zuverlässig vor Insekten, ohne dass Sie auf Frischluft durch geöffnete Fenster verzichten müssen. Messen Sie zunächst im Abstand von 2 cm zum Fensterrahmen mit einem Zollstock die Breite der Maueröffnung.

❷ Kürzen Sie die Rollokassette mit einer Metallsäge und einer Gehrungslade auf dieses Maß und entgraten Sie die Schnittkanten sauber mit einer Metallfeile.

❸ Stecken Sie den Pfropfen mit dem runden Stift in das Federwellenrohr in der Mitte der Rollokassette und helfen Sie evtl. mit leichten Hammerschlägen nach.

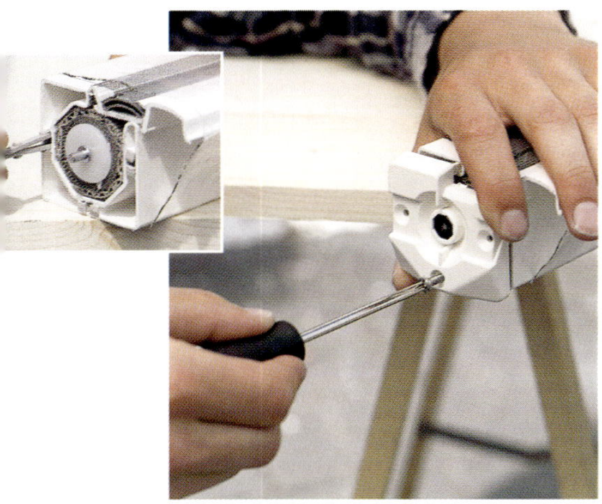

❹ Führen Sie die Klappdübel in die Kassette ein und schrauben Sie den Kassetten-Deckel erst provisorisch mit Linsenkopfschrauben fest. Entfernen Sie die Folie an der Rollokassette und die Transportsicherung und schrauben Sie dann den Deckel endgültig fest.

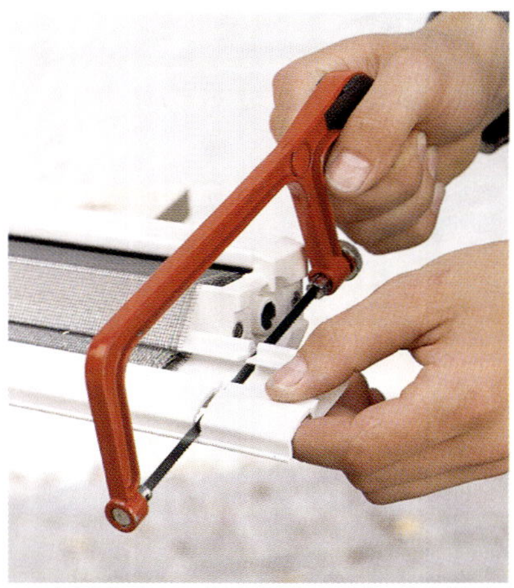

❺ Ziehen Sie die Griffleiste von der Insektenschutzgaze an der ungekürzten Seite 10 cm heraus, Sägen Sie sie an der vorgeschnittenen Markierung durch und schieben Sie die Leiste wieder zurück.

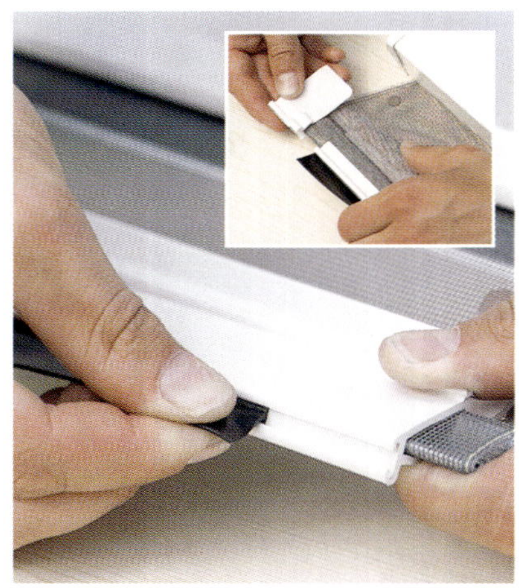

❻ Schieben Sie das Dichtungsprofil auf die Griffleiste und kürzen Sie es auf die Länge der Griffleiste. Die Endkappen mit dem Justierschieber werden an beiden Seiten der Griffleiste aufgesteckt. Heben Sie das flexible Teil der Kappen an, dann geht es leichter.

Das brauchen Sie

- **Zollstock**
- **Gehrungslade**
- **Metallsäge**
- **Metallfeile**
- **Hammer**
- **Puk-Säge**
- **Schlitz-Schraubendreher**
- **Kreuz-Schraubendreher**
- **Bleistift**
- **Bohrmaschine**
- **Metallbohrer 4 mm und 7 mm**
- **Unser Beispiel: System Bruynzeel**

❼ Befestigen Sie jetzt die Montagehalterung an beiden Seiten der Rollokassette mit je zwei langen Senkkopfschrauben, die ebenfalls dem Fliegengitter beiliegen.

❽ Schieben Sie die Kunststoffpuffer rechts und links in die Aussparung zwischen Kassetten-Decke und Montagehalterung und befestigen Sie dann die Rollokassette, wie vorher festgelegt, mit Dübeln und Schrauben in der Laibung.

❾ Nun bestimmen Sie die Position der unteren Schließblöcke. Zeichnen Sie deren Oberkante an der Wand an, damit Sie die erforderliche Länge der Führungsschienen ausmessen können.

❿ Richten Sie die Führungsschienen mit der Wasserwaage aus. Die Profile werden mit einem 7,5 mm Steinbohrer, die Löcher für die Befestigungsschrauben mit 4 mm vorgebohrt. Setzen Sie die Dübel ein und schrauben Sie die Schienen und die Positionsblöcke fest.

⓫ Neben Fliegengittern, die übrigens auch mit Kindermotiven erhältlich sind, gibt es auch andere Möglichkeiten, sich vor Insekten zu schützen. Vorhänge mit Holzkugeln (Tonkin) sind ebenso wirkungsvoll wie die Stoffe, aus denen auch Moskito-Netze gemacht sind.

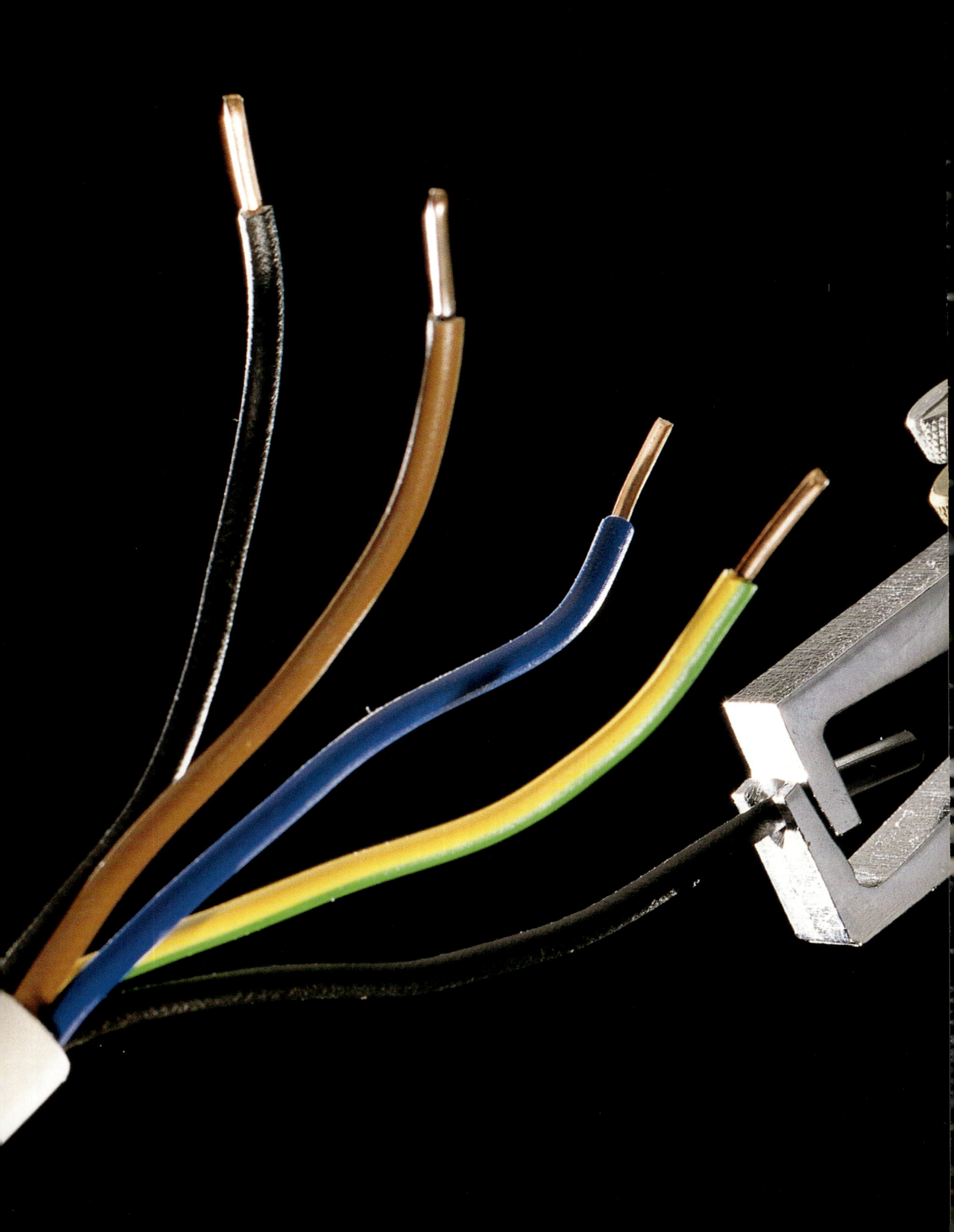

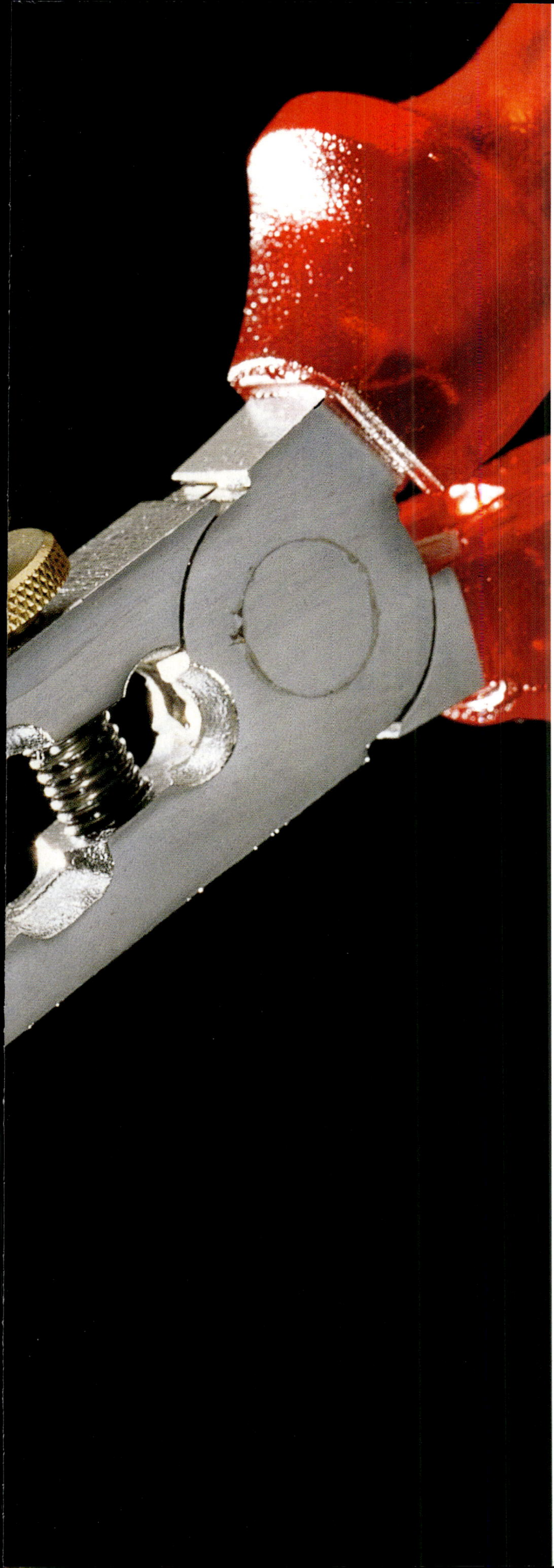

Basiswissen für Elektroarbeiten

Grundlegende Elektroarbeiten können Sie – wenn Sie die geltenden Sicherheitsbestimmungen einhalten – selber durchführen. Dazu zählt z. B. das Verlegen von Leitungen in gemeißelten Schlitzen oder Leer-Rohren. Den Anschluss bzw. die Abnahme Ihrer Vorarbeiten sollten Sie dagegen zu Ihrer eigenen Sicherheit und aus versicherungsrechtlichen Gründen einem eingetragenen Elektriker überlassen.

- **Kleines 1x1 der Leitungsverlegung**
- **Gängige Leuchtmittel und Kabel**
- **Hilfsmittel für Elektroarbeiten**
- **Sicherheitsregeln und Symbole**
- **Kabel unter Putz verlegen**
- **Kabel auf Putz verlegen**
- **Neue Steckdose einsetzen**
- **Montage eines Halogen-Seilsystems**
- **Lichtarchitektur**
- **Gut geschaltet ist halb beleuchtet**
- **Basiswissen zum Telefon**

Kleines 1x1 der Leitungsverlegung

Spätestens beim Um- oder Ausbau stellt man fest, wo noch eine Steckdose oder ein Lampenanschluss nützlich wäre. Für die in diesem Kapitel gezeigten Elektroarbeiten brauchen Sie nicht extra einen teuren Handwerker zu beauftragen. Voraussetzung ist jedoch, dass Sie mit größter Sorgfalt und nach den geltenden Vorschriften arbeiten.

Nach dem Wortlaut des Vertrages, den jeder mit dem Stromversorgungsunternehmen abschließt, dürfen sämtliche Elektroarbeiten nur durch konzessionierte Betriebe und eingetragene Elektriker vorgenommen werden. Andererseits sind in den Baumärkten alle notwendigen Materialien erhältlich, um alle Arbeiten an elektrischen Anlagen durchzuführen. Für alle Arbeiten sind zusätzlich die VDE-Vorschriften (VDE = Verein Deutscher Elektrotechniker e. V.) einzuhalten. Die VDE 0100 enthält alle Schutzbestimmungen, die bei allen Elektroinstallationen einzuhalten sind. Das ganze Regelwerk kann ein Heimwerker natürlich nicht kennen. Deswegen ist es besonders wichtig, vor jeder Installation den fachmännischen Rat eines Elektrikers einzuholen. Sollte es doch zu einem Elektrounfall kommen, wird derjenige zur Verantwortung gezogen, der als letzter die Arbeiten durchgeführt hat. Lassen Sie deshalb von einem Fachmann überprüfen, ob die Arbeiten ordnungsgemäß ausgeführt wurden.

Die richtige Leitungswahl

Leitungen für Elektro-Installationen bestehen meist aus mehreren Adern, die mit einer farbigen Isolierung umhüllt sind. Die Anzahl der Adern richtet sich nach der geplanten Installation. Die Farben haben jedoch eine feste Bedeutung:

Bedeutung der Kennfarben

Farbe	Bezeichnung
grün-gelb	Schutzleiter (PE)
hellblau	Nullleiter (N) (Mittelleiter)
schwarz oder braun	Phase (L) (Außenleiter)

Bei einer (Schutzkontakt-)Steckdose sind in der Regel drei Leiter angeschlossen. Ist die Sicherung eingeschaltet, liegt an der Phase (schwarze oder braune Ader) elektrische Spannung an, die mit einem Phasenprüfer gemessen werden kann. Der Nullleiter (immer hellblau) dient zur Rückleitung des Stroms. Besondere Bedeutung kommt dem Schutzleiter zu. Er leitet die Spannung ab, sollte der Nullleiter defekt sein, bzw. durch einen Kurzschluss ein Fehler auftreten. Man verbindet ihn mit dem (leitenden) Gehäuse von elektrischen Geräten. Damit wird eine eventuell vorhandene lebensgefährliche Fehlerspannung am Gerät abgeleitet.
Die Mindest-Leiterquerschnitte der Leitungen richten sich nach der Leistungsaufnahme (Wattzahl-Angabe auf dem Gehäuse) des angeschlossenen Gerätes.

Verlegen von Leitungen

Egal, ob Sie Leitungen auf oder unter Putz verlegen, Leitungen werden ausschließlich senkrecht und waagerecht und in bestimmten Abständen zu Wandecken, Türen und Fenstern verlegt. Das hat seinen guten

Maßempfehlungen für das Verlegen von elektrischen Leitungen und die Montage von Schaltern und Steckdosen

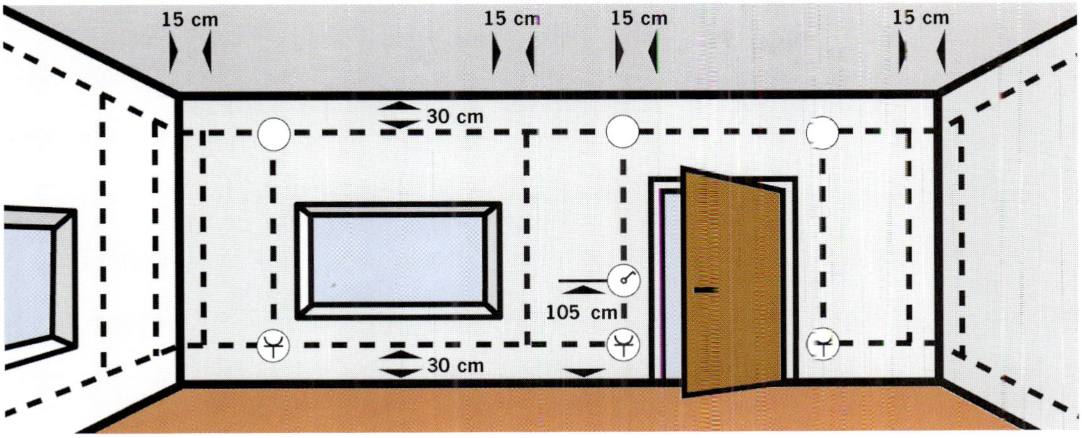

Grund. An der Position von Steckdosen und Schaltern kann man auch noch nach Jahren, bzw. wenn man die Leitungen nicht selber verlegt hat, abschätzen, wo die Leitungen unter dem Putz verlaufen. Zur Sicherheit sollten Sie ein Spannungssuchgerät einsetzen, bevor Sie z. B. eine Bohrmaschine an der Wand ansetzen. Die angegebenen Abstände sind nicht bindend vorgeschrieben; Abweichungen von 5–10 cm sind durchaus möglich.

Einbauhöhen für Schalter und Dosen

Wenn Sie den Anschluss von Schaltern und Dosen vorbereiten wollen, sollten Sie für Lichtschalter-Steckdosen-Kombinationen, Lichtschalter, und Küchensteckdosen eine mittlere Einbauhöhe von 1,05 m berücksichtigen. Steckdosen und Verteilerdosen werden etwa 30 cm über dem Fußboden bzw. 30 cm unter der Decke installiert. Bei Fenstern gelten die gleichen Maßempfehlung für die Leitungsabstände wie bei Türen und bei Wandecken.

FACHAUSDRÜCKE

Fehlerstrom: Strom, der durch eine defekte oder nicht sachgemäße Installation durch ein Gehäuse oder sonstigen elektrischen Verbraucher fließt.

Festverlegung: Ortsunveränderliche Verlegung z. B. von (starren) Drähten oder Leitungen unter Putz.

Schutzisolierung: Isolierung, die vor dem Berühren von Teilen schützt, die bei einem auftretenden Fehler unter Spannung stehen können.

Schutzleiter: Grün-gelber Leiter, der verhindert, dass das Gehäuse eines defekten elektrischen Gerätes unter Spannung steht.

Verteilerdose: Dose, die zum Abzweigen von Leitungen (evtl. aus einem anderen Raum) dient.

Gängige Leuchtmittel und Kabel

❶ Kabel kann man in fünf Gruppen einteilen. Für die feste Verlegung auf und unter Putz gibt es 3-, 4-, und 5-adrige Kabel mit starren eindrähtigen Kupferleitern, starre Drähte zum Einziehen in Leerrohre und flache Stegleitungen.

❷ Für „ortsveränderliche" Verbraucher gibt es 2- und 3-adrige Kabel mit unterschiedlichen Mantelfarben z. B. passend zu Leuchten. Zweiadrige Kabel sollten Sie nur bei Geräten mit schutzisoliertem Gehäuse verwenden.

❸ An Kabel für die Verlegung im Freien werden besondere Anforderungen gestellt. Sie müssen witterungsbeständig sein. Hier sehen Sie z. B. ein 3-adriges Erdkabel und ein (eckiges) Kabel, das für Freiluft-Lichterketten geeignet ist.

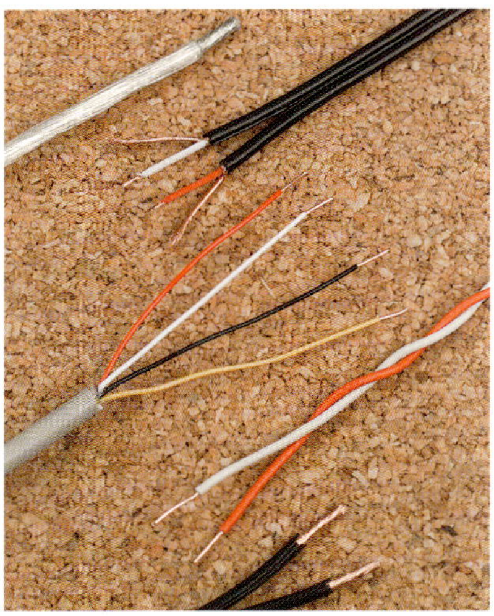

❹ Für Niedervolt-Geräte (bis 50 V) gibt es ein eigenes Sortiment an Kabeln. Hierzu zählen Kabel für Halogenleuchten, Phono-Geräte, Telefon, Klingeln und Lautsprecher.

❺ Die bekanntesten Leuchtmittel sind die tropfen- und die kerzenförmigen Glühlampen mit mattem oder klarem Glas. Kuppenverspiegelte Glühlampen verwendet man z. B. in Leuchten, die einen reflektierenden Schirm haben und erreicht damit eine gleichmäßige indirekte Beleuchtung. Reflektorglühlampen strahlen nach ihrem Öffnungswinkel verschieden große Lichtkegel ab. Man unterscheidet zwei Schraubsockel, E 27 und E 14.

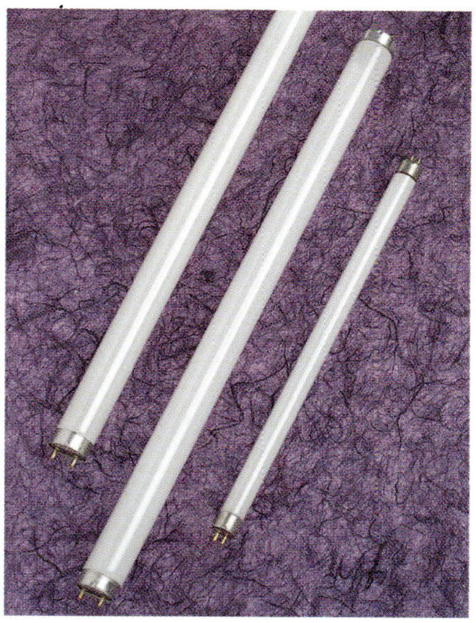

❻ Leuchtstofflampen haben die 3- bis 5-fache Lichtleistung und etwa 6-fache Brenndauer von Glühlampen. Achten Sie unbedingt auf die „Farbtemperatur“ des abgestrahlten Lichts, das von „tageslichtweiß“ bis zu „warmweiß“ reicht.

❼ Energiesparlampen, kleine Kompakt-Leuchtstofflampen, arbeiten etwa 5-mal wirtschaftlicher als herkömmliche Glühlampen und haben eine 8- bis 12-mal so lange Lebensdauer. So können Sie pro Energiesparlampe trotz wesentlich höherer Einstiegskosten für die einzelne Lampe im Laufe der Zeit bis zu 100 DM sparen. Tipp: Es gibt seit einiger Zeit auch Energiesparlampen in Kerzenform. Damit können Sie auch bei kleineren Leuchten, bei denen es auf eine kompakte Bauform ankommt, Energie sparen.

❽ Energiesparlampen mit geringer Leistungsaufnahme haben eine Leuchtstoffröhre. Für eine höhere Lichtausbeute bei gleichbleibender Baugröße gibt es Lampen mit 2 und 3 Bögen. Für manche Leuchten brauchen Sie Energiesparlampen mit Sockel. Diese weisen manchmal nur kleine, aber entscheidende Unterschiede auf.

❾ Halogen-Spiegellampen bestehen aus einer Einheit von Stecksockel, Reflektor und Halogen-Glühlampen. Manchmal reicht es, nur das Birnchen auszuwechseln. Achten Sie dann auf die Watt-Angabe auf dem Birnchen und den Abstand der Pole. Daneben gibt es aber auch Lampen mit Schraubsockel.

Hilfsmittel für Elektroarbeiten

❶ Werkzeuge, mit denen Sie eine Arbeitsstelle auf Spannungsfreiheit prüfen, zählen zu den wichtigsten Elektrowerkzeugen. Bei dem Prüfschraubendreher zeigt die aufleuchtende Glimmlampe an, welcher Pol einer Steckdose oder einer Leitung Spannung führt.

❷ Ein zweipoliger Spannungsprüfer zeigt über Leuchtdioden an, ob und wie viel elektrische Spannung, anliegt. Mit diesem Gerät können Sie auch feststellen, ob der Schutzleiter (gelb-grün mit den Klammern verbunden) richtig angeschlossen ist.

❸ Noch mehr Daten liefert ein Multimeter. Damit können Sie sowohl Strom, Spannung als auch den elektrischen Widerstand von Bauteilen testen. Beachten Sie bei der Bedienung dieses Gerätes ganz besonders die Sicherheitshinweise des Herstellers.

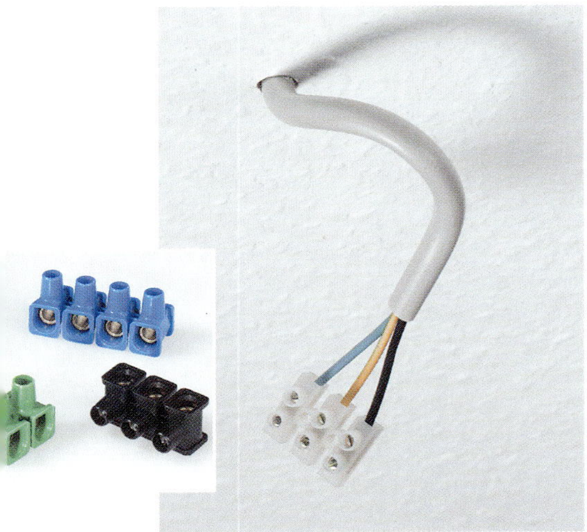

❹ Leuchten sollten Sie prinzipiell vor der Lüsterklemme abschrauben. Abisolierte, „blanke“ Leitungen sollten Sie sicherheitshalber mit einer Lüsterklemme versehen. Sicherung vorher ausschalten!

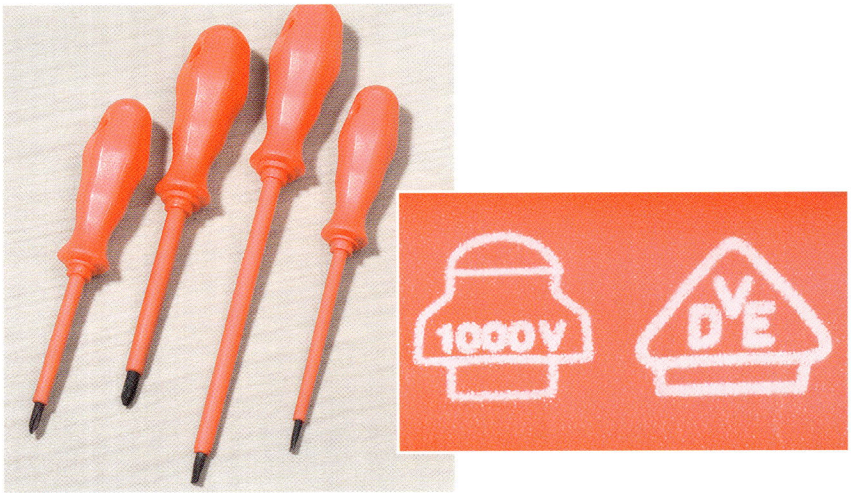

❺ Schraubendreher für Elektroarbeiten sollten unbedingt bis zur Spitze schutzisoliert sein und das VDE-Zeichen tragen. Wenn Sie mit dem Werkzeug aus Versehen ein spannungsführendes Teil berühren, „trifft Sie nicht der Schlag“.

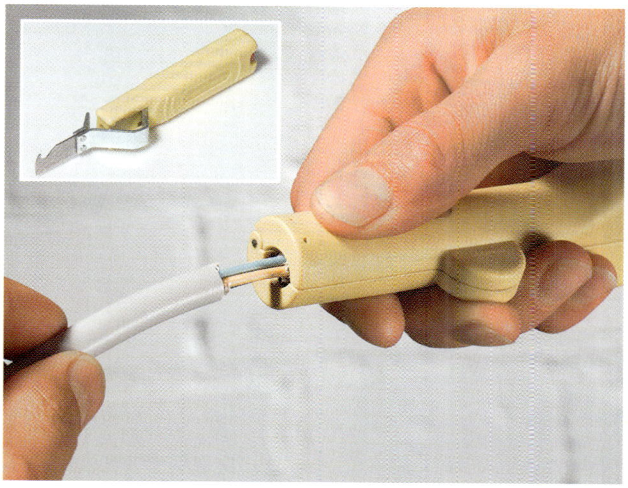

❻ Wenn Sie Kabel zum Anschließen vorbereiten wollen, müssen Sie erst den Kunststoffmantel vorsichtig entfernen. Mit einem Entmantler oder einem Kabelmesser geht das schnell, ohne die einzelnen Aderisolierungen zu verletzen. Die Sicherheit bei Elektroarbeiten ist maßgeblich vom fachgerechten Einsatz der richtigen Werkzeuge abhängig. Verwenden Sie daher zum Entmanteln weder Kombizange noch Messer.

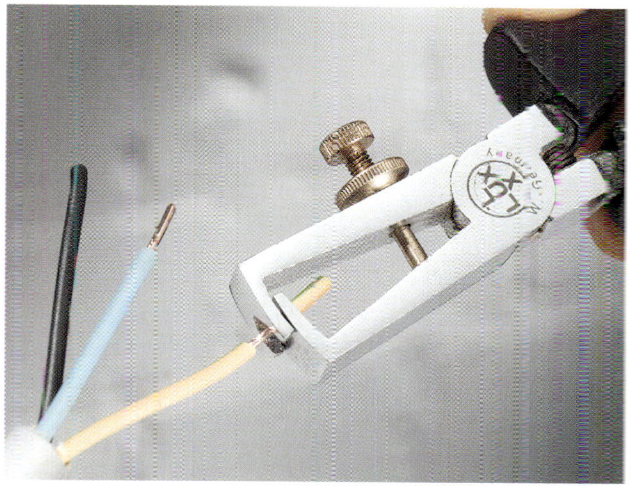

❼ Im nächsten Schritt werden die Isolierungen der farbigen Adern entfernt. Dazu brauchen Sie eine Abisolierzange. Bei dieser Zange lässt sich die Zangenöffnung genau einstellen, damit die Kupferadern bzw. die feindrähtigen Kupferleiter der verschiedenfarbig isolierten Adern nicht beschädigt oder sogar abgerissen werden. Wenn es dennoch versehentlich passiert, sollten Sie alle Adern kürzen und erneut abisolieren.

❽ Sicherlich kennen Sie das Problem: Wenn Sie abisolierte, feindrähtige Kupferleiter mit einer Schraube (z. B. an einem Stecker) fixieren wollen, fasern die Kupferleiter auf. Ein Teil der Kupferleiter liegt dann unter der Schraube, der andere Teil bleibt unbefestigt. Damit das nicht passiert, kann man mit einer Ader-Endhülsenzange Hülsen in der Größe des Leiterquerschnitts ganz einfach aufquetschen.

SO MACHEN SIE ES RICHTIG

- **Beachten Sie zu Ihrem eigenen Schutz unbedingt alle in diesem Kapitel genannten Sicherheitshinweise.**
- **Werkzeuge zum Prüfen der Spannung können in Funktion und Bedienung variieren. Lesen Sie deshalb immer die jedem Gerät beiliegende Bedienungsanleitung sorgfältig durch.**

Sicherheitsregeln und Symbole

Das Thema Sicherheit kann im Zusammenhang mit Elektrizität nicht groß genug geschrieben werden, denn der direkte Kontakt mit dem elektrischen Strom kann tödlich enden. Gedanken wie „ich will nur mal eben schnell ..." und „in den Keller zu laufen, um die Sicherung herauszudrehen ist mir jetzt zu lästig" sind lebensgefährlich. Viele Elektrounfälle ließen sich vermeiden, da sie oft auf das beschriebene leichtsinnige Verhalten zurückzuführen sind. Nur mit der nötigen Sorgfalt und dem entsprechenden fachlichen Wissen lassen sich Elektroarbeiten gefahrlos durchführen.

Sicherheitssymbole

Zu Ihrer Sicherheit gibt es eine Reihe von Symbolen mit verbindlicher Aussagekraft. Jedes elektrische Gerät und z. B. auch Steckdosen tragen ein Symbol, das dieses Gerät einer bestimmten Schutzklasse zuordnet. Die Symbole zeigen, auf welche Weise ein Gerät gegen Berührungsspannung geschützt ist, wenn ein Fehler auftritt.

Schutzklasse I:

An Geräte, Lampen und Steckdosen, mit diesem Zeichen ist unbedingt ein gelb-grüner Schutzleiter anzuschließen. Tritt ein Kurzschluss zwischen Phase und Gehäuse auf, leitet der Schutzleiter die lebensgefährliche Spannung ab. Die Sicherung springt heraus.

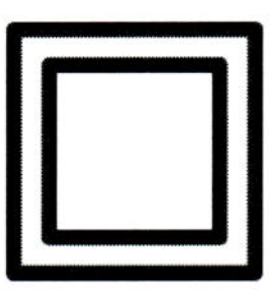

Schutzklasse II:

Elektrische Geräte oder auch Leuchten mit diesem Zeichen sind bereits schutzisoliert. In diesem Fall braucht kein Schutzleiter angeschlossen zu werden, da entweder das Gehäuse aus Kunststoff ist, oder das Gerät so isoliert ist, dass an den berührbaren Teilen keine Spannung anliegen kann.

Schutzklasse III:

Die Schutzklasse III schließlich umfasst die elektrischen Geräte, für die ein Transformator die Spannung auf 42 Volt herunterregelt. Die Berührungsspannung ist damit wie bei Halogenleuchten in einem nicht mehr lebensgefährlichen Bereich.

Sollte auf der Verpackung eines Schalters oder einer Steckdose ein Schaltplan für die Montage gezeichnet sein, finden Sie in der nachfolgenden Tabelle die am häufigsten gebrauchten Schaltzeichen:

Wechselspannung:	
(bewegliche) Leitung:	
Leitungsverzweigung:	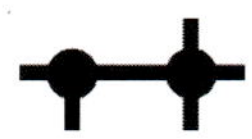
Erdung:	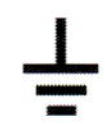
Sicherung:	
Ausschalter:	
Serienschalter:	
Einfach-Schutzkontakt-Steckdose:	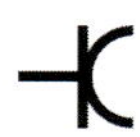
Leuchte:	

Wenn Arbeiten an elektrischen Anlagen, also am Hausstrom-Netz, durchgeführt werden, sind diese unbedingt nach der VDE-Norm auszuführen. Die darin enthaltenen Hinweise zum sicheren Arbeiten am Hausstrom-Netz sollten Sie daher auch als

Heimwerker unbedingt kennen. Damit Sie die in diesem Kapitel beschriebenen Arbeiten sicher ausführen können, sollten Sie die folgenden Sicherheitsregeln unbedingt einhalten:

- Alle Spannung führenden Leiter (Drähte) an der Arbeitsstelle sind zuverlässig abzuschalten, z. B. an der Stromkreisverteilung (Sicherungskasten). Ein Abschalten an Installationsschaltern (Ein-/Aus-Schaltern) reicht keinesfalls!
- Die Sicherung gegen Wiedereinschalten durch einen aufgeklebten Klebestreifen sichern. Sollte eine Schmelzsicherung den Stromkreis sichern, stecken Sie diese Sichrung am besten in die Tasche. Bringen Sie zusätzlich ein deutliches Hinweisschild am Sicherungskasten an. (In Ihrem eigenen Haus reicht es theoretisch, jedem Bescheid zu sagen; befindet sich ein Mitbewohner jedoch außer Haus, sollten Sie keine Sicherheitsregel auslassen.)
- Stellen Sie abschließend mit einem VDE-geprüften Spannungsprüfer die Spannungsfreiheit an der Arbeitsstelle fest.

Erst dann sollten Sie anfangen zu arbeiten. Noch ein Tipp: Sorgen Sie mit einer Verlängerungsschnur für eine alternative Lichtquelle, falls mit dem Ausschalten der Sicherung für einen Raum auch der Strom für sämtliche Leuchten unterbrochen ist.

Schutzbereiche im Badezimmer:
Sicher wäre es vermessen, das gesamte Regelwerk der VDE 0100 an dieser Stelle vermitteln zu wollen. Wichtige Grundbegriffe daraus sollten Ihnen jedoch vertraut sein. Im Badezimmer oder in Bereichen von „Wasserentnahmestellen“ schränkt der Normenkatalog Sie in Ihren Planungsmöglichkeiten – zu Ihrem eigenen Schutz – sehr ein. Man unterscheidet vier Bereiche (0–3). Als Gefahrenzone 0 wird das Innere der Duschtasse oder Badewanne bezeichnet. Dort verbietet sich die Installation oder Benutzung eines elektrischen Gerätes wohl von selbst.

Schutzklassen in Wohnungen

Bereich	Schutzklasse
0	IPX7
1	IPX4
2	IPX4
3	IPX0

Bereich 1 umfasst die angrenzenden Wände bis zu einer Höhe von 2,25 m. In diesem Bereich dürfen Sie weder einen Lichtschalter noch eine Steckdose einplanen. Geräte zur Warmwasserbereitung sind zulässig, wenn sie ausreichend spritzwassergeschützt sind. Um diese Fläche herum beginnt der Bereich 2. Im Bereich 2 (60 cm um den Gefahrenbereich 1 rechts und links von Badewanne und Dusche) sind Schalter und Steckdosen ebenfalls nicht zulässig und Leuchten nur, wenn Sie der Schutzklasse IPX4 entsprechen. Bereich 3 beschreibt die Fläche angrenzend an Bereich 2 bis zu 3 m um Dusche oder Badewanne herum. Alle beschriebenen Flächen haben eine Höhe von 2,25 m.

Wasserschutz:
Geräte und Zubehör, die in den genannten Bereichen installiert werden, müssen die oben aufgeführte Kennzeichnung aufweisen. Die letzte Ziffer bezeichnet den Wasserschutz: 7 = Schutz gegen Eintauchen, 4 = Schutz gegen Spritzwasser, 0 = kein besonderer Wasserschutz. Sie sollten also eine genaue Skizze von den geplanten Abständen für Installationen machen und diese mit einem Elektriker durchsprechen, damit Sie nicht einen Schlitz dort klopfen, wo er gar nicht erlaubt ist.

Kabel unter Putz verlegen

❶ Wenn Sie Schlitze selbst erstellen, können Sie eine Menge Geld sparen. Die anschließende Verdrahtung sollte jedoch ein Elektriker vornehmen.

❷ Sind die Schlitzbegrenzungen erst einmal angerissen, lässt sich der Kabelkanal relativ leicht mit Schlitzmeißel und Fäustel in die Wand schlagen.

❸ Schneller geht es mit einer Fugenfräse. Bei automatischer Absaugung hält sich die Staubentwicklung in Grenzen. Solche Geräte können Sie gegen eine geringe Gebühr leihen.

❹ Mit Hakennägeln fixieren Sie das Kabel in größeren Abständen und spachteln den Schlitz wieder mit Wand- und Deckenputz zu.

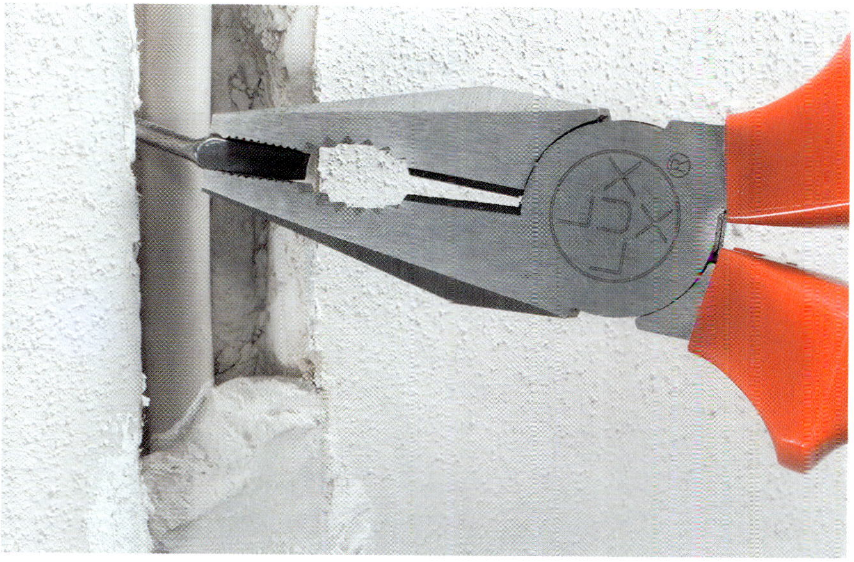

❺ Die Hakennägel (L-Haken) werden dabei nicht überspachtelt, sondern vorher mit einer geeigneten Zange gezogen.

Das brauchen Sie

- Bleistift und Zollstock
- Fäustel
- Schlitzmeißel mit Kunststoff-Handschutz oder Fugenfräse
- Kabel für die Festverlegung
- L-Haken
- Zange
- Wand- und Deckenputz
- Baueimer
- Spachtel

❻ Ganz gleich, ob Sie ein Schutzrohr oder eine Leitung verlegt haben, die Wand wird abschließend mit Putz gefüllt und plan abgezogen.

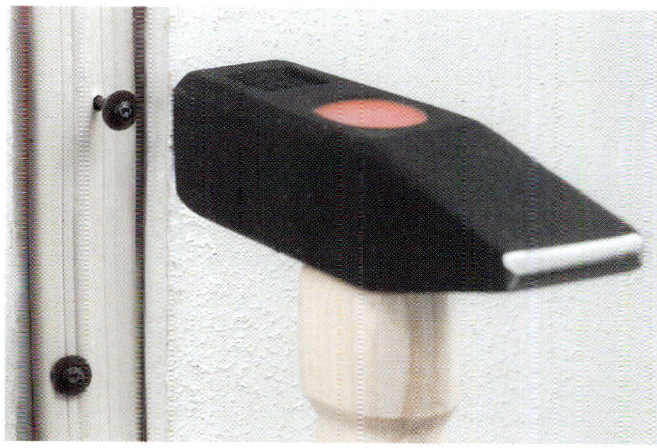

❼ In seltenen Fällen, z. B. wenn die Wand sehr fest ist, können Sie auch Flachbandkabel verlegen. Es wird mit speziell dafür erhältlichen Nägeln befestigt.

Ohne Nachweis zulässige Schlitzabmessungen in tragenden Wänden

	Wanddicke in mm				
	≥ 115	**≥ 175**	**≥ 240**	**≥ 300**	**≥ 365**
Schlitztiefe (mm)	≤ 10	≤ 10	≤ 30	≤ 30	≤ 30
Einschlitzbreite (mm)	≤ 100	≤ 100	≤ 150	≤ 200	≤ 200
Abstand der Schlitze (mm)			≥ 115		

Kabel auf Putz verlegen

❶ Am einfachsten lassen sich Kabel auf Putz in hohlen Sockelleisten verlegen. Zwischen Wand und Bodenbelag sorgt die Leiste im passenden Dekor für einen schönen Abschluss und lästige Kabel verschwinden elegant.

❷ In Küchen gibt es meistens zu wenig Stromanschlüsse. Kabel von Geräten, die in Ihrer Küche einen festen Platz haben, können in diesen Leisten verschwinden, die zudem eine wasserabweisende Dichtlippe haben.

❸ Frei angebrachte Schutzrohre, Rasterschellen oder Leitungskanäle sollten mit Dübeln und Schrauben befestigt werden. Bei Standard-Dübeln verwenden Sie am besten dazu einen Bohrer in gleicher Größe.

❹ Das Dübelloch sollte um eine Dübeldicke tiefer gebohrt werden als der Dübel lang ist. So passt der Dübel bündig in die Wand und die (etwas längere) Schraube lässt sich ganz eindrehen.

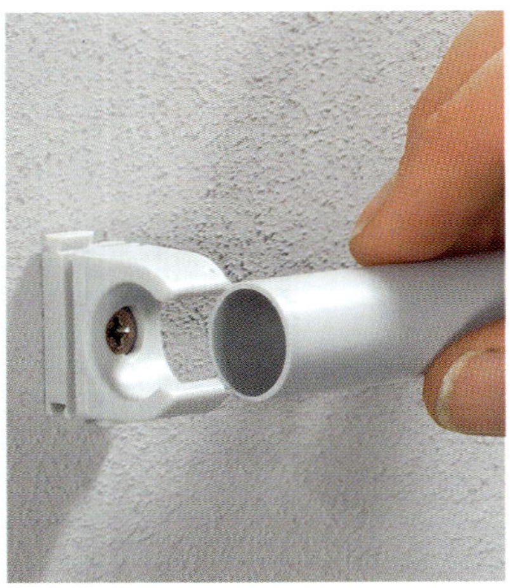

❺ Das Schutzrohr lässt sich jetzt leicht an der Klemmschelle einstecken. Nach etwa „einer Hammerstiellänge“ sollte dann eine weitere Klemmschelle folgen.

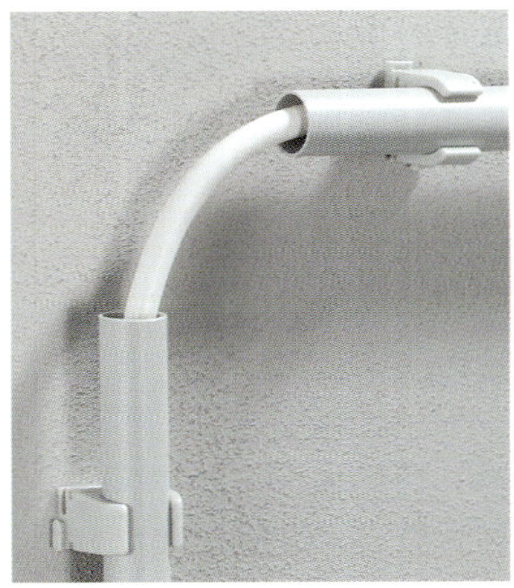

❻ Alle Kabel – ob auf oder unter Putz – werden nur senkrecht oder waagerecht geführt. Nahe einem Winkel sollten Sie an beiden Seiten eine Klemmschelle befestigen, um dem Winkel Stabilität zu geben.

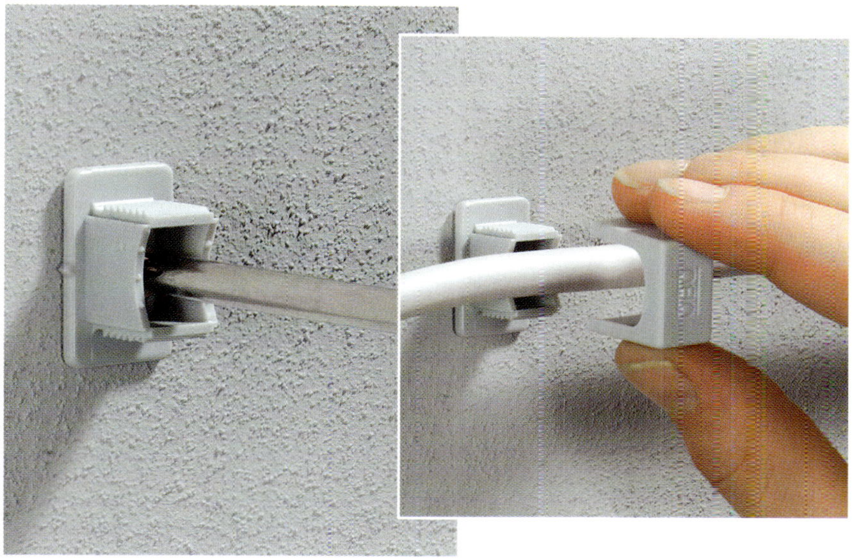

❼ Auch Rasterschellen werden angedübelt. Sie bestehen aus zwei Teilen. Das obere Teil der Schelle wird einfach aufgesteckt und rastet damit ein. Mit einem Schraubendreher können Sie die Schelle auch leicht aufbiegen und die Verbindung damit ggf. wieder lösen.

DAS BRAUCHEN SIE

- Bohrmaschine
- Dübel
- Bohrer in der Größe des Dübeldurchmessers
- Schraubendreher
- Sockelleisten
- Schutzrohre mit Klemmschellen
- Rasterschellen oder Leitungskanäle

❽ In senkrechter Richtung können Sie den Abstand zwischen den Schellen etwas größer wählen. An einem Winkel sollte zu beiden Seiten eine Rasterschelle dicht am Kabelbogen angebracht werden.

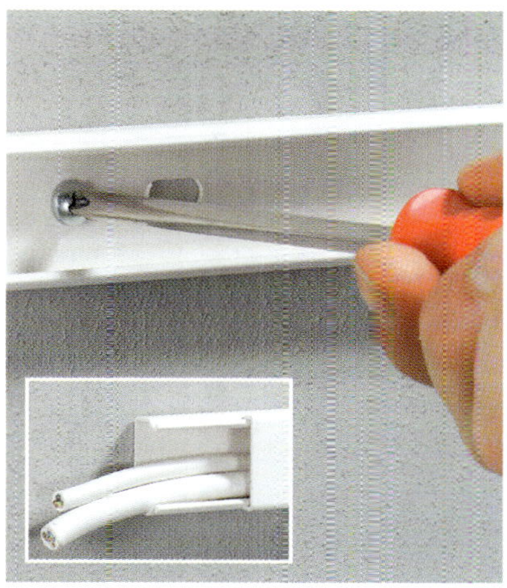

❾ Die Befestigung von Leitungskanäler ist später unsichtbar. Die Abdeckungen lassen sich leicht aufstecken und auch wieder entfernen, wenn Sie z. B. noch ein weiteres Kabel einlegen möchten.

SO MACHEN SIE ES RICHTIG

- Auch Kabel auf Putz sollten Sie nur senkrecht und waagerecht verlegen. Vergewissern Sie sich vor Arbeitsbeginn mit einem Spannungsprüfer immer von der Spannungsfreiheit der Kabel, mit denen Sie hantieren.

Neue Steckdose einsetzen

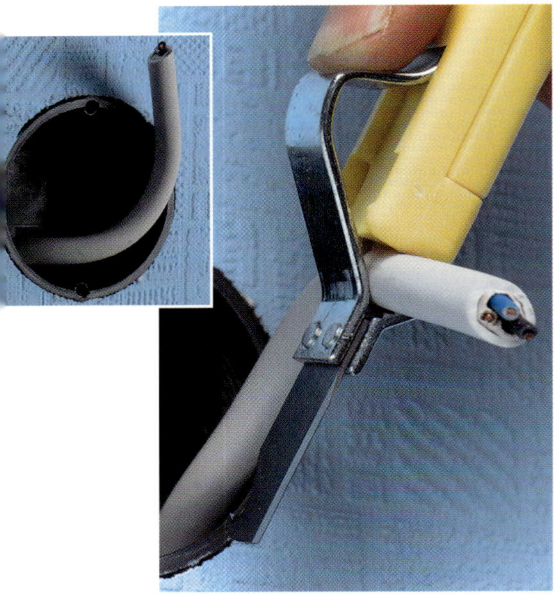

❶ Schalten Sie unbedingt vor Arbeitsbeginn die Sicherung aus! Entfernen Sie die Ummantelung des Stromkabels mit einem Kabelmesser.

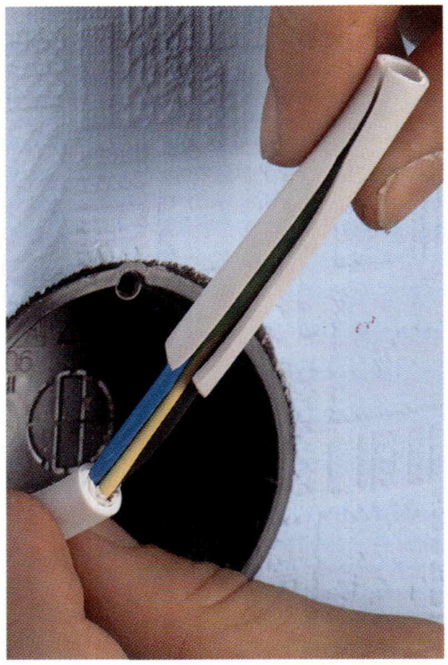

❷ Damit ist gewährleistet, dass die Stromleiter ohne Beschädigung auf einer Länge von ca. 6–8 cm freigelegt werden.

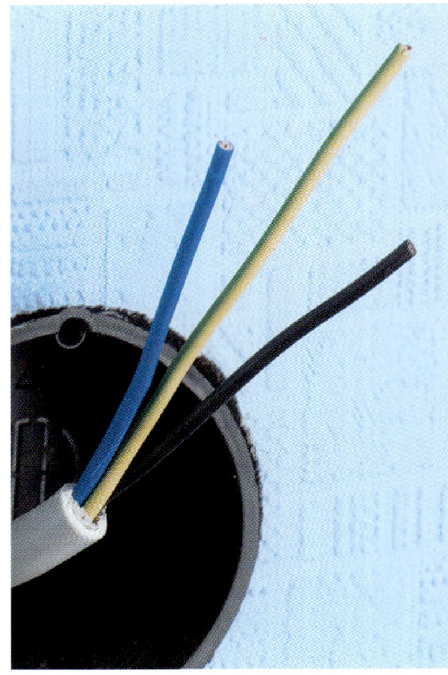

❸ Kürzen Sie die braune und die blaue Ader, damit sich der Schutzleiter (gelb-grün) bei Zugbeanspruchung zuletzt löst.

❹ Eine auf jede gängige Kabelstärke justierbare Abisolierzange ermöglicht ein Entfernen der Isolierung, ohne die Kupferadern zu beschädigen.

❺ Nun befestigen Sie die ca. 10–13 mm freigelegten Adern. Der grün-gelbe Schutzleiter kommt an den mittlerem Kontakt mit dem Erdungszeichen ⏚.

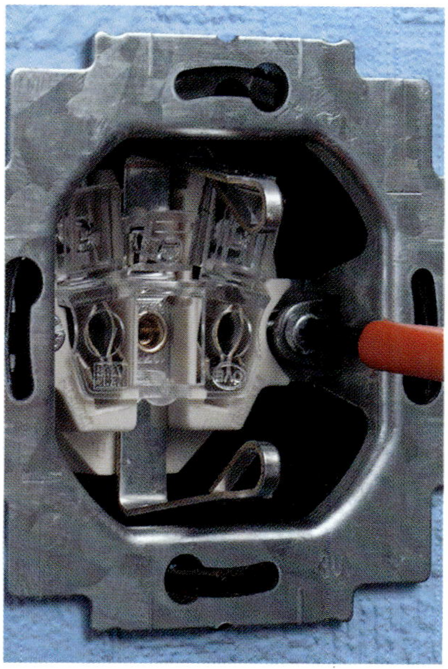

❻ Passen Sie die Steckdose ein. Beim Festschrauben wird die Dose durch zwei Spreizklammern an der Wand fixiert.

❼ Geben Sie wieder Strom auf die Steckdose. Ein Phasenprüfer (oder ein einfacher Spannungsprüfer) zeigt die korrekte Montage an.

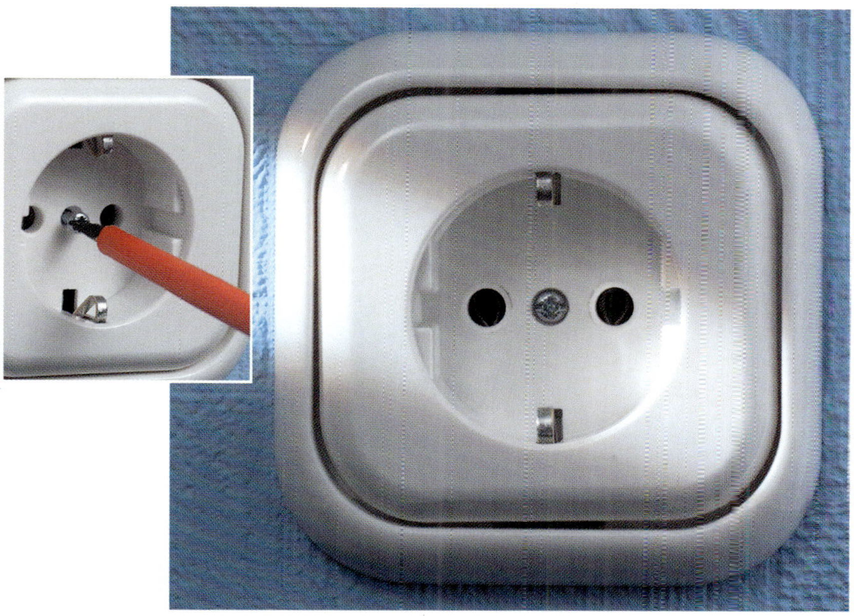

❽ Schalten Sie die Sicherung wieder aus, bevor Sie die Blende festdrehen. Anschließend kann die neue Dose in Betrieb genommen werden.

Das brauchen Sie

- Neue Steckdose
- Kabelmesser
- Elektroniker-Schraubendreher
- Abisolierzange
- Phasenprüfer oder Spannungsprüfer

So machen Sie es richtig

- Vergewissern Sie sich, dass die Reparaturstelle nicht unter Spannung steht und beachten Sie alle Sicherheitsmaßnahmen bei Arbeiten an elektrischen Anlagen.
- Der grün-gelbe Erdungsdraht muss stets um einen Zentimeter länger sein als die anderen Drähte. Bei mechanischer Belastung sorgt der Erdungsdraht für Ihre Sicherheit, denn er löst sich durch seine Länge als letzter
- Wenn Sie Strom von einer vorhandenen zu einer neuen Steckdose weiterführen wollen, schließen Sie „Farbe an Farbe" an.

Montage eines Halogen-Seilsystems

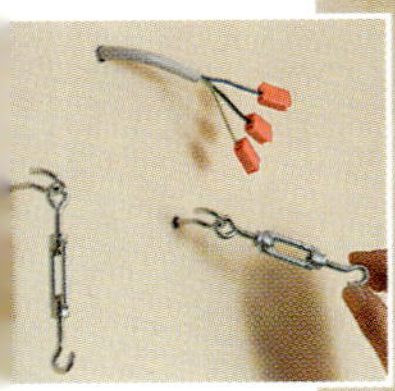

❶ Befestigen Sie an zwei gegenüberliegenden Wänden die Haken bzw. Seilspanner des Leuchten-Sets mit 6 mm großen Dübeln. Spannen Sie das Seil probeweise und fixieren Sie die Schlaufen in der Durchführung mit einem passenden Gabelschlüssel.

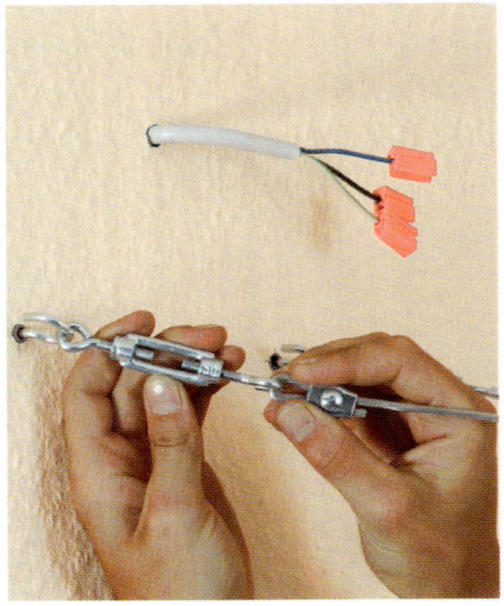

❷ Hängen Sie die Schlaufen an den Enden des Seils, den isolierten Niedervolt-Leitungen, in die ganz geöffneten Spanner ein. Justieren Sie die Spanner so, dass das Seil nur noch leicht durchhängt. Jetzt wird das Seil-System an die Stromquelle angeschlossen.

❸ Niedervolt-Halogen-Leuchten werden stets mit einem Transformator betrieben, der wiederum mit Hausstrom versorgt wird. Befestigen Sie ihn in der Nähe der gespannten Seile auf jeden Fall auch mit Dübeln und Schrauben, da er ein sehr hohes Eigengewicht hat.

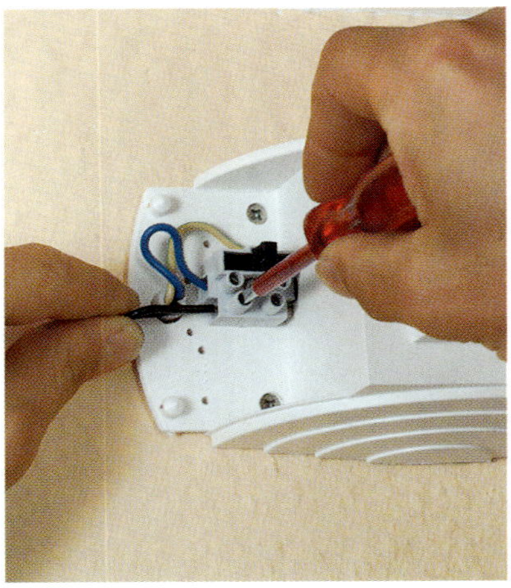

❹ Prüfen Sie die 220-V-Leitungen auf Spannungsfreiheit, bevor Sie sie am Transformator anschließen. Achten Sie besonders darauf, dass Sie die Anschlüsse für Hausstrom und Niederspannung am Transformator nicht verwechseln.

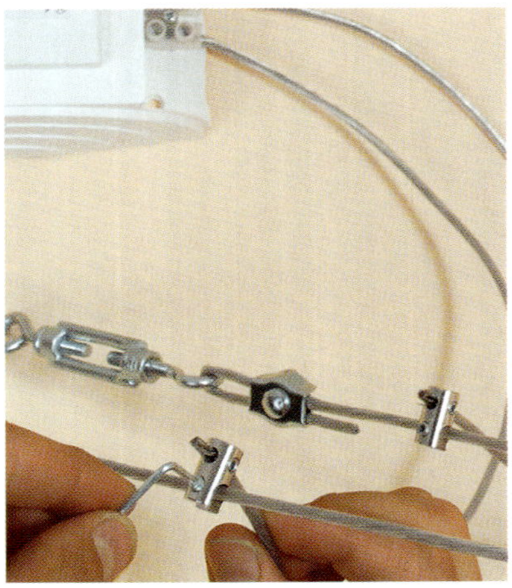

❺ Auf der Niedervolt-Seite verbinden Sie den Transformator mit den beiden gespannten Seilen. Ein Dorn am Ende der Niedervolt-Zuleitung bohrt sich beim Anschrauben durch die Isolation und stellt so die Stromverbindung her.

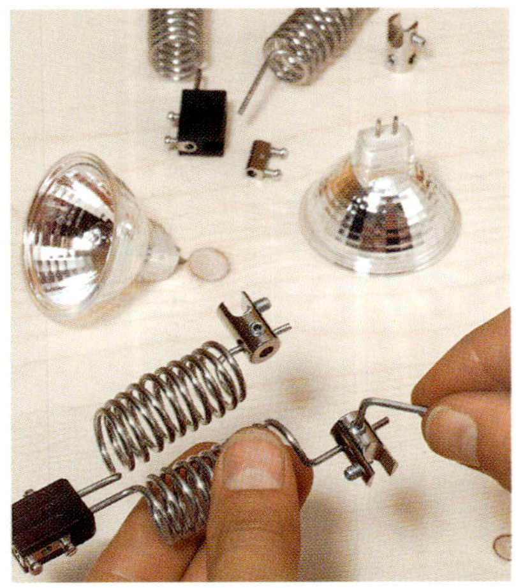

❻ Bei den meisten angebotenen Halogen-Sets müssen die Spiegellampen bzw. Teile des Sets noch zusammengesetzt werden. Dazu brauchen Sie einen Außensechskantschlüssel, der dem Set beiliegt und evtl. einen Schraubendreher.

❼ Abschließend montieren Sie die Lampen im gewünschten Abstand an den Seilen. Die Lampenbefestigung hat ebenfalls einen Dorn, der sich durch die Isolation der Seile bohrt. Sie können den optischen Eindruck der Halogen-Seilleuchte abwandeln, indem Sie z. B. bunte Spiegellämpchen einsetzen. Achten Sie jedoch darauf, dass diese die gleiche Leistung aufnehmen wie die ersetzten Leuchtmittel, damit der Transformator nicht überlastet wird. Übrigens: Auch Unterlast, also wenn zu wenig Lämpchen angeschlossen sind, kann den Transformator langfristig beschädigen.

❽ Spots zum Einbau in Decken sind oft auch Halogen-Leuchten. Sie eignen sich besonders zur Akzent-Beleuchtung, also beispielsweise zum Anstrahlen von Bildern.

❾ Schließlich gibt es noch Halogen-Leuchten, die an verchromten oder vermessingten Stangen befestigt werden können. Der große (Ringkern-)Transformator hängt bei diesem System mittig unter der Decke.

Das brauchen Sie

- Ein Set Halogen-Seilleuchten
- Bohrmaschine
- Bohrer 6 mm (je nach Untergrund)
- Dübel 6 mm
- Gabelschlüssel 7 mm

So machen Sie es richtig

- Halogen-Seilleuchten-Sets sind mit ihren Komponenten (Trafo-Leistung, Lampenzahl, Seillänge) aufeinander abgestimmt. Wenn Sie das System erweitern oder verkleinern möchten, müssen die einzelnen Bestandteile neu aneinander angepasst werden, sonst ist ein Defekt vorprogrammiert.
- Alle Arbeitsgänge im Niederspannungsbereich sind völlig ungefährlich.

Lichtarchitektur

❷ Das unten abgebildete Wohnzimmer ist lichtarchitektonisch nach ganz anderen Gesichtspunkten gestaltet worden als das links. Der hier sichtbare Teil wird von einer hellen Grundbeleuchtung dominiert. Dieses Licht ist nicht nur zum Putzen günstig, auch spielende Kinder freuen sich darüber, da sie oft den gesamten Boden als Spielfläche verwenden. Auch die Leuchte über dem Esstisch ist spielgerecht und sollte höhenverstellbar sein. Je nachdem, ob an diesem Tisch gearbeitet, gegessen oder genäht wird, die richtige Beleuchtungsstärke ist in jeder Situation gewährleistet.

❶ Mit Licht können Sie Räume ganz individuell gestalten. Leuchten setzen durch ihre Lichtwirkung Akzente und bringen Farbe, Form und Stil Ihrer Einrichtung zur Geltung. Beim Arbeiten am Schreibtisch braucht man direktes, helles Licht, um auch konzentriert arbeiten zu können. Am Esstisch ist eine flächigere, höhenverstellbare Beleuchtung sinnvoll. Im Wohnbereich sorgt indirekte Beleuchtung für dekorative Stimmungsbeleuchtung. Die Stehlampe kann als akzentuierende oder als Lesebeleuchtung eingesetzt werden.

❸ Zum Fernsehen und Arbeiten am Computer sollten Sie die Erkenntnisse von Arbeitsmedizinern für einen gezielten Lichteinsatz nutzen. Wichtigste Regel hier: Die Raumumgebung hinter dem Fernseher (oder auch Bildschirm) sollte nicht zu sehr im Dunkeln liegen. Durch eine indirekte Beleuchtung verringert sich der Helligkeitsunterschied zwischen Vorder- und Hintergrund und die Augen müssen sich nicht ständig unterschiedlich hellen Flächen anpassen, wenn Ihr Blick zwischen Bildschirm/Fernseher und Raum hin und her wechselt.
Auch das Flimmern von Fernseher oder Monitor wird als nicht so stark wahrgenommen. Die Hintergrundbeleuchtung sollte aber auch auf keinen Fall blenden. Denkbar wäre statt einer Beleuchtung, die die hintere Wand anstrahlt, auch eine Leuchte mit einem bunten Schirm auf dem Fernseher. Es sollten jedoch auf keinen Fall störende Reflexe auf der Mattscheibe sichtbar sein.

❹ Für Küchen brauchen Sie ebenfalls das richtige Licht-Rezept. Über den Arbeitsflächen unter den Hängeschränken und der Dunstabzugshaube brauchen Sie gutes und helles Licht, da hier auch Arbeitssicherheit eine große Rolle spielt. In diesen Bereichen wäre es sehr lästig, wenn die Deckenleuchten die einzigen Lichtquellen in der Küche wären und Sie sich beim Arbeiten selbst den Schatten auf die Arbeitsplatte werfen.
Alle Bewegungs- und Laufzonen sollten ebenfalls gut beleuchtet werden können. Breit abstrahlende Halogen-Einbauleuchten entlang dieser Wege eignen sich besonders für diesen Zweck. Über der Arbeitsfläche in der Raummitte sollte man ebenfalls für Halogenlicht sorgen. Beim Essen kann man dann die Allgemeinbeleuchtung aus- und die (blendfreie) Arbeitsbeleuchtung einschalten. Zusammen mit einer Kerze auf dem Tisch verwandelt sich diese Küche in eine sehr gemütliche Essküche.

Gut geschaltet ist halb beleuchtet

❶ Statt eine Steckdosenleiste an einer Steckdose anzuschließen, bietet es sich in manchen Fällen an, die Einfachsteckdose durch eine Doppelsteckdose zu ersetzen. Sie passt in dieselbe Unterputz-Schalterdose. Das Innenleben der Dose ist lediglich so verändert, dass eine andere Abdeckung darauf passt, in die zwei Stecker eingesteckt werden können. Das Praktische daran: Es werden nicht mehr Drähte gebraucht, und der Anschluss erfolgt genau an derselben Stelle wie bei einer Einfachsteckdose. Eine Aufputz-Einfachsteckdose lässt sich natürlich genauso durch eine Doppelsteckdose ersetzen.

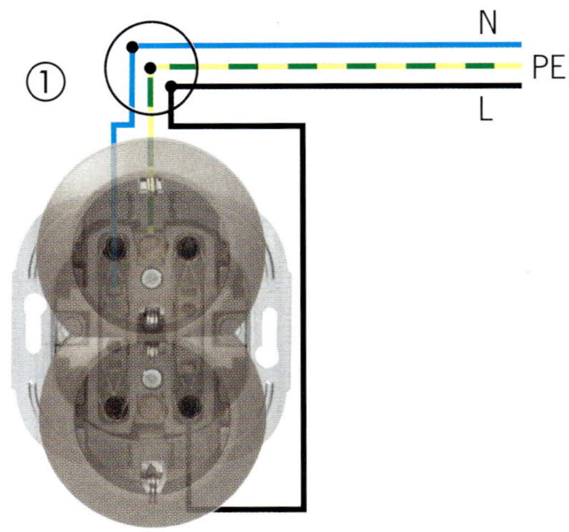

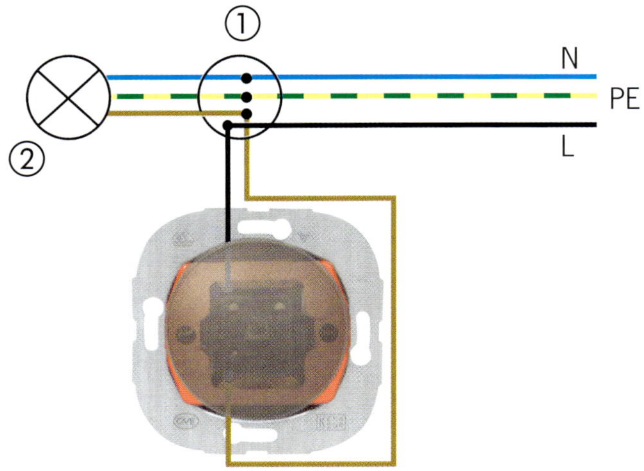

❷ Die dargestellten Schaltungen verstehen sich als Schaltpläne, bei denen man den „wirklichen" Verlauf der einzelnen Drähte sieht. Die einfachste Schaltung ist die Installation eines Ein-/Aus-Schalters für eine Deckenleuchte ②. Wir gehen immer davon aus, dass Strom über eine Verteilerdose ① im Raum vorhanden ist (zugeleitet durch die Drähte N, PE und L). Bei dieser Schaltung ist darauf zu achten, dass der Schalter die Phase (L) und nicht den Nullleiter (N) trennt. Sonst liegt Spannung an der Leuchte an, obwohl der Schalter in Aus-Stellung ist und das Licht aus ist!

❸ Etwas aufwändiger ist die Schaltung mit Schalter und Steckdose. Entscheidend ist hier, dass Nullleiter und Schutzleiter am Schalter vorbei zur Steckdose geführt werden. Die Phase wird vor (!) dem Schalter zur Steckdose verlängert, sonst funktioniert die Steckdose nur, wenn auch das Licht an ist. Die Abstände zwischen Verteilerdose, Schalter und Steckdose sind in der Grafik natürlich nicht maßstabsgerecht wiedergegeben. Die Steckdose kann sich z. B. direkt unter dem Schalter befinden, oder aber auch 30 cm über dem Fußboden.

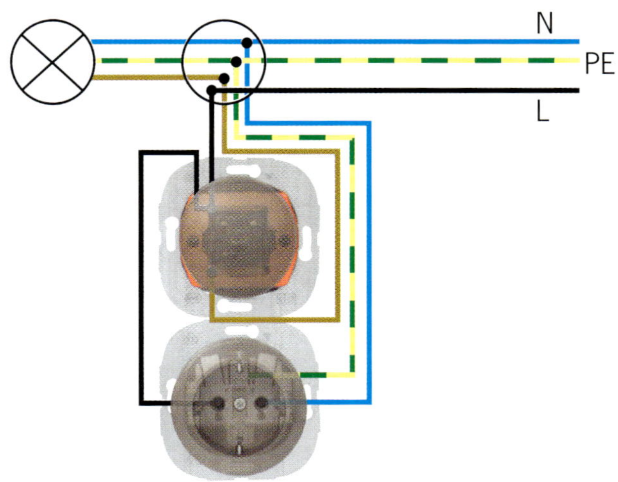

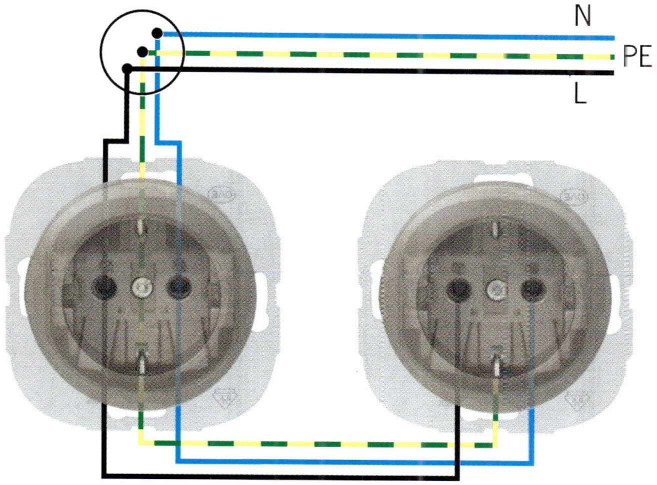

❹ Es fehlt eine weitere Steckdose? Kein Problem. Die Leitungen werden einfach „durchgeschleift“, d. h. Farbe an Farbe werden weitere Drähte an der bestehenden Steckdose mit angeschlossen und dann (unter Putz) zur nächsten Steckdose weitergeführt. Beachten Sie dabei, dass alle Steckdosen, die so geschaltet sind, sich an einem Stromkeis befinden und sich die Leistungen aller an diesen Dosen angeschalteten Geräten addieren. Bei Überlastung kann die Sicherung herausspringen.

❺ Wenn Sie mit einem Doppelschalter (Serienschalter) zwei Leuchten an- und ausschalten möchten, müssen die Drähte in der angegebenen Weise „gezogen“ werden. Mit je einem Schalter kann bei dieser Schaltung die Phase für eine Leuchte unterbrochen, d. h. geschaltet werden. Meist brauchen Sie an der Lüsterklemme ③ der Leuchte nur noch den Nullleiter und die beiden (geschalteten) Phasen anzuschließen. Der gelbgrüne PE-Draht wird bei fabrikmäßig nicht schutzisolierten Leuchten am Gehäuse ④ befestigt.

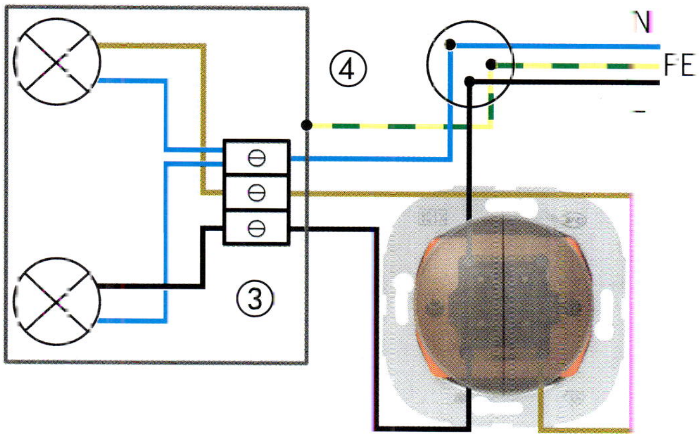

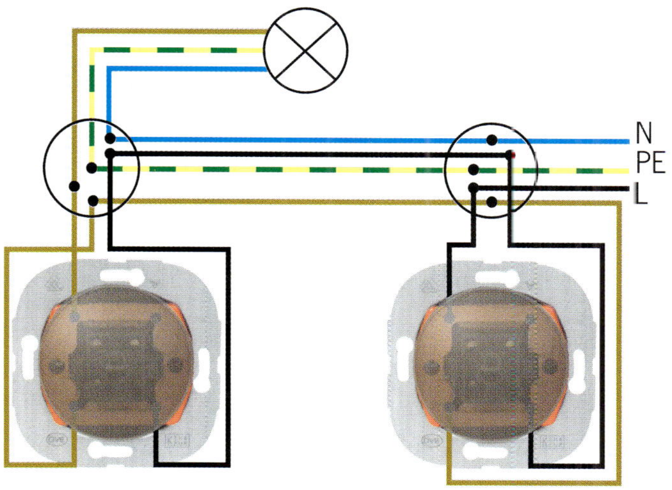

❻ Besonders für lange Flure ist diese Wechselschaltung interessant. Mit ihr kann man an einer Stelle das Licht an- und an einer anderen wieder ausschalten und umgekehrt. Bei der Wechselschaltung verlaufen zwei Drähte (braun und schwarz) zwischen den Schaltern, sodass von beiden Schaltern aus ein Stromkreis geschlossen bzw. unterbrochen werden kann.

Natürlich sind die Schaltungen auch untereinander kombinierbar. Ziehen Sie zum Anschluss der Drähte jedoch unbedingt einen Elektriker hinzu.

Basiswissen zum Telefon

❶ Seitdem das Postmonopol aufgehoben wurde, ist der Kunde ab der Anschlussdose König, vorausgesetzt er schließt „postzugelassene" Geräte an. Diese Geräte tragen eine amtliche Zulassungsnummer (BZT, ZZF, oder FTZ). Ob Sie an der Dose dann ein Telefon, Faxgerät, Modem oder eine Verlängerung anschließen, bedarf keinerlei Genehmigung.

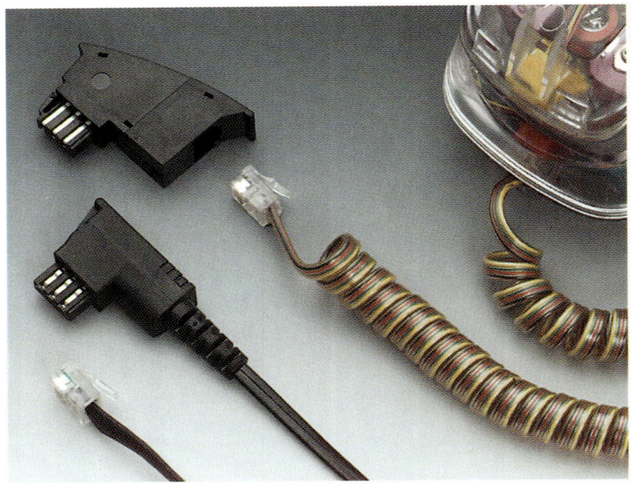

❷ Sämtliche Verbindungen zum Telefonnetz und zwischen Geräten (also z. B. zwischen Telefonhörer und Telefon) werden entweder über die größeren TAE-Stecker oder die kleineren RJ-11-Stecker, auch als „Western"-Stecker bekannt, miteinander verbunden.

❸ Wenn Sie sich einmal eine TAE-Anschlussdose genauer anschauen, werden Sie feststellen, dass die mittlere Buchse eine andere Form hat. Man unterscheidet bei TAE-Buchsen N- und F-Kodierungen. (N=Nicht-Fernsprecher, F=Fernsprecher). Bei TAE-Dosen mit NFN-Kodierung wird das Telefon in der Mitte angeschlossen, die Buchsen rechts und links sind für ein Fax-Gerät oder einen Anrufbeantworter vorgesehen.

❹ Sie können Ihr Telefonnetz durch vorkonfektionierte Verlängerungskabel und Adapter erweitern. Optisch vorteilhafter ist es jedoch, für ein zweites Telefon einen weiteren Anschluss fest zu verlegen. Die TAE-Dose wird, wie Steckdosen auch, auf 30 cm Höhe über dem Fußboden angebracht. Lösen Sie dazu die Abdeckung mit einem Schraubendreher und befestigen Sie das Innenteil an der Wand mit Dübeln und Schrauben.

❺ Das Telefonkabel wird von oben an den Kontakten verschraubt und dann seitlich nach unten geführt. Ein normales Telefon wird an den ersten beiden Kontakten angeschlossen (Zahlen sind unterhalb der Kontakte eingeprägt).

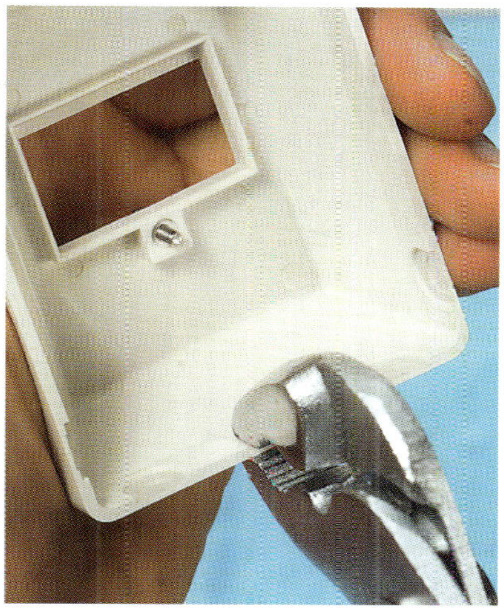

❻ Brechen Sie die mittlere vorgestanzte Fläche aus. Durch diese Öffnung wird die Leitung geführt. Nach Befestigung der Blende können Sie an die neue Dose ein Endgerät einstecken.

❼ Obwohl das Innenteil der TAE-Dose über sechs Klemmen verfügt, werden meist nur zwei davon genutzt. Die anderen Klemmen spielen nur bei Wechselschaltungen bzw. bei bestimmten Nebenanlagen eine Rolle. Holen Sie sich im Zweifel fachkundigen Rat ein.

❽ Bei ISDN-Basisanschlüssen findet man vier Anschlussdrähte. Der Anschluss an eine solche IAE 8(4)-Dose erfolgt über einen RJ45-Stecker. Da es bei ISDN viele Konfigurationsmöglichkeiten gibt, ist hier eine gute Beratung besonders wichtig.

Das brauchen Sie

- **Schraubendreher**
- **Bohrmaschine**
- **TAE-Dose mit NFN-Kodierung**
- **Telefonkabel mit TAE-F-Buchse**
- **Bohrer und Dübel je nach Untergrund**
- **Zange**

So machen Sie es richtig

- **Vergewissern Sie sich vor dem Bohren der Löcher unbedingt mit einem Spannungssuchgerät, dass an der Stelle, an der Sie eine Anschlussdose montieren, keine Stromleitung liegt und schalten Sie die Sicherung für die benachbarte Steckdose während der Arbeit aus.**
- **Beim Arbeiten an Telefonleitungen sind Sie keinen gesundheitsgefährdenden oder gar lebengefährlichen Spannungen ausgesetzt. Dennoch sollten Personen mit Herzschrittmacher besonders vorsichtig zu Werke gehen.**
- **Alle Netzerweiterungen sind erlaubt, Veränderungen an der ersten Anschlussdose dagegen nicht. Schlimmstenfalls kann Ihr Anschluss sogar gesperrt werden.**

Heimwerken im Aussenbereich und Garten

Ein schöner Garten sollte nicht nur eine Augenweide sein, sondern auch ein Ort, wo man feiern, arbeiten, aber auch ungestört ausruhen kann. Die „Zutaten“ für diese private Idylle sind schöne und funktionelle Zäune, befestigte Flächen und mit Lacken verschönerte Flächen. Die dazu notwendigen „Rezepte“ finden Sie zusammen mit den nötigen Hintergrundinformationen auf den folgenden Seiten. Gutes Gelingen!

- **Tipps für Arbeiten im Außenbereich**
- **Metall und Aluminium lackieren**
- **Dachrinne austauschen**
- **Vordach-Montage**
- **Wege pflastern**
- **Platten und Gittersteine verlegen**
- **Gartengrill mauern**
- **Drahtzaun montieren**
- **Flechtzaun setzen**

Tipps für Arbeiten im Außenbereich

Sind Sie stolzer Besitzer eines Gartens? Dann haben Sie sicherlich auch eine Menge Ideen, wie Sie die vorhandene Fläche nutzen können, um aus diesem Garten einen erweiterten Lebensraum zu machen, in dem man ungestört relaxen oder auch feiern kann. Dennoch können Sie selbst auf Ihrem eigenen Grundstück nicht alles tun und lassen, was Sie möchten. Wenn Ihnen der Garten als Mieter lediglich zur Verfügung gestellt wird, sind Ihre Möglichkeiten natürlich noch viel beschränkter.

Gesetzliche Regelungen

Als Eigentümer eines Gartens müssen Sie einerseits die jeweilige Landesbauordnung Ihres Bundeslandes einhalten und allgemein gültige Gesetze (Bürgerliches Gesetzbuch), damit Sie mit dem Nachbarn nicht in Konflikt kommen. Fragen, ob Sie von Nachbars Baum einen Apfel pflücken dürfen, wenn der Ast über den Zaun auf Ihr Grundstück herüber hängt, oder ob Sie diesen Ast sogar abschneiden dürfen, führen schnell zu einem „vergifteten" Nachbarschaftsverhältnis, schlimmstenfalls sogar zu einem Rechtsstreit. Was Baumaßnahmen und Anpflanzungen betrifft, so wird dem Nachbarn bis zu einem gewissen Grad auch ein Mitspracherecht („Beteiligungsrecht") eingeräumt. Schließlich können Bauten auf Ihrem Grundstück für eine lange (Bau-)Zeit den Nachbarn beeinträchtigen. Erkundigen Sie sich daher in jedem Fall im Vorhinein über Ihre Rechte und Pflichten und ob Sie für eine bestimmte bauliche Veränderung in Ihrem Garten (Teich, Zaun, Mauer, Hecke, Baumanpflanzungen, Garage usw.) die Zustimmung des Nachbarn in Form seiner „Nachbarunterschrift" brauchen. Bei einem guten, nachbarschaftlichen Verhältnis lassen sich diese Dinge oft auch ganz unbürokratisch regeln.

Der Garten bietet ein weites Betätigungsfeld für Heimwerker. Bei größeren Bauvorhaben müssen Sie sich mit Ihrem Nachbarn und dem Bauordungsamt abstimmen.

Zäune und Hecken

Wer hätte nicht gerne eine ungestörte und unbeobachtete Privatspäre in seinem Garten. Flechtzäune können nicht nur Ihr Grundstück von dem des Nachbarn abgrenzen, sondern auch vor neugierigen Blicken schützen. Im Fachjargon bezeichnet man den Zaunbau als „Einfriedung". Einfriedungen sind z. B. in Nordrhein-Westfalen bis 2,0 m Höhe zum Nachbargrundstück, zur Straße jedoch nur bis 1,0 m Höhe „über der Grundstücksoberfläche" genehmigungsfrei. Zäune und Mauern, die diese Maße übersteigen, sind genehmigungsbedürftig. Die Bauaufsichtsbehörde in der Ihrem Wohnsitz nächstgelegenen Stadt erteilt Ihnen gerne Auskunft über die geltenden Bestimmungen.

Markieren Hecken (und Bäume) die Grenze zum Nachbargrundstück, dann sind so genannte „Abstandsvorschriften" einzuhalten. Stark wachsende Bäume dürfen z. B. nur in einem Abstand von 4,0 m zum benachbarten Grundstück gepflanzt werden, damit die sich ausbreitenden Wurzeln später nicht beim Nachbarn einen gepflasterten Weg heben oder die Nutzung seines Gartens beeinträchtigen. Bei Hecken bestimmt die Heckenhöhe, wie viel Abstand zum Nachbarn eingehalten werden muss. Beim Thema Anpflanzungen lohnt es sich besonders, die für Sie gültige Landesbauordnung einzusehen, da sich hier die Regelungen von Bundesland zu Bundesland besonders stark unterscheiden. In einigen wenigen Bundesländern existieren nur wenige Vorschriften, sodass Ihr Gestaltungsspielraum hier wesentlich größer ist.

Genehmigungsfreie Vorhaben

Jede Landesbauordnung listet der Einfachheit halber die (Bau-)Vorhaben auf, die genehmigungsfrei sind. Die für Ihre Region gültige Bauordnung können Sie in der Regel in der nächstgelegenen Stadtbücherei einsehen. Unter die genehmigungsfreien Vorhaben fallen z. B. „bauliche Anlagen, die der Gartengestaltung und zur Freizeitgestaltung, oder der zweckentsprechenden Einrichtung dienen", wie Bänke, Sitzgruppen und Pergolen. Nicht überdachte Stellplätze für das Auto oder Gartenlauben in Kleingartenanlagen und kleine Gebäude mit bis zu 30 Kubikmeter umbautem Raum sind etwa in Nordrhein-Westfalen ebenfalls genehmigungsfrei.

Für gepflasterte Flächen auf Ihrem Grundstück sind die Eigenschaften des Bodens eher maßgeblich als Verordnungen. So sind z. B. Abgrabungen und Aufschüttungen bis zu 2,0 m auf einer Fläche von 400 Quadratmeter genehmigungsfrei. Für gepflasterte Wege und Flächen ist lediglich eine Abgrabung von maximal 60 cm nötig.

Bei der Verlegung von Rasengittersteinen kommt es besonders auf die Sickerfähigkeit des Untergrundes an. Stoßen Sie bei der Abgrabung auf stark lehmhaltigen Boden, kann das Wasser nicht versickern. Kies- und sandhaltige Böden stellen dagegen kein Problem dar.

Wohin mit dem Gartengrill?

Besonders in der Sommerzeit ist Grillen sehr beliebt. Bevor Sie sich für einen festen Platz für einen gemauerten Grill entscheiden, sollten Sie prüfen, ob der aufsteigende Rauch an diesem Standort Ihre Nachbarn stark beeinträchtigen könnte. Je nachdem, wie die Eigentumsverhältnisse liegen, kann Ihr Nachbar Ihnen nämlich sogar das Grillen verbieten. Die beste Lösung ist immer eine gutnachbarschaftliche Beziehung aufzubauen und bei größeren Gartenfesten die Nachbarn mit einzuladen. Denn, wer beim Grill-Spass mit dabei ist, den stört auch der Rauch nicht.

Metall und Aluminium lackieren

❶ Zäune stehen – das liegt in der Natur der Sache – ungeschützt und sind deshalb Wind und Wetter ganz besonders ausgesetzt. Im vorliegenden Fall bedarf es einer besonders gründlichen Behandlung, damit dieser Zaun aus Metall wieder eine Augenweide wird. Die Anwendungsschritte gelten entsprechend auch für andere metallische Werkstoffe im Freien.

❷ Mit einer Drahtbürste rücken Sie dem Rost und der verwitterten Lackschicht zu Leibe. Mit deren Borsten kommen Sie selbst in kleinste Zwischenräume, in denen es meistens zuerst rostet und sich der Rost am schwersten entfernen lässt.

❸ Damit sich neuer Rost erst gar nicht bilden kann, sollten Sie jetzt einen Metallprimer als Korrosionsschutz auftragen. Mit einem Rundpinsel lässt er sich – auch bis in die Ecken hinein – gut auftragen. Eine lang dauernde Haftung des Lacks ist bei Oberflächen, die durch Witterung beansprucht werden, besonders wichtig. Verzichten Sie deshalb auf keinen Fall auf die Grundierung, bevor Sie Buntlack auftragen.

❹ Wenn die Grundierung gut durchgetrocknet ist, können Sie den Buntlack auftragen. Tauchen Sie den Pinsel nur halb ein und streifen Sie ihn gut ab, dann lässt sich der Lack gut verteilen und es bilden sich keine Nasen. Das Ergebnis kann sich sehen lassen! Wenn Sie die beschriebenen Arbeiten sorgfältig ausgeführt haben, bleibt der Zaun (oder auch ein Gartentor, o. Ä.) aus Metall viele Jahre lang schön.

Das brauchen Sie

- Drahtbürste
- Rundpinsel
- Metallprimer
- Universalgrundierung
- Schwing- oder Exzenterschleifer
- Schleifpapier 180er und 280er Körnung
- Zinkreiniger
- Lappen
- Lackwalze
- Buntlack Ihrer Wahl

❶ Spielende Kinder oder einfach nur Witterungseinflüsse lassen ein Garagentor aus Aluminium oder Zink bald sehr alt aussehen. Dann ist es höchste Zeit, der Oberfläche mit einem frischen Lackanstrich neuen Glanz zu geben.

❷ Zum Vorschleifen und Entfernen alter Lacke sollten Sie 180er Schleifpapier verwenden. Unbehandeltes Aluminium muss vorher unbedingt entfettet werden. Für Materialien aus Zink gibt es im Handel speziellen Reiniger.

❸ Grundieren Sie nun mit einem Rundpinsel zuerst die Ecken und Kanten und dann mit einer Lackwalze Bahn für Bahn die glatten Flächen des Garagentors. Anschließend erfolgt der Zwischenschliff mit dem Schwingschleifer und feinem 280er Schleifpapier.

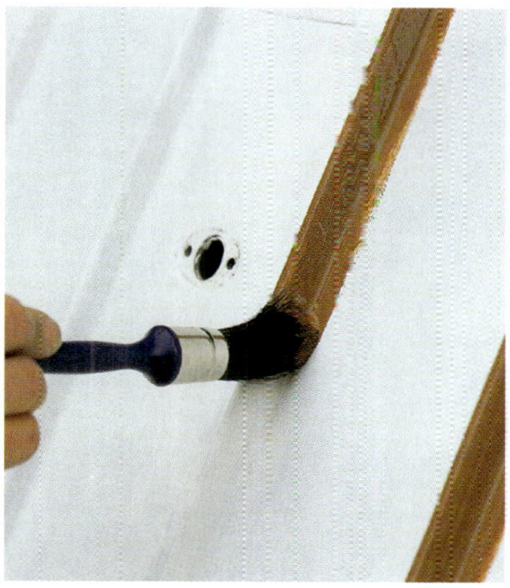

❹ Befreien Sie die Fläche mit einem feuchten Lappen gut von Schleifstaub. Danach können Sie mit einem Rundpinsel die Ecken und Kanten mit dem Buntlack Ihrer Wahl vorlackieren.

❺ Mit der Lackwalze ist danach die gesamte Fläche schnell lackiert. Vergessen Sie nicht, Rahmen und Seitenleisten mitzulackieren. Öffnen Sie das Garagentor leicht während des Lackierens, damit der Lack auch innen und an den Seiten abtrocknen kann.

Dachrinne austauschen

❶ Wenn die alte Dachrinne aus Zink nicht mehr schön aussieht, weil die Farbe abgeblättert bzw. vergilbt ist, ist es Zeit, eine neue Dachrinne aus Kupfer oder hochwertigem Kunststoff anzubringen.

❷ Für die Demontage der alten Dachrinne müssen Sie die erste Reihe Dachziegel entfernen. Darunter sind die Rinneneisen auf denen die Dachrinne aufliegt, in regelmäßigen Abständen befestigt.

❸ Im ersten Schritt biegen Sie die Federn der Rinneneisen entlang der Innenkante der Dachrinne hoch. Die Federn sind aus dünnem Blech, sodass Sie dafür kein extra Werkzeug benötigen.

❹ In einem Stück lässt sich die Dachrinne – besonders wenn Sie allein arbeiten – nur schwer abnehmen. Zersägen Sie sie daher mit einer Metallsäge in kürzere Stücke und lösen Sie auch die Verbindung zum Fallrohr, damit es sich später leicht abnehmen lässt. Bei Arbeiten in großen Höhen sollten Sie besonders vorsichtig sein und auf Ihre Sicherheit achten.

❺ Stück für Stück können Sie jetzt die Dachrinne ganz leicht aus den Rinneneisen heben und abnehmen. Nachdem Sie die Rohrschellen entlang des Fallrohres geöffnet haben, können Sie auch das Fallrohr von der Dachrinne abziehen. Das letzte Dachrinnenstück sollte noch so lange befestigt bleiben, damit es nicht beim Abnehmen des Fallrohrs herunterfällt.

❻ Auch die alten, verrosteten Rinneneisen sollten Sie entfernen und durch neue ersetzen. Ziehen Sie mit dem Zimmermannshammer die Nägel, mit denen die Rinneneisen am Dach befestigt sind.

❼ Die Rinneneisen werden später in einem Abstand von 50–70 cm angebracht. Da die Rinne auf 10 m ein Gefälle von 2–3 cm aufweisen sollte, werden die Biegestellen entsprechend markiert (s. a. Bild ❾).

❽ Mit einer speziellen Biegezange werden die Rinneneisen nach der Neigung des Daches so gebogen, dass die hausseitige Abkantung der Dachrinne später höher liegt als der vordere Wulst.

❾ Am besten nummerieren Sie die Rinneneisen durch. Dann können sie nicht durcheinanderkommen und ein exaktes Gefälle der Rinne ist gesichert.

Tipp: Es gibt auch höhenverstellbare Rinneneisen mit Drehgelenk. Bei diesen ist ein Abbiegen mit der Biegezange überflüssig. Durch die variable Höhenverstellung lässt sich das Gefälle der Dachrinne genauso wie die Eisen passend zur Neigung des Daches einstellen.

❿ Zwischen dem höchsten und dem tiefsten Punkt werden entlang des Rinnenverlaufes zwei Maurerschnüre gespannt. Daran können Sie die einzelnen Rinneneisen bei der Montage ausrichten und ggf. noch etwas korrigieren. Das leichte Gefälle muss in Richtung Fallrohr verlaufen. Nur so kann später das aufgefangene Regenwasser abfließen, ohne dass bei starkem Regen die Regenrinne überläuft.

⓫ Das Gefälle wird zum Schluss noch einmal mit einer Wasserwaage kontrolliert. Die Libelle muss jetzt natürlich aus der Waage sein. Die Rinneneisen sind damit fluchtgenau montiert. Die schwierigste Arbeit ist getan und die einzelnen Teile der neuen Regenrinne können nach und nach eingesetzt werden.

⓬ An der Seite des Ablaufs hängen Sie das erste Teilstück durch Drehen über den vorderen Wulst in die Rinneneisen ein. Die weiteren Teile der Rinne werden mit etwas Abstand eingelegt und durch Verbindungsschalen miteinander verbunden, in denen sich die Dachrinne bei Temperaturschwankungen ausdehnen kann.

⓭ An der hinteren Seite hält die umgebogene Feder des Rinneneisens die neue Regenrinne. Damit sich das Material bei Temperaturschwankungen in den Steckverbindungen ausdehnen kann, sollten Sie diese jedoch nicht festklemmen. Nur die Mitte jeder Rinne sollte gut fixiert werden. Schneiden Sie die hintere Abkantung der Rinne auf Federbreite mit einer Metallsäge beidseitig ein und biegen Sie die Feder in die Aussparung um.

⓮ Mit einer Metallsäge lässt sich die Dachrinne, falls dies erforderlich sein sollte, ganz einfach auf die passende Länge zuschneiden. Zwei Rinnenteile werden im Abstand von ein paar Zentimetern durch eine Verbindungsschale miteinander verbunden. Hängen Sie die Verbindungsschale zuerst über die hintere Abkantung ein und montieren Sie sie dann an der vorderen Wulst der Dachrinne, wie im kleinen Bild zu sehen.

⓯ Das Endstück für die Dachrinne wird erst in die vordere Wulst und dann in die hintere Abkantung eingedrückt. Es passt auch in das gegenüberliegende Ende der Dachrinne, aber nicht in den Ablaufstutzen. Ermitteln Sie die Position des Ablaufstutzens und markieren Sie entsprechend die Unterseite der Regenrinne. Das Loch können Sie mit einer Metallsäge oder noch einfacher mit einer Stichsäge aussägen.

DAS BRAUCHEN SIE

- Richtschnur
- Metallsäge
- Biegezange
- Nägel
- Wasserwaage
- Hammer
- Regenrinne mit Fallrohr und Zubehör (unser Beispiel: System Marley)
- Rohrschellen
- Schraubendreher

⓰ Montieren Sie den Ablaufstutzen und führen Sie das Fallrohr über Rohrbögen zur Hauswand.
Tipp: Bei breiteren Dachüberständen erzielen Sie eine bessere Optik mit 67º-Bögen.

⓱ Im Abstand von 2–2,50 m befestigen Sie Rohrschellen an der Hauswand. Schrauben Sie nur jede zweite fest zu, damit Längenänderungen des Rohres durch Temperaturschwankungen in den Steckverbindungen der Rohrmuffen des Fallrohrs möglich bleiben.

⓲ Jetzt kann der nächste Regen kommen! Qualitätsdachrinnen gibt es auch in anderen Farben, z. B. in Braun, Weiß oder Kupfer und natürlich auch in kleineren Radien. Sie sind besonders für Gartenhäuschen, Garagen, Vordächer, Wintergärten und Terrassen geeignet.

So wird's gemacht

Vordach-Montage

❶ Bringen Sie zuerst einen Dichtgummi am Vordach zur Wand hin an. Er ist einseitig selbstklebend und verhindert, dass Wasser zwischen Vordach und Hauswand herunterlaufen kann und damit der Regenschutz beeinträchtigt ist.

❷ Um das Vordach in Waage zu bringen, sollten zwei Personen das Dach an der Hauswand anhalten und eine dritte mit Richtlatte und Wasserwaage die Position des Vordaches korrigieren. Berücksichtigen Sie dabei eventuell die Höhe der Außenleuchte. Das Vordach sollte später außerdem mittig über der Tür sein. Schaffen Sie sich an der Ecke des Türsturzes eine senkrechte Hilfslinie und richten Sie das Dach so aus, dass es rechts und links gleichmäßig vermittelt übersteht.

❸ Wenn das Vordach horizontal und vertikal ausgerichtet ist, markieren Sie die Position der Bohrlöcher für die Befestigungsschrauben. Mit einem zur Dübelgröße passenden Steinbohrer bohren Sie nun die Löcher an den Montagepunkten. Stellen Sie den Tiefenanschlag auf eine Dübellänge plus Schraubendicke ein.

❹ Entfernen Sie den Bohrstaub aus den Dübellöchern und setzen Sie die Dübel ein. Wenn das nicht so leicht geht, können Sie mit leichten Hammerschlägen nachhelfen. Dann sollten wieder zwei Helfer das Vordach anhalten, damit die Schrauben auf beiden Seiten fest eingedreht werden können.

DAS BRAUCHEN SIE

- 3 Leitern
- Richtlatte
- Wasserwaage
- Zollstock
- Bleistift
- Schlagbohrmaschine mit Tiefenanschlag
- Steinbohrer und Metallbohrer je nach Schrauben- und Dübelgröße
- Hammer
- Gabelschlüssel
- Schraubendreher

❺ Das Wasser kann auf unterschiedliche Weise vom Vordach abgeleitet werden. Es kann z. B. an einer senkrecht gespannten Kette ablaufen oder es wird, wie in unserem Montage-Beispiel, ein Überlauf montiert.

❻ An dem Vordach kann man seitlich einen Windfang mit Metallschienen montieren. Diese werden je nach Größe der Schrauben mit einem Metallbohrer vorgebohrt.

❼ Markieren Sie die Befestigungspunkte für den Windfang sowohl am Hausdach als auch am Vordach. Auch der Windfang wird mit Schrauben und Dübeln befestigt. Benutzen Sie beim Bohren der Dübellöcher den praktischen Tiefenanschlag der Bohrmaschine.

❽ Jetzt können Sie die Außenbeleuchtung wieder befestigen. Stellen Sie vorher sicher, dass die Leitungen spannungsfrei sind. Zum Schluss wird der Windfang eingesetzt und ebenfalls verschraubt. Eventuell müssen Sie die Löcher in den Metallschienen vorbohren.

❾ Wenn Sie das nächste Mal wieder im Regen nach Hause kommen, können Sie in Ruhe windgeschützt und ohne nass zu werden nach Ihrem Schlüssel suchen. Auch der Briefträger wird diese Zuflucht gelegentlich zu schätzen wissen.

Wege pflastern

❶ Planen Sie zunächst den Verlauf des Weges oder der Fläche, die Sie pflastern möchten. Am ehesten bekommen Sie einen Eindruck davon, wenn Sie Schnureisen einschlagen und dazwischen eine Maurerschnur spannen.

❷ Nun heben Sie den Weg entlang der Maurerschnur aus. Die Wegbreite sollte für viel benutzte Wege etwa 1,5 m betragen, bei Nebenwegen reicht auch etwa 1 m.

❸ Die Ausschachttiefe sollte 30 bis 40 cm betragen. Tipp: Vielleicht können Sie ja den Aushub an einer anderen Stelle zur Gartengestaltung verwenden.

❹ Als Nächstes wird eine Schicht Schotter aufgebracht. Der Bedarf errechnet sich aus Wegbreite (m) mal Weglänge (m) mal Schichtdicke (m) = Kubikmeter Schotter.

❺ Nun wird das Gefälle (vom Haus weg) ermittelt. Dazu richten Sie zuerst mit Hilfe einer Wasserwaage die Maurerschnur in Wegrichtung genau waagerecht aus. Das Gefälle wird erst später hergestellt. Weitere Schnureisen sollten in einem etwas kleineren Abstand stehen als die Richtlatte lang ist, damit Sie die erste Markierung übertragen können.

❻ Übertragen Sie nun (am besten zu zweit) die höchste Stelle des Weges auch auf die anderen Schnureisen, indem Sie die Latte an der ersten Markierung anhalten und Markierung und Maurerschnur waagerecht daran ausrichten.

❼ Nun korrigieren Sie die Schnur um 2 cm pro Meter in Gefällerichtung nach unten und füllen bis 10 cm unter die Maurerschnur weiteren Schotter ein.

❽ Wenn der Schotter gleichmäßig verteilt ist, wird er mit einer Rüttelplatte um etwa 2 cm verdichtet. Es entsteht eine kompakte, recht belastbare, Oberfläche.

❾ Damit die jetzt folgende Splitt-Schicht abgezogen werden kann, legt man sogenannte T-Schienen oder Stangen aus (Abstand etwas kleiner als die Länge der Richtlatte). Prüfen Sie, ob die Stangen eine Waagerechte bilden.

❿ Im nächsten Schritt tragen Sie eine 4 cm dicke Schicht Splitt der Körnung 0/5 auf. Diese Schicht bildet das Bett, in das die Pflastersteine später gesetzt werden.

⓫ Legen Sie nun die Richtlatte auf die Schienen und ziehen Sie den Splitt zu sich hin ab. Es entsteht eine ganz ebene Fläche, die vorerst nicht mehr betreten werden sollte, da sie überhaupt keine Stabilität hat.

⓬ Auf Schalbrettern können Sie nun Steine herantransportieren und mit dem Verlegen beginnen. Am einfachsten sind Beton-Pflastersteine zu verlegen, bei denen auch keine Fuge mehr berücksichtig werden muss. Die letzte Steinreihe wird in erdfeuchten Magerbeton eingesetzt (7–8 Raumteile Sand, 1 Raumteil Zement).

⓭ Den restlichen Beton tragen Sie an der Außenseite als so genannte Rückenstütze auf. Sie stützt den Verband an den Rändern, die die Schwachstelle der gepflasterten Fläche darstellen. Nach einiger Zeit wächst das Gras wieder bis ganz an das Pflaster heran und man sieht den aufgetragenen Magerbeton nicht mehr.

⓮ Abschließend wird die gesamte Fläche noch einmal mit dem Rüttler verdichtet. Diesmal sollte der Rüttler jedoch einen PVC-Schutzüberzug haben, damit die Steinoberfläche nicht verkratzt. Zum Schluss wird Fugensand eingekehrt.

⓯ Sobald der Magerbeton an den Rändern gut durchgetrocknet ist (etwa nach 24 Stunden), kann die gepflasterte Fläche voll belastet werden. Blumenkübel und Gartenmöbel können aufgestellt werden. Das nächste gemütliche Frühstück an einem schönen Sonntagmorgen kann draußen auf der neu gepflasterten Terrasse eingenommen werden. Guten Appetit!

⓰ Besonders Beton-Pflastersteine eröffnen ungeahnte Gestaltungsmöglichkeiten. Diese Steine können mit sehr kleinen Maßtoleranzen gefertigt werden. Der obersten Nutzschicht können Farbpigmente beigemischt werden, sodass eine große Farbvielfalt möglich ist. Tipp: Spannen Sie während des Verlegens ab und zu eine Schnur zwischen Anfangs- und Endstein einer Reihe und überprüfen Sie den geraden Verlauf der Steinkanten.

⓱ Um verschiedenste Muster möglich zu machen, gibt es im Sortiment einer bestimmten Pflasterart immer unterschiedlich große Steine. Rautenförmige und dreieckige Steine in den passenden Größen komplettieren das Angebot. Machen Sie sich eine maßstabsgetreue Skizze von der Fläche, die Sie pflastern möchten. Manche Fachhändler bieten Ihnen auch eine computerunterstützte Planung mit einer genauen Bedarfsrechnung an.

Das brauchen Sie

- Zollstock u. Maßband
- lange Wasserwaage
- Spaten und Schaufel
- Schubkarre
- Schnureisen
- Fäustel
- Maurerschnur
- Richtlatte
- Wachskreide
- Schotter und Splitt
- T-Schienen
- Schalbretter
- Maurerkelle
- Arbeitshandschuhe
- Knieschoner

So machen Sie es richtig

- Gepflasterte Flächen sollten stets ein Gefälle von 2 Prozent (2 cm auf 1 m) haben.
- Das Gefälle von Flächen und Wegen führt immer vom Haus weg, damit Feuchtigkeit nicht in die Fassade eindringen kann und sich kein Stauwasser bildet.
- Wo nötig, für zusätzliche Drainagen sorgen.

Platten und Gittersteine verlegen

❶ Platten aus Waschbeton werden oft nur auf einem ausgestochenen, plangerüttelten Untergrund verlegt. Durch ihr hohes Eigengewicht und die kleinen Fugen (kleine Sickeröffnungen) können die Platten mit den Jahren „wandern". Bei einem gut vorbereiteten, sickerfähigen Untergrund bzw. bei Rasengittersteinen kann das Wasser wesentlich besser ablaufen und versickern.

❷ Waschbeton-Platten haben wie Pflastersteine aus Beton eine Nutzschicht, in die unterschiedliche Materialien und Farbpigmente eingearbeitet sein können. Die „klassische" Waschbeton-Platte hat eine Oberfläche aus Kieselsteinen. Bei Platten mit Nutzschicht, der feine Inhaltsstoffe beigemischt sind, ist die mittlere Schicht der Platte zusätzlich verdichtet.

❸ Am Anfang des Verlegens von Rasengittersteinen steht die Planung. Stecken Sie den Verlauf der Fläche, die Sie mit Gittersteinen belegen wollen, mit Schnureisen und Maurerschnüren ab und stechen Sie den Rand entlang der Schnur mit einem Spaten aus.

❹ Heben Sie die Fläche etwa 30 bis 40 cm tief aus, verdichten Sie den Untergrund mit einem Rüttler und füllen Sie eine Schicht Schotter ein (30 cm bei einer Aushubtiefe von 40 cm und einer Steindicke von 8 cm). Auch diese Schicht wird wieder verdichtet.

❺ Bringen Sie jetzt eine 5 cm dicke Schicht aus Splitt der Körnung 0/5 ein. Diese wird mit T-Schienen und einer Richtlatte abgezogen. Ein Gefälle braucht bei dieser Art Steine nicht eingeplant zu werden, da das Wasser direkt versickern kann.

❻ Wie die Pflastersteine werden auch die großen Rasengittersteine mit einer Fuge von 3 mm (ohne zu schieben!) in das Splitt-Bett gesetzt. Arbeiten Sie dabei „über Kopf“, d. h. knien Sie immer auf den bereits gelegten Gittersteinen.

❼ Vor dem erneuten Abrütteln werden die Fugen mit sandhaltigem Oberboden verfüllt. (Verhältnis Oberboden zu Sand = 1:1). Der Rüttler sollte eine PVC-Gleitvorrichtung haben, damit die Steinoberflächen nicht verkratzen.

Das brauchen Sie

- Wergzeug wie bei der Verlegung von Pflastersteinen
- Rasengittersteine 40x60 cm je nach Bedarf
- Sand
- Rasen-Saatgut
- Vogelnetz

❽ Nach dem Verdichten wird das Bodengemisch bis etwa 1 cm unter die Steinoberkante eingefüllt. Mit einem herkömmlichen Straßenbesen lässt sich der lockere Boden gut in die Löcher verteilen.

❾ Säen Sie nun Rasen in die Fugen ein. Damit diese möglichst schnell zuwachsen, sollten Sie das Rasenpflaster gut bewässern und vor Vögeln mit einem über die Fläche gespannten Netz schützen.

❿ Neben Rasengittersteinen gibt es auch Steine mit Sickeröffnungen. Planen Sie für diese Steine eine etwas dickere Tragschicht als Sickerspeicher ein, die zudem ein Gefälle von 1 % aufweisen sollte. Das Pflasterbett ist idealerweise aus Splitt mit der Körnung 2/5.

Gartengrill mauern

❶ Mit nur wenigen Hilfsmitteln können Sie einen Gartengrill selbst mauern, und das in jeder beliebigen Größe. Die erste Reihe der drei Wände des Grills wird um eine Lehre herum mit Maurermörtel gemauert. Berücksichtigen Sie eine Stoß- und eine Lagerfuge von 1 cm zwischen den einzelnen Steinen. Senkrecht aufgestellt und mit Markierungen für die Steinhöhen einschließlich Fuge versehen, können Sie die ersten Steine jeder neuen Lage an der Lehre neu ausrichten. Mit der Wasserwaage prüfen Sie immer wieder die Ausrichtung der Wände und der einzelnen Lagen.

❷ Beginnen Sie jede zweite Lage mit einem halben Stein. Die gewünschte Bruchstelle kerben Sie mit einem Maurerhammer rundum vorsichtig an und teilen den Stein mit einem kräftigen Schlag.

❸ Der Mörtel wird zunächst etwa 5 cm dick aufgetragen. Gehen Sie mit der Kelle in der gezeigten Weise zu beiden Seiten des Ziegels und zum Schluss in waagerechter Richtung über den Mörtel. In das (trapezförmige) Mörtelbett drücken Sie nun den nächsten Stein. Der Mörtel verteilt sich in der Fuge. Herausquellender Mörtel wird mit der Maurerkelle entfernt.

❹ Ein schöner Mauerbogen lässt sich mit Hilfe eines selbstgebauten Lehrbogens recht leicht mauern. Jeder Stein wird zunächst mit Abstandshaltern nach den Markierungen auf der Lehre ausgerichtet. Dann werden die Fugen mit Mörtel gefüllt. Machen Sie sich vorher eine maßstabsgetreue Skizze. Mit acht Kanalklinkern erreicht der Bogen genau die richtige Breite und Höhe.

❺ In die nächste Fuge werden vier Eisenstangen eingearbeitet, auf die dann eine weitere Schicht Steine gemauert wird. Damit die Stangen die Fugenbreite nicht überschreiten werden sie in einem Schraubstock an den Enden und evtl. über dem Bogen zusammengedrückt. Nun können Sie über dem Bogen problemlos eine gerade Fläche mauern. Planen Sie hier mit einer etwas kleineren Fuge, dann schließt die Fläche vorne nicht bündig und sieht ansprechend aus.

Das brauchen Sie

- **90 Kanalklinker (24x11x7 cm)**
- **60 l Fertigmörtel**
- **Baueimer**
- **1 Grillrost (600x400)**
- **8 Auflagen für den Rost (80x40 mm)**
- **4 Stahlrohre (16x720 mm)**
- **Holz für Stützbogen**
- **Dachlatten für Lehre**
- **Maurerkelle**
- **Winkel**
- **Wasserwaage**

❻ Positionieren Sie die Auflagen entsprechend der Größe des Grillrostes, den Sie später verwenden möchten. Der Rost sollte mindestens an vier Stellen und außerdem nicht nur ganz am Rand aufliegen. Füllen Sie die Fugen mit einer 1 cm breiten Fugenkelle gleichmäßig aus. Mörtelflecke sollten Sie bei Sichtmauerwerk immer sofort abwaschen.

❼ Entfernen Sie zum Schluss den Lehrbogen. Der Kalkschleier lässt sich am besten mit einem speziellen Entferner beseitigen. Schützen Sie Ihre Hände bei dieser Arbeit mit Handschuhen. Danach steht dem nächsten Grillfest jedoch nichts mehr im Wege.

Drahtzaun montieren

❶ Heben Sie das erste Fundamentloch in einer Spatenbreite und -tiefe aus. Mit dem Bodenbohrer erreichen Sie schnell die nötige Tiefe. Füllen Sie das Loch mit Beton, stampfen Sie diesen gut fest und richten Sie den Pfosten aus.

❷ Jeder Anfangs- und Endpfosten muss mit einer Strebe, die mit dem Verlauf des Zaunes übereinstimmt, abgestützt werden. Den Verlauf legen Sie im nächsten Schritt fest. Erst dann sollten Sie auch die Streben einbetonieren.

❸ Ziehen Sie zwischen Anfangs- und Endpfosten eine Richtschnur. So können Sie ganz einfach die genaue Flucht und auch die Höhe der Zwischenpfosten festlegen. Auch die Streben können ausgerichtet und einbetoniert werden.

❹ Etwa alle 2,5 Meter betonieren Sie einen Zwischenpfosten ein. Erst wenn alle Pfosten und Streben gesetzt sind und der Beton ganz abgebunden hat, können Sie mit der Arbeit fortfahren. Zeit für eine längere Pause.

❺ Nach etwa 24 Stunden ist der Beton durchgetrocknet. Tipp: Mit Schnellbinder kann man – je nach Mischungsverhältnis – das Abbinden beschleunigen. Befestigen Sie als Nächstes oben, in der Mitte und unten am Anfangs- und Endpfosten die Drahtspanner mit Hilfe von Schellen. Verbinden Sie die Hakenschraube vorerst nur lose mit der Schelle. Kürzen Sie danach den Spanndraht auf Zaunlänge plus 10 cm, stecken Sie ihn in den Dorn des Drahtspanners ein und drehen Sie ihn mit einem Ringschlüssel an.

❻ Schieben Sie den Spanndraht in die dafür vorgesehenen Halterungen an den Zwischenpfosten und stecken Sie den Draht schließlich am Drahtspanner des Endpfostens ein. Mit einem Ringschlüssel können Sie jetzt den Draht spannen. Ein Tipp zu den verstrebten Eckpfosten: Eck- oder Knickpunkte, in denen der Zaun die Richtung ändert, sollten auf jeden Fall nach beiden Zaunflächen hin verstrebt werden.

❼ Rollen Sie jetzt etwas von dem Maschendraht aus und stecken Sie den Geflechtspannstab durch die ersten Maschen. Dann wird dieser Stab zusammen mit dem Maschendraht hinter die Haken an den Schellen angebracht.

❽ Rollen Sie den Maschendraht ganz aus und befestigen Sie ihn auch am Zaunende. Legen Sie die Maschen um den oberen und den unteren Spanndraht und befestigen Sie zuletzt den Zaun am mittleren Spanndraht mit Bindedraht.

Das brauchen Sie

- **Drahtzaun (unser Beispiel: Konrad Kraus Metallwaren)**
- **Spaten**
- **Bodenbohrer**
- **Beton-Estrich**
- **Bohrmaschine mit Rühraufsatz**
- **Baueimer**
- **Maurerkelle**
- **Ringschlüssel**
- **Bindedraht**
- **Kneifzange**

So machen Sie es richtig

- **Der Beton-Estrich muss auf jeden Fall erst gut abgebunden haben, bevor Sie weiterarbeiten, damit sich der Zaun nicht verzieht.**
- **Die richtige Konsistenz des Beton-Estrichs ist dann erreicht, wenn er zähflüssig und erdfeucht ist.**

Flechtzaun setzen

❶ Flechtzäune gibt es in unterschiedlichen Höhen und Breiten. Damit können Sie individuell gestalten und sogar hügelige Gartenbereiche umzäunen. Würde sich nicht eine wind- oder sichtgeschützte „gemütliche Ecke" auch in Ihrem Garten gut machen?

❷ Spannen Sie zuerst eine Richtschnur, um den Verlauf des Zaunes festzulegen. So bekommen Sie einen Eindruck vom Verlauf, und der Zaun wird auch in der Flucht gerade. Zum Einschlagen der Hülsen sollten Sie ein Werkzeug aus schlagfestem Kunststoff nehmen.

❸ Richten Sie den oberen Teil der Hülse (den sogenannten Topf) mit Hilfe der Stellschraube (im Innern der Hülse, durch die Öffnung links im Bild zu erreichen) an einer Wasserwaage genau senkrecht aus. Dazu brauchen Sie einen 19-mm-Gabelschlüssel.

❹ Mit einem Holzbohrer (10 mm) bohren Sie senkrecht durch die Einschlaghülse ein Loch vor. Dann drehen Sie die metrischen Außensechskant-Schrauben ein und kontern diese mit einer Mutter.

❺ Schrauben Sie die Winkel ein, die die Flechtzaun-Elemente halten. Die Position der Winkel vermessen Sie am besten so, dass sie zu den Zaunenden immer den gleichen Abstand haben.

❻ Von hinten befestigen Sie das Flechtzaun-Element mit dem Winkel. Am besten drückt eine zweite Person den Zaun von der anderen Seite etwas an, und man stützt das Element von unten durch Bretter.

❼ In der gezeigten Weise befestigen Sie nun Element um Element. Wenn die Pfosten richtig ausgerichtet sind, ist die restliche Montage kein Problem mehr. Sie können auch ganz leicht Höhenunterschiede überbrücken. Optisch wirkt es am schönsten, wenn Sie die Pfosten so kürzen, dass sie das Flechtzaun-Element immer um dasselbe Maß überragen. Je größer der zu überbrückende Höhenunterschied ist, desto schmaler sollten die verwendeten Zaunelemente sein. Sonst entstehen unter den Elementen zum Untergrund hin zu große Zwischenräume.

❽ Hier könnte schon bald eine Sitzgruppe den Garten verschönern. Wenn Ihnen die einfachen Zaunpfosten nicht gefallen, gibt es auch Elemente, die Sie ganz leicht auf den Pfosten befestigen können. Diese „Hütchen" werden entweder auf den Pfosten gesteckt oder geschraubt.

Das brauchen Sie

- **Zaunelemente**
- **Zaunpfosten**
- **Richtschnur**
- **Schnureisen**
- **1 Einschlag-Bodenhülse je Pfosten**
- **Vorschlaghammer**
- **Einschlagwerkzeug**
- **Gabelschlüssel**
- **2 Sechskantschrauben mit Mutter je Pfosten**
- **4 Winkel je Zaunelement**
- **2 Holzschrauben aus Messing pro Winkel**
- **Schraubendreher oder Akku-Schrauber**

So machen Sie es richtig

- **Verwenden Sie Einschlag-Bodenhülsen mit verstellbarem Topf. Wenn sich die Hülse wegen eines Steins oder einer Wurzel im Erdreich nicht ganz gerade einschlagen lässt, kann man solche Bodenhülsen auch später noch senkrecht und in der Flucht ausrichten.**
- **Bevor Sie die Schrauben für die Winkel eindrehen, bohren Sie am besten 2–3 Nummern kleiner vor.**

NO.222/60

So schützen Sie Wohnung und Haus

Sich in seinen eigenen vier Wänden sicher zu fühlen, ist ein hohes, schützenswertes Gut, dessen Wert man meist erst dann erkennt, nachdem eingebrochen wurde. Einerseits gibt es keinen hundertprozentigen Schutz vor Einbrüchen. Andererseits können Sie bereits durch umsichtiges Verhalten das Risiko deutlich mindern. Welche Sicherungsmöglichkeiten es gibt, was Sie selber tun können und was Experten raten, haben wir für Sie in diesem Kapitel zusammengetragen.

- **Sicherheit und Vorbeugung**
- **Schutzvorrichtungen an Haus und Türen**
- **Einbruchschutz am Fenster**
- **Das raten Ihnen die Experten**

Sicherheit und Vorbeugung

Der materielle Schaden durch einen Einbruch, der eventuelle Verlust von wertvollen Gütern mit hohem ideellen Wert, mag im Einzelfall recht groß sein, das Gefühl, dass jemand in Ihre Intimsphäre eingedrungen ist, stellt in aller Regel eine viel langanhaltendere Beeinträchtigung dar. Wir wollen damit keine Panik auslösen, aber Sie sollten sich auch nicht auf den Standpunkt stellen: „Bei uns ist doch sowieso nichts zu holen." Damit Sie auch weiter beruhigt schlafen können, sollten Sie sich ein wenig mit der Sicherheit Ihres Hauses oder Ihrer Wohnung befassen. Umsicht, etwas Vorsicht und vorbeugende Maßnahmen, die nicht unbedingt viel Geld kosten müssen, verhindern bereits mehr als ein Drittel der ungebetenen Besuche.

Die größte Schwachstelle an Einfamilienhäusern stellen Fenstertüren (Balkon- oder Terrassentür mit großen Fenstern) dar. Zweitgrößter Schwachpunkt sind die Fenster. Haustüren und Kellerbereich werden dagegen vergleichsweise selten als Zugang gewählt. Bei Mehrfamilienhäusern, die oft mehrstöckig sind, ist die Wohnungsabschlusstür deutlich die Schwachstelle Nummer eins. Der Sicherheitsschwerpunkt sollte daher besonders bei den genannten Schwachpunkten ansetzen.

Fachgerecht montierte Sicherheitstechnik kann helfen, dass Einbrüche schon im Versuch „steckenbleiben". Einbrüche verlässlich verhindern kann dagegen keine Maßnahme. Es gibt jedoch Vorkehrungen, die den Einbrecher abschrecken oder aber so lange aufhalten, dass er schließlich sein Vorhaben aufgibt. Drei von vier Einbrüchen finden am hellichten Tag statt! Rolläden sind während dieser Zeit in der Regel geöffnet und haben so keine Schutzwirkung. Sind sie tagsüber heruntergelassen, erwecken sie sogar den Eindruck, dass die Bewohner in Urlaub sind. Bewegungsmelder, die mit einer Leuchte verbunden sind, verfehlen Ihre Wirkung tagsüber ebenfalls.

Ein Blick in die Statistik der Kölner Studie von 1995 über Einbruchsarten zeigt, wogegen die angebrachten Sicherungen schützen müssen. Die Zahlen mögen sich bundesweit unterscheiden, qualitativ sind Sie aber ein guter Anhaltspunkt. In zwei von drei Fällen wird bei Einbrüchen der Rahmen aufgehebelt. Die kriminalpolizeilichen Beratungsstellen empfehlen deshalb 2 bis 3 Sicherungen pro Fenster (Tür) nachzurüsten.

Selten wird Glas eingeschlagen um eine Fenstertür oder ein Fenster zu öffnen, denn

Einstiegsarten bei Einfamilienhäusern

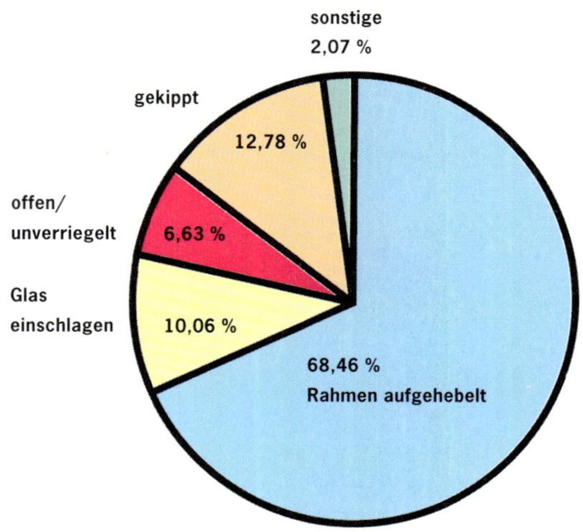

Einbrecher scheuen Lärm. Oft genug wird es den Einbrechern aber auch sehr einfach gemacht. Jeder fünfte Einbrecher nutzt den leichten Einstieg in ein offenes, unverriegeltes oder gekipptes Fenster.

Bei Eingangstüren ergibt sich ein ganz ähnliches Bild: Die meisten werden auf der Schloss-Seite aufgehebelt. Sämtliche Bestandteile sollten deshalb stabil ausgeführt und gut verankert sein. Den zweiten großen Schwachpunkt stellt der Zylinder des Türschlosses dar. Treffen Sie hier Vorkehrungen, damit der Zylinder nicht abgebrochen, durchbohrt oder gezogen werden kann. Nicht zuletzt geschieht aber auch etwa jeder zehnte Einbruch durch die Tür ohne erkennbare Gewalt. Lassen Sie sich von einem Fachmann bei der Polizei zeigen, wie schnell einfache und ungesicherte Haustüren oder Fenster ohne sichtbare Spuren geöffnet werden können. Sie werden davon sehr beeindruckt sein.

Entscheidend für die Sicherheitswirkung aller Maßnahmen ist der fachgerechte Einbau durch einen Fachmann mit VdS-Anerkennung (VdS = Verband der Schadensversicherer). Problematisch ist der Einbau von Sicherungen in Mietwohnungen. Die getroffenen Maßnahmen müssen auf Wunsch des Vermieters oder Nachmieters rückgängig gemacht werden (können).

Wenn Sie Fragen zu Sicherheitsmaßnahmen haben, steht Ihnen in jeder größeren deutschen Stadt das „Kriminalkommissariat Vorbeugung“ als kompetenter Ansprechpartner zur Verfügung, wo Sie kostenlos und fachkundig beraten werden.

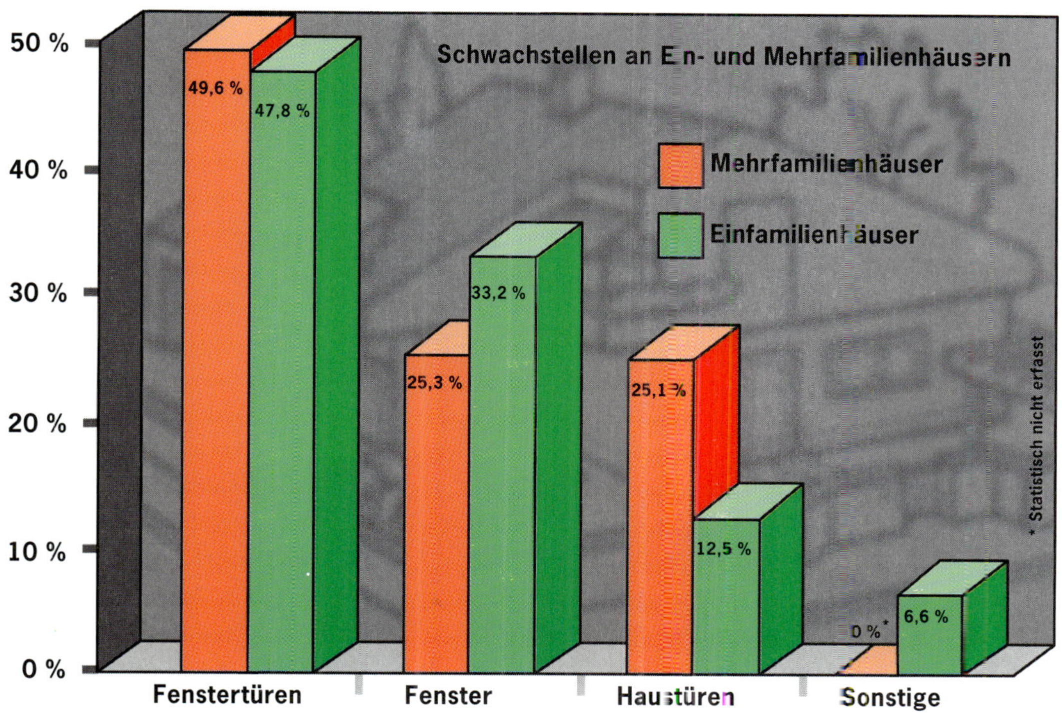

Schutzvorrichtungen an Haus und Türen

❶ Bevor Sie jemanden ins Haus oder in die Wohnung lassen, schauen Sie doch erst mal nach, wer vor der Tür steht. Mit einem Türspion haben Sie den Durchblick, ohne dass Sie die schützende Tür öffnen müssen.

❷ Einen sehr effektiven Schutz stellen Querriegel- oder Panzerriegelschlösser dar. Man montiert sie mittig auf das Türblatt. Damit die Sicherung nicht zur Falle wird, sollte sich der Riegel auch von außen öffnen und schließen lassen.

❸ Eine ähnliche Funktion haben so genannte Kastenschlösser mit Sperrbügel. Bei Glastüren sollte der Drehknopf ebenfalls abschließbar sein, da Einbrecher durch die eingeschlagene Scheibe sonst den Drehknopf betätigen können.

❹ Sicherheitsketten sollten nur dort angewendet werden, wo für die Befestigung stabilerer Sicherheitsmaßnahmen kein Platz vorhanden ist (z. B. in einem engen Flur).

❺ Bei Einbruchsversuchen an der Tür wird meistens versucht, die Tür an den Bändern aufzuhebeln bzw. zu heben. Durch eine fest verankerte Metallplatte oberhalb der innenliegenden Bänder kann man dies verhindern.

❻ Um die Bänder zu unterstützen, kann man so genannte Hintergreifhaken montieren. Sie greifen bei geschlossener Tür in die Türzarge. Zusätzliche Haken auf der Schloss-Seite erhöhen ebenfalls die Sicherheit der Tür.

❼ Ein vollflächig (mindestens durch 8 mm Sperrholz) verstärktes Türblatt bedeutet eine zusätzliche Einbruch-Hemmung. Ideal ist es, wenn die Tür an möglichst allen Seiten so abschließt, dass ein Hebelwerkzeug, wie z. B. ein Stemmeisen, nicht angesetzt werden kann. Wenn die Türzarge von außen sichtbar ist, sollte auch sie aus massivem Holz bzw. Metall und fest mit dem Mauerwerk verankert sein. Unverstärkte Türen aus Kunststoff oder Press-Span bieten nur einen mangelhaften Einbruchschutz.

❽ Zylinderschlösser mit Sicherheitsschlüsseln sind nur dann sicher, wenn sie nach außen einen oberflächengehärteten Beschlag haben. Gute Profilzylinder sollten über einen Kernziehschutz verfügen und nicht überstehen.

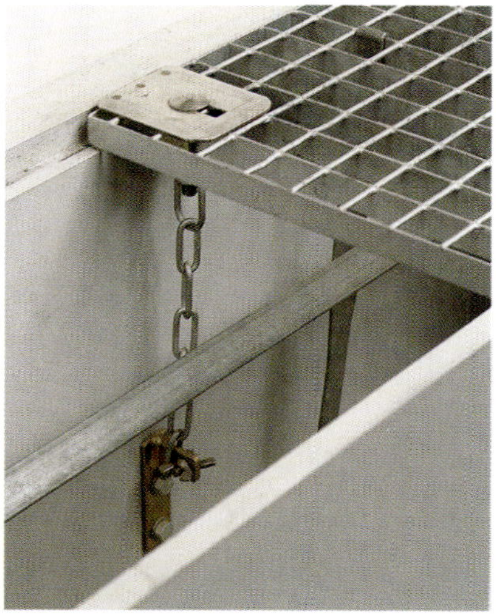

❾ Auch Kellerfenster sind in der Regel nur schlecht gesichert. Das Entfernen des Gitterrostes über dem Fenster kann erschwert werden, wenn Sie das Gitter durch Flacheisen oder Ketten nachträglich absichern.

❿ Im eigentlichen Sinne keinen Einbruchschutz stellt der abgesicherte Öl-Tankstutzen dar. Ein abschließbarer Verschluss kann jedoch verhindern, dass z. B. von spielenden Kindern etwas anderes als Öl eingefüllt werden kann.

⓫ Bewegungsmelder mit einer Außenleuchte stellen kein mechanisches Hindernis dar. Als Ergänzung zu anderen Maßnahmen haben sie jedoch ihre Berechtigung. Welcher Einbrecher arbeitet schon gerne bei „Festbeleuchtung“!

Einbruchschutz am Fenster

❶ Am sichersten sind die Fenster, die bereits bauartbedingt gegen Aufhebeln gesichert sind. Ideal sind hier Zapfen mit Pilzkopf, die hinter den Beschlag greifen. An dem abgebildeten Fenster sehen Sie diese einfache, aber höchst wirkungsvolle Konstruktion, die bisher in Deutschland nur von einem einzigen Hersteller für Sicherheitsbeschläge angeboten wird.

❷ Und so sieht der Pilzkopf ① in Funktion aus: Die Ausstülpungen verhindern, dass das Fenster zur Mitte hin aufgehebelt werden kann. Im Querschnitt sehen Sie ebenfalls das Aluminium- oder Stahlprofil ②, das dem Kunststofffenster zusätzliche Stabilität verleiht. Derart geschützte Fenster sind selbst mit schwerem Werkzeug nicht mehr aufzuhebeln. (System: AUBI)

❸ Abschließbare Fenstergriffe lassen sich leicht selber einbauen. Sie schützen davor, dass ein Einbrecher ein Loch in das Glas schlägt und das Fenster von außen öffnet. Gegen Aufhebeln schützen diese Fenstergriffe dagegen nicht.

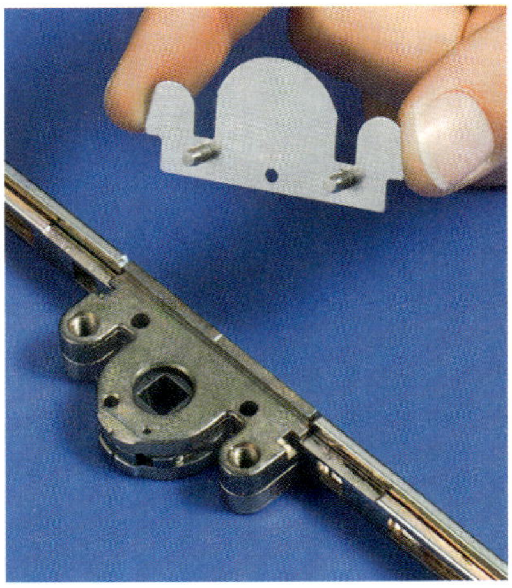

❹ Um abschließbare Fenstergriffe zu überwinden, gibt es theoretisch auch die Möglichkeit, diese auszubohren. Namhafte Hersteller verkaufen deshalb Beschläge mit integrierten Blechen, an denen ein herkömmlicher Bohrer scheitert.

❺ Innen angebrachte Vorsatzgitter sind als Schutz von Glasfüllungstüren – also z. B. Balkon- oder Terrassentüren – geeignet, wenn wesentliche Kriterien erfüllt sind.

❻ Das Gitter muss nach den VdS-Richtlinien eine bestimmte Härte und Materialstärke aufweisen. Außerdem darf es von außen nicht losgeschraubt oder ausgehoben werden können. Wenn das Gitter zusätzlich schließbar ist, muss das Schließblech sicher im Mauerwerk verankert sein. Damit die volle Sicherheitswirkung erreicht wird, sollte ein Fachbetrieb das Gitter montieren.

❼ Bei vielen Fenstern sind die eingebauten Beschläge nicht ausreichend einbruchhemmend. In diesem Fall sollte das Fenster mit Kastenschlössern nachgerüstet werden. Auch hier ist eine solide Verankerung unabdingbar. Nachteil: Es wird empfohlen, drei Sicherungen dieser Art pro Fenster anzubringen. Das Abschließen des Fensters wird dadurch recht aufwändig.

❽ Die erhältlichen Schlösser schränken die Fenster in ihrer Funktion nicht ein. Als Sicherung für Fenster in gekippter Stellung gibt es spezielle Schlösser. Wählen Sie hier nur Produkte von namhaften Herstellern, da nur Sie die von der VdS geforderten Sicherheitsmerkmale erfüllen. Die „Kriminalkommissariate Vorbeugung" können Sie beraten, welche Schlösser am geeignetsten sind.

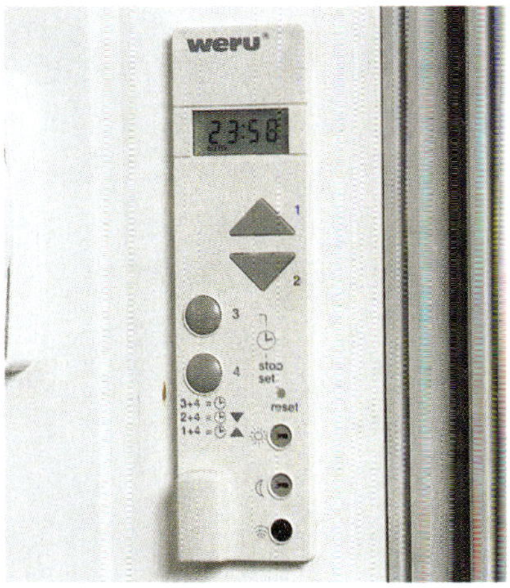

❾ Für elektrische Rollläden werden programmierbare Steuerungen angeboten. Einbrecher beobachten oft Häuser, bevor sie sie als geeignet auswählen. Zeichen von Anwesenheit machen das Haus für Einbrecher uninteressant.

Das raten Ihnen die Experten

Allgemeine Expertentipps:

Viele Einbruchsdelikte könnten mit etwas Umsicht vermieden werden. Deshalb haben wir für Sie auf dieser Doppelseite die wichtigsten Verhaltensregeln zusammengefasst. Dennoch sollten Sie nicht auf eine individuelle Beratung bei einem „Kriminalkommissariat Vorbeugung“ in Ihrer Nähe verzichten.

- Einbrecher machen keine Ferien. Sie haben also nicht nur „Hochsaison“, wenn Sie im Urlaub sind. Darüber hinaus kommen die meisten Einbrecher nicht im Schutz der Dunkelheit.
- Lassen Sie Ihre Fenster oder auch Balkon- und Terrassentüren nie gekippt oder gar offen. Wenn Sie nicht selbst im Raum sind, zahlt die Versicherung nicht, denn für sie ist ein gekipptes Fenster genauso unsicher wie ein offenes.
- Als Gegenmaßnahme empfehlen Experten zumindest abschließbare Griffe. Im Einzelfall ist jedoch zu prüfen, ob sich das Fenster oder die Fenstertür nicht trotzdem aufhebeln lassen. Dann sollten Sie zusätzlich massive Fensterschlösser anbringen, die einschließlich der fachgerechten Montage ungefähr 100 DM kosten.
- Weitere Schwachstellen: Die Eingangstüren. Achten Sie beim Verlassen des Hauses unbedingt darauf, dass sie gut verschlossen sind. Am besten schließen Sie immer zweimal um, damit der Riegel tiefer in das Schließblech greift.
- Sicherungsvorkehrungen an Eingangstüren sind nur dann gut, wenn Sie im Notfall nicht zur Falle werden können, d. h. Sie müssen von außen schließbar sein. Wenn sich Ihr Kind von innen einschließt, oder eine ältere Person plötzlich hilflos wird, dann ist es wichtig, dass Sie mit einem Zweitschlüssel Türschloss und eventuelle Zusatzschlösser öffnen können.

Urlaubsvorbereitung:

Die schönste Zeit des Jahres ist die Urlaubszeit. Damit Sie im Urlaub Ihr Haus oder Ihre Wohnung beruhigt zurücklassen können, geben die Experten eine ganze Reihe von Tipps, wie Sie Ihr Eigentum am besten schützen können.

- Wenn Sie nicht durch unsere Sicherheitstipps schon aktiv geworden sind, dann sollten Sie sich auf jeden Fall schon ein paar Monate vor Ihrem nächsten Urlaub beim „Kriminalkommissariat Vorbeugung“ beraten lassen, wie Sie Ihr Eigentum wirkungsvoll schützen können.
- Manche Einbrecher beobachten die Gewohnheiten der Bewohner. Aus diesem Grund sollte Ihr Haus auch während des Urlaubs bewohnt wirken. Vielleicht ist jemand – möglicherweise ein junges Paar – in Ihrer Familie sogar ganz dankbar, in Ihrer Abwesenheit das Haus zu bewohnen.
- Pflegen Sie den Kontakt zu Ihren Nachbarn. Ein vertrauenswürdiger Nachbar schaut gerne regelmäßig nach dem Rechten. Wenn Ihr Nachbar selbst in Urlaub fährt, können Sie sich revanchieren oder ihn zum Grillen oder zum Gucken der Urlaubsvideos einladen.
- Sorgen Sie dafür, dass Ihr Briefkasten täglich geleert wird. Ein Postnachsendeantrag verhindert, dass Ihr Briefkasten überquillt. Postwurfsendungen sollten Sie vom netten Nachbarn entfernen lassen. Tageszeitungen sollten Sie abbestellen oder demjenigen überlassen, der Ihr Haus hütet.
- Rolläden sollten tagsüber immer wieder geöffnet werden, wie es auch einem normalen Tagesrhythmus entspricht. Überprüfen Sie jedoch im „Kleingedruckten“ Ihrer Hausratversicherung, ob sie nicht heruntergelassene Rolläden während Ihrer Abwesenheit fordert.

- Die Beleuchtung im Haus sollte – wenn es dunkel ist (!) – in unregelmäßigen Abständen an- und ausgehen. Diese Aufgabe können preiswerte Zeitschaltuhren übernehmen.
- Der Text des Anrufbeantworters sollte natürlich nicht die Information enthalten, dass Sie sich im Urlaub befinden. Mit einer Anruf-Weiterschaltung sind Sie übrigens auch im Urlaub erreichbar.
- Wenn Sie ein Haus mit Garten besitzen, haben Sie im Außenbereich evtl. Gartenmöbel, eine Leiter, einen Komposter oder Abfalltonnen. Schaffen Sie vor Ihrem Urlaub alles außer Sichtweite, was als Aufstieghilfe z. B. auf Ihren Balkon geeignet ist.
- Bewahren Sie nicht unnötig viele Wertgegenstände in Ihren eigenen vier Wänden auf. Das gehört während Ihrer Abwesenheit in einen Wandtresor oder in ein Schließfach einer Bank.
- Wertgegenstände, die nicht verschlossen gelagert werden können bzw. die Sie nicht in den Urlaub mitnehmen möchten, sollten Sie auflisten und fotografieren. Wenn es trotz aller Vorsicht zum Versicherungsfall kommt, haben Sie wenigstens die geforderten Belege.
- Bargeld sollten Sie überhaupt nicht zu Hause aufbewahren. Viele halten die Zuckerdose des Küchenschrankes immer noch für den sichersten Aufbewahrungsort für Bargeld. Einbrecher kennen jedoch alle typischen Verstecke.
- Schauen Sie vor Ihrer Abreise lieber zweimal nach, ob alle Fenster – auch die Dachfenster – und Türen gut verschlossen und gesichert sind.

Tricks an der Wohnungstür

Betrügereien oder Diebstähle können auch während Ihrer Anwesenheit passieren. Wenn fremde Personen, Handwerker, die nicht angemeldet sind, oder Außendienstmitarbeiter, die sich nicht ausweisen können, klingeln, sollten Sie die Tür nicht weiter öffnen, als es der Sperrbügel oder die Sicherheitskette zulässt. Auch für das richtige Verhalten an der Tür gibt es eine Reihe von nützlichen Tipps der Experten, wie Sie einem Schaden vorbeugen können.

- Versuchen Sie erst herauszufinden, wer bei Ihnen vor der Tür steht. Ein Blick durch das Fenster oder einen Tür-Spion bzw. eine Türsprechanlage stellen den ersten risikolosen Kontakt her.
- Öffnen Sie die Eingangstür nur mit vorgelegtem Sperrbügel oder einer Sicherheitskette
- Besonders wenn Sie alleine sind und Ihnen mehrere unbekannte Personen gegenüberstehen und mit allen möglichen Tricks um Einlass bitten, sollten Sie vorsichtig sein. Ein beliebter Trick: Eine Person verwickelt Sie in ein Gespräch, eine andere bittet, bei Ihnen auf die Toilette gehen zu dürfen. Während Ihre Aufmerksamkeit gebunden ist kann sich die zweite Person in aller Seelenruhe „umschauen“.
- Auch Ihre Kinder sollten wissen, dass Sie niemals Fremden die Tür öffnen dürfen.
- Schornsteinfeger, Außendienstmitarbeiter von Energieversorgern bzw. Handwerker kündigen sich meist Tage im Voraus durch einen Aushang, ein Telefonat oder aber über die Hausverwaltung selbst an.
- Amtspersonen, Spendensammler, Verkäufer und andere Ihnen unbekannte Personen sollten Sie z. B. nach ihrem Dienstausweis, Reisegewerbekarte, Sammlerausweis o. Ä. fragen. Wenn sich diese Personen nicht überzeugend ausweisen können (kein oder ein kopierter Ausweis, ohne Lichtbild), hilft eventuell ein Anruf beim Auftraggeber. Diese Nummer sollten Sie selbst im Telefonbuch nachschlagen, damit Ihnen nicht die Telefonnummer eines Komplizen untergeschoben wird.

Liefernachweise

Wir danken folgenden Personen und Firmen herzlich für ihre Unterstützung bei der Herstellung dieses Buches:

ad hoc
Otto-Hahn-Straße 36
48161 Münster

AEG AG
Beerenweg 3
22761 Hamburg

Alldecor
Britaniahütte 10
51469 Bergisch Gladbach

Alpina Farben Vertriebs GmbH & Co. KG
Roßdörfer Straße 50
64372 Ober-Ramstadt

Helmut von Ameln
Bergisch Gladbacher Straße 794
51069 Köln

AUBI Baubeschläge GmbH
Zum Grafenwald
54411 Hermeskeil

Bosch Elektrowerkzeuge
Max-Lang-Straße 40–46
70771 Leinf.-Echterdingen

bruynzeel
P.O. Box 70
NL 3340
AB Hendrik Ido Ambach

Der Fliesenmann Handelsgesellschaft mbH
(Herr Wolfgang Barth)
Buchholzstr. 76
51469 Bergisch Gladbach

Dulux
Düsseldorfer Straße 102
40721 Hilden

Dura-Tufting GmbH
Postfach 269
36002 Fulda

Emil Lux GmbH & Co. KG
Industriestraße 10
42929 Wermelskirchen

Erfurt & Sohn
Postfach 230103
42391 Wuppertal

Peter Fischer
Borngasse 76
51469 Bergisch Gladbach

fischerwerke Artur Fischer GmbH & Co. KG
Postfach 1152
72176 Waldachtal

Fördergemeinschaft Gutes Licht
Stresemannallee 19
60596 Frankfurt am Main

Gardinia
Industriering
04639 Nitzschka bei Schmölln

GDV e.V.
Presse und Information
Walter-Flex-Straße 3
53113 Bonn

Gebauer Holzhandel + Leisten GmbH
Richard-Seiffert-Straße 1
51469 Bergisch Gladbach

Grünzweig + Hartmann AG
Dr. Albert-Reimann-Straße 20
68526 Ladenburg

Grünzweig + Hartmann AG
Postfach 200460
51469 Bergisch Gladbach

Erich Heimann
Pressebüro
Schloss-Straße 15
40477 Düsseldorf

Henkel AG
Henkelstraße 67
40191 Düsseldorf

IBAU Baubeschläge
Deutz-Mülheimer-Straße 199
51063 Köln

Wilhelm Kirch
Britaniahütte 26
51469 Bergisch Gladbach

Konrad Kraus Metallwaren
GmbH & Co. KG
Schuhmacherstraße 7
D 51789 Lindlar

KK Vorbeugung
Hauptstraße 1–9
51469 Bergisch Gladbach

KK Vorbeugung
Herr Fischer
Waidmark 1
50676 Köln

Lehnartz GmbH & Co. KG
Postfach 110420
42864 Remscheid

Lüghausen Holzzentrum
Wilhelmstraße 146
53721 Siegburg

Marburger Tapetenfabrik
J.B. Schaefer GmbH & Co. KG
35274 Kirchhain

Marley Werke GmbH
Postfach/POB 1140
31513 Wunstorf

Klaus Merle
Postfach 210943
50533 Köln

Musculus GmbH Haustechnik
Olefant 4
51427 Bergisch Gladbach

Familie Jochen Neumann
Margeritenweg 7
42929 Wermelskirchen

OBI Bau + Heimwerkermärkte
GmbH & Co. KG
Albert-Einstein-Straße 7–9
42929 Wermelskirchen

Friedrich Reckter
Baumschulenstraße 56
50226 Frechen

redaktion für wirtschafts-
publizistik
Heidelberger Straße 33
64285 Darmstadt

Tschorn, Dieter
Klosterhofstraße15
69469 Weinheim

TOM–FOTO Studios
Handwerkshof 6
51469 Bergisch Gladbach

UHU GmbH
Postfach 1552
77813 Bühl

Umweltbundesamt
Bismarckstraße 1
12157 Berlin

Vegla Bildarchiv
mkt gmbh
Carl-Zeiss-Straße 3
52477 Asdorf

Velux GmbH
Gazellenkamp 168
Postfach 54 02 60
22502 Hamburg

WEGRA Verlag GmbH
Frankfurter Straße 10
71732 Tamm

WÖRKSHOP Werbe-Service
Handwerkshof 6
51469 Bergisch Gladbach

Register

Dieses Buch wurde auf chlorfrei gebleichtem und säurefreiem Papier gedruckt.

Der Text dieses Buches entspricht den Regeln der neuen deutschen Rechtschreibung.

ISBN 3 8094 1801 3

Umschlagfoto: TLC, Velen-Ramsdorf
Umschlaggestaltung: Zembsch'e Werkstatt, München
Layout: Horst Bachmann
Redaktion: Konrad Haase
Nachauflagenredaktion: Karin Stuhldreier
Lektorat: Ernst Wilhelm
Idee und Konzeption: Thomas Pochert
Texte: Enrico Woelm, Thomas Pochert
DTP Operating: Ulrich Weber
Realisation: Rainer Behnke, Holger Buhr, Peter Fischer, Uwe Heyer
Fotos: 136–137 *Alpina Farben*, Ober-Ramstadt; 230–233, 238–241 *Erfurt & Sohn*, Wuppertal; 306–307: Bild 1, 2, 4 *Fördergemeinschaft „Gutes Licht"*, Frankfurt a. M.; 134: Bild 1, 146: Bild 3–6 b *Grünzweig + Hartmann AG*, Ladenburg; 146: Bild 1, 2 *Heimann Pressebüro (Teamfoto Bergman Marquardt*, Lüdinghausen), Düsseldorf; 146: Bild 8 und 9 *Henkel AG*, Düsseldorf; 180–181 *Marley*, Wunstorf; 192: Bild 1 und 2 *Vegla Bildarchiv*, Alsdorf; 274–275 *Velux GmbH*, Hamburg; alle übrigen Fotos *TOM Foto Studios* (*Frank Kirsch, Ralf-Uwe Limbach*), Bergisch Gladbach

Satz: TOM Foto Studios, Bergisch Gladbach
Druck: MOHN Media GmbH, Gütersloh

Printed in Germany

073510301X817 2635 4453 6271